马克思主义研究文丛

面向未来的马克思

高清海◎著

元永浩　韩志伟　傅耕石　王福生◎编

中央编译出版社
Central Compilation & Translation Press

图书在版编目（CIP）数据

面向未来的马克思/高清海著. —北京：中央编译出版社，2018.8（2022.9 重印）
ISBN 978-7-5117-3578-2

Ⅰ. ①面⋯
Ⅱ. ①高⋯
Ⅲ. ①马克思主义－研究
Ⅳ. ①A81

中国版本图书馆 CIP 数据核字（2018）第 116519 号

面向未来的马克思

责任编辑	杜永明
美术编辑	王洪广　吴成英
责任印制	刘　慧
出版发行	中央编译出版社
地　　址	北京市海淀区北四环西路 69 号（100080）
电　　话	（010）55627391（总编室）　（010）55627319（编辑室）
	（010）55627320（发行部）　（010）55627377（新技术部）
经　　销	全国新华书店
印　　刷	佳兴达印刷（天津）有限公司
开　　本	710 毫米 ×1000 毫米 1/16
字　　数	367 千字
印　　张	24.75
版　　次	2018 年 8 月第 1 版
印　　次	2022 年 9 月第 2 次印刷
定　　价	99.00 元

新浪微博：@中央编译出版社　　　**微　信：**中央编译出版社（ID：cctphome）
淘宝店铺：中央编译出版社直销店（http://shop108367160.taobao.com）（010）55627331

本社常年法律顾问：北京市吴栾赵阎律师事务所律师　闫军　梁勤
凡有印装质量问题，本社负责调换，电话：（010）55626985

五月五 🤝

出版说明

高清海（1930—2004）先生是我国当代马克思主义哲学教科书体系改革方面最具开创性的思想家，也是创立"类哲学"思想体系的真正的哲学家。为了更好地传承和弘扬先生开创的哲学传统，值此我国改革开放40周年和马克思诞辰200周年之际，吉林大学高清海哲学思想研究中心决定编辑出版这本先生生前研究马克思主义哲学体系和马克思哲学思想的论文集。

20世纪80年代，我国哲学界所面临的核心问题，是改革囿于苏联模式的"传统教科书哲学"，建构一种真正体现马克思哲学精神实质的哲学体系。当时许多学者正本清源，从马克思的实践观点出发重新建构马克思主义哲学体系。"实践唯物论者"以实践的观点来改造和吸收唯物论的观点；"实践本体论者"把"实践"解释成为真正的本体；而先生则把马克思的实践观点理解和解释为一种思维方式。先生提出"实践观点的思维方式"，就是要超越唯物论与唯心论的简单对立，从主、客体相互作用关系去理解人与世界；超越还原论和本体论化的思维方式，突显马克思在哲学史上实现的重大变革意义。不仅如此，先生还从实践观点的思维方式出发，深入洞察实践主体的历史演变过程，重新阐释了关于社会主义、市场经济、人与自然关系等方面的重大理论和现实问题。经过这种批判性和创新性的发展，先生把19世纪马克思的哲学提高到了当代的高度，并使我们的马克思主义哲学思想走出极"左"思潮和教条主义的束缚，能够真正地面向现实、走向未来。于是我们主要选取高先生以"实践观点的思维方式"去理解马克思哲学的重要论文，并把本论文集命名为《面向未来的马克思》。

  实际上，高清海先生自改革开放以来的学术成果，离不开他在这之前长期的哲学探索和学术积累。我们尤其不能忘记，先生曾在50年代就明确提出"历史唯物主义"是"马克思列宁主义的社会学"的学术观点；应该说，这是他在马克思主义哲学发展史上作出的另一个理论上的重要贡献。因而我们把他在1956年发表的论文"论辩证唯物主义与历史唯物主义的关系——哲学与社会学的统一和分化"也收录在本论文集当中。

  本论文集的出版得到了中央编译出版社的大力支持，我们对此表示诚挚的谢意。在论文集编选过程中，许多学者和朋友也提出了非常宝贵的意见，对此我们致以崇高的敬意。

2018 年 3 月

目 录
CONTENTS

论辩证唯物主义与历史唯物主义的关系
  ——哲学与社会学的统一和分化（1956年） …… *1*
论哲学科学的对象和体系（1982年） …… *63*
论马克思主义哲学的对象（1985年） …… *79*
哲学体系改革的尝试（1985年） …… *96*
关于哲学性质和对象问题的一点认识
  ——谈哲学教学的提高和改进的影响（1986年） …… *107*
关于哲学体系和内容改革问题的认识（1986年） …… *135*
论哲学观念的转变
  ——哲学探进断想之一（1987年） …… *154*
论实践观点作为思维方式的意义
  ——哲学探进断想之二（1987年） …… *170*
再论实践观点的思维方式本质（1988年） …… *185*
重新评价唯物论、唯心论的对立（1988年） …… *192*
哲学的生命在于创新（1992年） …… *202*
从人的生成发展看市场经济
  ——解放个人是发展市场经济的根本（1993年） …… *213*
市场经济、个人主体与现代哲学（1993年） …… *225*

市场经济与当前中国哲学的发展（1993年） ·············· 238
正确理解马克思的"社会主义观"（1993年） ·············· 254
主体呼唤的历史根据和时代内涵（1994年） ·············· 266
价值与人
  ——论价值作为哲学概念的本质（1994年） ·············· 277
突破真理论的传统狭隘视界（1993年） ·············· 287
认识与价值在实践中的统一关系 ·············· 297
论思想解放与人的解放（1997年） ·············· 300
哲学的命运与中国的命运
  ——20年哲学历程的回顾与展望（1998年） ·············· 311
"社会国家化"与"国家社会化"
  ——树立"社会""国家"的区别意识（1998年） ·············· 326
哲学思维方式的历史性转变
  ——论马克思《提纲》和《形态》所实现的哲学变革的实质
  （1999年） ·············· 331
马克思主义哲学的两种理论形态（2000年） ·············· 345
马克思对"本体思维方式"的历史性变革（2001年） ·············· 351
从马克思走向未来、开创未来（2001年） ·············· 360

附录

  我的学术道路（2000年） ·············· 363

  索 引 ·············· 374

论辩证唯物主义与历史唯物主义的关系
——哲学与社会学的统一和分化[①]

（1956年）

关于历史唯物主义与辩证唯物主义之间的关系问题，人们都习惯于这种说法：马克思主义包括三个组成部分，即哲学、政治经济学和科学社会主义理论；辩证唯物主义是关于自然界、人类社会和思维发展的最一般的规律的科学，历史唯物主义是把辩证唯物主义的原理推广去研究社会生活，是辩证唯物主义在社会历史现象上的应用；辩证唯物主义与历史唯物主义是马克思列宁主义底[②]哲学，是科学共产主义的理论基础，是共产党的世界观。

"历史唯物主义是辩证唯物主义在社会历史现象上的应用；辩证唯物主义与历史唯物主义是马克思主义底哲学"——这是无论在现在通用的教科书中，或是在一般科学论著中，几乎为大家所公认的原理。

这种提法是否妥当呢？是否真实地反映出了辩证唯物主义与历史唯物主义科学内容之间的固有关系呢？

---

① 该文写于1956年，其中基本观点虽然后来变化了，但很多思想的连续轨迹还是很清楚的。现在把它作为"历史"档案放在这里，所以叫作"体系改革思想溯源"。读者从中可以看到，那时不只思想、观点有很大局限，连语言风格也与现在的不同，明显表现了受到苏式翻译语句影响的痕迹。当时能够看到的马克思、恩格斯和列宁著作的译本，译文都不够准确，有的还是苏联出版的中译本，语言更是"蹩脚"。为了保持原貌，这些都未作改动。1997年收入《高清海哲学文存》（第一卷）。
这篇文章的主要论点，是认为历史唯物主义不属于一般哲学世界观。这个论点，早在很久以前，教授即已在本校哲学教研室提出了，本文就是在这种启示下经过研究写成的。

② 写作此文时代的正确用法，而今为"的"。下同。——编者注

本文的目的，就是想从整个哲学的历史发展中来对这个问题，作一初步的考察。

这篇文章的主要论点，是认为历史唯物主义不属于一般哲学世界观。这个论点，早在很久以前，刘丹岩①教授即已在本校哲学教研室提出了，本文就是在这种启示下经过研究写成的。

一、哲学对象的变化、哲学与科学的历史关系②

科学认识的日益专门化，是认识发展的特点之一。人类认识的分化过程，同时是认识的深化过程；认识的这种分化和深化发展，就表现在科学的分化上，表现在日益增多的新的科学部门的建立上。科学认识的分化，产生着诸科学之间的相互关系，同时，科学认识的发展，又必然不断改变科学之间的原有关系。在任何时候，科学之间的关系，都是科学内容借以发展的必要因素之一。

从这一意义说来，科学之间的关系，只不过是科学内容相互之间的内在联系的表现，并且，随着内容的变化，科学之间的关系也不能不是一种历史的关系。我们就从这个观点出发，试考察一下人类全部认识的发展。

原始宗教，是人类最初认识的萌芽，是人类对自己所感知的世界进行解释的一种原始方式。这种方式虽然把自然人格化了、神秘化了，但无论如何它总是人类对自然的一种主观见解；并且，在这种见解中，也还确乎是融化着一些片片断断的有用的知识因素。

随着社会生产的发展，阶级社会的产生，以及人类认识的进步，以后

---

① 刘丹岩（1901—1955），教授，吉林大学哲学系创建者、第一任系主任。注重从思想体系上掌握精神实质，不拘泥于字句，反对寻章摘句，是他对待马克思主义的基本态度。经他提议，吉林大学哲学系在"文革"前一直设有"现实哲学问题研究"课，说明了他非常重视实际应用和研究。——编者注
② 这里所说的"哲学与科学"的历史关系，是指哲学和哲学以外的其他各门科学的历史关系。为了说明简便起见，以下对哲学以外的科学部门，均简称为"科学"。

便出现了人类最初的科学知识的萌芽。这个科学的萌芽，在一切国家中，几乎都是作为原始宗教的对立物而产生出来的，这就是我们通常所称呼的原始的、朴素的唯物主义。

原始的、朴素的唯物主义的出现，实质上就意味着人类科学的开始产生；就它的理论说，固然是幼稚的，并且也不乏虚构的想象的东西，但整个说来，其中却蕴藏着各种不同的科学认识的契机。

就原始的、朴素的唯物主义所提出的基本问题来看，它是一种企图探寻宇宙万物的统一根源为何物以及这个统一根源如何表现为各种现象的学说，因而毫无疑问，它是一种宇宙观的理论。并且，由于在这种学说中，明确地肯定了万物的统一根源就存在于我们所感知的世界自身之中，认为世界自身就是世界的原因，所以这种宇宙观还是一种原始的、处于萌芽状态中的唯物主义的宇宙观。

但是从这种原始的唯物主义宇宙观的表现形式来说，采取的却是与各种具体科学的胚胎结合在一起的形式。在一个自然观、宇宙观中，综合着各种不同的科学知识的幼芽，这是原始的、朴素的唯物主义的本质。古代的人认为，从世界自身去寻求万物的统一根源，这就意味着要在世界的现象中找出一种或数种带有普遍性的基本元素来，而以此作为世界现象多样性的统一的基础。譬如在古代希腊，有的哲学家认为这种根源是水，有的认为是空气，有的认为是火；还有的人认为这种根源不止是一种元素，而是火、空气、水和土等四种元素，等等。他们的具体说法虽各不同，他们的精神实质却是一个，这就是认为世界的根源应当在世界自身中去寻找。从他们解决这一问题的出发点来说无疑是正确的，但他们的解决却也不免是幼稚的。世界以自身为根源，这意思只是说，世界的存在和发展是以世界上各种存在的现象的内在相互依赖性为根源的，这决不意味着世界的一切现象都是从一种或数种始源现象中产生出来的。一种存在物或数种存在物，怎么能够产生出这个世界的无限多样的现象呢？把世界的多样性归结为一种或几种基本元素的存在，它的基本现实意义，主要是在于从各种现象的物理构造方面探寻物质现象的内在联系。因而，从这一方面解决世界的根源问题，实质上就已经超出了世界观的领域，而进入具体科学的领域了。在这种解释中,他们不仅提出了物理学、化学、天文学的问题,也提出了生物学和社会学的问题。但限于当时的科学水平,对这许多问题,他们当然不可能一一给予完满的说明,而只能予以诗歌式的幻想的解释。

但是,在古代认识的发展中,其中某些问题也曾在这浑然一体的知识体系中,逐渐取得了相对独立的地位,例如物理学、天文学、动物学(属于生物学范畴),等等,就是这样的。古代希腊的伟大的唯物主义哲学家德谟克利特,就对物理学、动物学有过专门的比较具体的研究。不过当时在人的认识上还没有形成这样的科学分类。

所以,原始的、朴素的唯物主义,不仅是人类最初的世界观的萌芽,同时也是人类最初的各种具体科学的萌芽。正因为如此,我们把原始的唯物主义从它的本质上看作是人类科学的萌芽(包括哲学科学在内),并不是过分的。

像这种浑然一体的把世界观与具体科学结合在一起的情况,应当看作是人类认识发展的一个必经阶段。

如恩格斯所指出的,"当我们深思熟虑地考察自然、人类历史或我们自身的精神活动时,在我们面前首先呈现的是种种联系和交互作用的无限错综之图画"[①],这种统一的整体的图画,就是单纯凭借于直观和思考,也是可能发现的。当人们还没有进入到研究世界整体的各个特殊部分或方面,而物质生活条件和认识发展的水平也没有可能让人们进行这一种研究时,从人们对世界的深思熟虑中所着重提出来的问题,必然首先是有关世界整体方面的,而不可能是个别的特殊方面的问题。而在关于世界整体方面的问题中,首先使人想到的也一定是这样的一个问题:世界上形形色色的现象,究竟从何产生的呢?它们以什么为其统一的根源呢?但同时,当着人们的科学认识还没有深入到世界现象的特殊性之中,还没有从对特殊性的研究中把握到各个现象的内在联系时,人们对自己提出的问题的实质,也必然是不能了解的,更不可能予以完全科学地解决。人们根据日常经验中见到的一个现象总是由另一现象产生的事实,就认为所谓世界的根

[①] 恩格斯:《反杜林论》,吴黎平译,人民出版社1956年版,第18页。

源，就是直接或间接产生世界上一切现象的始源现象，这样人们便把世界的根源这一哲学问题和具体科学上关于物质构造的问题混在一起了。当人们依据上述见解去描述世界各种现象的形成时，就不能不以幻想的形式提出各种具体科学的问题。

这样就形成了世界观问题和具体科学问题混在一起的人类最初的知识体系。"哲学"一词，其最初涵义和现在的理解大不相同，它乃是指"追求智慧"和"爱智"的意思。在这种智慧里，融化着一切知识的萌芽。最初的所谓哲学，实质上是一种知识的总汇。正是这种缺乏实验科学作基础、哲学认识与科学认识综合在一起的情况，决定了古代唯物主义哲学的自发的朴素的性质，使得它们只能在总体上正确地把握住了世界的整个图画，而不能了解到这一总图画的实在具体内容。也正因为如此，在古代知识总汇的哲学中，居于主导地位的，乃是与具体科学问题混同在一起的关于世界整体的普遍观念；而在人们认识中虽然逐渐区分出了不同的独立的研究问题，也不能不从属于这种普遍的观念而包括在哲学之中。

人类认识的进一步发展，就在于要使这种"知识总汇"内在包含的差别性，逐步地在认识成果中区分为不同的知识部门，以致发展为各种独立的科学。这个认识的发展过程，必然包含下面两个统一不可分的过程：第一，对各种事物的特殊认识，逐渐在这个知识总汇中成长起来，相互区分开来，最后形成各种实证科学；第二，在各种具体科学发展的基础上，世界观的问题也必然要逐渐被区分出来，最后形成独立的哲学科学。

在古代的认识发展中，也产生了与唯物主义相对立的唯心主义，它虽然更早地从具体科学问题中游离出来了，看来在形式上已经形成了世界观的雏形（这是由唯心主义这种哲学的本质以及它与科学对立的特点决定的），但这个雏形也仍然是唯心主义地联结着当时达到的各种科学知识的幼芽，自成一个体系而与唯物主义对立着。

这就是古代哲学的一般情况。但是，在古代的认识中也并不是没有分门别类的研究，特别是在奴隶社会的后期和在唯心主义哲学中，也曾出现了认识的不同门类的区分。只是由于各种区分还处在萌芽状态，所以总的来说那些独立性的研究问题仍被综合在哲学认识之中（即和哲学认识混在一起），成为哲学内部的一个分科。柏拉图虽然事实上是把哲学看作知识的统称的，但在他的哲学中已内在地显示了这种知识的区分，譬如他曾区分了辩证学、物理学和伦理学等等部分。他认为辩证学研究概念反映的对象，也就是他视为实在之本质的理念世界；物理学研究感性知觉的对象，即自然界（其中包括物理学和心理学）；伦理学研究意欲的对象、人的道德行为问题（其中包括伦理学、政治学、诗学、修辞学等）。以后亚里士多德根据这种区分作了进一步的正式的分类。他把哲学分为理论的与实践的两部分，形而上学、数学、物理学被看作是理论的，而伦理学、政治学等被看作是实践的学问。另外，亚里士多德又把研究世界根本原理的学问——关于存在自身的学说或形而上学从其他的知识中区分出来，看作纯粹的哲学，称为第一哲学，而称其余的关于特殊事物的知识为第二哲学。这就说明，在亚里士多德的认识中，已开始考虑到哲学与具体科学区别的问题了，当然，由于认识水平的局限，那些特殊的知识部门事实上并没有从哲学中分化出去。

从奴隶制崩溃到资本主义产生，就欧洲情况来说，在这漫长的封建社会时期，社会生活的基本特点就是宗教教会与宗教神学思想的统治。教会垄断着一切，一切都服务于上帝。自然科学的研究，几乎从认识领域中完全被排斥掉了，仅存的则完全从属于教会。哲学没有独立的地位，被看作是宗教的侍女、论证上帝和宗教教条的工具。这时的哲学对象，从自然界转移到了抽象的教义、天国，和神学完全结合起来了。在哲学中所包括的部门，也只是那些便于服务于宗教的形而上学、逻辑学、伦理学等少数部门。

中世纪哲学研究对象的改变，不是由认识发展的要求决定的，而是由宗教神学的统治造成的，因而当时也就不存在各个知识部门、哲学与科学之间的关系问题。所有这些知识部门，只存在一种关系：都处在神学的统治之下。

哲学对象的真正改变，哲学对象发展的第二个阶段，是和资本主义生产的发展、资本主义制度的确立这一历史过程相适应的。资本主义的发展以更高的生产发展水平为基础。而资本主义生产的发展，又必然要求并推动科学的进一步发展。随着资本主义在封建制度内部的生长，从15世纪下半期开始，自然科学首先大踏步地前进了。

自然认识的发展，引起了新的实验科学部门的建立。从研究比较简单的和低级的运动形式的科学——力学、数学、天文学、物理学等等——开始，各种实证的自然科学，从原来作为综合知识的哲学中，陆续分化出来，形成独立的科学部门。

实验科学的发展，意味着人类的认识开辟了一个认识世界的新的方面和途径。正如日丹诺夫同志所指出的："这种自然科学和社会科学从哲学权力束缚下解放出来的过程，无论对于自然科学和社会科学，或对于哲学本身都是一种进步过程。"①

人类认识运动的秩序基本上是依循这两个方向进行的：一个是由特殊到一般，一个是由一般到特殊。人类认识的发展史的进程，也是这样的。一般的认识与特殊的认识在相对区分的基础上相互推动地发展着。人们深入于现象内部特殊性的认识，才能提高对于现象的一般性的了解；反之，在有了一定的一般性的知识以后，又能够推动人们深入于现象的特殊性的认识。认识过程的一般与个别的这种相互作用的辩证关系，反映在知识联系的形式上，首先就表现为科学与哲学的分化、科学部门的分化，并在分化的基础上组成新的统一关系。古代哲学与科学的原始结合，是人们尚未深入于现象的内部、停滞于一般个别不分的笼统知识阶段上的认识的表现，这在缺乏具体的实验科学的条件下，乃是不可避免的现象。这种原始结合一方面固然表现着认识的局限性，另一方面，它于当时那种条件下也曾在人们关于某些现象个别性质的了解上起了重大的推动作用和启示作用。例如在古代希腊的哲学思想中，包含着许多不正确的虚构，然而确也包含着某些直到后来仍有重要价值的天才猜测。但无论如何，缺乏个别知识基础的一般认识，终究不能代替对于现象的具体认识。适应生产的提高，不但必须推进对世界的一般认识，也必须加深对世界的个别的具体的认识，不推进其中的一方，另一方就不会得到发展。而由于一般认识首先

---

① ［苏］日丹诺夫：《日丹诺夫在关于亚历山大洛夫著〈西欧哲学史〉一书讨论会上的发言》，李立三译，人民出版社1954年版，第6页。

是以个别认识为基础的，这就决定了在一般知识与个别知识相对分离的趋势下，首要的则是必须摆脱从一般认识中去获得个别事物知识的局限，必须加深并推进对于个别事物的复杂性的具体认识。一般性认识的丰富与提高也正是依赖这一方面的认识的发展的。

很明显，从古代社会那个作为知识总汇的起点出发，人类认识进一步发展的规律必然是这样的：首先是深入到世界各种现象的特殊性的认识中去，使各种具体的知识形成为相互区别的独立科学部门，由于各门具体科学的分化使得原来的"知识总汇"的哲学解体；另一方面，科学的发展，也必然推动原来的世界观知识得到进一步发展，在各门科学所提供的新的内容的基础上，产生出新的哲学科学来。这是人类认识进步中的一个大变革，也是哲学发展的一个大变革，这个变革不但推动了人们的特殊认识的深入，也把人们关于世界共性、关于世界整体的认识提到了一个新的高度，科学的高度。所以，旧哲学——那种包罗万象的哲学体系的解体，正是科学的哲学产生的前提。

但是，由于科学的发展本身走着一个曲折复杂的道路，适应科学逐步的发展，哲学的性质也就不是立刻改变的。科学从哲学中分化的过程，以及由这一过程所引起的哲学研究对象、哲学与科学关系的变化，在资本主义的发展开始以后，仍然经历了下面两个时期。

第一个时期是从 15 世纪到 18 世纪。

科学在一千几百年的中世纪"黑暗时期"，由于宗教思想的独断统治，几乎没有什么发展。甚至古代所创造的那些优秀科学成果，也大部被遗弃。这就决定了，科学发展初期的问题并不是由哲学中迅速分化出来的问题（当然，某些知识部门还在更早的时候，即在奴隶社会的末期就已开始分化了。这里只是就哲学与科学发展的整个一般情况来说的），而是首先需要积极恢复前人积累的科学成果，搜集事实，整理资料，为科学的建立创立基础；而更重要的，则是无论对哲学来说或对科学来说，必须挣脱宗教思想束缚的问题：从教会的统治中解放出来，首先取得生存的权力。

这种反宗教的共同的斗争，使这一时期的哲学和科学，处在一种携手并进、相辅相成的和谐关系之中。哲学需要科学的帮助，科学需要借助于哲学奠定自己的理论基础。科学上的伟大发现，不单构成了科学本身的进步，也成为哲学反对宗教的有力武器；哲学上的成就，同样推动着科学的发展。表现着这种哲学与科学未分化的事实的，是当时的伟大科学家，差不多亦同时是哲学家，如哥白尼、伽利略、布鲁诺、牛顿等；而那些著名的哲学家，也在科学的发展上作出了许多重大的贡献，如培根、笛卡尔、莱布尼兹等。

这就说明，15世纪到18世纪这一时期，哲学仍基本上保留着古代哲学的综合知识体系的性质，基本上保留着古代哲学一般、个别知识简单结合的内容。当时的哲学家，在知识部门的分类上，也没有完全脱离古代哲学家包括科学在内的哲学分类倾向。培根就仍然把哲学看作是包括各种科学在内的知识总称。他依据智能的作用，分哲学为悟性的、想象的、记忆的三种。属于悟性的有人类学（其中包括政治学、心理学、生理学、伦理学、论理学）、宇宙学（其中包括形而上学、物理学、化学及各门具体的自然科学）和自然神学；属于想象的有诗学和文学；属于记忆的有自然史和人类史（包括国民史、文学史、教会史）。霍布斯也同样，他认为哲学就是人们借助合理思维所得到的知识之总和。他把哲学分为逻辑学、认识论、物理学、社会学、国家学说等。

当然，这一时期哲学与科学的结合，在形式上是和古代完全一样的，而在内容上却已有了深刻的差别。古代的原始结合，乃是以科学的不发达和知识的极为有限为条件的，是哲学与科学的自然适应的结果。从15世纪到18世纪，由于科学的发展，已进一步加深了科学与哲学分化的裂痕。这就在其结合中不能不包含主观与客观的矛盾。知识部门中没有哲学与科学的分类，然而在实际研究中已经开始了分工，总体的研究和个别的研究的分工。

认识的这种专门化的趋向，实际研究中所形成的这种分工，是科学与哲学分化的真正开始。但是，当着科学尚处于萌芽发展的过程中时，科学与哲学的结合，仍然有着相互适应的自然基础，其间所显露的只是主观与客观不自觉的矛盾的萌芽。

第二个时期是18世纪和19世纪前半期。

到了 18 世纪以后，情况却不同了。这一时期科学有了更迅速的进步。特别是数学与机械学所获得的巨大成就，为自然科学的发展奠定了基础。知识领域大大扩展了，认识的内容更加深入了。原来作为哲学内容的许多问题，在发展中陆续脱离了哲学，形成为独立的科学部门。特别是到了 19 世纪以后，许多过去未充分发展的科学，如化学、物理学、生物学等，也都成长起来了。这一时期可以说是自然科学走向成熟的时期。

如果说在前些世纪科学与哲学的综合研究，尚有科学的不发达作基础，那么，在这一时期仍然保持旧的研究方法就再没有可能了。因为认识的深化发展和专门化的趋向，无论对科学家来说，或对哲学家来说，要他们如古代思想家一样，超出本身研究的专门领域同时深入其他的领域，已是相当困难的事情了。特别是对于哲学家来说，既然其本身的许多问题已成为科学研究的专门问题，哲学再作为综合知识体系的存在基础就被推翻了。

自然科学的相继独立，事实上宣布了"哲学"的解体。哲学如果不能取消科学独立的事实，那就必须改变自己的性质。

但是，必须指出的是，由科学的分化所引起的"哲学"的解体，并不是一般哲学的解体，被自然科学的发展所否定的并不是作为哲学的这门科学的存在，而是哲学作为综合知识体系的那种包罗万象的性质，即旧哲学的解体。

应当说，自然科学的分化不但没有取消哲学的存在权利，并且只是由于自然科学的发展，才赋予了哲学更深入于世界本质认识的可能性。自然科学的分化，不仅指出了哲学发展的新方向：既然关于世界各个个别方面的规律性变成了科学研究的对象，哲学就只能并必须从世界的一般性方面去研究世界；自然科学的发展在同时也为哲学专门从共性方面、统一性方面揭示世界的本质和一般发展规律创立了基础。因为只有在这种由实验科学所揭示出来的世界具体规律性的基础上，才可能对世界的一般图画作出科学的说明。

从这一意义说来，自然科学的发展，开辟了人类认识向两个方向分化的可能性。这两个方向的分化，正是表现了人类认识的深化发展：从旧哲学所包含的个别性的认识的成长中诞生了各门具体科学；以这种成长为基础，从旧哲学所固有的对世界一般性的认识的成长中又产生出了以世界共性为专门研究对象的新的科学部门，即哲学科学。

18世纪末期以来科学的猛烈的发展，准备着人类认识走向新阶段的巨大变革的条件。

但是，要想实现认识发展中的这一巨大变革，不但需要自然科学特别是社会科学的更为成熟的发展，同时还必须使人们能够在意识中自觉地反映出认识发展的这一规律性，意识到科学独立在认识发展中的进步意义。而这样的两个条件，归根到底仍然决定于社会生产以及在此基础上的社会的及认识的发展。我们知道，这两个条件在马克思主义产生以前的18世纪末和19世纪初期尚没有完全成熟。

资产阶级不可能完成这一认识的巨大变革的任务，虽然他们曾准备了为完成这一变革所必需的基本条件。这不仅是因为在这一时期为他们所发展起来的自然科学尚不成熟，同时是因为，他们的阶级地位决定了他们在取得政权以后，便由唯物主义转向了唯心主义，从而他们不但不可能造成社会科学充分发展的条件，并且也使他们意识不到由他们自己建立起来的自然科学在整个认识发展中的意义，特别是对于哲学发展的重大意义。

因此，在这一过渡期间，资产阶级的学者们在规定哲学认识任务的问题上不能不陷于混乱的状态中。

适应科学独立的认识的分化趋势，哲学应当以什么为研究对象呢？资产阶级的学者们没有解决这个问题。

认识分化发展的客观趋势既已形成，它就必然会反映到人们的意识中来，虽然这种反映的形式和程度各不相同。从18世纪末期以来，并非没有哲学家意识到认识发展的这一趋势。即使在上述观点中也表现出了这一事实：他们虽然在主观上极力抹杀科学在实际上已取得的坚固地位，然而却又不得不从科学独立的事实出发去恢复哲学的权位。当时有过许多哲学家不但承认了科学独立的客观事实，并且在不自觉中反映出了由认识之发展为哲学所规定的对象。譬如，他们对科学能够这样去理解：科学是以宇宙之个别现象为对象之知识体系，"每一门科学各有其特殊研究范围。天文学研究天上宇宙；物理学研究自然复杂作用之力；化学研究事物的元素及其配合；植物学研究植物"。对于哲学，也能够从其研究的范围上和科学区别开，认为"哲学为研究统一的根本原理之学"，"哲学者研究宇宙人生认识等根本原理之学也"，"所谓哲学，即是以整个宇宙为对象，而研究其绝对的普遍的道理之学问"，等等。不过所谓以世界整体为对象，对于唯心主义说来，只是意味着以上帝或绝对精神等等为对象。

不管怎样，这些资产阶级的哲学家已经意识到了哲学必须从统一性方面去把握世界的认识的特殊性。在这一点上，是符合于认识发展之要求的。但是，虽然他们正确地理解到了这一点，他们却没有能够彻底贯彻这一点，从而完成哲学性质以及哲学与科学关系的根本变革。资产阶级的学者们，他们并不是单以认识世界的根本性质与普遍的存在状态为哲学任务的，除了这一点以外，在他们的哲学中，还包括着在这一基础上去把握世界上各个基本领域及其中各类现象在整体中的具体联系的认识任务，即在科学之外揭示科学研究领域中的一般联系。这样一来，在他们的一般观点体系之外，就又产生了站在科学之上的所谓自然哲学、历史哲学、法权哲学、宗教哲学等等部门。

我们可以以黑格尔为例。黑格尔把哲学理解为对于事物之思想的考察。因为黑格尔作为一个客观唯心主义者，他认为思想或概念乃是一切事物的真实本质。所谓对事物作思想的考察，就是意味着要以各种具体科学作为材料，而将这些事物提高到思想或概念的普遍形式上来认识，从而指出其中特殊性与普遍性的必然关系。在黑格尔看来，科学的最重要缺点就是仅仅停止于关于各种事物特殊性的零碎片断的知识上面，其中未能体现出与思想普遍性的必然关系；然而科学却应当是一个自我封闭的圆，它必须将自己的认识在其整体性上表现出来。科学所不能完成的，就应当由哲学来完成。因此，在黑格尔看来，哲学一方面要提供出关于事物或思想的相互联系与相互制约的普遍形式；另一方面还要通过每门科学自身所包含的与别些部门的联系把科学联结为一个统一的整体。只有这样的知识，才是完备的"知识体系"，才达到了所谓思想自身的水平的总念或概念的知识。然而这样一来，各门具体科学显然就只能作为哲学的各个不同的独立部门而存在了。黑格尔所以把他的哲学区分为所谓逻辑学（即一般描述思想或概念的普遍内容或形式的科学）、自然哲学（即逻辑学在自然科学中的具体体现）和精神哲学（逻辑学在社会科学中的具体体现，这里又包括有历史哲学、法权哲学、宗教哲学、美学等），就是出于这种观点。

哲学不仅要提出关于世界的普遍性或共性（或最高本质）的图画，还要以此为基础提供出世界诸现象作为一个整体的各个具体对象的具体联系的图画，这不仅是黑格尔哲学的特点，而且是许多资产阶级哲学家共有的特点。就是后来的费尔巴哈，虽然区分了哲学与自然科学，虽然他曾说过"哲学应当重新和自然科学结合"等，但他对哲学的了解，也基本上是从唯物主义的角度表现了这种观点，并未跳出这个圈子。基于这一认识，这些哲学家们虽然区别了哲学与科学，却并没有摆脱旧哲学那种包罗万象的性质，相反的，他们仍然把科学束缚在哲学无上威严的绝对统治之下，而只是采用了一个新的形式。因为既然科学本身不能达到包含于它所研究的对象的普遍联系，必须哲学才能达到，这样一来，哲学在科学中就无形中取得了一种特权地位，被看成是高级科学、科学之王、科学之皇后。同时哲学本身也成了，第一是压倒一切科学的，第二是囊括一切本质知识的，第三是具有最终完善的绝对真理性质的知识体系了。这就是所谓的哲学是"科学之科学"。

把哲学看成是"科学之科学"，这是由于旧哲学研究的传统习惯的支配所造成的，同时，这也是处于变革中的哲学与当时各具体科学发展水平的相互影响的自然产物。在19世纪初期以前发展起来的科学，它们把世界各个相对独立的部分从原来的统一知识体系中分离出去之后，只是限于孤立的研究。这是科学发展的必经过程。这种研究所提供的知识当然只能是与某一个别科学领域相适应的"孤立"的知识。科学本身尚没有在其独立研究中揭示出世界整体的一般联系在它涉及的领域中的表现。然而科学的独立却已经把哲学推上了揭示世界一般联系的认识道路。这是一个矛盾。哲学家如果必须制订出世界整体的全面联系的图画，那就不能不涉及到科学所属的范围，而代替科学家完成这一任务。

科学尚不能完成的任务，当然哲学也不能完成，然而哲学却把这样的任务完全包括在自己的内容中。这样的结果,就使这种"科学之科学"的哲学本身不能不丧失了科学的基础。既然科学本身没有达到这一点,哲学家为了要揭示这些现象的一般联系,舍此没有其他的途径,这就是:用幻想的联系去代替、弥补所缺乏的实际的联系。关于这种哲学,日丹诺夫说:"他们把自然科学束缚在他们自己的公式中,力图站在科学上面,把不是从实际生活中得出的,而是从他们的体系需要中得出的结论,勉强加到活的人类认识上去。在这些条件下就将哲学变成了一种博物馆,把各种不同的事实、结论、假设甚至幻想都堆在里面。"① 他们把本来属于科学但尚未为科学解决的任务归属于自身,然后用幻想和猜测去解决它(虽然有时也有某些天才猜测的闪光);哲学不是建立在科学的基础上,而是在科学头上的一座宫殿,这就是这一时期"科学之科学"的哲学的基本实质。

如果说哲学为"科学之科学"的情况主要仍然是由科学本身之发展水平所决定的,那么,当着各门具体科学,首先是自然科学在其进一步发展中,已经深入于世界诸领域的内在联系,并从其自身的内容中揭示出了各个现象作为世界整体一部分的一般联系图画时,这种"科学之科学"的哲学就必然要被否定。马克思主义哲学产生的时期,正是属于这一时期。从18世纪开始到19世纪,曾在许多重要的科学领域提出了重大的发现,这些发现使科学从孤立的研究进入了揭示科学对象的内在辩证联系的时期。19世纪以来的自然科学中的三个伟大的发现②就是证明。关于这三个伟大的科学发现,恩格斯作了这样的说明:"由于这三个伟大发现和自然科学的其他巨大成就,我们现在不仅能够暴露那存在于自然界个别领域内种种过程之间的联系,而且还把这些个别领域结合起来的联系也能整个指证出来了。这样,依靠实验的自然科学本身所提供的材料,就可以颇有系统地来说明自然界这一联系性整体的总情景。"③ 在这样的条件下,自然哲学就告终了,而具备了概括自然科学成就制定世界一般图画的哲学科学理论的

---

① [苏]日丹诺夫:《在关于亚历山大洛夫著〈西欧哲学史〉一书讨论会上的发言》,李立三译,人民出版社1954年版,第6—7页。
② 指细胞的发现、能的转化的发现、达尔文进化论的发现。
③ 恩格斯:《费尔巴哈与德国古典哲学的终结》,张仲实译,人民出版社1954年版,第52页。

条件。

然而资产阶级却始终不能完成这个任务，他们仍然坚持着"哲学是科学之科学"这个陈旧的观点。

资产阶级坚持这种观点，首先是由他们哲学的唯心主义本质所决定的。唯心主义认为，宇宙的本质是在现实世界（或叫感性世界）背后的某种超感性的精神存在之中，认为现实世界的一切因果联系，只是那种精神存在所表现出来的假象。从这种观点出发，自然就会对哲学的对象抱有下面的看法：认为除了为科学所揭示出来的关于世界各现象的普遍联系之外，哲学还必须以那种超感性的精神存在为基础，对宇宙万物作出相适应的"本质"方面的解释来。很显然，要实现这一任务，就不能不使哲学成为一种"科学之科学"的东西了。

当然唯心主义的这种虚构无论如何是抵抗不了科学所揭示出来的事实的。所以，科学日益证明唯心主义的所谓超感性存在的主观臆造性质，唯心主义的虚幻本质也就日益明显地暴露出来了，虽然它也有过像黑格尔那样的"严密"的理论体系。于是在19世纪后半期便产生了打着科学招牌、把主观唯心主义与不可知论结合于一身的实证主义哲学。实证主义也不可能对哲学与科学的关系以及哲学的对象问题提出正确的看法，这一点同样是由它的哲学本质决定了的，并且，在实质上它还把哲学融化在各种具体科学之中，从而取消了哲学的存在。从表面上看来，实证主义也反对上帝、反对"超感性"的形而上学本体，他们宣布只有经验的东西才是真实的东西，因为只有这些东西能为科学所证实；但是，试问这个感性的经验的东西，到底是存在于我们的感觉之外还是就是我们的感觉呢？对于这个问题他们却避而不谈了。实证主义其实在这里反对的不是唯心主义，他们反对超感性的本质之存在，也就是反对现实中的普遍规律的存在，因而在他们把各个对象的特殊的研究划归各种实证科学以后，就丝毫未给哲学留下什么东西，从而就高喊什么哲学没有存在的必要了，各门科学的本身便是哲学等等。在实证主义看来，包罗万象的旧哲学的解体，也就意味着哲学的解体。

到了帝国主义时代，资产阶级的哲学更加走向反动。这时，披着科学外衣的主观唯心主义得到了广泛的流行。适应这种哲学性质，人们对哲学的看法就是：把方法论与世界观相割裂，而认为哲学只提供研究问题的方法、哲学只研究我们用来认识事物的那些普遍概念；这些概念不反映任何客观事物的关系，而只是我们主观固有的逻辑方式。

这就是说，在科学发展的新形势下，资产阶级学者不能了解由于旧哲学的解体而引起的哲学性质的根本变革，虽然科学发展的新形势也在他们的看法中，通过复杂的折光有一定的反映（这种反映表现在：人们不能不把哲学与科学的关系问题提到面前来，试图加以解决；哲学也不能不在这种或那种形式中和对于世界现象普遍关系的研究联系在一起）。

概括资产阶级学者对哲学的看法，就其实质说不外下面两种：第一，在客观上以世界现象的共性为哲学的基本范围，但却或者把共性独立化为神秘的超感性实体，或者把共性归结为人的主观逻辑方式；并在这种观点的基础上，力图把对于世界本质的歪曲认识贯彻到各种现象的认识上去。第二，取消哲学的独立存在，把哲学与具体科学混同起来，然后用科学取代哲学。

总之，不管他们的具体看法有多么多，资产阶级学者都不能实现在科学认识领域中已经成熟了的历史任务——科学的发展促成了的哲学的变革。

只有马克思主义哲学的产生，才完成了这一变革。马克思主义哲学既不是包罗一切科学的综合知识体系，也不是压在一切科学之上的"科学的科学"，马克思主义哲学是从共性出发研究世界、以世界整体的本质及其发展变化的一般规律为对象的科学。

但是，科学的哲学的产生，并不单纯是自然科学发展的结果。自然科学的发展，只是创立了建立哲学科学的一个方面的条件，还必须有社会科学的基础。甚至可以说这还是问题的更重要的一个方面，即和哲学自身的变革更直接联系的一个方面。

二、历史唯物主义在哲学发展中的形成

科学认识分化的历史结果，推动哲学必然走向与科学同等又在性质上

不同于其他科学的专门学问的道路：第一，科学认识的分化发展，为哲学留下了一个专门的独立研究领域，这就是从世界的共性方面来研究世界统一性的领域；第二，各门具体科学从哲学中分化出来并具有了自己的独立的科学内容，这同时为哲学这门从共性方面研究世界统一性的哲学科学的创立，奠定了科学的基础。由实践的发展以及认识发展准备起来的这一认识本身的变革，就体现在马克思主义哲学——辩证唯物主义的形成之中。

从这一历史事实出发，必然要得出这一现实的结论：作为科学哲学的马克思主义哲学，如果它必须以世界的统一性作为自己的研究对象，那么在它的内容中，就必然排斥任何属于科学研究对象的特殊理论内容（社会历史理论当然亦不能例外）。但是，马克思主义哲学，即科学的哲学之所以能够以世界的统一性作为自己的研究对象，这又必须是以各门具体科学的一定发展为基础的。这里不单是自然科学的基础，同时需要社会科学的基础。然而在马克思主义产生以前，如上面所说明的，科学历史的发展，为马克思主义哲学即哲学科学的产生，准备好了自然科学的基础，却没有为哲学科学的产生准备下可以加以利用的现成的社会科学基础。如自然科学的发展一样，社会科学只有在其成熟到具有独立发展的科学基础时，才能够从哲学中分化出去。而由社会科学研究的特殊性所决定的，社会认识对于哲学方法的特殊依赖性，使科学的社会科学必须与哲学科学的形成同时，借助于科学哲学的观点的帮助才能形成。这仿佛是一个矛盾：一方面自然科学的发展促使哲学必须走上以世界的统一性作为研究对象的科学道路；另一方面为哲学变革所必需的社会科学却又只能依赖哲学科学的观点之帮助才能建立起来。而这一矛盾正是科学认识发展的规律。这一矛盾表明：哲学对象的变革不单纯是缩小哲学研究范围的问题，它必须在与哲学内容变革相适应的过程中才能完成，即哲学对象的变革，同时也就是哲学内容的变革。这也就是说，自然科学与社会科学发展的不调和，构成了哲学科学变革必须解决的首要矛盾，只有建立起科学的社会历史观，才能够完成哲学科学的创造。哲学的变革与社会科学的建立成为一个问题的两个方面（这里是专就哲学社会学的关系方面来说的）。

在马克思主义哲学产生以前，作为社会科学理论基础的社会学或社会历史观没有形成为真正的科学。社会科学研究的对象是人类社会本身的发展，它比自然科学研究的对象要复杂得多。在社会生活的发展中，并不是存在于自然中的那种盲目的力量的相互作用，社会的发展规律是通过人的一定的思想动机体现出来的，特别是在阶级社会要通过阶级利益的折光反映出来。这一特点就造成了人们认识社会规律的困难性。在马克思主义产生以前，社会学差不多处于完全依赖哲学理论的地位，依据各个哲学派别的一般哲学观点为转移，而抽象地从其中引申出自己的基本原理，并借以整理已获得的材料使其系统化。社会学在基本原理方面的进步，一方面依赖于阶级斗争的发展，而在理论方面则完全依赖于哲学本身的进步。在这种情况下，社会学不但根本不可能从哲学中分化出来，并且连这种分化的基础，即作为独立科学发展的基础也不具备。社会学尚处在幼稚的未成形的状态而孕育在哲学的母体之中。唯心主义哲学用纯系主观的虚构来说明社会学的进步与发展，这自不待言，就是以前的唯物主义哲学的社会历史观，也基本上没有摆脱主观的虚构。

这一点决不是说，过去社会学的发展虽然没有什么成就。但社会学以及其他历史科学的发展，也曾积累了许多有价值的甚至非常伟大的思想。例如18世纪法国唯物主义者就提出过社会环境决定人的思想的观点；19世纪初期法国和英国的历史学家们，则更前进了一步，他们曾试图从阶级斗争的观点来分析17世纪的英国革命和18世纪的法国革命，甚至达到了"财产关系决定社会制度、政治制度"的结论，而圣西门不仅正确地指出了1789年的法国革命是第三等级反对封建贵族的阶级斗争，并且还进一步看到了阶级统治的状况取决于生产发展的客观需要；英国古典经济学家亚当·斯密、里①嘉图等人，创立了劳动价值学说，并力图从资本主义的经济结构出发去说明资本主义的阶级划分，等等。所有这些，都意味着在马克思主义出现以前，社会理论的发展，也取得了某些堪称巨大的成就。但尽管如此，以前的社会学却始终并未把自己置于科学基础之上，未能揭示出社会发展的根本规律，因而也就未能使社会学理论变成科学的理论。

---

① 今译为"李"。——编者注

造成这种情况的原因，从社会的实际生活方面来说，是因为先前所有这些历史学家都是剥削阶级的学者，他们不论自觉的或自发的总是以他们所代表的那个剥削阶级的利益为出发点的，这样使他们一触及与剥削阶级利益密切关联的问题时，就不能作出客观的科学的解释来；从它的理论基础方面说，这些历史学家、哲学家，他们大部分人虽在世界观（实质是自然观）上是唯物主义的，但他们借以建立他们对于社会的理论的观点却是唯心主义；而从社会学问题的本身来说，上面两方面的原因集中起来，首先表现在他们从来未能科学地解决社会学当中的基本问题。

社会学的基本问题，也就是关于社会的本质的问题。由于社会实质上只是在劳动生产基础上的人们的社会关系的总体，因而，关于社会的本质问题，归根到底也可以说就是一个关于人的本质的问题。唯心主义在任何时候都不可能正确地理解人，旧唯物主义也由于始终未能弄清楚人是甚么①的问题，因而他们也同样不能了解社会的本质②。

从17世纪的霍布斯、斯宾诺莎，直到18世纪的法国唯物主义者，他们都曾以人作为中心来说明社会，把人看作是整个自然界的一个有机环节，把人的社会看作整个自然界的一个组成部分，并从这种观点来说明人及社会。把人看作是一种自然的物质的东西，把社会看作是物质世界的一部分，这表现了18世纪的法国唯物主义者及其先驱者们，确曾作过用唯物主义说明社会和人的尝试，并且有过某些进步。但是，说人是自然的物质的东西，并从人的自然物质性把社会归结为物质世界的一部分，这不过只是找到了人及人以外的存在物的一个基本共性。如果停滞在一般共性的了解上，又如何来说明人及人类社会区别于其他物质东西，特别是区别于动物所具有的特殊性呢？

由于他们把人的物质的客观实在性仅仅归结为生物的或自然物质的存在，他们就不能不纯粹从自然方面来观察人的本质，并且又因为当时自然科学以力学为最发展，其他科学都尚处于萌芽状态中，所以他们在具体说

---

① "甚么"，即现在所言的"什么"。——编者注
② 这两个问题是分不开的。旧唯物主义正是因为不能从社会去了解人，才使他们既弄不清人的本质，也弄不清社会的本质。

明上，就不能不找到机械的力学规律作说明的基础。从这一点出发，他们不能不连人的社会性也完全机械化了。例如霍布斯，他认为人作为一个生物体的存在，当然是自然物体之一；由人所创造的社会，同样亦是一个物体。这样，人虽具有双重的本性，即作为自然物体的自然本性和作为社会物体一分子的社会本性，但无论前者或后者却又都受着严格的自然的或力学的规律所支配。18世纪的法国唯物主义者拉美特里甚至简捷地肯定说：人是机器。在这一时期比较富有辩证法思想的狄德罗，也只试图用作用与反作用的原理说明生命现象。

单纯把人看作是一个生物机体或用力学的规律是不能说明人的本质的，特别是不能用来说明由人所组成的社会。人不单是一个生物，而且是有理性有思想的生物。人的任何行动都是受人的自觉的思想动机支配的。如果把人归结为一个生物活动体，如何能说明人的思想及其动机的起源呢？唯物主义认识论的基本原则是必须承认：任何认识都只能是一定的对象的反映，意识的内容就是客观的现实存在。然而人虽是一个生物的机体，却具有和生物不同的多样性的和复杂的思想观点、社会意识。这些多样化的和复杂的思想观点、社会意识，绝不是起源于人的自然机体及其生物过程的任何特性。把人单纯看作是一个自然的生物，绝找不到人的思想观点、社会意识的客观根源。既不能用人的机体的生理结构来说明人的社会思想及其动机的来源，又不能用力学规律来解释这一点，于是他们只好把思想观点、社会意识看作历史最后的起因了。于是他们从唯物主义的前提出发，在贯彻这一前提中却陷入于不可自拔的矛盾。而为了解脱这种矛盾状况，惟一的一条出路，就只有把这种思想及其动机的来源归之于某种神秘的天性。法国唯物主义者正是走了这条路，他们认为，这乃是人的天性的反映和表现。

如果从这一点去理解，"天性"这个范畴可以认为是具有一定实际意义的，即：所谓天性，也就是人的本性；而所谓人的本性，也不过就是决定人作为人而存在的那种特殊的物质性或客观的实在性。但是人的客观实在性究竟是什么呢？法国唯物主义者及其先驱者们都没有而且不能够正确地予以指明。因为他们既把人看作是一种生物个体的存在物，顶多把人的天性归结为人作为生物的存在以及表现在人的特殊自然气质之中的生物学的客观实在性。然而，不能揭示出人能够成为人的客观实在性，用生物的本性绝不可能说明人的各种社会思想和理论的反映对象，以及产生这些思想动机和理论观点的来源。因此，他们所说的人的"天性"，对于他们只不过是一个没有客观内容的空洞抽象。这种空洞的抽象和认为社会思想、社会理论起源于"无"，或起源于自身、起源于思想属性本身是没有什么分别的。人的思想、意识是没有客观来源的，而思想却支配着人的行动，正是人的这种由思想支配的行动造成了一系列的社会历史过程。这样，也就使18世纪法国唯物主义者不能不脱离他们的出发点，而转向与唯物主义完全相反的原则上面去。他们作出了"是意见支配世界"的结论。他们从唯物主义转向了唯心主义。在社会认识上的唯心主义观点，这是马克思主义以前一切旧唯物主义所共同具有的特点。在马克思主义以前，任何唯物主义者都不能够了解人的本质，因而也就不能把唯物主义原则彻底贯彻于社会领域之中。

应当承认，单从人的社会思想和社会理论观点起源于人的"本性"（人具有的性质）这一公式本身来看，可以并应该认为不是错误的。但全部问题在于必须揭示人的"本性"的基础是什么东西，是什么决定着人具有与动物不同的根本性质。这就是关于人的存在基础的客观实在性问题。说人的思想、理论观点起源于人的"本性"，是这个"本性"的反映，这就是说，人的社会思想和理论观点是起源于人的客观实在性本身，就是人的客观实在性的反映，而由这种思想和理论观点所支配的人的行动以及所制约的一切历史过程，自然也就是由人所固有的这种客观实在性本身所决定的了。

黑格尔把人变成了观念，认为人的本性就存在于人这个概念的内容之中。在他看来，人的实在性，就在于是一种思维的实体的存在，是宇宙精神发展到一定阶段的表现。宇宙精神在这一阶段上所具有的全部关系的总和，都作为一些发展的契机而潜伏于人的这一概念内容之中，全部人类的历史，不过是这一概念所固有的一切关系和一切契机的自我表现或外在化的过程而已。而在这个所谓外在化的过程中，那些制约着人的历史行动的社会思想、理论观点，也就是人在不自觉中对自己的内在本质的自我意识。这就是黑格尔唯心主义历史观的基本实质。当然即使在这里也同样闪烁着黑格尔把人作为历史担当者的自我发展的辩证法思想。

在黑格尔以后，费尔巴哈第一个站在唯物主义立场上尖锐地批判了唯心主义对人的说明。费尔巴哈认为，人绝不是一个所谓观念的理性的存在，人是一个有血有肉并处于与自然同一关系中的"感性存在"。这当然是对的。并且，在粉碎黑格尔唯心主义的呓语一点上，费尔巴哈还是有很大的功绩的。但是，费尔巴哈只不过是把人归结为一个物质的感性存在物，此外并没有真正再向前走，因而他仍停滞于18世纪法国唯物主义者的水平上面，把人仅仅看作是自然的生物的存在，而没有指出区别于自然生物的真正属于人的存在的特殊基础。费尔巴哈仍然没有能够跳出在社会历史观上的唯心主义泥潭。

这说明了，把唯物主义原则贯彻于社会领域中，绝不是简单地以一般的物质性说明人的存在就可以达到的。人的意识之中，自然包括了对人的生物的自然特性的反映，而人的社会意识却在根本上有着不同于生物存在的物质根源。为了解决人的本质问题，关键问题就在于，必须找到一般的唯物主义原则，和生物的一般的物质性，在社会中和在人的身上究竟表现在怎样一种特殊性之中。

这一点，只是由马克思主义的产生才得到了解决。由于这一问题的解决，从而也就找到了正确理解全部社会生活秘密的钥匙。

在批判费尔巴哈的思想时，即在马克思所写的《费尔巴哈论纲》①中，马克思第一次提出了对于人的本质问题——这个作为全部历史科学基础的根本问题的科学说明。人究竟是什么呢？人既不是理性的存在物，也并非某种自然的生物存在，马克思宣布说，人作为人的那种客观实在性，就在于他的社会实践性。当然，马克思在《论纲》中并没有直接地说过这样的话，但从他的话中却完全可以看得出这个事实。他写道："……人的本质，并不是个别的个体所具有的抽象属性。就其现实性来说，它是一切社会关系的总

---

① 本文以下简称"《论纲》"。——编者注

和。"① 什么是社会关系的总和呢？这就是人在社会集体中与他人的相互作用，这种相互作用表现在每一个人的活动中。因此，人所以构成了这种关系正是由于他的社会实践，而这种社会实践的性质就构成了人的社会本质。

这样，在历史上，出现了一个伟大的思想，即把人的本质和其社会实践性统一起来加以考察的思想。在马克思看来，人所以作为人而存在，首先是因为社会的存在；而社会存在的本质，又是人的社会实践。因而，任何个人的本质，也就不在于他的自然机体特性，而是在于他作为从事社会实践的一个分子所具有的那种与他人的关系。人的本质，就是他在社会实践中所具有的社会关系的总和。社会实践，这才是人的真正的客观实在性。人所以具有不同于生物的思维能力，也正是由人所具有的这个特殊本质所决定的，并且它还是在人们这种本质的形成的同一过程中形成的；人的各种思想动机、理论观点，也都不是别的，都不过是人们社会实践的产物和反映；由人的思想动机所制约的历史过程，归根到底也就不是思想的产物，而是人的社会实践的结果。这样就一方面克服了旧唯物主义的"天性"的空洞抽象，赋予它以唯物主义的内容；同时又克服了黑格尔的唯心主义神秘主义，使历史观转变为唯物主义辩证法的科学观点。

马克思在写成他的《费尔巴哈论纲》不久，在与恩格斯合著的《德意志意识形态》一书中，又进一步明确了这一思想，把人的客观实在性从社会实践的认识进一步引申到了生产实践这一更为深刻的观点。在马克思和恩格斯看来，人的社会实践，在本质上也就是人的生产实践，即人在集体存在中积极地作用于自然的劳动生产活动。所有其他方面的实践一方面起源于这一基本的实践活动，并又从属于、服务于这一基本活动。在这一意义上可以说，生产实践的内部就把其他的实践作为它所必要的一部分和一个环节而包括于自身的关系中了。

马克思和恩格斯写道："……个人所表现的他的生活，便恰是他自己。所以他是甚么，是和他的生产'方法'一致，不问他是以之而作何生产，也不问以之而如何生产。所以个人是什么，是依存在他的生产之物质的诸

---

① 《马克思恩格斯文选》（两卷集）第 2 卷，苏联外国文书籍出版局 1955 年中文版，第 403 页。

条件。"① 在同书的另一地方又写道："……人们不是在自己或他人的观念中所可显现的那样，宁是如他们实际上，是怎样的那样……也就是如他们在既定的物质的与和他们的意趣不相干的诸限制，诸前提，及诸条件之下面为着的那样。"②

马克思、恩格斯这两段话的意思就是说，人的存在，就表现在他的生产实践的客观性上面，每个个人，他的本质首先取决于他在这生产实践中所具有的生产关系，依存于社会生产实践的性质。如果说生命是蛋白质的存在形式，那么我们可以说生产就是作为生命的特殊现象的人的存在形式了，人就是存在于生产形式中的生命现象。所以人之能够成为人，这首先是和人的生产活动这个存在条件直接相同一的。对于社会的整体来说，同样是如此。人不仅以此与动物相区别，人所以不同于动物的种或类是一些个体的机械总和，人能够形成为一个具有内在联系的统一的社会整体，其根本基础，亦在于人的社会生产实践。因为生产是人的存在形式，这除了说明人之区别于动物的特殊物质性之外，还表明了，人首先不是作为单独的个人存在的，因为生产并不是人的孤独个体的活动，而是在一定相互关系中的人的社会的集体的活动，正由于这个集体的活动，人才能够以一个区别于动物的个体而存在。社会中的任何个人都必须是这个作用于自然的社会机体中的一部分，他在其中占据着一定的地位，同时具有与社会整体的一定关系。而他与整体的这个一定关系的总和，恰恰构成了个人的本质。因此，即使从个人的存在来说，他也同样是作为一个社会的存在物而存在的，是从他的个人方面表现出来的不断作用自然的社会存在。

个人的存在，是他固有的社会关系的总和，这可以从两方面来看。首先，个人在社会的整体中，他必然在社会的分工中肩负一定的职能，通过这一职能而与从事其他活动的人们具有着一定的关系和相互间的制约性；其次，个人在劳动过程中的这种相互制约性，是由一定的方式结合起来的，结合的方式不同，处于分工下的各个集团和个人的相互关系和其地位也就不同。例如脑力劳动与体力劳动在阶级社会是处于一种关系中，而在

---

① 马克思、恩格斯：《德意志意识形态》，郭沫若译，群益出版社1950年版，第51页。
② 马克思、恩格斯：《德意志意识形态》，郭沫若译，群益出版社1947年版，第52页。

社会主义条件下则处于另一种关系中。每一个人由于劳动分工以及他所处的地位所决定的与他人的关系，就构成着他个人的现实本质。这就是说，每一个个人都能够从他个人这一角度表现出社会集体存在的性质。

由此可以看到，从人的生产实践性上，不单能够了解人的本质是什么，由于从社会性去了解人的性质，同时也就了解了社会的本质和人类历史发展的实质。黑格尔曾把人之异于动物的特性归结为人的有思想，费尔巴哈则把思想归结为人的存在的属性，只有马克思主义哲学才找到了能够把人和动物区别开来，并能够产生人的思维和作为人的思维对象的真实基础，这就是人的社会生产实践的活动。只有从这一前提出发，才能够科学地说明人们思想动机的来源、对象和第二性的基础，赋予人的一切活动起源自人的"本性"这一公式以唯物主义的科学内容。意识是存在的属性和反映这一唯物主义的基本原则第一次在社会历史中得到了科学的说明，找到了特殊的具体表现形式。

从前，人们（譬如圣西门、亚当·斯密等）看到了生产实践在社会发展中的巨大作用，但他们却看不到生产实践就是人自身具有的一种特性，并且是构成本质的特性，因而，在他们看来，人不是由于生产实践才变成人的，相反地，人却是生产实践之外的一种生物个体。这样，他们就不可能了解生产、经济的真正作用，而必然把生产实践看作是人的自觉结合的产物，而把生产的发展归结于人的智慧和科学的发展。所以，在他们那里是先有了人（个体的人），然后才有人类社会，最后才有社会生产。这就是他们虽然看到了经济结构是阶级区分的基础，但到头来又不能不用精神方面的因素来解释那些重要社会现象的原因。

马克思和恩格斯则完全不同。他们把人的本质直接和社会生产实践统一起来了，认为人的存在就是社会生产的存在，人类的发展也首先是社会生产实践的发展，由此揭示出了社会生产实践自身发展的辩证法，于是就说明了阶级的起源及其发展的根据，一下子就把社会学从根本上放置于唯物主义的科学基地上了。

马克思和恩格斯从生产是人（社会）的存在形式出发，揭示出了社会现象和历史发展的内在统一性及其基本联系，把社会历史的运动归结为生产运动形态,并由此科学地解释了各种社会意识的起源及其演变,这就把唯物主义的原则引入历史领域之中,从而把历史研究推上了科学的道路。这就是历史唯物主义的产生。

历史唯物主义的产生,意味着使社会学或社会历史观变成了科学。历史唯物主义解决了社会生活的本质问题,这就奠定了社会科学诞生的理论基础。从这一基本认识出发,才有可能说明社会生活其他方面的各种现象的变化。历史唯物主义的建立,产生了一门新的科学,关于社会的一般联系及一般规律的科学。

恩格斯说:"像自然哲学一样,历史哲学、法权哲学、宗教哲学等等都是拿哲学家所臆想出的联系来代替那应当在事件中去发现的现实的联系;他们把历史——无论其全部或各个部分看作是观念之逐渐实现,并且不言而喻的,始终只是每个哲学家所喜爱的观念之逐渐实现。从这观点可以得出一个结论,历史是不自觉地、但必然地为了实现某一种理想的、事先抱定的目的而工作的。比如,在黑格尔那里,这样的目的便是实现他的绝对观念,据他的意见,力图达到这个绝对观念的坚定志向便形成历史事件中的内部联系。这样,也就是拿某种新的、不自觉的或渐次意识到的神秘的天意,来代替现实的、还不知道的联系了。由此可见,在这里,正如在自然领域内一样,也必须以发现现实的联系来排除这种虚构的、人为的联系。这一任务,归根结蒂,是在于发现那在人类社会史上作为支配法则而起作用的一般运动法则。"① 以实际的联系,代替幻想的联系,从而发现社会发展的一般运动规律,这是马克思、恩格斯以前的任何哲学家——无论是唯物主义者还是唯心主义者——所绝对不可能完成的。因为尽管他们能够把社会生活的发展以及社会各方面现象的统一性作为研究的对象,但他们却从来不能正确地理解社会生活这一特殊现象的物质基础究竟是什么。如果不能揭示出社会生活的物质基础,那么对于社会的认识,就不可能放在科学的基础之上。正如列宁在《什么是"人民之友"以及他们如何攻击社会民主党人》一书中所指出的,一般地说,马克思、恩格斯以前的

---

① 恩格斯:《费尔巴哈与德国古典哲学的终结》,张仲实译,人民出版社1954年版,第53页。

一切社会理论，都是建立在什么是社会、什么是人性等由主观任意规定的毫无实际内容的空洞概念上面，从这些由主观规定的概念中引申出关于社会的整套理论。这种理论之无科学内容是不言而喻的。19世纪到20世纪，孔德、斯宾塞及其门徒们，建立起了一套所谓社会学的体系。资产阶级学者们把孔德及斯宾塞说成仿佛是社会学科学的创始人，在他们以后，社会学取得了作为一门独立科学的形式，但这仅仅是形式。如就其内容说，仍然并未逃出唯心主义的主观伪造。虽然孔德主义者曾主张用生物学的方法来研究社会，如上所述，这种归结仍然是以抽象的空洞的概念为基础的。因为"生物的有机体"对于人类社会的发展，如果不赋予它以主观的内容，是什么也说明不了的。只有历史唯物主义理论，才突破了这种以人为联系代替现实联系的理论，而把历史学置于科学基石之上。历史唯物主义的产生在历史学、社会历史观发展中所完成的这一变革的实质，首先就在于它第一次把握住了社会和人之所以为社会和人的那种物质基础或客观的实在性，从而第一次揭示出了在社会学或社会历史观中一向被视为基本的科学范畴的客观实际内容。依据历史唯物主义观点看来，社会不是别的，无非是物质的社会生产的运动形态而已；人也不是别的，不过是表现在物质生产形式中的生命现象而已。这样，作为社会学或社会历史观的科学，它所应当研究的对象，不外是社会生产运动以及在此基础上各社会现象的一般发展规律而已。社会学或历史学既然把握住了它所研究的对象的客观实在性，它就不再是由空洞的毫无内容的抽象社会和抽象人性出发演绎出的虚构理论了，不再是以幻想的联系代替实际联系的主观理论了，而是从现实出发，揭示客观联系及其发展规律的科学了。历史唯物主义奠定了社会学的科学基础，把社会学推上了科学发展的道路，这同时就是说，历史唯物主义本身就是这样的理论：历史唯物主义就是马克思列宁主义的社会学，就是科学的社会学的别名。

历史唯物主义的出现不仅把社会学或历史学变成了科学，与此相适应的，同时也把其他一切对社会的认识置于科学的基地上了。

在任何一个有许多同类科学部门共同研究的较广的研究领域中，如果与这一领域各科学相适应的那个一般的理论科学、基础科学，还基本上没有形成，没有走上科学道路，那么，这个领域内的一切其他科学部门，也必然不可能取得科学的形态，而不能不处于极其幼稚的状态之中。历史唯物主义产生以前，既然社会学这一社会科学的理论基础尚处在幼稚状态中，其他具体的社会科学也就不可能形成真正科学的内容。那时哲学仅仅通过法权哲学、宗教哲学、伦理学、美学等部门对社会发展其他方面的现象，作着基本上是主观的和一般的理论说明。它们从未深入于社会的本质之中，顶多只停滞于个别材料的搜集和描述上，或在个别事实的解释上表现出某些天才的猜测。这正如在达尔文的进化论没有建立以前，有关生物发展的各门具体科学都不具有科学内容和科学基础一样。人们不了解人的本质以及社会的本质，也绝不会了解社会和人在特定方面的具体表现的本质。但是相反地，当着社会学揭示出了所谓"人性"的客观实在性，揭示出了社会的物质基础以后，人们也就有可能科学地说明社会和人的特定方面表现的本质了。因为如果说社会在本质上不过是生产运动的形态，那么，社会的某一特定方面就不过是社会生产的特定表现或现象。随着历史唯物主义的产生，各门具体的社会科学也同时把握住了其研究对象的客观实在性，从而走上了科学发展的道路。

由历史唯物主义的产生才把社会认识置于科学基础上这一点可以说，在马克思和恩格斯以前是没有所谓真正的社会科学的，只是随着历史唯物主义的建立，才有了真正的社会科学。因此列宁说，"正如达尔文……第一次把生物学放置到完全是科学的基础上来……一样，马克思——第一次把社会学放置到科学的基础上来"①，并曾把历史唯物主义直接称为社会科学的别名，称为是惟一的科学历史观。

这就是历史唯物主义的产生所实现的巨大变革的基本内容之一。

历史唯物主义的产生，这绝不是偶然的。这里不谈社会条件（包括阶级斗争），这是人们熟悉的，为了问题的集中，本文只谈谈理论方面。从这方面来说，历史唯物主义乃是以前的哲学发展到一定阶段上的必然产物。这里所谓的以前的哲学，是包括着社会历史观在内的。同时在所谓

---

① 《列宁文选》（两卷集）第 1 卷，苏联外国文书籍出版局 1950 年中文版，第 99—100 页。

"以前的哲学发展"中，也包括其他如自然科学、各种社会科学的发展及其对哲学的作用。从这个前提出发，单就哲学的发展对历史唯物主义的作用来看，它主要表现在下面两个方面：

首先，哲学的发展与进步，特别是唯物主义的发展与进步，在前后相继的哲学观点的更替中，为社会学或社会历史观提供了能够发展的方法论基础。这个促使社会学不断进步的方法论基础发展到一定的阶段，正是历史唯物主义产生的根本理论前提。

在马克思和恩格斯的时代，从一般的哲学观点的发展上看，哲学发展的成果一方面集中地表现在黑格尔的辩证法思想中，一方面集中地表现在费尔巴哈的唯物主义思想中，而由于这两个方面在科学基础和总结革命实践经验的基础上的内在统一及进一步发展，于是出现了马克思与恩格斯的辩证唯物主义思想。没有这种辩证唯物主义思想或唯物辩证法的思想，科学的社会学是不可能出现的；而不利用哲学发展中的这些先进的思想，用以改造社会学的唯物辩证法的科学理论与方法又是不可能达到的。

例如17、18世纪的西欧唯物主义者，他们虽然提出了考察社会的一般唯物主义方法，但由于他们的唯物主义是机械的、形而上学的，因此，他们就不能不在所提出的正确的前提的另一方面，陷于错误之中。如他们仅仅注意到了社会与自然作为统一世界整体的物质同一性，却没有着重这个同一中的差别性，正是由于这个理由，就使他们陷于把人归结为生物个体、把社会归结为生物个体机械总和的简单结论。他们不能解决社会的物质基础问题，固然也由于当时的历史条件、生产水平尚不易使人看到人与社会生产之间的内在联系的同一性，而由于他们研究方法上的这个缺点，他们就根本没有可能解决这一问题了。马克思和恩格斯创造性地经过改造、发展而运用了黑格尔哲学的合理内核——辩证法，于是克服了费尔巴哈以及17、18世纪唯物主义的机械的形而上学的性质，提出了唯物辩证法的基本思想。从这一基本思想提出的研究社会的方法是：一方面要坚持社会与自然的物质的同一性；另一方面又要在其同一性中找出社会区别于自然生物的特殊性。唯物辩证法的研究方法就是必须从社会与自然的对立统一中去观察社会的方法。马克思与恩格斯第一次解决了社会及人的本质问题，除了生产的发展已明显地暴露出生产对于社会和人的基本作用、阶级等条件而外，这个科学的研究方法是起了决定性的作用的。只有在这个方法的指导下，才可能把社会发展中已成熟的任务，在理论上加以解决。

其次，社会学在一般哲学观点的培育下，不单在研究方法上受着哲学发展的决定性影响，社会学作为哲学的一个组成部分，在它发展中也为自己向着科学社会学的过渡准备了理论上的前提，从而也就是为自己从哲学中分化出来成为一门独立的科学准备了条件。以前的社会学以及其他各种具体的社会科学的发展，不仅积累了大量的科学材料，并且也不断试图解决着社会学的基本问题，关于社会发展基础的问题。18世纪的法国唯物主义者，在他们的唯物主义思想的指导下，不仅在出发点上把社会和人的存在，看作是和自然生物同样的物质的存在，并且还根据他们的唯物主义认识论的原则——一切观念皆起源于感觉、起源于外部世界——出发，力图探寻社会理论观点的客观根源。他们曾宣称：人的一切思想观点、道德风尚都起源于社会的环境。这是一个光辉的唯物主义思想，是力图摆脱用思想和主观意识解释社会发展的一种努力。但在进一步解决社会环境的实质问题时，由于他们把社会环境只看成为政治法律制度，于是又回到了一切起源于人这一自然生物的主观"天性"的相反原则去了。继18世纪法国唯物主义之后，如前面已经指出过的，19世纪法国和英国的历史学家以及圣·西门等人对社会历史的研究，已经达到了这样的认识：政治演变虽是历史事件的直接动因，但政治演变却又是由阶级关系或财产关系的演变所决定的；而阶级关系或财产关系的演变，据圣西门的看法，是由生产的演变所引起的。普列汉诺夫在描述圣西门的这一思想时曾写过下面这一段话"……假如迭利、米尼及基佐都指出了财产关系是整个社会制度底基础，那么，圣西门首先异常鲜明地照明了新欧洲这些关系的历史，并继续前进，自己问自己道，为什么正是这些关系，而不是别的任何关系起这样重要的作用呢？按他的意见，回答应该在产业发展底需要中去找寻……为什么产业底需要在人类历史上有这样的决定的意义呢？对于这一问题，圣西门回答道：因为，生产是任何社会联合底目的……"① （但是如果问，生产的演变又是由什么决定的呢？他却又回答说是人类智慧的发展，这样，最后又回到主观因素上去了。）历史上对于这一基本问题研究的层层深入，终于归结到了生产和人的内在联系如何的问题上。显而易见，如果没有前人的这一切研究成果，连问题的提出都要从头开始，那么对于问题的解决就很难设想了。

从以上两个方面来看，我们可以说，科学的社会学——历史唯物主义的产生，正是以前的哲学发展的结果（限于篇幅与本文的主题，这里没有谈它的社会历史原因），因而也就是全部人类认识发展到一定阶段上的必然产物。

因此，在马克思主义产生以前，社会学或社会历史观作为哲学的一个部门被包括在哲学之中，便是一个不可避免的必然现象了。

三、历史唯物主义的建立与哲学变革的完成

没有哲学的科学方法作指导，历史唯物主义不能产生，历史学不能形成为科学，这已如上述。但这绝不是说，历史唯物主义是在哲学科学建立起来以后才产生的。根据我们在第一部分中的说明可以了解，历史学科学的建立，这又是哲学完成变革的必需基础之一。因此，上一部分关于哲学的发展对历史学科学的建立所起的作用，这不过仅仅是问题的一个方面。在历史唯物主义的产生与哲学发展之间的相互关系中还有着同样重要的另一方面，这就是：如果没有历史唯物主义的建立，哲学走上科学的道路又是不可能的。历史唯物主义与哲学就是在这样的相互适应的关系中发展起来的。哲学的发展促成了历史学科学的形成，而历史唯物主义的建立，又使哲学在这一新的科学基础上获得了更进一步的发展。历史唯物主义的创立，把哲学唯物主义理论提到了新的水平上面，使它具有了新的面貌：第

---

① ［苏］普列汉诺夫：《论一元论历史观之发展》，博古译，新华书店1949年版，第60—61页。

一次变成了真正的科学。

紧接马克思主义以前的旧哲学唯物主义的基本缺点，就在于他们的机械性、形而上学性、在社会生活上的不彻底性。旧唯物主义的这三个基本缺点，乃是旧唯物主义哲学底根本性的缺点。这就是说，旧唯物主义理论作为哲学唯物主义理论来说，并不仅仅是在某些个别方面具有缺点或片面性，譬如缺乏唯物主义的历史观等等，问题是在于：由于这三个基本缺点，局限了旧唯物主义理论的水平，使他们不可能达到科学的高度，不能成为科学的哲学。例如哲学所解决的中心问题，关于世界的本质的问题，这个问题在实质上也就是人们对世界的认识的根本问题；而认识本身不单是自然发展的产物，同时是社会发展的产物。很明显，如果不解决社会生活的本质问题，就不可能解决有关认识的根本问题，当然也就谈不到彻底解决关于世界本质的认识问题了。

因此，从哲学自身的发展来说，要想把唯物主义理论提高到科学的水平上来，就不能不解决社会的本质问题。

即使对于克服旧唯物主义的机械性与形而上学性的缺点来说，也是直接和这一问题的解决关联着的。克服旧唯物主义的机械性与形而上学性，并不是简单地从黑格尔哲学中摄取他的辩证法，使之和唯物主义的基本原则相统一起来就可完成的。要用唯物主义去改造黑格尔的辩证法，就必须进一步推进唯物主义理论，在唯物主义理论的进一步发展中才可能与辩证法形成内在有机的统一，并完成新哲学的创造。当然反过来说，要推进唯物主义理论，又必须以唯物辩证法的基本思想为前提，也就是必须把这个思想运用于唯物主义问题的研究中去。

推进唯物主义、发展唯物主义的工作在有了唯物辩证法的基本思想之后，便集中在这一焦点上，即依赖于历史唯物主义的建立。马克思与恩格斯的初期理论活动完全证明了这一点。他们用了大部分精力在历史的研究上面，把分析现实社会生活作为他们批判地继承旧哲学和建立新哲学的出发点。因此，历史唯物主义的建立，对于哲学自身的发展——哲学变成科学——确实有极其重要的意义。

那么历史唯物主义的产生对于哲学变革的影响究竟是些什么呢？

为了说明这一点，我们必须对哲学本身的内容作一番具体的分析。

如大家所知道的，所谓唯物主义的理论，实质上就是关于"存在决定意识"的一般观点和理论的体系。而所谓"存在决定意识"，在内容上基本包括下面两个方面的问题：第一，这是说呈现于人的意识中的世界各现象以及人本身的存在，乃是反映于意识之中而存在于意识之外的客观实在，意识只不过是这种客观实在现象的反映，因而意识对其反映的客观对象来说乃是第二性的，不依赖意识的客观实在的物质是第一性的；第二，能够反映外界对象的这种意识，不过是人这种客观实在的物质体所具有的一种属性，离开了人的存在，也就没有真正意义上的产生意识的客观实在的主体。因而，所谓存在决定意识，这也就是说意识是存在的属性并是对存在自身的反映，或者说，意识就是存在发展到一定阶段上所产生的一种对其自身能够进行反映的属性。简单说来，这就是存在决定意识这一唯物主义基本原则的一般意义。

存在决定意识，作为唯物主义哲学的基本命题，它是最具有一般性的普遍适用的原理。正因为它是具有最一般性的原理（即关于解决世界整体的本质问题的原理），它就必然具有深刻的丰富的内容。也就是说，这一带有一般性的基本思想，必须是在概括各种科学的材料的基础上形成起来，只有这样，才能够使这一思想普遍地贯彻到各个领域中去。

然而旧唯物主义却不是这样的。这一原理对于他们来说，并不是在概括了各个基本领域的材料的基础上形成的，因而，就大大局限了这一基本思想的普遍适用性，并简化了这一思想的全部丰富内容。

首先，我们从意识是存在的属性这一方面分析。

关于意识是存在的属性这一原理，从一般意义上的了解看来，旧唯物主义和辩证唯物主义的立场是完全一致的。18世纪法国唯物主义者如狄德罗、霍尔巴赫、拉美特里等人都把注意力放在这一方面，并曾力图从当时的自然科学材料中来说明意识作为物质的属性的意义。费尔巴哈更从"真正意义上的意识只有人才具有"这一点出发，对于意识和存在的关系，认为是人这一主体所具有的关于其本身和自然的一切映象、观念和人的存在与自然存在的关系问题。由于唯物主义与唯心主义的争论基本上是由观念体系所组成的主观世界是惟一的实在，还是不依意识为转移的客观实在是观念基础的问题，费尔巴哈强调肯定只有把人作为主要考察的对象才能真正解决这一问题。费尔巴哈把他的唯物主义称为人本主义，就是这个道理。

费尔巴哈在解决哲学根本问题上把人作为主要的考察对象，这无疑是一个正确的并且是一个很有历史意义的思想。但是，和他的先驱者的思想一样，费尔巴哈也没有能够了解人的基本物质性。马克思和恩格斯说"费尔巴哈比较那些'纯粹的唯物论者'不消说是远胜一筹，因为他也认定了，人也是'感官上的对象物'；而不看成'感官上的营为'"①，不把人的实践性，作为感官上的对象物来把握，从而不了解人所以成为人就因为他的实践性，这就决定了旧的资产阶级唯物主义理论虽把意识（真正意义上的）归结为人的物质的属性，由于不了解人作为实在物质体的特殊本质，也就不能了解人具有意识属性的这一事实的本质。究竟这一属性是人的怎样的本质的表现呢？如果把人仅仅了解为一个自然生物的存在，就必然会认为所谓意识这个属性亦不过就是人的生物本质的表现了。意识起源于人的生物存在的本质，意识是纯自然的属性，这就是旧唯物主义的说明。

然而这个解释是说明不了问题的。在实际上，人的本质首先并不在于它的生物学的存在，而首先是在于它的社会的存在，这种社会的存在只能是它的社会实践性。人之具有意识这一属性正是由人的这一本质所决定的。我们说意识是人的属性，这实质上也就是说，意识是作为社会存在和社会实践的人所具有的属性。因为只有这一点才能把人和动物根本区别开来。

不把意识看作是人作为社会实践的"动物"才具有的属性，不能说明意识的社会性质及其社会根源，这是旧的资产阶级唯物主义理论在"存在决定意识"这一思想上的根本缺点之一。马克思主义哲学唯物主义和旧唯物主义的根本对立的区别之一，也正在于克服了他们这个基本缺点。

---

① 马克思、恩格斯：《德意志意识形态》，郭沫若译，群益出版社1950年版，第59页。

旧的资产阶级唯物主义这个缺点，表明了他们的唯物主义并不是概括了一切基本领域的事实的科学的结论，而仅仅是从对自然现象（包括生物学的人的自然属性在内）的概括中所作出来的结论。这个公式对于他们来说是片面的和不完善的。正因为如此，他们也就难于把这一公式贯彻到各个方面去。不了解社会学上的人的本质，局限了唯物主义基本原则的普遍适用性。从另一方面说，历史唯物主义的出现，这也就不仅把社会学变成了科学，同时也把意识是存在的属性这一哲学唯物主义的公式提高到了具有普遍适用性的科学水平上面。①

其次，再从意识是存在的反映这一方面分析。

如果说真正意义上的意识，只是人这种客观实在的物质的属性，那么，人的意识就其反映的对象和来源说，当然必须是人的存在和人以外的自然存在二者的共同反映了。旧的资产阶级唯物主义也是如此看待的。费尔巴哈还特别强调了人作为现实的客观存在，同样是人自己的感官上的对象物。但亦如上面曾经说明过的，由于旧的资产阶级理论并不懂得人的社会实在性，所以在这一原理上，所谓意识是人的存在与自然的存在的反映，其中人的存在也只是指人的自然存在方面，而没有把真正意义的社会存在包括在内。旧唯物主义者眼中的存在，只是自然，而把存在中的社会性完全看落了。表面上看来，旧唯物主义也一再谈到社会，但他们却从本质上把社会的存在归结为一种自然性了。

把意识所反映的存在只归结为自然的存在，认为意识只反映自然，这一缺点的实质何在呢？这一缺点，就在于根据这样的观点，不但根本不能说明作为存在之反映的意识的真正本质，并且在这一原理的自身，还潜藏着不彻底性的根源，使意识丧失了真正的客观来源，而变成没有对象的反映。在这一问题上，同样暴露了，由于旧唯物主义者不能解决社会学的基本问题——人的或社会的本质问题，而对哲学一般理论原理造成的严重局限性。历史观上的唯心主义，直接损坏着他们的一般唯物主义原理的普遍

---

① 然而在目前所有的哲学教本、教学大纲中，却并没有对这一点予以注意，在谈到意识是物质的属性一点时，没有强调它不过是人的社会实践性的表现这一点，即使在历史唯物主义中也并没有予以足够的注意。

性和彻底性。因此，所谓不懂历史唯物主义，这一方面是意味着在历史观上的唯心主义观点，另一方面就直接表现着一般唯物主义原则不能达到科学水平的局限性。

从科学意义说，所谓"意识是存在的反映"的内容应当是什么呢？从科学意义来说，这一公式必须是在自然知识和社会知识整体的概括中形成的结论，它才是彻底的和具有科学内容的。而这一点显然又必须以科学的社会学作基础。

所谓意识是存在的反映，这首先是说，人的一切思想和观念都起源于人的感性活动，感性活动体现着主体与外部世界的直接联系，它提供着世界诸现象的具体形象。

关于这一点，旧唯物主义也是这样认识的。从培根到洛克，从洛克到18世纪的法国唯物主义者，都是站在这个立场上，而与天赋观念说及贝克莱、休谟的主观唯心主义的观点形成尖锐的对立。19世纪的黑格尔亦曾承认了感性所反映的客体的存在，但黑格尔却把抽象的思想（概念）看作为现实事物本质的存在，认为感性的存在物只不过是思想或概念的派生物。在反对黑格尔唯心主义观点的基础上，费尔巴哈重新诉诸感性的直观，强调与思想判然有别的具体的感性东西的客观实在性，认为这是真实的存在，人的感性活动，也就是具有感觉器官的人和客观的具体实在之间的相互作用，人的一切意识活动都是以这种相互作用为基础的，是在这种活动中体现出来的对客观实在的反映。

从意识是主观与客观之间的联系的建立，是意识者与被意识者的相互关系的建立来说，这无疑是必须依赖感性活动的，并且是感性活动的结果。但是，主体与客体所以能够建立联系的基础、感性活动所以具有如此作用的基础是什么呢？旧的资产阶级理论对这一问题却始终找不到满意的回答。然而正是这一问题才是真正解决意识的起源的关键性问题。旧的资产阶级理论只能说，这是由于客观世界作用于人的感觉器官，因而便出现了意识的反映和主体与客体联系的建立。从这种观点看来，第一，客观世界的存在，对人来说，仅仅是一个可被感觉的对象物，而人的存在，对客观世界来说，也仅仅是一个感觉的主体，人与世界的关系，只是一种感觉与被感觉的关系；第二，在这种关系中，人基本上处在消极的被动的地位，而客观对象处在积极的主动的地位，意识的反映只是对于客观世界的作用的反应和反作用。

但是，第一，我们平日所经常看到、听到、触到即感觉到的一切东西，这已是早为我们所熟知的东西了。这就是说，它们早已进入到了与意识的关系中，早已成为人的感觉对象了。甚至即使我们不接触它们，我们也能够在意识中回忆起它们。然而相反的，一种东西从未被人所知觉过，因而从来也没有进入与人的意识的关系之中，仅仅作为客观实在的东西而存在着，或者说潜伏的具有成为意识对象的可能性，却并没有进入人的意识之中，我们怎样区别这一种对象和上一种对象的不同呢？怎样说明从后者向前者的转化呢？第二，世界上的现象是无穷多样性的，但作为动物的感觉对象而存在的东西，是极其有限的，相反的，对于人来说，作为人的感官对象而存在的东西却是极其丰富的，这个区别又如何说明呢？第三，人的感觉范围虽然比动物宽广得多，然而对世界的客观实在的多样现象说，又是极其有限的，人的发展使人的感官对象的范围日益扩大着，这又如何说明呢？

我们把问题这样具体地提出来，就可以更深刻地了解到旧唯物主义哲学在这一哲学基本原理上的严重局限性。正因为如此，旧唯物主义虽然正确地提出了哲学中的这一基本问题，对他们来说这一问题却是没有得到彻底解决的问题。

要解决这一问题，必须解决人的本质的问题。只有历史唯物主义的产生，才提供了解决这一问题的可能性。根据历史唯物主义对社会和人的了解，既然人是实践的动物，这是和动物根本区别的和人本身不断发展的基础，那么外界对象所以能够转化为人的感觉对象，就不是因为别的，正是因为人的这种实践性。人的感性活动，首先应理解成为实践的活动。

马克思在批判费尔巴哈和一切旧唯物主义者时，指出："从前，一切唯物主义——连费尔巴哈的也包括在内——所含有的主要的缺点，就在于把事物、现实、感性只是从客观方面或从直观方面加以理解，而不是理解为人的感性的活动，不是理解为实践，不是从主观方面加以理解。"① 这一段话深刻地指明了缺乏唯物史观的唯物主义的实质。这一段话指明了，只有把感官的对象物从实践去了解，才能得到说明。在事实上，任何现实存在的事物，当它成为人的直观对象之前，首先要成为实践的对象，然后才能转化为人的意识对象。现实事物和人的意识之间的联系是由人的实践和在实践中建立起来的。

人和动物所不同的，首先是因为人具有能动的改造自然的特性。人不是在采取自然恩赐的现成食物、消极地适应自然环境中生存的，人依靠自己的劳动在积极地变革自然中维持自己的生活。正是由于这种变革自然的活动，以及在此基础上形成的变革人本身的社会关系的活动，才使人和自然及社会的环境发生了直接的内部接触，建立起内在的联系，从而把客观存在的现象转化成为人的意识的对象。实践向人提出了深入认识外界对象内在本质的任务，实践同时又把外界对象的内在本质在变革活动中暴露于人的面前。人的实践越发展，即人变革自然的活动及与自然的实际接触越深刻、宽广，人的意识也越丰富、深刻，作为人的意识对象物的范围也越宽广。这也就是说，人自身越发展，人的意识也越发展。由此可见，人在自然的面前，绝不是消极的动物，正因为如此，人才有更发展的意识。认识对象的作用是在人主动地作用于自然的活动中实现出来的，意识是在人改变对象的活动中由对象的作用所引起的。即使是动物，对自然来说，也不是绝对消极的和被动的东西。动物的意识也只能起源于动物的生物生存的现实活动中，由于这种活动在本质上和人的活动不同，因而动物的意识和人的意识也就有了本质的差别。

更重要的是，人的实践不仅是把现存的自然物转化为意识的对象物的基础，人的实践本身还在不断地能动地创造着意识的对象物。人的劳动不断改变着外界对象的存在形态，同时也不断地改变着人自己的社会关系，人在改变这些对象的同时，就把它转化为我们的意识对象了。我们今天所看到的一切，其中有大部分都是人的实践的创造物。在人的意识对象中，

---

① 《马克思恩格斯文选》（两卷集）第 2 卷，苏联外国文书籍出版局 1955 年中文版，第 401 页。

这一方面是具有巨大比重并有决定意义的一方面。

马克思与恩格斯在合著的《德意志意识形态》一书中这样写道:"费尔巴哈对于感官界之理论上的把握,一方面是局限在感官界之单纯的观照,另一方面是局限在单纯的感受……他没看到,这环绕着他的可感觉的世界不是直接由悠久所生出的……却是产业与社会状况之产物,而且在这种意义内,它在历史上是有史以来的世世代代之营为之成果,之产物……就是极简单的'感官上的确定'之对象物,'例如一株樱桃树'都只是由社会的进展,由产业与商业上的交通才为他产出的。这樱桃树,和差不多全盘的果木树一样,大家都知道是在几世纪前由贸易上才移植到我们的地域里来,所以是由某一个既定的社会之行动在某一个既定的时期内才出现于费尔巴哈之'感官上的确定'。"① 在同一书的另一地方又写道:"……费尔巴哈例如在曼沏②斯特只见工场和机器,那儿在百年以前应该是只有纺线车和手织机的,或者是在罗马大平原只发现了牧场和水淖,那儿在奥古斯特时代应该是一片罗马富豪之葡萄园与别邸的。"③

这些浅显的事实,都说明着一个深刻的道理,人创造着什么,同时就有什么作为自己的意识对象物;人的"感官界"乃是起源于人的实践活动。

从社会实践使主观与客观建立起联系这一点出发,我们可以在意识是对存在的反映原理中看出新哲学与旧唯物主义的根本对立。在新哲学看来:第一,客观世界的存在,对人来说,不只是一个可被感觉的对象,而且是一个可被实践的对象,并且正是因为它是人的实践的对象,才成了人的可感觉的对象;而人的存在,对客观世界来说,也不只是一个感觉的主体,同时是一个实践的主体,并且正因为人是一个实践的主体才决定它成为一个感觉的主体。这样,人与客观世界的关系,就不单是一个感觉与被感觉的关系,而主要的作为基础的乃是一个实践与实践对象的关系。第

---

① 马克思、恩格斯:《德恶志意识形态》,郭沫若译,群益出版社1950年版,第56、57、58页。
② 今译为"彻"。——编者注
③ 马克思、恩格斯:《德意志意识形态》,郭沫若译,群益出版社1950年版,第56、57、58页。

二，在这种联系中，人处于积极的主动的地位，而客观世界处于消极的被动的地位；与此相适应的，在感觉与被感觉的关系中，感觉者是处于主动的地位。这是依据历史唯物主义关于社会及人的本质的理解必然得出的结论。

同样的，从这一点也可了解，旧唯物主义虽然提出了意识是存在的反映这一公式，但对他们来说，这并不是由自然与社会的整体认识中概括出来的，而仅仅是从对自然现象的分析中得出的，因而就是具有片面性的结论。对于马克思主义哲学来说，由于历史唯物主义的出现，这同一的结论却具有着不同的更为深刻的和广泛的内容。这也就是马克思主义哲学所以能够成为科学哲学的原因。顺便提到，在现在通用的教本及教学大纲中，也并不十分重视这一点。依据一般的观点，把实践的问题归结为单纯是属于哲学根本问题的第二个方面的问题，作为认识的基础与来源来进行讲授。岂不知在哲学根本问题第一方面的解决上，特别是与唯心主义在这一问题的斗争上，把实践的问题导入其中，这正是能够表明马克思主义哲学唯物主义不同于旧唯物主义哲学的根本特点。

再次，由于旧唯物主义在哲学根本问题的解决上，具有上述缺点，这就造成了他们的理论在根本性质上的局限性，即直观性。

直观性乃是上述两个缺点的自然结果。我们不能简单地认为旧唯物主义者不懂得理论联系实际的重要性，甚至不应当认为旧唯物主义者不了解理论的目的在于改造世界。17 世纪英国的哲学家培根就曾明确地说过，要征服自然，就必须认识自然。他说："人类知识和人类权力合为一体；因为我们如不能发现原因，就不能产生结果。要想指挥自然，必先服从自然。"① 17 世纪以后的那些杰出的唯物主义思想家，也有很多认为哲学是以指导改造自然甚至改造社会为宗旨的。然而旧唯物主义哲学本身却并不具有这种性质。这是因为理论与实践的统一问题，不单是一个理论对待客观世界的宗旨、态度问题，或者是哲学家研究理论的目的问题（当然这方面是必需的）。然而更重要的却是一个关于哲学理论自身的性质问题。理

---

① 培根：《新工具》，关琪桐译，商务印书馆 1936 年版，第 37、38 页。

论对实践的指导作用，必须是从理论自身所具有的与实践的内在统一性发出的。这在"意识是对存在的反映"这一公式来说，它是否能够起到对于实践的真正指导作用，首先决定于在这一理论内容中是否体现了理论与实践的统一关系。哲学理论的特点就在于它对人们的一切活动，其中最主要的是对人们从事的实际活动和其他理论活动的根本态度起着根本的指导作用。如果在关于意识根本实质的理论中，不能够表现出意识对实践的客观联系，那么这就是说这一理论本身还不是完全科学的，因而也就不能起到真正指导实践活动的作用。费尔巴哈把意识和存在的关系归结为人和人以外的存在对象之间的关系，认为意识是存在的属性，它既是人的自身客观实在的属性，又是人以外的客观对象的产物。但费尔巴哈却忽略了人对外界对象的联系所以能够建立起来的客观基础，因而就把人的能动的实践性完全抛掉了。试想，这种科学性与实践性处于分离中的理论，把人看作消极的而把自然看作积极主动力量的理论，应用到实际中如何能指导人的实践呢？这种消极的理论只能使人们产生对于客观实际的消极的态度，而绝不会指导人们从人的主观能动性、实践性出发并把它当作一个实践着的对象去把握。所以马克思在《费尔巴哈论纲》中说："所以结果竟是这样：能动的方面，竟是跟唯物主义相反地被唯心主义发展了，但只是被它抽象地发展了，因为唯心主义当然不知道有真正现实的活动、真正感性的活动。"① 这就是说，正是旧唯物主义所缺乏的这一方面，即人的主观能动作用一方面，被唯心主义转化为纯粹意识的能动性而表述出来了。

这一问题只是在马克思主义哲学中，才找到了正确的表现。因为理论与实践的这种统一关系，既然是体现在马克思主义哲学唯物主义理论的内容之中的，这就是说，马克思主义的哲学完全统一了科学性与实践性，而只有在这种统一中，才能真正产生出对于实践的指导作用。例如，从马克思主义哲学观点看来，意识作为存在的属性，这就是说它是存在在发展中由于具有了物质实践性的自然产物；意识作为存在的反映也同样，这是说意识不过是人对外界对象能动作用的观念表现而已。从这里很自然地可以

---

① 《马克思恩格斯文选》（两卷集）第2卷，苏联外国文书籍出版局1955年中文版，第401页。

了解到关于意识是实践发展所必要的一个起着服务作用的条件的道理。从这里也很自然地决定了人们必须从主观能动作用出发去把握客观对象的态度和立场。因此,当我们说马克思主义哲学是以改造世界为任务的科学,这绝不是说这一任务仅仅是由于无产阶级革命斗争的需要而强加在哲学身上的,同时是从马克思主义哲学自身内容中自然产生出来的结果,因为这正是这一哲学的科学性(或科学性与实践性的统一)的表现。

以上说明了由于缺乏唯物史观所造成的旧唯物主义哲学所具有的基本缺点(至于其他的缺点没有必要在此一一列举),同时也说明了历史唯物主义的产生在马克思主义哲学的一般原理上所起的影响作用。

把上面的分析归纳起来,可以作出下面的结论:

旧唯物主义理论在历史观上的唯心主义,这一方面表明了他们的唯物主义理论在内容上的不彻底性,同时也表现了他们的唯物主义理论的片面性。由于缺乏科学的社会知识(社会科学)的基础,这就使他们的唯物主义不能成为包括一切领域在内的完备的唯物主义理论。旧唯物主义理论在实质上只是关于自然界的唯物主义,而非概括了自然和社会这一世界整体的唯物主义。在哲学根本问题的解决上,旧唯物主义所了解的存在,只是自然的物质存在,而不包括社会的物质存在,旧唯物主义所了解的意识,也只是生物的意识,并不是真正意义的人的意识(如人的社会理论,政治法权观点,宗教、道德、艺术等等观点就在事实上包括不进去)。

旧唯物主义的理论所以不是科学的理论,这不单是因为在他们的哲学中缺少关于历史发展的唯物主义理论这一部分,而主要是说,由于缺少这一科学基础,使他们的唯物主义作为哲学理论来说,在性质上就是有局限性的,它并不具有普遍适用的内容,并且是没有得到彻底解决的理论。旧唯物主义理论在形式上,当然也具有一般的世界观的外貌,并且他们自己也把类似如"存在决定意识"这样的原理说成是关于整个世界的存在的最高原则,但这只不过是他们从外面人为地加给这些原理的论断,他们既然还处在对社会的主观虚构的认识中,也就没有能力把他们的世界观提高到科学水平上来。

同时,由于关于社会的理论尚没有作为科学理论形成起来,他们不可能创造出统一的关于世界各个领域的一般的哲学理论体系,这就决定了旧唯物主义哲学在构成上必然是由两部分结合成的,即:一是自然观,一是社会观;决定了旧唯物主义哲学内部的自相矛盾性,在自然观上是唯物主义的,在社会观上是唯心主义的,即半截性。在这种情况下,社会历史观或社会学作为一个组成部分包括在哲学中,用来补充他们并非普遍的一般哲学理论体系,乃是不可避免的。

历史唯物主义的产生完全改变了哲学发展的这种矛盾情况。历史唯物主义的产生,意味着哲学的发展具备了社会科学的理论基础(虽然社会学、社会历史观并非全部社会科学),这首先使克服旧唯物主义哲学在基本理论上的那些缺点,有了可能。马克思主义哲学唯物主义依据历史唯物主义而把哲学基本原理提高到了科学水平上面。其次,由于历史唯物主义的创立,提供了概括自然与社会的普遍本质而形成统一的唯物主义世界观的可能。历史唯物主义把唯物主义理论贯彻到社会领域的研究方面,从而就把一般唯物主义的原理扩展到了一切方面,使唯物主义成为具有真正科学概括性质的哲学理论。

我们在第一部分提出的哲学对象发展中的矛盾,由历史唯物主义的产生解决了,哲学走上了真正意义的从世界的共性研究统一世界的科学发展的道路。

这个新的哲学,即科学的哲学就是辩证唯物主义。

四、哲学与科学

辩证唯物主义是马克思列宁主义的哲学;历史唯物主义是马克思列宁主义的社会学。上面关于科学的历史、主要是哲学历史发展的叙述,表明了:马克思与恩格斯从唯物辩证法的基本思想出发,在总结革命实践经验以及继承先前理论遗产的基础上,由于解决了社会以及人的本质问题,以及利用了自然科学发展中的最新成就,从而就实现了哲学发展中的根本变革。而这一变革不单是在哲学发展的方面,同时表现在社会学发展的方面，表现在自然科学的发展方面。由于自然科学的发展与本文没有直接关系，这里仅从哲学与社会学的发展来说。

关于存在与意识的关系问题，固然是哲学的根本问题，这一问题还在几千年以前就为人们所注意并加以研究了，但这一问题的正确提出不过是近代哲学发展中的事，而真正地科学地解决这一问题，已是百年前的事了。

在哲学史上第一次明确地认识到存在对意识的关系问题，并正确地把这一问题归结为本质上是人的问题，应当归功于费尔巴哈。费尔巴哈从意识是存在的反映、意识是存在的属性这一点出发，抓住了解决这一问题的关键，他把这种关系看作是人的感觉对客体的关系问题，具有感觉的人这一物质实体对于人以外的物质实在的关系问题。费尔巴哈以人对人的关系为哲学的基本出发点，以人和自然为哲学认识的最高对象。马克思对于这一点曾指出，费尔巴哈"奠定了真正的唯物论和真实科学的基础，因为费尔巴哈同样把'人对人'的社会关系当作理论的基本原则"[①]。能够意识到这一点，在哲学的发展上是有重大意义的。第一，关于人（主体）与人自身的意识的关系问题，这正是存在和意识的关系问题以及解决这一问题的中心实质问题。存在和意识的关系问题，虽然是直接关系着解决世界的本质的基本问题，但如果不把它归结到人的本质的问题，这一问题的中心以及解决这一问题的关键就还是没有找到的。因为如果脱离了人对世界现象的感觉问题，也就根本无所谓哲学的根本问题了。存在和意识的关系——关于世界的本质问题，只有在人对世界的认识中，即在所谓认识论的范围内才是一个最根本的问题。第二，如果不把人的本质问题提出来，那么存在与意识的关系问题虽具有普遍的意义，却并不具有真正意义上的世界观性质。在此以前的唯物主义哲学家们，对于存在与意识关系问题的研究，向来是从自然开始又停止于自然，这就使他们一方面不可能彻底解决这一问题，同时也不可能把哲学提到科学世界观的高度。费尔巴哈正确地提出了这一问题，这就为正确地解决这一问题并根本改变哲学的性质提供了可能性。

[①] 马克思：《黑格尔辩证法和哲学一般的批判》，贺麟译，人民出版社1955年版，第8页。

但这一问题费尔巴哈却是解决不了的。如前所述，他把人的社会性的问题提出来了，却只能从自然性方面去加以解决。解决这一问题，就成为马克思主义的伟大功绩。从费尔巴哈的哲学到马克思主义哲学的发展，也就是从人本哲学向实践哲学的发展。在哲学史上，马克思主义哲学第一次从人及社会的本质的立场上解决了哲学根本问题。

这里我们需要着重指出的，就是：马克思主义哲学的产生，由于从人的本质问题方面彻底解决了哲学基本问题，这一变革的实质不仅在于唯物主义哲学的根本内容上，这一点在前面已经分析过了，同时，由于这一问题的解决也把哲学对象及哲学社会作用的根本变革彻底完成了。这两方面的统一，才是哲学科学与旧哲学的根本区别之所在。

在马克思主义哲学产生以前，旧唯物主义哲学体系事实上都是由自然观和社会观两部分组成的，这是不可避免的。而在马克思主义哲学中，由于把社会历史观中的唯物主义基础，内在的概括在一般唯物主义世界观的内容之中，这就使马克思主义辩证唯物主义能够成为真正意义的以世界整体的统一性为研究对象的世界观科学。

所以，对于马克思主义哲学来说，它不再是分割为几个独立部分的各个独立理论的综合体系了。马克思主义哲学和任何科学一样，它亦不过是研究世界的一个方面的科学，所不同的，只是这一个方面不是关于世界的某一个个别性方面的规律，而是世界的基本方面，即共性方面。

这就是说，马克思主义的辩证唯物主义哲学不仅在内容上和旧哲学不同，在研究对象上、从而在哲学这门知识体系的性质上也和旧哲学根本不同。

其次，由于马克思主义哲学解决了人及社会的本质问题，这同时也把社会学推上了独立的科学发展的道路。

如前所述，在马克思主义以前关于历史的理论（如同自然哲学以及其他各种"哲学"一样）是在哲学中作为哲学的一个部分发展的。这是由于在社会学或社会历史观尚没有奠定自己的科学基础时，即当人们还没有把握住如人、社会、人性等基本范畴的客观内容时，社会学绝不可能脱离对于哲学的直接依赖而独立地发展，在这时只能用主观虚构、从哲学体系的一般理论中引申出的幻想的联系来代替现实的联系。不但社会学必须是如此，任何一个新东西，总是要在旧东西内部孕育成熟以后才能产生出来的，自然科学在其未成熟以前也曾经经历了同样的过程。

然而历史唯物主义的出现，根本改变了这种情况。关于社会及人的本质的问题的科学解决，这就意味着奠定了认识社会复杂现象的科学的方法和理论基础。由于历史唯物主义否定了旧哲学在社会了解上的幻想的虚构，而使社会学第一次切实地把握住了它的研究对象的客观实在性，这样，历史唯物主义的产生，同时也就取消了旧的所谓历史哲学。

历史唯物主义，即科学的社会学是以社会的统一性为研究对象、以揭示社会发展的最一般规律为任务的科学。恩格斯曾对历史唯物主义作过这样的说明："……我在英文中也如在其他许多文字中一样，用'历史唯物主义'这一名词来表示这样一种对于全世界历史进程的观点——这种观点认为一切重要历史事变的基本原因和决定动力，乃是在于社会的经济发展，生产方式与交换方式的变更，由此产生的社会之划分为阶级，以及这些阶级之间的斗争"[①]。而关于历史唯物主义的全部实质，最明显的叙述是在《政治经济学批判》一书的序言中。

现在我们把这变革的两方面统一起来，就完全可以作出这样的结论，马克思与恩格斯对于历史唯物主义的创造，事实上是一举完成了双重的任务：一方面解决了在社会学或社会历史观发展中的基本矛盾，从而就把社会学推上了科学的发展道路；另一方面，在社会历史观变革的同时，又解决了在哲学发展中所遗留下来的根本矛盾，从而也把哲学推上了科学的发展道路。而这变革的两方面的实质正是在于：历史唯物主义与辩证唯物主义在相互适应的统一中的形成，同时，也就是它们在科学部门上彼此分化的开始。如果说在哲学的变革过程中，没有辩证唯物主义的观点，就不会有历史唯物主义，没有历史唯物主义的形成，也不会有作为科学的哲学的辩证唯物主义产生；那么，由于在形成以后它们所各自确定的不同研究对象以及不同的科学性质，又使它们必然要各自走上相对独立的科学发展道路。

[①]《马克思恩格斯文选》（两卷集）第 2 卷，苏联外国文书籍出版局 1955 年中文版，第 103 页。

从后一方面来说，它们彼此的分化同样是由它们的统一及其相互作用的关系所决定的。

就它们的科学内容来说，第一，历史唯物主义虽然是为了完成哲学的变革（从对哲学的作用这一角度说）并作为哲学本身的发展而产生出来的，但是在解决哲学矛盾同时所确定的历史唯物主义对象却远远超出了哲学内容的范围。历史唯物主义作为一门已形成的科学，正如现在通用的定义中所表明的，它是"关于整个社会、关于社会发展的最一般规律的科学"，历史唯物主义对于其他社会科学来说是研究一般规律的理论科学，而对哲学来说却又是研究个别规律（世界之一部分社会的规律）的具体科学了。第二，特别是由于历史唯物主义的产生所改变了的哲学对象，直接排斥着把历史唯物主义科学包括于哲学内容之中。以前的哲学所以把社会历史理论包括在自身内容之中，这是在哲学本身的不发展中就存在着的必然性，既然辩证唯物主义已经形成为真正以世界的共性为研究对象的科学，在这种情况下仍然把社会学包括在哲学之中，就不但要束缚了社会学的发展，同时亦将损害了哲学科学的性质。

就哲学与社会学的发展要求来说，第一，如果说在社会学未形成一门科学以前，它不被包括在哲学体系之中就不能前进一步，那么，在它具有了自己的活动基地以后，就只有从哲学中分化出来作为一门独立的科学才能得到发展。因为它要想彻底突破以幻想的联系代替现实的联系的局限，就只有通过自身对于社会发展的特殊研究来揭示出社会发展的规律性。历史唯物主义进一步发展的方向，必须是在哲学观点指导下通过具体的研究来丰富自己的内容。第二，对于哲学的发展也是如此。哲学曾经借助于历史唯物主义而实现了走上科学道路的根本变革，但是，如果说哲学作为科学的发展还在开始，这和历史唯物主义作为科学的发展亦处在开始阶段是相适应的，那么，哲学的进一步发展，现有的处于开始阶段的历史学就不能完成提供哲学以历史理论材料的任务了，哲学的发展要求更为发展的社会理论作为自己的科学基础。历史唯物主义的分化和曾经从哲学中分化出去的自然科学一样，这也是为哲学的发展所要求的。

认识发展的规律决定了形成科学以后的辩证唯物主义与历史唯物主义

必须处于新的关系中。辩证唯物主义，这是马克思列宁主义的哲学，也就是哲学科学的别名。历史唯物主义，这是马克思列宁主义的社会学，亦即社会学科学的别名。历史唯物主义与辩证唯物主义的关系应当是：从一般意义上说就是科学（具体科学部门）和哲学的关系，具体说就是社会学和哲学的关系。

这就是辩证唯物主义与历史唯物主义作为科学由它们的内容所决定的客观关系。我们如果想要真实地反映它们的关系，就必须从这种关系出发去了解它们的联系形式。

在说明了辩证唯物主义与历史唯物主义、哲学和社会学的历史关系及其作为独立科学部门的关系以后，现在我们就有可能回头来说明在本文开始时所提出的问题，有可能提出关于辩证唯物主义与历史唯物主义关系的一般论断是否正确的问题了。

如果考虑到上面所分析的一切内容，我们会很自然地看出关于辩证唯物主义与历史唯物主义关系的这种说法的矛盾，如说："马克思主义哲学的对象就是客观世界和人类思维发展的最一般规律，即马克思主义（按：这里显然脱落了'哲学'二字）是一门研究自然界、社会和认识发展的最一般规律的科学。……历史唯物主义是整个马克思主义哲学的不可分离的部分，它所研究的是社会历史发展的最一般的规律。"① 这里一方面承认哲学是研究世界的一般规律的科学，另一方面也承认历史唯物主义是研究社会发展的一般规律的科学，但同时又说历史唯物主义是马克思主义哲学不可分割的部分，究竟是怎样的一部分呢？究竟根据什么理由必须把历史唯物主义包括在"哲学"之中呢？这既没有反映出辩证唯物主义与历史唯物主义的历史变化关系，又没有反映出二者科学内容之间的固有关系。在阿历山大罗夫主编的《辩证唯物主义》一书中也是这样论断的。例如该书一方面肯定了"马克思主义哲学——辩证唯物主义——是共产党的世界观"，"辩证唯物主义研究自然界、社会以及认识的变化和发展的最一般的（随时随地起作用的）客观规律，并给客观世界的各种现象以唯物主义的解

---

① 朱天顺：《辩证唯物主义的对象的统一性》，载《光明日报》1955年11月2日，着重点是引者加的。

释",但同时却又说"马克思主义的哲学学说——辩证唯物主义和历史唯物主义……","辩证唯物主义和历史唯物主义是苏维埃社会中占统治地位的世界观"。于光远在他所写的《学习马克思列宁主义哲学》一书中也是这样论断的。他说:"哲学和任何一门自然科学或社会科学不同,它的任务不是去解释某一类自然现象或社会现象,找出它们发展变化的规律,而是去解释整个世界(包括自然现象、社会现象和精神现象)……哲学要回答的问题是:'世界整个说来究竟是怎么一回事'……"① 当然这是非常正确的,但作者又说:"到了马克思哲学产生出来之后,哲学的对象就很明确了。它主要包括辩证唯物主义和历史唯物主义……"② (这里对象又显然应为组成部分)。

不能不说,这实在是令人难以理解的自相矛盾。如果我们不反对哲学对象是世界的一般规律,那么,历史唯物主义显然就不是哲学的一个组成部分。

科学是物质运动的内在联系和关系的反映,物质运动形式的多样性,决定着科学部门的多样性。恩格斯曾明确指出过,科学的分类就是以物质运动形式的多样性为依据的。谁都知道,物质运动有机械的、物理的、化学的、生物的和社会的等五种基本的形式,每一种基本的运动形式中又包含着更为具体的运动形式。而所有这些运动形式的对立统一就构成了物质世界的整体。

和构成世界整体的各个运动形式相适应,关于科学认识就有了下述两大类:

（1）关于世界整体的共性、统一性的知识体系。

（2）关于世界个别方面、特殊性的知识体系。

在这里又包括两类:适应每一基本的运动形式有一门基本的理论科学,适应每一基本的运动形式中所包括的各种从属的运动形式,又有各门更为具体的科学部门。①力学的知识体系,其基础科学是力学。②物理学的知识体系,其基础科学是普通物理学。③化学的知识体系,其基础科学是普通化学。④生物学的知识体系,其基础科学是一般的生物学。⑤社会

---

① 于光远:《学习马克思列宁主义哲学》,人民出版社1956年版,第4页。
② 于光远:《学习马克思列宁主义哲学》,人民出版社1956年版,第29页。

科学的知识体系，其基础科学是社会学（即历史唯物主义）。

第一类科学（即哲学）是在科学中属于最概括的、研究范围最广泛的知识部门，是反映一切运动形式的基本实质和共同规律的科学，是其他各门科学的总结与概括，又是其他各门科学的一般方法论基础。第二类知识体系，它们在对哲学的关系中，是研究世界运动各个特殊形式的规律性的科学，它们的研究对象处于相互"并列"的地位。所有这些科学都各以其特殊的内容表现着哲学的一般内容，并以"并列"的研究对象处于相互联系之中。就五种基本的运动形式的发展说，固然表现着由低级到高级的发展序列，在高级的运动形式中包括着较低的运动形式，但由于它们各自具有特殊的规律性，因而反映这种特殊规律的科学部门却并不相互包容，也没有种属的关系①。

这样看来，以社会运动一般规律为对象的社会学（历史唯物主义）就其科学内容来说，和研究其他运动形式基本规律的力学、物理学、普通化学、生物学等等一样，它们既和所领属的具体科学部门有基本相同的关系，又和哲学处于同样的关系中。历史唯物主义既然并不存在特殊的理由，有什么根据把它包括在哲学中呢？如果把历史唯物主义算作哲学的一个部门，就会出现这样的科学分类：

研究世界共性的科学（辩证唯物主义）及研究社会运动形式一般规律的科学（历史唯物主义）
- ①研究机械运动形式的科学
- ②研究物理运动形式的科学
- ③研究化学运动形式的科学
- ④研究生物运动形式的科学
- ⑤研究社会运动形式的科学（社会学、历史学、经济学等）

这里不是对科学分类问题的讨论，主要是想从这种一般的划分中说明各基本科学部门与哲学的关系，并表明把社会学包括在哲学中所造成的混

---

① 至于根据新的科学材料是否需要对运动形式作新的划分，或根据认识的深入，另列出一类"过渡的"以研究由一种运动向另一种运动转变的特殊科学类别，这对本文讨论的问题是无直接关系的，因而这里不便加以分析。

乱。从这种划分里能够看到，把历史唯物主义包括在哲学部门之中，是没有特别的客观根据的。因为如果说社会学对于其他的科学部门并不具有一般与个别的关系，那么，能把历史唯物主义包括在哲学之中，同样有理由也把物理学、化学等等包括在哲学之中。而这样的哲学又如何能称得上科学的哲学呢？

　　世界是一个诸多现象差别的对立统一体。人类对于世界的认识只能从各种不同的方面进行，这就形成了所有各门具体科学。当着科学有了一定的发展之后，概括地反映存在于各具体科学内容之中的世界的统一联系，就形成了哲学这一特殊的科学部门。科学认识发展的特殊性是表现在：人们最初的不完善的认识，并不能区别出世界所固有的诸多方面的特殊性，因而就形成了作为综合知识体系的哲学。这样就决定了看来似乎是一个矛盾的发展过程：起初是从哲学中在哲学的帮助下分化出来各门具体科学，然后在科学深入于世界内部揭示出了各方面的个别规律的基础上，又推动哲学走上了科学的道路，科学发展的这个道路，正是反映了客观世界固有的对立统一的辩证联系。世界的一般联系，正是体现在各门具体科学所揭示出的具体规律之中，随着科学的发展，这种世界本身固有的联系才能在科学内容之中显示出来。因此，哲学与科学关系的确定与改变，这都不是可以由人的主观任意规定的。科学之间的相互关系取决于它们的科学内容中所固有的相互联系。科学发展到揭示出了世界一般联系的程度，它最后必然否定那种包罗万象的哲学体系，必然推动哲学走上科学的道路。历史唯物主义的出现，就在哲学研究的范围上完成了最后一个变革。关于这一问题，恩格斯曾写道："……马克思的历史观在历史领域给了哲学以致命的打击，正如对自然界方面的辩证法观点使一切自然哲学都成为无用的和不可能的一样。现今无论在哪方面的任务，都不是从头脑中想出联系，而是从事实本身中去发现这种联系。这样已从自然界和历史中被驱逐出去了的哲学，就只保留有一个纯粹思想的领域，而仅仅为：关于思维过程本身的法则的科学，即逻辑学与辩证法。"① 恩格斯这里所讲的，剩下的逻辑学

---

① 恩格斯：《费尔巴哈与德国古典哲学的终结》，张仲实译，人民出版社1954年版，第68、69页。

和辩证法显然是指在旧哲学的分化中遗留下来的不能归属于任何实证科学的部分，而不是指新哲学的两个组成部分。在哲学对象变革以后的科学的哲学，就只是辩证唯物主义。因此，把历史唯物主义仍然放在哲学之中同时是违背认识发展的规律的。

在这里很自然地会使我们联想到事物发展的规律的另一个方面：任何新东西，在其于旧事物内部蕴育成熟以后，必然要分立出来形成独立的东西，但是任何新的东西即使在其充分成熟以后，也只有突破旧东西的束缚才能独立出来。在社会生活和科学认识的发展中，新东西特别要受到主观方面的不同性质的阻碍，不为人们理解和不被人们承认。自然科学在其发展中，曾经经历过这一过程，最初人们把自然科学的独立看作是对于"哲学"的"反动"，历史唯物主义现在的分化也同样是如此，虽然在性质上有不容怀疑的区别。应当说，在现在历史唯物主义没有从哲学中分化出去，这并不意味着它的分化尚未成熟，而首先是和人们这种主观的阻难密切联系着的。

视历史唯物主义为马克思主义哲学一部分的观点，并不是没有理由的。他们甚至也有相当充分的理由。但是，任何错误的认识也总是能够找出它所需要的理由来的。问题正在于这个"理由"本身。

人们所以把历史唯物主义看成是哲学的组成部分，首先有着这样一个理由，他们认为历史唯物主义只是"辩证唯物主义在社会历史领域中的应用"，历史唯物主义既是一种应用科学，自然要包括在哲学的组成部分中了。例如有的文章这样说："唯物主义辩证法和辩证唯物主义一样，不仅研究任何运动本身的最一般的规律及其一般形式，还研究这些规律在三个科学认识领域中的具体应用：唯物主义辩证法用于自然科学，就成为自然辩证法，有时被不确切地称为'自然科学的哲学'；用于人类历史、整个社会科学，它成为社会生活的辩证法、唯物主义历史观，即历史唯物主义。在这两种情况下，应用辩证法，就是揭示外界（自然界和社会）的客观辩证关系。用于关于思维及其规律的科学和认识过程，唯物主义辩证法就成为辩证逻辑，它的任务是揭示主观的辩证关系。这样就能更紧密地、具体地、分门别类地阐明哲学和所有其他科学之间的内在联系。"① 于光远同志基本上也是基于同样的理由把历史唯物主义归入哲学中去的。他在《学习马克思列宁主义哲学》一书中指出："……历史唯物主义是辩证唯物主义在社会领域内的具体应用……历史唯物主义本来也可以说是一门独立的科学，但是现在我们把它和辩证唯物主义合在一起，当作马克思列宁主义哲学中一个不可分离的部分……在这里作者想提出一个看法，这就是在哲学中还应包括研究自然界发展一般规律的学科……专门研究自然发展一般规律的应该有哲学专门的分科……除此以外，形式逻辑应该成为哲学的一个分科。"② 这里和上述观点的区别仅仅在于：他同意历史唯物主义、自然科学的哲学、形式逻辑等具有"独立"的科学地位，但认为这是哲学内部的"独立"分科；他没有提到辩证逻辑，而用形式逻辑代替了辩证逻辑。

归纳起来，这种观点的理由不外这两个：第一，是因为"历史唯物主义是辩证唯物主义在社会领域内的应用"，历史唯物主义所揭示的是社会的"客观辩证关系"；第二，是因为研究一般规律的哲学，不能不同时研究一般规律在个别领域中的"具体应用"，"这样就能更紧密地、具体地、分门别类地阐明哲学和所有科学之间的内在联系"。

关于辩证唯物主义与历史唯物主义内容之间的关系，以及从这种关系中是否必须把历史唯物主义包括在哲学之中的问题，在前面已经分析过了。这里只需要针对上述理由补充下面两点：

（1）关于对"历史唯物主义是辩证唯物主义在社会历史现象上的应用"这一定义的理解问题。

关于"历史唯物主义是辩证唯物主义在社会领域内的具体应用"这一公式，在本质上自然是无可非难的。但应当指出的是，这一公式或定义却并没有揭示出历史唯物主义的科学实质。很明显，历史唯物主义绝不是用逻辑演绎的办法从辩证唯物主义理论中产生出来的。历史唯物主义是应用辩证唯物主义的方法和理论对社会历史进行了具体研究的结果。我们承认历史唯物主义是一门"科学"，首先是从这一点出发的。然而历史唯物主

---

① ［苏］勃·凯德洛夫：《论科学的分类》，载《学习译丛》1955年第10期，第37页。
② 于光远：《学习马克思列宁主义哲学》，人民出版社1956年版，第26—30页。

义的科学性质并未在上述定义中全面揭示出来。特别是上述定义并没有确切地反映出历史唯物主义科学研究的范围和对象。当然在定义中关于这一点有着一般性的规定,如"在社会领域内"的应用,但这一点不单可以用来说明历史唯物主义,就是原封不动地用来说明政治经济学或任何其他社会科学,也是未尝不可的。我们这样说,并不等于说这一定义不正确,而是说,如果把这一公式作为历史唯物主义的基本定义,并从这一定义出发去规定历史唯物主义与其他科学的关系,那就是不正确的了。如果说,这一定义所揭示的仅仅是历史唯物主义与辩证唯物主义的基本联系这一方面的性质,这是完全正确的。这一公式在列宁和斯大林的著作中正是在这一意义下使用的。

但人们在应用这一定义时,却往往喜欢把它绝对化。我们不能不说,认为历史唯物主义不具有独立的科学地位,必须作为辩证唯物主义的应用而从属于哲学的看法,正是由于这一点造成的。因为如果过分夸大了历史唯物主义科学之理论演绎结果的性质,很自然会看不到历史唯物主义的特殊理论内容,从而得出否认历史唯物主义独立科学地位的结论。

(2) 也许上述观点并不是从这一点出发把历史唯物主义归入哲学之中的,因为他们并不否认历史唯物主义的独立科学内容,如于光远同志同样承认"历史唯物主义是研究社会发展一般规律并给社会发展以唯物主义解释的科学",而只是因为历史唯物主义在其固有的科学内容中体现着辩证唯物主义的应用,这样,历史唯物主义就成了联系哲学和社会科学,即把哲学的一般原理引入到或贯彻到社会科学中去的桥梁了。哲学如果不包括历史唯物主义,就不能"更紧密地、具体地"和历史科学联系起来。

这里涉及到了科学的一般联系问题,有必要专门谈谈。

我们绝不否认历史唯物主义在社会科学中所占据的这种特殊地位(正因此,才叫作社会学),但如果因为历史唯物主义体现了辩证唯物主义的应用,就把历史唯物主义包括在哲学之中,这却是没有根据的。因为在事实上,有哪一门科学中没有体现着辩证唯物主义的应用呢?辩证的规律既然是世界任何现象发展的最为一般的规律,难道会有不揭示辩证关系的科学吗?从这一个角度出发,按着应用关系来确定哲学与科学的关系,同样可以把物理学、化学、生物学等等归入哲学之中，而这样就只好退回到以前的包罗万象的旧哲学怀抱中去了。但是，我们从上述引证的文章中确实可以看到至少是这种倾向的萌芽（或者说是旧哲学影响的残余也是一样的）。例如在勃·凯德洛夫的文章中，就显露出了这样的思想，当他说明了自然科学哲学、历史唯物主义、辩证逻辑诸科学必须包括在哲学之中以后，紧接着又说了下面一段话："而历史唯物主义以及辩证逻辑（同认识论一样），当它们被应用于研究社会意识的个别形式的、较为狭隘的社会科学领域时，就成为哲学的特殊部分，例如伦理学（应用于道德的领域）和美学（应用于艺术观点的领域）。整个唯物主义辩证法及其每一种具体的运用，都以对任何问题采取历史观点为前提，并且也是按照历史的原则来阐述的。"①（重点号是引者加的）这里没有把自然科学包括在内，显然是因为自然科学早在辩证唯物主义科学产生以前就已独立出去了，因而谈不到"应用"的问题（但即使早独立出去的自然科学，在其内容中同样体现着辩证唯物主义的应用）。虽然把自然科学排除在外了，然而哲学作为综合知识体系的性质，却并不因此改变，因为在这种意义下的哲学亦并不是以世界的共性和统一性以及一般规律为对象的科学。顺便指出，由于人们不敢果决地承认或者说并未自觉意识到马克思主义哲学的产生引起了哲学对象的根本变革，当着人们谈到辩证唯物主义对象时，一般都认为是自然、社会与思维的一般规律（或者再加上给予唯物主义解释一句），但在解释作为科学的哲学之研究对象时，就不这样提了，常常用一些模糊的说法来作为定义，如在阿历山大罗夫主编的《辩证唯物主义》一书中，对哲学下了这样一个含混的定义"哲学是世界观，也就是关于整个世界及其规律的观点、观念的总和"②，就是由这种原因造成的。

在事实上有没有必要把一些"本来"已独立的科学部门，由于它体现了辩证唯物主义的应用就归属于哲学之中呢？为了说明这一点，我们必须重述一个大家都知道的原理，即从一般和个别的关系中来说明科学之间的联系问题。

---

① ［苏］勃·凯德洛夫：《论科学的分类》，载《学习译丛》1955 年第 10 期，第 37 页。
② ［苏］阿历山大罗夫主编：《辩证唯物主义》，马哲译，人民出版社 1954 年版，第 1 页。

在现实中的任何一个现象，都必然是一个一般和个别的对立统一体：即在现象的特殊性中贯穿着构成个别现象的共同本质的一般性质，而一般性又只能够存在于与特殊性相结合的具体现象之中。个别是一般性的特殊的具体的存在形态，一般则不过是其个别形态中的共同实质、个别表现的本质的概括。世界是一个由无限的错综结合的对立统一的联系构成的整体，任何一个现象都是如此。从现象之间固有的这种联系就可以了解，任何科学部门，都不可能是孤立存在的，只要科学揭示出了现实的某种规律性，即使是世界一个部分的个别规律性，它在内容中就不可避免地包含着与其他现象的内在联系，并通过科学对象的这种联系而处于与其他科学部门密切联系的关系中。特别是对于那种研究对象比较相近的邻近科学部门，更有这种关系。这种关系的一个主要方面，就是在科学部门之间，由于其研究对象所固有的一般个别的相互联结，而体现着"概括"和"应用"的联系。研究范围较广的科学，对于研究范围较窄，并领属于它的研究范围之内的科学部门来说，就是研究一般规律（相对地说）的科学，例如历史唯物主义对各社会科学的关系就是如此；但当它相对于研究范围比它更广，并包括它的研究领域在内的科学部门来说，即对哲学来说，它的研究对象又表现为个别的或具体的规律了。其他的科学可以依此类推。这种研究对象上的相互联结，在科学研究方法上的表现，就不能不是相互渗透的统一和联结的关系：在研究对象较广的科学部门中，内含地概括着研究范围较狭的科学部门的规律的普遍实质；在较狭的科学部门的研究成果中，体现着较广的科学部门的一般规律的具体应用。正因为如此，较低科学部门就构成了较高科学部门的必要科学基础，而前者则以后者为理论的基础。哲学和所有一切其他科学的关系就是如此；研究每一运动形式基本规律的基础科学对于研究该运动形式的其他科学同样具有这种指导作用。黑格尔对科学曾说过这样有名的话，他把科学比作是关闭在自身里面的圆，每一圆的断片自身又可以形成一圆。科学的关系并不是相互并列的，而是相互渗透互相交叉的诸圆的关系，即圆中之圆的关系。列宁在《哲学笔记》中着重指出了这一思想："科学是圆中之圆。"这就说明，任何科学在其内容之中，就已含有了与其他科学的"包容"关系，这是科学之间关系的本质。对于哲学来说，它从自然出发，然后引申到以实践为基础而建立起来的社会，最后又通过这终点与起点相接，而形成了哲学中一切带有最高普遍性的范畴，通过这些范畴解决着世界的统一的本质及其多样性运动的一般规律性问题。这就是哲学的所谓自我封闭的科学的圆。从这里显然可以看到，在哲学这一个圆所具有的各个环节上，每一独立环节又自成一圆，如社会的发展、生命的运动等等，这样从哲学内容自身就与其他一切科学密切联结着，从每一个环节都可以过渡到一门新的科学上去。应当说明，这种科学的关系正反映着各种运动形式的内在联结关系。

但是，科学在内容上的这种相互"包容"的关系，即相互渗透、相互过渡的关系，却丝毫不否定任何一门科学的独立性。科学在内容中的这种包容关系，并不互相吞没。这是因为：虽然个别规律中包含着一般规律的内容，但研究个别规律的科学却并不以这一般规律为中心内容；反之亦如此。并且，在研究个别规律的科学中，一般规律是体现在它的具体范畴中，当它独自形成一个圆以后，以一般规律为对象的科学虽包括了这圆的中心，而它的内容却并不为一般规律的圆所容纳。

由此可以了解，科学的关系不过是科学内容之间联系的表现形式。如果说科学在其固有的内容中就表现着与其他科学的联系，并且，科学的联系首先体现在科学内容之中，那么，把历史唯物主义作为哲学的应用科学、为了联系哲学与各门具体科学便否定了历史唯物主义的独立科学地位，这就是没有根据的了。

历史唯物主义即使不包括在哲学之中，它同样在内容中体现着与辩证唯物主义的内在联系。如果不把科学的独立看成是科学的孤立，像这样的附设"应用科学"显然是没有必要的。

此外，对于历史唯物主义不是哲学的观点，也有人提出这样的责难，他们说：马克思主义哲学唯物主义与旧唯物主义所以根本不同，就因为马克思主义哲学唯物主义克服了社会历史研究中的唯心主义，创立了历史唯物主义，因此，历史唯物主义在实质上就只能是马克思主义哲学唯物主义的组成部分，如果从哲学中取消了这一个组成部分，就无异于取消马克思主义哲学和旧哲学的区别，而使唯物主义退回到了旧唯物主义的水平上面。

更有人引证列宁的话证明说，辩证唯物主义与历史唯物主义是不可分割的统一整体，好像一整块钢铁一样，如果认为历史唯物主义不是马克思主义哲学的组成部分，这就破坏了马克思主义哲学的这种统一。

这种说法，看来是很有根据的，并且是提出了一个原则问题，因此也有必要谈一谈。

究竟把历史唯物主义看成是独立的科学，是否就是取消了马克思主义哲学辩证唯物主义与历史唯物主义的统一关系呢？根据上面第二、三部分中的分析，就可以完全回答这一问题。

列宁确曾说过这样的话："唯物主义一般地承认不依赖于人类的意识、感觉、经验等等的客观实在的存在（物质）。历史唯物主义承认不依赖于人类的社会意识的社会存在。在这两种场合下，意识都不过是存在的反映，最好也只是存在的近乎正确的（相应的、观念上确切的）反映。如果不离开客观真理，不陷入资产阶级反动欺骗的怀抱中去，就不能在这个由一整块钢铁铸成的马克思主义哲学中除去任何一个基本前提、任何一个本质部分。"[①]

当然这是完全对的。马克思主义的哲学优越于旧哲学的地方正在于此。但问题是在于应如何了解辩证唯物主义与历史唯物主义的统一，究竟这统一的实质是什么呢？

如我们前面所分析的，辩证唯物主义在产生过程中，是以历史唯物主义的创立为其前提之一的，这是因为，解决关于存在与思维的关系这一问题，最后集中到了这一问题上，即关于人的本质、社会的本质的问题上面，如果不解决这一问题，就不可能彻底科学地说明意识作为存在的属性和反映的基础与基本内容的问题。而要解决这一问题，没有历史唯物主义理论的建立是绝不可能的。反过来说也是一样，历史唯物主义的真正建立，又必须以辩证唯物主义观点的产生为基础，因为关于社会及人的本质问题，没有科学的方法和理论的指导，也是不可能解决的。而关于社会本

---

① 列宁：《唯物主义与经验批判主义》，曹葆华译，博古校，人民出版社1956年版，第335页。

质问题的解决，同时就解决了这两门科学的基本矛盾，把它俩同时推上了科学发展的道路。

这里说明了什么问题呢？这里说明的是，辩证唯物主义与历史唯物主义的统一绝不是指在形式上的彼此联结问题，例如共同包括在马克思主义哲学的构成中。因为正是在马克思主义哲学产生以前，在旧唯物主义哲学之中，社会学才是作为哲学的一部分而存在的。统一首先是指内容上的不可分割的联系。由于辩证唯物主义与历史唯物主义的这种联系，就在它们各自的理论中，相互渗透着对方的影响：在辩证唯物主义的内容中，内在地包含着历史唯物主义的基本原则，深化着关于社会本质的历史唯物主义的基本观点；而在历史唯物主义理论中，同样内在地含有着辩证唯物主义方法的实质。它们之间的联系就表现在，无论在哲学唯物主义理论中，或在历史唯物主义的理论中，有着一个同一的思想作为共同的基础。作为辩证唯物主义中心内容的关于存在决定意识的基本观点，这是历史唯物主义全部理论体系的哲学出发点，是它全部科学内容借以建立的基石；而作为历史唯物主义中心内容的社会存在决定社会意识的原理，又成了辩证唯物主义存在决定意识原理能够形成的科学基础和基本内容。辩证唯物主义的存在决定意识原理的具体化和进一步发挥，就可以过渡到历史唯物主义；历史唯物主义的社会存在决定社会意识原理的本质的概括就可以过渡到辩证唯物主义。

我们所以说这种统一主要的并不是指组成部分上的"统一"，是因为这两个原理虽然互相渗透着，但辩证唯物主义与历史唯物主义是在这两个原理基础上所作的不同方面的发挥而构成的不同的理论体系，辩证唯物主义仅仅从前一原理关系到了后一原理的一定限度内才是包括历史唯物主义的，历史唯物主义也同样只是在后者关系到哲学理论基础的问题上才被包括于辩证唯物主义中的。无论辩证唯物主义与历史唯物主义，除了这种共同的互为基础的联系外，又都有着各自不同的科学内容。

这就是辩证唯物主义与历史唯物主义统一的实质，我们认为列宁所说的"一整块钢铁……"首先就是指这一点说的。列宁在另一个地方当具体说明辩证唯物主义与历史唯物主义的统一内容时，也正是这样说明的。如列宁说:"意识一般地反映存在——这是整个唯物主义的一般命题。我们不能看不到这个命题与历史唯物主义的命题——即社会意识反映社会存在——是有直接的和不可分离的联系的。"①

从这里可以证明,把历史唯物主义当作独立的科学看待,这和割断与辩证唯物主义的统一关系是完全不同的两回事。这正如胚胎在母体中成熟以后的诞生丝毫无损于母体的完整性一样。历史唯物主义作为社会学从哲学中独立出去,既没有从哲学中肢解了某一个基本命题,也不意味着要使历史唯物主义摆脱和辩证唯物主义的联系。相反的,历史唯物主义的独立发展,正是辩证唯物主义原理的更为具体的展开。

同时,既然辩证唯物主义在其形成中,就已在自身的内容中概括地包含了历史唯物主义的基本前提,那么,当我们说马克思主义哲学是"辩证唯物主义"时,这本身就已和旧哲学区别开了。

在历史上曾经有过企图割裂辩证唯物主义与历史唯物主义的统一的例子。大家知道第二国际机会主义者和修正主义者伯恩斯坦、考茨基,以及俄国马赫主义者波格唐诺夫等人,都曾有过使用这种办法来摧毁马克思主义理论基础的企图。列宁曾和这种企图作过尖锐的斗争。然而这种割裂却绝不在于把辩证唯物主义与历史唯物主义看作两个组成部分,而恰恰是在于对内容的分裂上面。如列宁所指出的:"我们的马赫主义者不理解马克思主义,因为他们是从其他方面——可能这样说——碰巧地接近到马克思主义的,并且他们摄取了——有时候与其说是摄取了还不如说是默记了——马克思的经济理论与历史理论,而没有认清它们的基础,即哲学唯物主义……他们愿意作上半身的唯物主义者,他们却不能摆脱下半身的混乱的唯心主义!在波格唐诺夫那里,'上半身'是的确庸俗化了的并且被唯心主义大大腐烂了的历史唯物主义,'下半身'是用马克思主义的术语所伪装的并且用马克思主义的词句所粉饰的唯心主义。"② 这里说得很明

---

① 列宁:《唯物主义与经验批判主义》,曹葆华译,博古校,人民出版社1956年版,第332页。
② 列宁:《唯物主义与经验批判主义》,曹葆华译,博古校,人民出版社1956年版,第339、340页。

显,他们是企图抛弃辩证唯物主义,而以唯心主义作为历史唯物主义的基础,或者相反,抛弃历史唯物主义,使辩证唯物主义建立在唯心史观的基础上,这才是对于辩证唯物主义与历史唯物主义的割裂。对于这种调和唯物主义与历史唯心主义的企图,即使在现在或在将来,也必须进行斗争,只有这样才能保卫马克思主义哲学的完整性和科学性。也应顺便指出,一些人在这一问题上曾不自觉地走向"因噎废食"的极端。他们为了维护马克思主义理论的统一,往往连科学内容的联系和科学部门的分化也不加以区分,因而使他们踏步在一个老旧的公式上,看不见或不愿看见科学发展的新的客观必然趋势。

和这种责难相联系的,还有一种说法,这种说法认为:马克思主义理论是由三个组成部分构成的,即哲学(包括辩证唯物主义与历史唯物主义)、政治经济学和科学社会主义理论。列宁曾经明确地指出过这一点。如果承认了历史唯物主义的独立,就和列宁的提法直接违背,并会破坏马克思列宁主义组成部分的完整性。对于这种意见,我们只想说明以下这几点:第一,科学永远是变化的,特别是具有显明的发展特点的马克思主义理论,更是不断前进的。既然马克思主义理论内容不断地发展着,也就不能把马克思主义的组成部分固定在某一阶段上。因此对于列宁关于三个组成部分问题的提法,必须历史地对待。第二,我们从马克思主义理论的定义的变化中,也可以看到马克思主义的发展。列宁在 1914 年这样写过:"马克思主义是马克思观点与学说的体系……这些观点总和起来,便构成了作为世界各文明国里工人运动理论和纲领的现代唯物主义和现代科学社会主义。"① 在 1938 年出版的《苏联共产党(布)历史简明教程》中,对于马克思主义曾作过这样的说明:"马克思列宁主义的理论是关于社会发展的科学,关于工人运动的科学,关于无产阶级革命的科学,关于共产主义社会建设的科学。"② 而斯大林在 1950 年则作了这样的说明:"马克思主义是关于自然和社会底发展规律的科学,是关于被压迫和被剥削群众革命的科学,是关于社会主义在一切国家中胜利的科学,是关于共产主义社

---

① 列宁:《论马克思恩格斯及马克思主义》,唯真译,人民出版社 1953 年版,第 19 页。
② 《苏联共产党(布)历史简明教程》,人民出版社 1954 年版,第 471 页。

会建设的科学。"① 定义本身不能说明一切，但它的变化却反映了理论内容的丰富与发展。很明显，单从上述定义来看，马克思主义也不应当被看作三个组成部分。关于这一问题尚有不同的看法，同时本文亦不宜讨论这一问题。这里只想说明，应当从上述定义中了解马克思列宁主义理论的实质。就马克思列宁主义的实质来说，它就是共产主义意识形态中的科学的别名。第三，马克思主义产生以后，特别是由于历史唯物主义的建立，开辟了社会科学发展的新时代，在历史唯物主义指导下，出现了许多新的社会科学部门，如马克思列宁主义关于国家和法权的理论、关于经济的各种科学等等，能否把这些科学从马克思列宁主义这一范畴中排除出去呢？如果认为它们也是马克思列宁主义所包括的科学，又如何溶化在三个固定的组成部分中呢？因此，如果不能把马克思主义看成是某种抽象的僵硬的固定理论体系，也就不能停滞在三个组成部分的固定公式上，就不应当因为"公式"而停止马克思列宁主义作为科学的发展。

---

① 斯大林：《马克思主义与语言学问题》，李立三译，人民出版社1951年版，第55页。

论哲学科学的对象和体系[①]

(1982年)

一、"哲学"是一个历史概念

哲学这个概念很古老了。人类进入文明时期以后就尝试着运用自己的理性去理解周围的事物和现象，从那时起，哲学就作为与原始幻想意识相对立的最早的理论思维，同科学一起诞生了。然而对于哲学，却又从未有过一致的看法，也不存在为大家所公认的定义。不同时代不同派别的人们，不仅哲学观点互相抵牾，对于哲学研究的对象、内容，也是各异其是的，以致"什么是哲学"这个看来十分简单的问题，对哲学家们却往往成了甚感头痛的大难题。

其实，这种情况并没有什么好奇怪的。哲学是一种历史性的理论，哲学的对象和内容是随着历史发展而不断变化着的。这里本来不存在什么"先验"的规定，因而也不会有超越历史时代、囊括各派观点的关于哲学对象的统一定义。这对前科学发展阶段的哲学来说，尤其如此。对于哲学不应该这样去提出问题：按照哲学的"本性"它"应当"以什么为研究对象、包括何种内容？合理的认识只能是历史地提出问题，并作出历史的回答。

[①] 原载《社会科学战线》1982年第1期。

哲学的历史性，并不意味哲学没有统一的性质。各个不同时期以及各派不同的哲学既然都叫作哲学，它们之间当然不能没有共同之处。同其他各门科学比较，哲学始终属于知识阶梯的最高层级，不论内容如何，哲学总要具有寻根究底、追本溯源的性质。这就是由知识分工所决定的哲学的共同性质。哲学思维因此也向来被称为探求最高原理的最高"智慧"。但这只能看作是一个十分抽象的规定。如果进一步探问：何谓智慧、根底在哪里以及怎样去寻求本源？认识立刻就进入分歧了。这种抽象的规定只能够表明哲学作为社会意识的一种特殊形式具有的特点，并不能给予哲学这个学科的对象和内容以确切的概念。

人的一切认识包括科学知识在内，都处在变化之中。哲学由于它在知识分工中的特殊地位则更加富于变化性。马克思曾把哲学称为"自己时代精神的精华"。作为时代精神的精华的哲学只能从已有知识的总和中提炼出来。一个时代的具体知识如何，最高智慧的状况也就如何。当着人们对周围的事物尚缺乏科学的理解，这时的最高智慧就只能是幻想的意识；在人们对事物仅有十分笼统的知识时，哲学也不会摆脱直观的性质；而一旦人们的认识深入到事物内部的联系中，形成了各种不同的知识部门，哲学也必须随着改变自己的认识方式、重新划定自己的研究范围；哲学又同时属于一定社会体系的意识形态，还要跟随人们的社会关系的变化而变化。这就使它具有了更为明显的历史性。

纵观认识发展史，哲学的对象和内容在马克思主义产生以前大体上经历了四个阶段的变化。

（1）最初产生的古代哲学与科学知识尚未分化，属于笼统直观的认识，所以称作"智慧"（或爱好、追求智慧）。按照亚里士多德的解释，当时把这种学问称作"智慧"主要是为同两个东西区别开来：首先是同原始神话的幻想意识相区别，哲学寻求的是对自然的合于理性的解释；其次是同实用性的知识和技能相区别，智慧注重于事物所以如此的原因的理解。在这样了解下的哲学，无异于包括一切理论学科在内的"知识总汇"。当时数学和物理学（自然科学）都被公认为哲学的有机部分，后来又列入了逻辑学和伦理学。古代哲学以广义的自然为对象，它把人及其认识都看作是自然的一部分。从其性质和内容而论，我们可以称它为"自然哲学"。

（2）中世纪的欧洲，哲学已失去独立的意义，变成了维护基督教神学的工具。它不再研究自然，而是以超自然的来世天国为对象。这种转变明显地表现了社会斗争尤其是阶级斗争对于哲学的重大影响。古代的哲学成果在中世纪也并未完全泯灭。为了论证教义、教条，经院哲学家们十分注重逻辑问题的研究。逻辑学成了这一时期哲学理论的核心内容。

（3）17世纪到18世纪，刚刚兴起的资产阶级在意识形态领域面临的主要任务，是要把哲学和科学从神学的禁锢中解放出来。当时的哲学家们提出了"要用自己的眼睛去认识自然"的响亮口号。于是，哲学又回到古代的提法。笛卡尔说，哲学一词就是"表示关于智慧的研究"。霍布士[①]也认为，"哲学也就是对智慧的研究"，即探求物体运动的原因的知识。在注重哲学与神学相区别而非与科学的区别这一点上，近代哲学与古代是一致的。但是，这个时期的历史条件和科学状况与古代已经大不相同。以实验为基础的自然科学诞生了，而且有些部门已经建立起完备的理论形式并走上了独立发展的道路。因此，哲学虽然仍被称作智慧，它的实际内容却变化了。近代强调的是哲学和科学的实用价值，以此区别于中世纪"不生育"的神学，而不是古代所注重的智慧的那种非实用性。由于科学的推动，近代哲学不满足于对自然的笼统直观的认识，要求对它进行分解的研究。所以在以自然为对象的近代哲学中，"本体论"的问题成为核心内容，认识论的问题也被提到了重要地位。

（4）18世纪末到19世纪中期，随着资产阶级政治统治的逐步确立、生产和科学的急剧发展，哲学面临的任务更加复杂化了。科学的全面发展暴露出了认识自身的大量矛盾，要求哲学必须深入研究人类认识的本性，说明科学知识的起源。在这种情况下，认识论问题成了哲学的核心内容，思维与存在的关系这个哲学最高问题也逐渐为人们所认识，成为哲学自觉地探讨的中心课题。另一方面，由于实证科学纷纷自立门户，同时夺走了原来属于哲学的地盘，那种包罗万象的"知识总汇"性质的哲学实际上已

[①] 现在一般译为"霍布斯"。——编者注

陷于瓦解。这就迫使哲学不能不调整自己的内容，重新考虑研究的对象。在这一时期，哲学家们对于这种情况的认识互不相同，采取的处理办法也各有区别。

康德继洛克之后，把哲学引向研究人类理性自身的活动，着重探讨了科学知识所以可能的先天条件。他提出，真正的哲学就是"先验的哲学"，只有在认识论的基础上才能建立本体学说。康德的观点具有很大的片面性，但在这里也反映了认识发展的历史趋势。所以他在认识论方面提出的问题，对后来的哲学发生了重大的影响。黑格尔把哲学定义为"对于事物之思想的考察"。在他看来，理念是实在的本质和灵魂，唯有哲学能够认识理念、把握真理；科学以理念的外在表现为对象，所以只能从哲学中去取得真理。黑格尔建立了历史上最后一个凌驾于科学之上的包罗万象的绝对真理的体系。但这个体系也有它的意义。他的哲学以逻辑学为核心，而这个逻辑学又同时是本体论和认识论。黑格尔把这三者在唯心论的基础上统一起来了，这符合认识的规律，因而也是他对哲学作出的一个重大贡献。费尔巴哈面临着要在德国条件下否定神学与思辨哲学的统治、恢复唯物论的权威的任务，他关于哲学的提法与近代初期相近，强调"哲学是关于存在物的知识"。不过，这里也反映了新时代的精神。他以人为哲学的主体和核心，明确提出了人的存在、幸福所寄托的对象，就是哲学研究的对象，这就是人和自然。费尔巴哈称他的哲学为"人本学"，企图在人身上找到思维与存在统一的基础。提出这一任务，是一个重大的理论贡献，但他未能完成这个任务。

在古典形态的哲学以外，当时人们的思想陷入了一片混乱，面对科学分化的事实曾经提出过各式各样的看法。有的人主张，哲学地盘既然被瓜分了，也就没有存在的必要，只要科学就够了。这是一种取消哲学的论调。也有的人认为，哲学只能在科学之间的夹缝中去求取生在，应当以研究中间问题为任务。还有的人宣称，哲学的职能仅仅在于联络科学，通过它可以把各种知识结合成一个完整的系统，以及其他种种观点。

这就是在马克思主义产生以前，哲学对象和内容变化的大致情况。这种变化并不像某些人所认为的那样，充满了任意性，"并没有一种进步过程的性质"。事实恰恰相反。这种变化通过不同观点的偶然性，体现了人类认识的规律性的发展过程。从笼统直观的智慧走向对事物的分析研究，由此使"知识总汇"趋于瓦解，这里表现了人类的认识只能通过分化而不断发展的运动规律。科学分化所否定的并不是哲学本身，只是它的那种包罗万象的性质。正是这种科学的分化，为哲学走上科学的道路奠定了基础。哲学研究的重点从自然哲学开始，经过神学走向本体论、认识论，最后进到人本学，则表现了哲学认识从自发走向自觉的发展过程。也正是在这个发展过程中，哲学逐渐明确了人类认识的基本矛盾，找到了从总体去认识世界的特有的内容和形式，从而才把自己同实证科学区别开来。

到19世纪中期，哲学变革的条件已经孕育成熟。其时出现的思想混乱正是预示黎明将至，哲学非发生一个根本性的变革不可。这个变革通过马克思主义哲学的产生而实现了。

二、马克思主义哲学对象变革的实质

马克思主义哲学是达到了科学形态的哲学，它是以往哲学的优秀传统的继承和发展，又是全部旧哲学的否定。马克思主义哲学使哲学变成了科学，它的产生是人类认识史上的一次伟大的革命。这个变革不仅表现在哲学的基本观点、哲学同科学的关系、哲学的性质与哲学的作用几个方面，也表现在哲学的对象和内容方面。

在讲到哲学由于现代唯物主义即马克思主义哲学的产生所引起的变革时，恩格斯曾简捷地称旧哲学为"哲学"，说"哲学在这里被'扬弃'了"；至于马克思主义哲学，恩格斯指出，"这已经根本不再是哲学，而只是世界观"。恩格斯还说过："马克思的整个世界观不是教义，而是方法。它提供的不是现成的教条，而是进一步研究的出发点和供这种研究使用的方法。"恩格斯并且指出，随着唯物主义与辩证法的结合，那种凌驾于其他科学之上的哲学就成为多余的了，"这样，对于已经从自然界和历史中被驱逐出去的哲学来说，要是还留下什么的话，那就只留下一个纯粹思想的领域：关于思维过程本身的规律的学说，即逻辑和辩证法"①。

恩格斯的分析表明，由于马克思主义哲学的产生，原来作为绝对真理认识的那种包罗万象的哲学终结了，那种由头脑中构造世界模式的玄想哲学终结了，那种凌驾于科学之上的特殊的科学的哲学终结了，它的内容除了思维过程及其规律的一部分之外都归并于实证科学之中；现在哲学变成了世界观，变成了认识论，变成了方法论，一句话，变成了建立在科学基础上的世界观、认识论和方法论的统一体。这就是马克思主义哲学在对象和内容方面变革的实质。

明确了这一点之后，现在的问题就是：怎样去理解哲学是世界观、认识论、方法论的统一的含义呢？作为世界观、认识论、方法论统一体的哲学，它的研究对象应当是什么呢？这两个问题是紧密联系着的，对前者认识不同，关于后者的答案也便不同。所以，关键的问题是必须弄清三者统一的含义。

列宁曾经明确地提出，辩证法、逻辑和唯物主义的认识论是同一的。他说，在《资本论》中，逻辑、辩证法和唯物主义的认识论，"不必要三个同：它们是同一个东西"②。我们这里讲的世界观、认识论、方法论的统一，与列宁讲的在本质上是相同的。差别仅仅在于，一个是从理论的性质和作用的角度说的，一个是从理论的内容和形式方面说的。就内容而言，世界观、认识论和方法论都可以说是辩证法，即一个是客观辩证法，一个是认识辩证法，一个是思维辩证法。这三者只有在理论思维彻底贯彻了辩证法的前提下，才能够统一起来。而在理论的来源和形式方面，它们又可以说都是认识史的概括和总结，并都要表现为一系列范畴的逻辑体系。

马克思主义哲学强调世界观、认识论、方法论的统一，主要是针对旧哲学中三者的分裂状态提出的。在旧哲学中，通常把理论划分为本体论、认识论和逻辑学三个部门。这三个部门在大多数哲学中都被看作互不统一、彼此独立的部门。本体论属于存在的学说，主要研究世界本原或万物

---

① 《马克思恩格斯全集》第20卷，人民出版社1971年版，第151页；第39卷，人民出版社1975年版，第406页；第21卷，人民出版社1956年版，第352页。
② 《列宁全集》第38卷，人民出版社1959年版，第357页。

本体的问题；认识论是关于认识的学说，研究认识的能力、限度和知识的构成、源泉等问题；逻辑学是关于思维的学说，主要研究逻辑思维的形式和规律问题。历史上唯有黑格尔把它们结合起来，建立了三者统一的哲学体系。

　　本体论、认识论与逻辑学三者走向统一乃是历史和逻辑发展的必然趋势。三者所以必然走向统一，主要是由两点原因决定的：一是由于哲学认识的深入发展而暴露出的思维与存在的矛盾的推动；二是由于科学认识的深入发展而日益尖锐的科学与哲学的矛盾的推动。旧日所谓的本体，被了解为隐藏在现象背后的一种永恒的存在。它是万千变化中惟一实在的东西，又是一切存在的最后根源。人们只要认识本体，就是掌握了宇宙的秘密，再也没有不可解释的现象了。旧哲学家们自诩掌握了绝对真理，就是以这一学说为基础的。然而这样的东西却又属于超经验的存在，并非感官的对象。这就形成了一个不可克服的矛盾：人们认识到的东西没有实在性，实在的东西认识又无法达到。在康德哲学中意识与存在的矛盾达到最尖锐的程度，由此引出了后来趋向统一的哲学运动。黑格尔克服康德二元论的矛盾，依靠唯心辩证法实现了思维与存在的统一。但是黑格尔又使哲学陷入新的更大的矛盾。他建立了一个形而上学的包罗万象的终极真理的庞大体系。这个体系非但没有克服形而上学的本体论——尽管他把它同认识论、逻辑学结为一体——反而把它推向极端，使哲学与科学的矛盾达到最尖锐的程度。恩格斯说："就哲学是凌驾于其他一切科学之上的特殊科学来说，黑格尔体系是哲学的最后的最完善的形式。全部哲学都随着这个体系没落了。"①

　　上述历史表明，所谓三者统一，并不是仅仅属于形式上的联结的问题，而是要从内容实质上把它们变成一个东西，从而克服意识与存在的对立，克服哲学与科学的对立。当着自然界已归于自然科学的研究对象，人类社会已归于历史科学的研究对象，哲学的任务也就限于运用实证科学提供的材料，从中概括和总结对于客观世界的认识规律，为科学提供理论思

---

① 《马克思恩格斯全集》第20卷，人民出版社1971年版，第26页。

维的观点和方法。这样的哲学，必然是世界观、认识论与方法论的统一体。

科学的哲学是关于认识的理论，也是关于客观世界的理论。只有符合于客观对象的性质和状态的认识理论，才能是科学的理论。哲学作为普遍的方法论科学，它所提供的认识规律和思维规律，必然与自然和社会即客体自身的运动规律相一致。在这个意义上，哲学就是世界观，如恩格斯关于辩证法所说的，它不过是"关于自然、人类社会和思维的运动和发展的普遍规律的科学"①。然而，自然、社会和思维的普遍规律，并不是与自然科学、历史科学揭示的规律不同的单独一套规律。这种规律就存在于实证科学所揭示的自然规律与社会规律以及科学在揭示这些规律的过程中所表现出的认识规律之中。哲学不是也没有在科学之外另搞一套。哲学所提供的自然、社会和思维的普遍规律，不过是对于思想史的概括和总结，它所表现的仅仅是科学在一定的发展阶段上所达到的认识的成果，它的作用也只在于为人们自觉地依据客观规律去认识各种事物提供方法论的指导。就这一意义说，世界观与认识论、方法论并无分别，它们都是关于如何认识世界的理论。世界观也就是认识论和方法论。

世界观、认识论、方法论三者的统一，表明哲学的性质和对象发生了根本性的变化。哲学已不再是旧意义上的哲学，我们也就不能再用了解旧哲学的观点去了解它。这在对待"世界观"的问题上，尤为重要。

世界观不等于旧哲学中的本体论部分。本体论这种理论属于科学尚不发达、人们对外界事物的认识还未摆脱幻想意识影响的历史阶段的产物。一味追求事物的绝对存在的那些"本体论"的提法，如世界的本原是什么、万物的终极要素是什么、存在的永恒本体是什么等等，既不符合科学观点的要求，也不符合辩证认识的基本规律。所以在后来，它的一部分内容便为逐渐发展起来的实证科学所取代，而另一部分内容则为日益兴起的认识论理论所否定。恩格斯说哲学变成了"世界观"，这句话首先就意味着，追求万物本原或本体的那种理论被否定了，哲学再也不能沿着"本体

---

① 《马克思恩格斯全集》第20卷，人民出版社1971年版，第154页。

论"的方向去研究问题了。

能否说"世界观"也是以整个世界为研究对象的,它同样要回答"世界的本原是什么",说明"世界到底是什么"等问题,只是观点有所不同呢?我认为不能这样说。随着哲学性质发生了变化、哲学观点发生了变化,对于问题的提法也不能不发生变化。"整个世界"只能是全部科学共同研究——当然是各从不同的方面去研究——的对象,不可能成为任何一门科学的独立的研究对象;"说明世界到底是什么"也必须由全部科学来回答,而且还要在它的长期发展的过程中逐步去实现;至于"世界的本原是什么"的问题,如果承认世界是无限的、并没有一个时间上的开端,这个问题就不能成立了,如果本原被了解为万物的起源和发展,那么,这个问题也应当由科学去解决,而不是哲学能够解决的。恩格斯明确地指出过:"如果世界模式不是从头脑中,而仅仅是通过头脑从现实世界中得来的,如果存在的基本原则是从实际存在的事物中得来的,那么为此所需要的就不是哲学,而是关于世界以及关于世界中所发生的事情的实证知识;由此产生的也不是哲学,而是实证科学。"按照恩格斯的分析,哲学也不能从综合科学材料中,为整个世界建立什么统一的体系。哲学不应当再走知识总汇的老路。建立这样的体系不仅对于一定时代的人们来说不可能达到,而且也不应当由哲学去单独承担,"一旦对每一门科学都提出了要求,要它弄清它在事物以及关于事物的知识的总联系中的地位,关于总联系的任何特殊科学就是多余的了"。①

世界观,顾名思义当然要研究客观世界,这一点是毫无疑问的。但必须考虑到,在马克思主义哲学中世界观同时也就是认识论。从这一点出发我们就会了解,它对客观世界的研究方式与旧哲学不同,也与实证科学有区别。世界观直接面对着的不是经验的世界,它也不是从客体自身的内部联系中运用经验的方法去研究世界的。世界观是利用经过科学总结的材料,把世界作为科学认识的对象,从它与意识的关系中去研究客观世界的。恩格斯从对哲学历史发展的总结中,明确提出了思维对存在的关系的

---

① 《马克思恩格斯全集》第20卷,人民出版社1971年版,第28、39页。

问题是哲学的基本问题。意识与存在的矛盾既是认识论的基本矛盾，也是世界观的基本矛盾。在科学的基础上从意识与存在二者的关系中去研究意识与存在的本质，这是哲学区别于实证科学的特有的认识方式。由于意识与存在这一矛盾只是在人们认识世界的过程中产生的矛盾，它并不属于客体自身存在的基本矛盾，哲学从这样的研究中能够回答的，当然只能是世界作为认识对象所具有的本性、本质的问题，而不是世界作为自在客体的起源、本体的问题。但是，意识与存在的矛盾既然是人类对客观世界的认识活动的基本矛盾，那么，哲学对这一矛盾的解决以及由此所揭示的世界的本质和规律，也就是一切科学认识的基础和出发点。哲学虽然不能具体回答"世界到底是什么"以及万物是怎样起源和发展的问题，它却为我们具体地认识"世界到底是什么"以及万物的起源和发展的过程，指出了正确认识的途径，提供了科学认识的方法。各门具体科学只有遵循哲学指出的这一道路和提供的科学方法，才能得出上述问题的正确答案。这就是世界观、认识论所具有的巨大的指导作用。

变革以后的哲学也要探讨"本原"的问题。恩格斯讲到哲学的基本问题时，曾经指出它的第一个方面的问题就是要回答"什么是本原的，是精神，还是自然界？"就这一意义上说，马克思主义哲学同样具有寻根究底、追本溯源的性质。但也很明显，这里讲的本原并不是本体论意义上的本原，而只是世界观和认识论意义上的本质。恩格斯是就"思维对存在的地位问题"使用本原概念的，它讲的只是精神与自然界在二者的关系中谁是谁的本原的问题①。回答这一问题所要解决的是如何认识世界的问题，而不是世界自身的起源的问题。列宁就曾明确地把这一问题归结为"解答我们认识的泉源问题"，认为唯物论与唯心论就是依据对这一问题的不同解答而划分的②。所以不能用"世界的本原是什么"来代替这里的本原的问题。

哲学从自然哲学、"经院哲学"、本体论哲学、认识论哲学、"人本学"哲学转变为世界观、认识论、方法论统一的马克思主义哲学，是一个

---

① 见《马克思恩格斯全集》第21卷，人民出版社1965年版，第316页。
② 《列宁全集》第14卷，人民出版社1959年版，第274页。

合乎规律的发展过程。如果说由于近代科学的蓬勃发展,旧哲学——被否定了,那么马克思主义哲学就是科学发展的产物。只是到这时,在科学发展的基础上,哲学才找到了自己的确定的研究对象,迈上了科学发展的道路,成为认识世界和改造世界的锐利武器。自古以来人们就把哲学看成一切智慧中的最高的智慧,只有在科学发展的基础上转变为世界观、认识论、方法论相统一的这种哲学,才真正称得起这样的智慧之学。

三、关于马克思主义哲学的体系问题

在一种哲学学说中,观点和内容是首要的和根本的,体系属于思想内容的逻辑结构,相对而言总是居于次要的和从属的地位的。但这并不意味着体系的问题不值得去考虑或重视。

既然观点和内容必须通过一定的逻辑结构去表现,那么体系的问题就不能看作是纯属外在的形式问题。事实上,每一种理论体系都是一定的理论思想的体现。我们不应当抛开内容把主要的精力用于体系方面,或者为体系而去构造体系;同样地,也不应当不去认真研究体系的问题,努力做到内容与形式的完整统一。

恩格斯讲过这样的话,黑格尔的体系是哲学的最完善的体系,也是这种尝试的最后一次巨大的流产,在黑格尔以后,体系学就不可能再有了。这里显然是指那种建立包罗万象的所谓绝对真理体系的幻想。如果我们不去奢望这样的体系,不把体系绝对化,那么,建立体系还是必要的。

做到内容与形式的统一并不容易,这本身也需要一个认识的过程,不可能一蹴而就,也不可能一劳永逸。历史上从来没有永恒不变的体系,我们也不应当把某一个体系僵化起来。内容可以有不同的形式,一种学说也可以有不同的体系。几种体系相互切磋、比较,借以找出一种表现内容更恰当的形式,是很必要也很有益的。

马克思主义哲学的各个观点之间有着内在的不可分割的联系。正如列宁所形容的那样,它的各种观点是由"一整块钢铁"铸成的。由马克思和恩格斯所创立的这个哲学，可以说是认识史上最严谨、最科学的思想体系。但是，作为一种学说的思想体系同它的理论表达形式之间，还是有着某种差别的。马克思主义的经典作家们在与不同的敌对思潮作斗争中，曾经以不同的理论形式表达过这个哲学。例如关于辩证法的内容，在不同的历史阶段就有多种不同的讲法。马克思和恩格斯也曾打算用正面论述的形式写一本阐述这个哲学的专著，他们为此做了大量的研究工作，可惜这个愿望未得实现他们便先后去世。列宁在这一方面的研究工作也未能最后完成。这样，就形成了在经典著作中对于马克思主义哲学存在多种不同的理论表述形式，而没有一种是系统完整的形式的状况。

我国目前通行的哲学教科书的体系，基本上是从苏联借鉴来的。它是在十月革命以后的漫长时期中逐步形成和定型的。这个体系全面地概括了马克思主义哲学的基本观点和内容，可以给予人们一个比较系统和完整的概念。多年以来，这个体系在传播马克思主义哲学，对广大干部和群众进行理论教育上起了重大的作用。这些都必须肯定。但也不能认为，这个体系已很完善、没有缺陷因而无需进一步改进了。这个体系表现的主要是本世纪①50年代以前人们对马克思主义哲学的认识水平。时至今日，历史前进了，理论发展了，人们对马克思主义哲学的认识水平更加提高了，与此相适应，哲学教科书的理论体系也应当加以改进。这种改进对于马克思主义哲学的发展也是非常必要和有益的。

最近一个时期以来人们对于体系问题的议论渐渐多起来，这说明改革势在必行。但是怎样去改革？这就需要弄清改革的原则和现有体系存在的主要问题。

我以为，体系的改革必须服从于更好地体现马克思主义哲学的科学内容和革命精神。这是总的原则。依据我们前面所进行的分析，既然马克思主义哲学是科学的哲学，在它的内容中已把世界观、认识论和方法论彻底统一起来了，由此出发，我认为下面的几点当是不言而喻、必须做到的：

（1）必须充分估计科学不断分化以及由此导致"知识总汇"必然走

---

① 指20世纪。——编者注

向瓦解的历史事实和发展趋势，决不能把马克思主义哲学再搞成凌驾于科学之上的和包罗万象的某种"特殊科学"的理论体系；

（2）要始终坚持从意识与存在的关系出发处理一切哲学内容，真正做到世界观、认识论、方法论（或者说，辩证法、认识论、逻辑学）三者的统一；

（3）要用全面的观点去处理马克思主义哲学与先行哲学的关系，真正做到马克思主义哲学既是全部旧哲学的否定，又是人类优秀思想传统的继承与发展，这里包括贯彻逻辑与历史统一的原则；

（4）必须把唯物论与辩证法内在地统一起来、辩证唯物论与历史唯物论内在地统一起来，充分体现出马克思主义哲学作为完备彻底的唯物论哲学的"一整块钢铁"的性质和特点，不能搞外在的拼接；

（5）必须体现马克思主义哲学随着实践和科学不断发展所获得的强大生命力，及时总结和概括科学取得的新成果，解答实践提出的新课题，不断以新的内容去充实它、丰富它。

在我看来，目前的体系的不足之处，正是主要表现在这样的一些方面。下面仅举几例。

这个体系在结构上，唯物论理论与辩证法观点是放在两个部分分别加以叙述的，认识论与历史观也是各自独立、界限分明的。这种安排对于说明问题当然有其方便之处。但是，讲唯物论不涉及辩证法内容，讲辩证法不涉及唯物论内容，怎能充分地体现马克思主义哲学的根本特点呢？离开辩证法的纯粹唯物论，那不过是唯物论的最一般的原则，它不可能把马克思主义的唯物论同旧唯物论区别开来。以目前教科书中"世界的物质性"一章为例。这一章阐明的观点，归纳起来不外这样几条：世界是物质的世界，运动是物质的根本属性，空间和时间是运动着的物质的存在形式，物质运动有它自己的规律性。这就是这一章所阐明的全部理论观点。这一章的任务是要讲明马克思主义哲学对于世界的总的看法、总的观点。可是这些代表马克思主义哲学对于世界的总的看法的观点，近代法国的"百科全书派"和德国的费尔巴哈早已讲过了，甚至连问题的提法也是基本一样的。马克思主义的唯物论同近代资产阶级的唯物论，在唯物论的基本原则上当然应当一致，否则就不成其为唯物论了。问题在于，这里阐明的不是对意识与存在的关系的看法——这里才是表现唯物论共同原则的地方——而是对于世界的总的看法，也正足以表现不同形态的唯物论哲学的区别的地方。辩证法部分的情况要好一些，但也同样存在着类似的问题。

在目前，不会有人公开主张把马克思主义哲学搞成"知识总汇"的理论体系。但要彻底摆脱已流行两千多年的这一传统的影响，却也并不容易。因为，改变哲学包罗万象的状况，属于哲学性质、哲学对象的根本变革，并不是从哲学中只要去掉那些早已属于独立科学部门的内容就做得到的。不从意识与存在的矛盾出发处理哲学的各种内容，从而把哲学真正变成世界观、认识论、方法论的统一体，这个问题就不能得到彻底的解决。我认为目前教科书的体系在这一问题上做得也不够彻底，很有改进的必要。这里首先表现在对于哲学基本问题的处理上。在绪论部分，依据经典论述明确指明意识与存在的关系问题是哲学的基本问题，这是完全必要的。但在绪论以后的正文里并没有把意识与存在的关系问题摆在"基本问题"的地位上，并没有自始至终地坚持从这个基本问题出发去处理各种内容。由于没有彻底贯彻这一点，也就不可能真正做到世界观、认识论、方法论三者的统一，其中的一些部分也不能不包括许多本应归入实证科学的知识内容和理论内容。

科学的发展总是一个方面在走向分化，另一个方面又趋向统一，随着不断的分化，统一的形式也要不断地更新。这个规律同样支配着哲学与科学之间的关系的变化。适应近代以来科学不断分化的趋势，我认为哲学应当向一体化的方向发展。世界观、认识论、方法论的统一，就是这一趋向的表现。我们在处理体系问题上，必须考虑到这一发展趋向。当然，我们讲哲学只能一个问题一个问题去讲，而不能用一句话讲完哲学。所谓"一体化"并不是说不能把内容划分成不同的问题。这里主要是说，在区分问题时，必须以体现内容的完整性、观点的统一性为前提。举例来说，目前体系中对于辩证唯物论与历史唯物论的内容的划分，我认为就不够合适。

唯物史观学说的创立是马克思主义对人类思想史作出的最伟大的贡献之一。由于它的创立，一举解决了两个方面的重大课题：一方面，它把唯物论哲学贯彻到底，使唯物论第一次成为包括社会生活在内的完备、彻底的理论，因而哲学变成了科学；另一方面，它同时又为人类认识开辟了一个新的科学领域，把关于社会历史的理论变成了科学。据此而论，辩证唯物论与历史唯物论作为完整统一的唯物论学说，它们本是内在地结合在一起的，并非互相并列的关系。辩证唯物论的内容中，就应当内在地概括着历史唯物论的基本观点。像目前的体系这样，把二者平列起来，不仅不符合它们所固有的本质关系，而且还会在一定程度上损伤辩证唯物论的内容。另一方面，历史唯物论作为唯物论的社会历史学说，又牵连着整个社会科学理论。正像列宁所说的，既然唯物史观把社会理论变成了科学，那么也就可以说，"唯物主义历史观始终是社会科学的别名"①。历史唯物论的这一部分具有特殊性的内容，当然不应当归入哲学中去，而应当发展成为马克思主义的一般社会学理论。现在的体系没有分别这种情况，把历史唯物论一古脑儿地归入哲学，这不仅使哲学的内容变得很庞杂，也影响了社会学理论的发展。

现有体系在整个结构上，不是依照世界观、认识论、方法论三者统一的原则来安排的。这是这个体系的主要缺点。这三个部分的内容在现在的体系中都有，而且三个部分的内容之中也都贯穿了相互联系。但这并不等于就是三者的统一。如我们在上面所分析的，三者的统一意味着哲学性质和哲学对象的根本变化，并不是只要在一个体系中包括着三个部分的内容，就是三者统一了。如果这就叫做统一的话，那么它在旧哲学中早就实现了。旧哲学中的这三个部门，彼此之间也并不是毫无联系的。真正做到三者的统一，必须是不论其中的哪一个部门都同时具有三个方面的性质，都可以说既是世界观，又是认识论，又是方法论。只有做到了这一点，才能使得马克思主义哲学不论就其总体的性质来说，还是就它的各个部分的性质来说，都与旧哲学根本不同。有人把这种看法叫做三者的"同一论"。三者的统一也可以说成三者的同一。在马克思主义哲学中三者本来就是同一的，我们也正是应该把三者看作同一的。说它们是同一的，并没有错。

---

① 《列宁全集》第1卷，人民出版社1955年版，第122页。

但是，不能认为一讲同一就意味着必然排除差别；或者看到差别性的时候，就不承认其间的同一性。就哲学的变革来说，主要的倾向是见异不见同，异中无同，所以必须从异中去强调同。这决不等于要同不要异。现在的教科书中，有一些问题仍然沿用着旧哲学中"本体论"的提法。这些提法与马克思主义哲学的基本观点是互不相容的。这种状况应该说就是由于贯彻世界观、认识论、方法论三者的统一不够彻底而造成的。

改革哲学体系的问题是一个十分复杂的问题，需要从事哲学工作的同志协力研究，共同解决。我在这里提出的看法仅属一孔之见，目的在于提出问题，引起讨论。

论马克思主义哲学的对象[①]

(1985年)

关于如何理解马克思主义哲学的对象和体系的问题,我曾写过一篇文章(见《社会科学战线》1982年第1期)。近来读了《哲学研究》等刊物上的讨论文章,很受启发,也引起了一些想法,现在把它写出来和同志们一道探讨。

一、有必要明确几个原则

在我们关于马克思主义哲学对象的理解中,无例外地都体现着某种更带根本性的思想原则。在哲学对象问题上的不同观点,是和对原则的不同认识有着密切的关系的。我觉得这些原则问题也需要讨论清楚。这些问题明确了,会有助于具体问题的解决。

在我看来,应当明确的至少有下面几点。

(1) 我们研究马克思主义哲学的对象,应当立足于不仅哲学观点屡经变化,哲学对象也处在历史的变化之中,而非永恒不变的基点之上。

哲学的不同性质,不但表现于不同的观点和不同的理论形式,也体现在以什么问题为主要内容、研究对象的区别上面。在历史上,哲学的性质经历了不同的变化,曾经有过包罗万象的作为知识总汇的哲学,有过同神

[①] 原载《哲学研究》1985年第8期。

学公开结合的经院哲学，还有过强压在科学头上的所谓"科学的科学"的哲学。这些哲学的性质不同，与此相应地它们所包含的内容和研究的对象也有很大的区别。马克思主义哲学同这些哲学的性质都不同，它作为科学形态的哲学，当然在研究对象上同以往的哲学也不能没有重大的区别。

对于马克思主义哲学的科学性，显然不能这样去理解，似乎是由于它对先前哲学在认识还不很发达的情况下所提出的那些不可能有科学答案的问题，给予了科学的解答。这样去理解就把问题过于简单化了。旧哲学所以是非科学的，不但因为它们的理论观点具有这样那样的片面性，还因为它们关于哲学许多问题的提法本身是不科学的。它们提出的追求原初物质、最后基质和为世界建立完善体系的那些纯粹本体论的问题，就是如此。马克思主义哲学在彻底贯彻唯物主义和辩证法观点，把哲学变成具有科学性质的理论时，不能不同时也改变这些提得不正确或不恰当的问题。这样，随着马克思主义哲学的产生，哲学观点变革了，哲学性质不同了，哲学的内容和对象也发生了重大的变化。正因如此，今天才会在马克思主义哲学对象的问题上发生争论，才有必要去深入探讨它究竟发生了哪些变化。如果从哲学对象永恒不变的前提出发，这样的讨论当然就无甚必要，也无甚意义。而这样，马克思主义哲学与旧哲学除了理论观点有所不同，也就无须去区别和说明它们在理论性质上的不同了。

我们对于哲学性质的变革，当然也可以用认识的变化去加以说明，即认为对象是不变化的，对于这一对象人们经历了一个从不认识它到认识它的发展过程，由此形成不同性质的哲学。这也是一种不失为具有某种道理的解释方法。因为人们对于对象的认识确实是有变化的。问题在于，对象本就是认识的客体，作为科学研究的对象，也就是科学所意识到的客体。一种对象人们对它无认识，这就意味着它尚不是人们意识的客体，人们还没有把它作为对象去认识。尚未变成意识客体的东西，它怎么能够称得上是那时哲学研究的对象呢？我们也可以这样去理解，这时这一对象是作为抽象的对象存在着，哲学虽然还没有把它从其他对象中区别出来，但早早晚晚必然会以它为对象。事情如果真是这样的话，那又会遇到另一个回避不了的问题，这就是要回答：究竟是什么因素预先规定了哲学的不变的对象？在我看来，对这一问题只有两种可能的回答，或者把这种因素归之于客观世界固有的差别性，或者诉诸认识自身固有的本性。关于前者，客观世界固有的差别性无限多，我们今天认识到的不过沧海一粟。如果把世界固有的差别都说成是我们今天科学研究的对象，尽管有许多我们还不认识，那就势必要否认科学的发展。关于后者，人的认识的本性正在于它随着实践的深入而不断发展，把客观世界的未知的关系不断转化为自己的对象。从这一本性得出的结论，只能使对象随着认识的变化也在不断变化，而不可能是别的。如果认为后来达到的知识成果，都早已是它的客体即研究对象，认识还有什么发展呢？所以，无论前者或后者，两种答案同这一看法的前提，即用认识的变化和发展去说明对象的不变性，都是相抵触的。

这里有两个问题需要说明。第一，我们必须坚持对象的客观性质。对象作为客体，必然是意识以外的存在，否则就不成为对象，即使意识自身作为对象也同样如此。但又须看到，作为人们的认识对象，又决不是与意识无关的存在，即不可能是纯粹的自在客体。对象作为意识到的客体，不能不表现着人们意识的某种成果，包括人们对它的一定看法。由于这一点，所以一门科学研究对象的确定往往总是同这门科学的发展状况和程度相适应的。随着科学的发展，对象从不甚确定到逐渐确定，而在认识深入以后，随着新学科的生长，又须回过头来重新确定对象的范围。在研究对象上追求一劳永逸，是既不符合科学发展的事实，也不符合认识发展的规律的。我们不能以对象是变化的否定它的客观性，同样地，也不能以它的客观性否定它是变化的。第二，哲学的发展不是只有间断性，而是在间断性中始终保持着连续性，我们对哲学的对象也必须这样去看。哲学必须研究其他科学无法解决的有关认识全局的那些带有根本性质的问题，这是各个历史时期各种哲学所共同的。哲学理论就因此具有了寻根究底的性质，一向被看作一切智慧中的最高的智慧。但这不等于哲学对象是不变化的。最高智慧的内容取自人类在一定时代所达到的知识总和，人们以什么为根和底决定于时代认识的水平。在认识发展的不同阶段，人们所理解的具有根本性质的问题不同，哲学的具体内容和研究对象也便不同。我们不能以间断性否认连续性，同样地，也不能以连续性否认间断性。

（2）应当立足于哲学对象的演变是一个规律性的过程，它的变化不但表现了哲学自身前进运动的规律，而且表现着人类全部认识不断走向深化的发展规律。我们要理解和说明马克思主义哲学对象的变革，就必须找出促使它变化的规律，决不能就事去论事，就这一哲学去论这一哲学的对象。

哲学对象的不同当然与哲学观点的分歧有着密切联系。从一种对象变到另一种对象，包含有大量偶然因素的作用。但也同其他一切事物一样，在形成不同哲学对象的偶然因素中，贯穿着某种必然性。

哲学虽是哲学家创立的，但哲学家却不能随心所欲地去确定自己哲学的研究对象。这不是说他做到这点不可能，而是说，他这样确定的对象如果与其时代认识发展的要求完全相悖，它就不会为人们所承认，因而也不会在现实中起到哲学应起的作用。只有当他所确定的对象符合了社会斗争的需要、哲学自身发展的状况和人类认识在这一时代所达到的水平等等条件时，才能为人们所承认，尽其哲学的作用。这些条件就是决定哲学对象变化的基本因素。而在这些条件中，我认为起着主要决定作用的是人类认识发展的规律这一因素。

具体地说，哲学应当研究什么对象，是由赋予它的任务和应起的作用决定的；哲学的任务和作用则决定于知识体系的分工和它在这种结构中所处的地位；而知识的结构和分工又是随着人类认识水平的提高而不断变化的。人类认识在不断前进，知识结构在不断变化，这就决定了哲学的地位和任务以及研究对象都是可变值，而不是不变值。由此我们也可以了解，所谓哲学对象的变化，其实质就是适应认识的分化发展和知识结构的变化，对于哲学与其他知识部门的相互关系所做的一种调整。适应古代未分化的笼统直观认识条件下的知识结构，哲学与科学不可能清楚地区别开来，哲学必然具有知识总汇的性质。在近代，认识已发生分化，但分化得尚不充分，适应这种具有矛盾性质的知识状况，哲学当然也不可能彻底摆脱包罗万象的性质，于是变成了"科学的科学"。中世纪与神学相结合的经院哲学，在当时神学统治一切的认识条件下，也是具有必然性的。

对于马克思主义哲学的性质和对象，我们也必须从这一观点去认识，不应当仅仅从它是惟一科学的哲学这一抽象的原则，或者仅从经典作家的论述去证明它是如何或应该如何。如果我们把马克思主义哲学放到整个人类认识发展的过程中去了解，那就可以看到，它的产生和变革不仅是必然的，而且它以什么为对象也不是可以由我们随意确定的。

（3）在上述基础上，经典作家的论述当然是我们认识这一问题的重要依据。特别是我们研究的是马克思主义哲学，马克思和恩格斯作为这一理论的创始人，对他们的观点，我们必须首先研究清楚，并且作为我们认识和发展这一理论的基础和前提。这应当是毫无疑义的问题。

问题发生在，在经典著作中关于马克思主义哲学对象有多种提法，这些提法看来并不完全一致，究竟应当遵循哪一种提法呢？这是一个原则性的问题。我认为有必要把问题挑明，以便于求得妥善的解决。

在马克思和恩格斯的思想之间，不可能是毫无差别的。在他们自己的早期思想和后期思想之间同样存在很多差别。要掌握马克思主义哲学的科学观点，必须采取研究的态度，不应拘泥于他们讲过的一字一句。但在马克思主义哲学形成以后的著作中，我认为马克思和恩格斯关于这一哲学的对象的基本思想是很明确的，并且具有一贯性。不同说法不是表现他们在这一问题上的观点不一贯或不一致，而是表现着问题本身的复杂性和多面性。所以，我们必须全面地去理解这些思想，立足于它们一致性的基点上，对不同的提法作出统一的理解，而不能依据其中的一种提法，去否定他们的另一种提法。

还有一个问题有必要加以说明，就是如何看待现有哲学教科书内容的问题。应当肯定，现在教科书中那些定型化的内容，是依据经典作家的论述，从经典著作中的内容引申而来的。我们讨论马克思主义哲学的研究对象，不能不考虑到这些内容以及它所体现的研究对象。但也必须看到，教科书的内容是在一个特定的历史条件下逐渐定型的，它表现的主要是那一时期的学者们对马克思主义哲学经典论述的理解和认识。它是否充分反映出了马克思主义哲学对象变革的实质，这不是不可以讨论的问题。教科书不能成为我们讨论对象问题（即进行学术探讨）的经典依据。我们研究哲学对象问题并不是为了给它现有的内容找出一个完备的定义，因而不能认为与教科书的见解有出入，就是离经叛道。

总之，我认为，人类认识规律（包括认识史）、经典论述和教科书内容，在这三者中，前者是后者的依据，后者只是前者的反映，我们可以借助后者去理解前者，但不能把它们的根本关系颠倒过来，依据后者去判定前者。

二、马克思主义哲学对象变革的实质

马克思主义哲学改变旧的研究对象，是解决在近代认识发展过程中形成、而为资产阶级哲学未能解决的哲学与实证科学矛盾的必然结果。

从历史上看，哲学对象的每一次变革，都是解决在认识发展中已成熟的某种矛盾的结果。这些矛盾是从知识结构发生的变革中产生和形成的。这些矛盾解决了，就会改变哲学的对象和性质，推动认识的进一步分化和发展。由于面临的认识发展中的矛盾的内容不同，因而形成的哲学在对象和性质上也便不同。古代和近代哲学的两次重大变革，就是如此。

古代的情况是，在哲学作为理论思维的形式产生时期所要解决的，不是哲学认识与科学认识（它们是理论思维内部的两种形式）的矛盾，而是理论思维与原始宗教的幻想意识之间的矛盾、与感官直接认识和实用知识之间的矛盾。这是理论思维从其他认识中分化出来的初始阶段。当时人们提出的问题是"什么是真正的智慧？"那时人们所作的回答则是"智慧就是有关某些原理与原因的知识"。从解决这样的矛盾中形成的古代哲学，自然要把一切理论性的知识成果都包括在自身以内，而哲学当然也就具有了知识总汇的性质。在那时科学尚处在萌芽状态，与此相适应的，哲学认识与科学认识的区别也只能以萌芽的形式表现于哲学内部的学科分类中。

近代的情况便不同了。近代初期，哲学虽然也面临着与中世纪发展起来的宗教神学的矛盾，哲学家们仍然必须为解决现世智慧和来世智慧的矛盾而进行斗争。但从那以后，主要问题已开始转向哲学认识与科学认识的矛盾。随着自15世纪下半叶近代自然科学的兴起和发展，人类已从对自然笼统直观的认识，进入分门别类的专门研究，自然科学陆续从原来的知识总汇中分化出来，形成许多独立的科学部门。科学的分化改变了人类知识体系的结构。原来奠基于笼统直观的那种知识总汇的理论已陷于瓦解，必须在新的基础上重新调整知识部门之间的关系，其中特别是作为总体认识的哲学与各门实证科学的关系。这就是近代哲学所面临的主要矛盾。

资产阶级哲学家必须去解决这一矛盾，而他们又不能完全解决这一矛盾。他们不能摆脱这一矛盾，因为实证科学的发展已使哲学再也无法维持过去那种包罗万象的内容和对科学的那种统辖关系。他们不能完全解决这一矛盾则是因为，当时科学虽已分化，但分化得尚不充分，还没有提供促使哲学从理论内容到理论形式实现根本变革的足够条件；同时，资产阶级狭隘的阶级偏见也限制了哲学家的头脑，很多人并不甘心放弃相沿多年的固有领地和世袭权力。这种特定的矛盾状况，就形成了所谓"科学的科学"的哲学理论。哲学家们承认科学在事实上的独立地位，却不承认科学可以达到事物的真理。在他们看来，实证科学只能对事物作出经验性的描述，要掌握真理还得依靠哲学。这样，哲学就变成超越一切科学之上而又统治着一切科学的一种特殊科学，它想依靠自己的逻辑思辨，就能为科学提供关于世界及其统一联系的完整体系。

解决资产阶级哲学未解决的矛盾和资产阶级哲学自身陷入的矛盾，就是马克思主义哲学所面临的主要课题。"科学的科学"这种哲学把近代内容同古代形式矛盾地结合起来，它与近代科学发展的要求，以及由于这种发展所改变了的近代知识结构是不相适应的，而且成为科学和人类认识发展的严重障碍。这是它存在的主要问题。由于这一点，资产阶级哲学不仅为自己规定了许多本不应由哲学来解答的问题，同时在自己的体系中还充塞了主观虚构的内容。所以，所谓解决矛盾，其实质就是按照近代已变化了的知识结构，在哲学与科学之间建立一种新的统一联系。而做到这一点，也就意味着根本否定那种传统的包罗万象的哲学，创立与科学具有明确分工又紧密联系的崭新的哲学。马克思和恩格斯所说的"哲学"终结了，新理论"已经根本不再是哲学"而只是一种"世界观"，就是对当时时代这一客观要求的反映。

很明显，由此建立的新的哲学，必须满足下述要求：在一个方面，不仅必须承认自然过程和历史过程已归属实证科学研究、不再属哲学专门对象的事实，而且还须承认：①自然和历史过程的规律既不能再依靠笼统直观去认识，也不能凭借思辨的冥想去认识，只能通过实证的研究方法才能把握；②实证研究方法不但能够揭示自然、历史过程不同领域的具体规律，而且能够也应当同时去揭示这些不同领域的统一联系；③关于这些过程的知识，哲学只能从实证科学中去获取，实证科学尚未达到的东西，哲学也不可能达到。集中起来说，这一要求就是：在新的知识体系中，哲学与科学已有明确分工，哲学无须越俎代庖，以揭示自然和历史的实证规律为自己的任务；哲学也不能超越实证科学，以揭示科学尚未达到的"隐秘本质"为自己的任务。

在另一个方面，随着实证科学的发展，深入研究理论思维的任务越来越突出了。要正确把握和整理大量的实际材料，把握和理解研究对象的本质，透过现象揭示事物运动的规律，都要求必须善于处理主观与客观的关系，掌握理论思维的科学观点和方法。研究理论思维的观点、方法问题，是从新的知识体系中提出的客观要求，而这也就是新的知识分工为哲学所规定的基本任务。

这两个方面的要求，属于同一问题的两个不同方面。知识体系的分工在否定适合旧体系的那种哲学理论的同时，也为新哲学规定了适合自己性质的新的任务；实证科学的发展在促使包罗万象的哲学走向瓦解的同时，就为建立科学的哲学理论提供了必要的知识基础。这里体现了人类认识作为一个整体结构的内在规律：一般知识与个别知识只有经过分化才能达到更高形式的统一；哲学理论只有帮助各门科学走向独立、获得科学形态，在这个基础上才能确立自己独立的研究对象，并把自己也变成科学。

在事实上，与知识结构变化的同时，哲学自身的内容已经在变化，为迎接新的任务准备着必需的条件。以德国古典哲学为转折，思维与存在的关系问题日益成为人们思考的中心，哲学理论已在实际上把探讨二者统一规律的问题作为自己的主要任务。只是由于条件不成熟，哲学才陷入重重矛盾之中。一旦条件成熟了，哲学的变革就是势所必然的事。马克思主义哲学就是顺应科学和哲学发展的趋势，依据认识规律的要求，自觉地建立起来的具有科学性质的理论。这样的哲学，在理论性质和研究对象上自然都与旧哲学不同。

三、关于哲学对象的提法和理解的问题

马克思主义哲学对象变革的实质如此，怎样表述变革后的这一对象呢？

在研究这一问题时，我以为应当立足于马克思和恩格斯在确立新哲学的研究对象时对上述要求是充分自觉的，而不是不自觉的这一点上。在他们从研究对象方面为这一新哲学所下的定义中，已经体现了上面所谈到的那些变革的内容。所以，在这一问题上，首先应当以他们的论述为基础。

我认为，恩格斯多次讲到、后来为列宁多次引用过的这段话，即"关于自然、人类社会和思维的运动和发展的普遍规律的科学"或"关于外部世界和人类思维的运动的一般规律的科学"①，应当看作是对于马克思主义哲学研究对象的基本定义。这一定义显然是不完全的，而且也不能完全排除理解上的歧义，但这是任何"定义"不可避免地都会具有的缺点。所以虽然需要其他定义作为补充，也需要对它作出解释和说明，但这并不影响它作为基本定义的地位和性质。恩格斯这一定义原是用来说明辩证法对象的，由于辩证法在马克思主义哲学中也就是认识论和逻辑，从世界观、认识论和方法论统一的观点去看，把辩证法的定义看作就是马克思主义哲学的基本定义也是合适的。

这里重要的问题是，如何去正确理解定义的实质的问题。恩格斯把自然和人类社会包括在定义之中，似乎是从客观规律的意义上把马克思主义哲学的对象规定为世界的整体，即以整个世界的运动规律去与实证科学的

---

① 《马克思恩格斯选集》第3卷，人民出版社1972年版，第181页；第4卷，第239页。

局部规律相区别的。现在的许多书就是这样理解和解释的。可是恩格斯自己又反复强调，自然与历史领域已经归入"实证科学中去了"，给哲学留下的只有一个"纯粹思想的领域"。恩格斯还明确地说过，各门实证科学都应该研究它们在关于事物的知识的总联系中的地位，"关于总联系的任何特殊科学"① 都是多余的。看来，这不是很矛盾吗？所以，过去我们往往是引用前面的话，对后者就只好弃置不顾，强调后面的思想，又不能不抛弃前面的定义。我自己的思想也曾经历过这样一个反复的过程。

我觉得统一这一矛盾正是打开局面的症结所在。经过思考以后我认为，这两种说法不但不互相抵牾，恰恰是相互规定、相互补充的。只有把二者统一起来，从前者去理解后者，从后者去理解前者，才能把握住马克思主义哲学在研究对象上与旧哲学的真正区别、与实证科学的本质区别。

按照认识发展规律，在近代知识体系分工中，哲学的任务是为各门实证科学提供理论思维的观点和方法，而不是为人们提供关于自然和社会的现成知识。据此而言，哲学当然应该属于理论思维的科学，而非实证性质的科学。这就是科学为哲学留下的是一个"纯粹思想的领域"的含义。这是哲学与一切实证科学的区别所在。理论思维的观点和方法应当取自何处？很明显，它不能来自哲学自身的思辨。如果这种思维观点和方法是科学的，它就只能取之于理论思维的内容。而理论思维的内容就是自然和社会（包括思维活动自身），即各门实证科学所研究的对象。只有与思维内容相结合的思维范畴，与外部世界运动规律相一致的思维规律，才能指导人们按照客观世界的本来面貌去认识客观世界，即成为科学的思维观点和方法。这种与外部世界相一致的思维规律，也就是支配自然、社会和思维运动的普遍的规律。这一方面又表现了哲学与实证科学的统一联系。哲学只有从总结各门科学认识的成果中才能认识这样的普遍规律，只有来自于科学才能对科学起到哲学的指导作用。正是在哲学与科学的这种联系中，表现了马克思主义哲学与旧哲学的根本区别。旧哲学研究思维规律，或者把它变成脱离了客观内容的纯粹形式（如康德），或者仅仅从思维中引申

---

① 《马克思恩格斯选集》第 4 卷，人民出版社 1972 年版，第 253 页；第 3 卷，第 65 页。

出来然后强加于自然和社会（如黑格尔），都未能正确地解决外部世界的运动规律和思维运动的规律的统一性问题，因而使哲学陷入了非科学的纯思辨理论。马克思主义哲学揭示出外部世界运动和思维运动的普遍规律，从此才把理论思维奠立在客观规律的基础上，为人们提供了进行理论思维的科学的观点和方法。

我们必须从普遍规律去理解理论思维科学，同样地，也必须从理论思维科学去理解普遍规律。这样去理解或不这样去理解，所认识的"普遍规律"有很大不同。离开了理论思维科学这一前提，哲学在性质上同实证科学无异，它们的区别就变成不过是所研究的规律的普遍性大一点和小一点而已。从实证的观点去理解哲学的普遍规律，所谓自然、社会和思维的运动的普遍规律，只能是世界整体的运动规律；哲学研究这样的规律，当然也就意味着要从汇总科学成果中为整个世界建立一个统一体系，为世界的运动、发展勾划出完整的图景。这样一来，马克思主义哲学同包罗万象的旧哲学也就没有什么根本区别了。从理论思维科学的观点去理解则不同。理论思维解决的不是有关世界整体的知识性问题，而是如何去正确认识世界的观点和方法问题，即如何对待和处理主观世界和客观世界的关系的问题。从这一观点去理解，所谓自然、社会和思维的运动的普遍规律，就不仅仅是比科学规律普遍性更大的规律，主要是指思维与自然、社会共同遵循的那种规律，主观世界与客观世界相统一的规律，使我们的认识与外部世界达到一致的规律，也就是思维反映存在的运动的规律。

进一步分析，什么是普遍适用于所有一切领域、一切对象的规律？究其实质，它不过是关于规律的规律。这种规律所揭示的只能是一切科学规律的普遍内容和实质，这种规律的意义也只在于为一切科学认识提供把握其规律的观点和方法。从这一意义说，最普遍的规律也就是思维（思维的形式和内容相统一的）规律。反过来说，思维规律也一定是最普遍的规律。因为只有适用于一切领域、一切对象，即适用于思维的一切内容的那种规律，对人的思维活动才具有普遍有效性。从这一意义甚至可以说，唯有思维规律，才能够是真正意义的最普遍的规律。我们这样的理解，就从对象和性质上不仅把哲学与实证科学区别开来,也把马克思主义哲学与旧哲学区别开来了。

对普遍规律必须这样去理解,这不是我们望文生义和主观的引申。恩格斯自己就是这样说明和解释的。

恩格斯关于普遍规律有两种提法,一是相对自然、社会和思维的关系而言的,一是相对于外部世界和人类思维的关系而言的(引文见前)。这两种分项法的本质内容是一样的。但有了前一种提法,在另外地方又使用了后一种提法,我认为这不是纯粹偶然的。在两种提法中,后一种提法以哲学基本问题为核心内容,更能体现哲学理论的本质,只有从后者去理解前者,才能把握普遍规律的真正本质。在这一意义上可以说,后者是对前者本质的补充说明。后来在列宁的著作中,对恩格斯的两种提法虽然都引用过,但他自己则比较多的使用二分法,如"世界和思维的运动的一般规律"①。三分法也有其特殊意义,因为自然运动与社会运动也有重大差别,以致在历史上的很长一段时间,人们能够承认自然规律,却不承认社会运动同样有规律。标出社会运动,突出三个领域的运动规律在根本性质上的一致性,在特定场合是很必要的。但从理论思维的角度进一步去探究,人们为什么不能把自然和社会看作统一的呢?这不是因为别的,主要还是因为社会运动牵连到人的活动,而人的活动又同意识、思维的作用分不开。归根到底,矛盾还是集中在意识与存在二者的关系问题上。

恩格斯在阐明辩证法规律的实质时,就明确讲到了这一点。他说:"我们的主观的思维和客观的世界服从于同样的规律,因而两者在自己的结果中不能互相矛盾,而必须彼此一致,这个事实绝对地统治着我们的整个理论思维。它是我们的理论思维的不自觉的和无条件的前提。"② 按照恩格斯的说明,很清楚,辩证法理论揭示普遍规律的目的和意义,就是为了使人们能够自觉地依据这一规律,实现和保证理论思维的这一前提。

哲学作为社会意识的一种特殊形式和知识体系中的一个特殊部门,它

---

① 《列宁全集》第38卷,人民出版社1959年版,第186页。
② 《马克思恩格斯全集》第20卷,人民出版社1971年版,第610页。

涉及的范围很广泛，包括的内容也很复杂。为了全面把握它的内容，应当区分出不同的层次。按照通常的理解，哲学史属于哲学学科，美学、逻辑学、伦理学等也属于哲学学科。在各门具体科学中还包括许多具有哲学性质的问题，这些也包括在哲学之中。此外，在认识发展过程中总要不断生长出一些新兴的学科，其中不能归属于任何已有学科而又暂时不能独立的学科，往往也附属在哲学之中。我认为不把哲学的范围理解得很死，是很必要的。这正表明哲学是一个开放的体系，它与其他各种意识形态和各个知识部门都具有密切联系，它们在内容上相互渗透、相互转化，并在相互促进中不断发展。上面所讲的对象，只是指哲学中最高层次的基础理论部分的研究对象。哲学基础理论的性质，规定着整个哲学学科的性质。我们明确了基础理论的对象，才能了解其他分支学科是在什么意义上被包括在哲学学科之中的，在什么意义上又应当把它们看作是独立的学科。关于这一问题，这里不再多说。

四、对几种看法的一点想法

依据上述认识，我认为在目前讨论中关于哲学对象的各种不同看法，都各有所见，都含有某种合理的思想。这是我们把讨论推向深入、通过讨论在一些问题上达到一致认识的一个很好的基础。但也毋庸讳言，分歧还是很大的，只有展开深入的讨论，消除分歧，才能走向统一。本着这样的精神，拟就其中几种看法谈一点个人的想法。

说哲学转向思想领域，不再以整个世界为研究对象，这种看法从科学分化和知识结构变化的观点来说，是完全对的。我们为了突出马克思主义哲学在研究对象上的变革，必须强调指出这一点。但在作这样的理解时，不能从不再以整个世界为对象得出哲学已不研究存在规律的结论。我们不能把"思想领域"仅仅理解为思想形式领域。哲学始终是在内容与形式的统一中去研究思想范畴的；不以存在规律为基础，也无法掌握能够使我们的认识与客观世界取得一致的那种思维规律。

以整个世界为对象和以客观世界为对象这两种提法并不相同。"整个世界"是与世界的局部领域相对而言的,"客观世界"是与主观世界相对而言的。整个世界是人类全部认识在无限发展过程中的认识对象,对它只能逐步去达到。旧哲学曾经奢望达到这一点,这使它们陷入了主观虚构的认识。马克思主义哲学对旧哲学的否定,就包括否定它们这种不切实际的幻想,从而根本改变了问题的提法。至于说哲学不是直接研究客观世界,而是通过实证科学提供的材料间接地研究客观世界,这当然是很对的。但这只是研究方式上的区别。事实上,哲学研究思维的规律,也不是通过观察、实验的方法去直接研究思维活动的,而只是从总结科学获得其成果的认识经验,即从总结认识史中去认识的。这样去理解,也并不意味哲学重复地以实证科学的对象为对象。哲学是从与思维规律的关系去研究存在规律,从与主观世界的关系去研究客观世界的,它与科学的研究角度不同、研究方法不同,在对象上也就不完全相同。

认为哲学基本问题就是哲学对象的看法,也有一定的合理性。这种看法抓住主观与客观两个方面的关系,突出了哲学的核心内容,对于论证哲学与实证科学的区别和联系方面,是很有说服力的。但思维与存在的关系问题既然叫做哲学的基本问题,以它来代替哲学研究的对象那就显然不合适了。这两个问题的关系极其密切。然而作为哲学的基本问题,就意味着它只是哲学内容中的核心内容,本身具有不完全性,不能以它代替全部对象。此外,这种看法也不能表明哲学对象的历史性,和马克思主义哲学对象的特殊性。思维与存在的矛盾是古往今来一切哲学都要加以解决的基本矛盾,如果认为这就是马克思主义哲学的研究对象,那么这种哲学与先前的哲学在对象上就不存在什么重大的差别,也就无需去谈论马克思主义哲学对象的变革问题了。

那么,能否说马克思主义哲学的对象是整个世界的普遍本质和普遍规律呢?我觉得这个提法同前面所引恩格斯的定义是不相同的。恩格斯所讲的普遍规律是相对自然、社会和思维三个分项说的,很明显,它的着重点在三个分项的相互关系,而非指三者合成的整体。自然、社会和思维三者合起来,虽然看来它已包括了世上所有一切现象,但它与整个世界这一概念并不相同。前者是以人为主体，对人的活动所涉及的几个主要领域的分类，究其实质来说，这一分类所表现的是人类活动中的基本矛盾关系。人生活在社会中，自然是人类社会生存的基本条件，人是以思维为工具去认识人所生活的环境，并在思维指导下从事改造自然和社会的实践活动的。人要顺利地实现人的活动，就必须认识构成人的活动的这些基本要素或基本方面的关系，这就是自然、社会和思维三项分类的根据和来源。所以，把自然、社会和思维三项变换成整个世界，是不妥当的。在我看来，通常所讲的"思维和存在这对范畴概括了整个世界的两类最基本的现象，因而它们之间的关系体现着整个世界的一般本质"，这个说法也不妥当。思维与存在是以人类活动为基点所作的分类，它们之间的关系表现的是人类活动（具体地说，主要是认识活动）的基本矛盾关系。如果从"整个世界"着眼，作为它的"两类最基本的现象"的，决不会是思维和存在，体现"世界的一般本质"的也决不会是思维与存在之间的关系。道理很简单，因为对整个世界来说，思维的产生和存在犹如昙花之一现。我们可以设想没有思维的世界，却不能设想失去了构成其本质一个方面的因素还能存在的那种世界。我认为，这里的问题主要在于，把人类对世界的认识的问题变成了纯粹本体论的问题，这就不能不陷入一系列的矛盾之中。而这也正是旧哲学曾经陷入的那种矛盾。

至于对整个世界我们能不能认识这一问题，恩格斯的观点和态度是很明确的。他说："世界表现为一个统一的体系，即一个有联系的整体，这是显而易见的，但是要认识这个体系，必须先认识整个自然界和历史，这种认识人们永远不会达到。"① 这段话可以表明，恩格斯所说的自然、社会和思维决不可能是在"整个"世界这个意义上讲的。

我认为，我们也不能从人是人类一切活动的主体，得出人或人类历史的发展是哲学的专门对象的结论。哲学是否应以人为专门对象，这一问题的实质是，要确定人是否是人的一切认识中的最高对象，关于人的理论是否是制约着其他一切理论的最高原理。毫无疑问，人的问题是人类认识中

---

① 《马克思恩格斯全集》第20卷，人民出版社1971年版，第662—663页。

最重要的问题之一。就知识的总体划分，一大类是关于自然的知识，另一大类就是有关人的知识。这点恰恰表明，人是一个极其复杂的对象，需要许多学科去研究人。在有关人的各种原理中，正如有关自然的原理一样，它也区分为不同的层次，包含着不同性质和内容的各种原理。其中的大部分问题，包括人的本质和人类社会的发展等问题在内，只有通过实证的研究方法才能得到具体认识，这些都应属于实证科学的对象而非哲学的对象。要认识人，还有一个怎样去认识人（包括人的本质和人类社会的发展）的问题，这才是在关于人的理论中最高的原理，应当属于哲学研究的内容。而这一原理又不但涉及到人这一对象，还涉及到自然对象，它在实质上是人文知识与自然知识的总结和概括。所以，笼统地说哲学是人学或社会发展的理论是不符合近代知识的分类的。

在马克思主义哲学产生时，解决人的本质和人类社会发展的问题确实是哲学中最重要的并具有关键性的一个问题。所以马克思在一个时期曾经集中精力专门研究了人类的历史发展问题，由此创立了唯物史观理论。创立唯物史观，这是马克思对人类思想作出的最伟大的贡献之一。没有唯物史观，也就不会有马克思主义哲学。但这并不意味着唯物史观揭示出人类社会发展的规律，从此就把哲学变成了仅仅是关于人类社会发展的理论。从科学意义说，创立唯物史观，正如列宁所指出的，它主要是属于社会科学中的天才思想。[1] 恩格斯把发现人类历史发展的规律，同达尔文发现生物进化发展规律相提并论，认为它们具有同样巨大的意义。[2] 这也不是偶然的。至于从哲学方面说，唯物史观的创立使哲学成为科学理论，主要是由于它把唯物主义贯彻到社会生活和社会历史领域，从此才找到了科学地解答哲学基本问题的现实基础，有可能使唯物主义成为奠立在自然和社会科学理论基础上的完备彻底的理论。所以马克思和恩格斯并未把他们的哲学活动仅仅限于研究人类社会的问题上。他们完成了唯物史观理论的创造以后，就以此为基础，进一步具体研究了更为广泛的领域中的问题，包括自然观的问题、认识论和辩证法的一般性问题等等。所以，我

---

[1] 《列宁全集》第1卷，人民出版社1971年版，第119—122页。
[2] 《马克思恩格斯全集》第19卷，人民出版社1971年版，第372页。

认为唯物史观在马克思主义哲学中占据非常重要的地位，不看到这一点就不能理解马克思主义哲学的本质和意义。但由此把马克思主义哲学局限于唯物史观理论或认为主要就是唯物史观理论，也是不符合马克思主义哲学创立过程的历史的。

哲学体系改革的尝试[1]

（1985 年）

一、哲学体系的改革势在必行

我们通常都是从教科书的体系去了解马克思主义哲学的内容和观点的。我在这里所说的哲学体系的改革，就是指哲学教科书体系的改革。

我国通行多年的这一体系，是从苏联借鉴来的，它大约形成于30—50年代期间[2]。在它形成以及定型以后的一段时间里，在对干部、学生及广大群众进行马克思主义哲学的教育方面，曾经起过重要的作用。这个体系也有它的优长之处。它以鲜明的形式突出地表现了与唯心主义和形而上学相对立的唯物主义和辩证法的基本观点，集中地阐明了与唯心史观相对立的历史唯物主义的基本内容和观点，便于人们对经典著作的内容形成一个明确的概念。正是由于它所具有的这一特点，才使它能够存在几十年并发生广泛而深远的影响。但它并不是没有缺点的。这一体系所表现的主要是那一时期人们对马克思主义哲学所达到的认识水平，它并没有充分地反映出马克思主义哲学在研究对象、理论性质上与旧哲学的根本区别，也没有充分地反映出马克思主义哲学在理论观点上变革的实质。这种情况是完全可以理解的。人们的认识是要不断发展的，在一定历史条

---

[1] 原载《吉林大学社会科学学报》1986 年第 1 期。
[2] 指 20 世纪 30—50 年代。——编者注

件下所形成的认识，不能不受到这一条件的局限。我们对马克思主义哲学的认识也不例外。随着时间的推移，我们会愈来愈深刻地理解它所包含的理论内容，愈来愈发现它所具有的深远的意义。我们今天对马克思主义哲学理解的深度，显然和 30 年前不同，和 50 年前相比，当然就更不相同了。

体系是体现内容的逻辑形式，是人们意识到的内容的逻辑。每一种体系，都表现着某种一定的思想原则，以及在这一思想原则下所容纳的理论内容。当着新的内容已达到为旧的原则所无法容纳，人们对原有内容的理解已提高到新的水平，在这时，体系就应当随之改变。否则，它就要妨碍内容的发展，限制认识的提高。这点表明，体系永远是暂时性的东西，而非永恒性的东西。然而，一种体系一经形成，就成为具有传统性的固定模式，很难加以改变，人们也往往因此赋予它以永恒的性质。这也是作为内容逻辑形式的体系所具有的特点。所以一种体系不到明显暴露其局限和缺点之时，是不易加以改变的。

近些年来随着时代的前进和认识的提高，这一体系的局限为愈来愈多的人所认识。人们对它日益感到不满，改革的呼声愈来愈高、愈来愈普遍。我国近几年新编的教科书，在体系结构上不同程度地都有某些改变，但由于未能突破旧有体系的基本框架，局部性的改变很难根本消除旧体系的缺点和局限。在苏联，关于如何看待马克思主义哲学体系的问题，也展开过讨论，有各种不同的理解和看法。其他国家的马克思主义哲学家同样很关注体系的改革问题，有的已经按照自己的认识编写了与旧体系不同的教科书。改革哲学教科书几十年不变的体系势在必行。今天条件已经成熟了，经过努力，改变这一体系也是完全可以做到的。

二、旧体系必须改革的主要根据何在

体系之变，主要是变在内容上。改革体系，决不像小孩子玩积木那样，几个固定的块块颠来倒去。体系所以要变，是出于内容发展的需要；

变革体系，也必须首先体现在内容的丰富和发展上面。

哲学应当反映时代的精神和要求。20世纪以来，历史发生了重大变化，科学和技术有了飞速的发展。它们提出的许多新的课题需要哲学从方法论上予以说明，它们取得的新的进展和成果需要哲学从认识论上加以概括和总结。单就这一情况而言，哲学体系也应当加以调整和改变。这是问题的一个方面。

我在这里想着重说明另一个并不是所有的人都认识到了的问题，这就是原来的体系是否充分表现出了马克思主义哲学的理论实质的问题。如果原来的体系已经做到了这一点，那就无需作出重大改变，实践和科学所提出的新的内容只要补充进去，对原有体系稍加改变即可达到目的。在我看来，问题恰恰出在这里。原来体系最大的缺点，正在于它并未充分地表现出马克思主义哲学所具有的理论实质，而且就它所体现的理论内容来说，在一些问题上还是有悖于马克思主义哲学的基本原则的。所以，实践和科学所提供的新的内容不可能以直接的形式充实到旧体系中去，按照原有体系所体现的原则对这些新的内容也不可能作出合于马克思主义哲学本性的总结和概括。

由于旧体系未能充分地表现出马克思主义哲学的理论实质，许多地方的表述还是不准确的，人们通过这一体系所了解的理论内容和理论观点，是否都是合于马克思主义精神实质的，就是大可研究的问题。当然我们不能把许多人对马克思主义哲学的不正确的了解、对马克思主义哲学的不正确的运用这些情况，都归咎于旧体系。体系的作用毕竟是有限的。即使体系完全正确，人们还是可以错误地了解和运用它所表现的内容。但也必须承认，有一些问题的发生，例如人们往往把马克思主义哲学了解为不过是从大量事例中概括出来的许多普遍原则的汇集，把这些原则只当作关于事物的结论知识去现成地套用等等，就都和旧体系的缺点有一定的关系。

从这点看来，旧体系非改革不可。因为这里牵连到如何理解马克思主义哲学的内容、对象、性质和功能，关系到如何理解马克思主义哲学的观点的实质等重大的原则问题。这才是当前体系改革问题的实质，也是对于旧的体系必须加以改革的主要根据所在。

三、旧体系存在的主要问题是什么

旧体系以两个主义、四大块为基本构架。唯物主义理论、辩证法学说、认识论、唯物史观在这个体系中被安排为各具不同内容、相互独立的组成部分。这样的结构，不可能彻底贯彻恩格斯关于思维对存在的关系问题是哲学的基本问题的思想，和列宁明确提出的辩证法、认识论和逻辑学三者是同一个东西的基本原则。这就是这一体系存在的最大的和最主要的问题。

由于旧体系不是自始至终从思维与存在的关系去论述哲学问题，这就使它不能不把马克思主义哲学本体论化，不可能在哲学的内容、对象和性质上体现出马克思主义哲学与旧哲学的根本区别。

旧哲学是建立在科学与哲学尚未分化，或者虽已分化但发展得尚不充分的基础上的理论；马克思主义哲学则是在科学与哲学业已分化、在分化基础上已达到更高统一的基础上建立的理论。这两种不同的基础决定了它们在内容、研究的问题，特别是在许多问题的提法上，不能不有重大的区别。旧哲学所以是不科学的，不但因为它们的哲学观点是错误的或具有片面性的，而且由于受到科学条件的限制，它们关于许多问题的提法就是不科学的，例如，寻求世界终极的存在，万物的始基及其隐秘的本体和本质等。马克思主义哲学的科学性，决不在于对这些不可能得出科学答案的问题给出了科学的解答。随着哲学观点的科学化，也不能不同时抛弃或改变这些提得不正确的问题。随着哲学问题提法的改变，哲学理论的性质和功能也必然发生变化。

旧体系不是立足于这一变化去安排哲学内容的。它虽然采用了恩格斯关于"辩证法是研究自然、人类社会和思维的运动和发展的一般规律的科学"的哲学定义，却基本上是按照旧哲学的传统观点去理解定义内容的。它把自然、社会和思维三者看作"世界整体"的代名词，强调哲学是研究整个世界的本质和规律，而不是以人为主体研究主观思维与客观世界相一致的规律。以此去区别哲学与各门科学的不同、安排马克思主义哲学各部分的内容,这样的结果,就造成在有关唯物主义和辩证法的许多问题上沿用了早已为科学的发展所否定了的旧哲学的提法,例如,追求"世界的本原是什么"、"世界万物归根到底是个什么东西"、"整个世界的本质是什么"以及"万物普遍联系的体系如何"等等问题。这些问题不是不能回答的,只是它并非哲学所能回答,而是要由全部科学在不断发展中去加以回答的。哲学的任务不是要为这些问题提供答案,而是要为科学获得这些答案指明认识的道路和提供思维的方法。马克思主义哲学的物质概念的基本作用就在于此。如果把"物质"概念看作是对上述问题的答案,那就不但使人感到除了空话毫未解决问题,而且也会使人对马克思主义哲学形成一种不正确的看法。

旧体系由于把马克思主义哲学本体论化了,必然混淆哲学与科学理论的不同性质,使哲学理论实证化。在旧体系的教科书中,对马克思主义哲学原理基本上是采用从事实归纳出普遍性的原则,或提出普遍性命题、范畴,然后用大量实例加以印证的实证方式加以论述的。这样就使马克思主义哲学陷于正像列宁所指出的那种"实例的总和"的境地,从而失去了理论思维科学的性质和特点。

马克思主义哲学的原理和范畴,本是认识史精华的总结,从运动过程反映事物本质关系的思维成果。把它实证化,就是使它还原成为可以从直观事实加以了解的经验命题,这就与自发唯物主义和辩证法的经验理论无大区别。似乎只要人们能够承认物(比如石头)在意识以外客观存在的经验事实,就可以成为马克思主义唯物主义者;只要承认一切事物都处在运动和变化中这一经验事实,就可以成为马克思主义辩证法者;至于存在于其中的复杂的主观与客观的相互关系的内容,从这一事实中也被归结为"存在决定意识;意识反作用于存在"两个简单的经验命题。反省的哲学认识被还原为直接意识:矛盾要求用眼睛直接看到,世界的无限性必须用望远镜加以证实,如此等等。实证化的结果,必然使哲学理论走向直观化、经验化、简单化。过去我们不是用一块石头讲过马克思主义哲学吗?用一块石头就"敲开了哲学的大门",这虽然不能仅仅归咎于体系,但也不能说同旧体系的实证倾向毫无关系。

　　实证化的结果还会使理论公式化乃至教条化。因为在这样的理论体系中，去掉了大量实例材料，就只剩下从实例中归纳出来的一些普遍原则，这些原则既然已失去理论思维的内容和特点，它就变成结论性知识，在现实中只能充任演绎推论的前提，当作公式去套用。哲学理论是对经验认识的反思，它的作用本来在于克服思维的简单化和片面性，使人们的思想变得复杂和全面一点。现在哲学变成经验认识的直接结论，当然对人们的思维也就不会有很大的帮助。难怪人们学习旧体系的教科书，看到它提出的问题会感到哲学很深奥，而在学完全部内容之后，又会感到哲学无大用处。这就是旧体系存在的主要问题。

　　旧体系的另一大问题是，由于它没有贯彻辩证法、认识论和逻辑学三者是一个东西的原则，就不可能充分体现出马克思主义哲学在理论观点上变革的实质。先讲唯物主义理论，然后再讲辩证法学说，把唯物主义与辩证法分割成为两个独立部分的这种结构，不可能充分表现二者在马克思主义哲学中的内在统一联系。仅从写书必须避免重复这一要求出发，也不能在讲唯物主义理论时不剔除辩证法的内容，在讲辩证法学说时不剔除唯物主义的内容。去掉辩证法内容的唯物主义和去掉唯物主义内容的辩证法是一种什么样的理论？在最好的情况下也不过是关于唯物主义和关于辩证法的一般理论。在这种体系的教科书中所论述的作为对整个世界基本看法的唯物主义观点，归结起来不过这样几个论断，即认为：世界是物质的，运动是物质的根本属性，时间空间是物质存在的形式，物质的运动是有规律的。此外还有什么？没有了。这里有哪一个论断旧唯物主义者不能承认呢！而且翻开 18 世纪法国唯物主义者和 19 世纪德国费尔巴哈的著作，甚至连话都是这样讲的。我们可以辩白说，在我们的体系中在唯物主义理论之后还有辩证法学说的部分，这点旧唯物主义者的著作中是没有的。事情确是这样的。但是去掉了唯物主义内容的辩证法学说，与唯物主义理论一样，也只是属于辩证法的一般理论，与黑格尔的辩证法思想很难有原则区别。难道马克思主义的辩证唯物主义就是唯物主义一般理论与辩证法一般原则的简单相加，只要把这两种理论放在一个体系中就表明了它与旧哲学的根本区别吗？如果这样提出问题，我想不会有人能够赞同的。

旧体系把辩证唯物主义和历史唯物主义加以分开、并列的这种结构也不符合马克思主义哲学的理论实质。这里不去详述二者本来不是并列关系、在哲学基础理论中二者的内容是不能分开来的，只想就一个实例说明由于二者并列给辩证唯物主义理论带来的损伤。就"存在决定意识"这一命题说，按旧体系的并列结构，在辩证唯物主义部分论述这一命题不能过多牵涉"社会存在决定社会意识"的内容，因为它属于历史唯物主义的基本命题。可是离开后者怎样能够讲清前者作为马克思主义哲学基本原理的内容呢？"存在决定意识"的认识，旧唯物主义者已经达到。这一命题在旧唯物主义哲学中所以只是一个空洞的原则，既不能用它去说明任何现实的问题，也不能用它驳倒唯心主义理论，就因为它不是从深刻地认识社会存在与社会意识相互作用的内在统一关系中得出的认识，而只是从某些经验事实中直接引申出来的结论。社会存在决定社会意识是存在决定意识命题的真实内容，二者本是同一的。在旧体系中从"存在决定意识"的命题中剔除了社会存在与社会意识关系的内容，就使辩证唯物主义这一命题变成与旧唯物主义无别的抽象原则，尽管在它之后我们附加上意识对存在具有反作用一句也不能改变问题的性质，因为脱离社会存在与社会意识的内容，这句话同样只是一个不能用来说明现实问题的空洞和抽象的原则。

此外，旧体系还有一个重大缺点。在这个体系中所确立的马克思主义哲学的内容和问题，基本上以马克思、恩格斯和列宁在几部主要经典著作中作了充分发挥的问题为界限；马克思、恩格斯、列宁虽未展开论述，但已肯定的那些问题大都未包括进去（如认识史上关于一和多、实体和属性的范畴）；至于作为马克思主义哲学基本理论前提的那些内容，更是完全被排除在外了（如概念的凝固性、隔离性作为辩证思维的前提）。马克思、恩格斯和列宁都明确地说过，他们的理论是先前哲学发展中那些优秀思想的直接继续，他们是在前人成果的基础上继续往前进的。这样的哲学理应是内容最丰富、含义最深刻的。在旧体系中由于排除了认识史的大部分内容，不仅使马克思主义哲学的内容显得很贫乏、缺少论证性，而且许多观点由于失去了立论的前提，也变得异常抽象和不可理解。

四、哲学体系应当怎样改革

改革旧体系、建立新体系,必须按照内容的性质确立一些原则。按照马克思主义哲学的性质,下面这些原则都需要坚持和贯彻:革命性与科学性统一的原则,理论与实践统一的原则,历史与逻辑统一的原则,哲学与科学在分化基础上统一的原则(包括吸收科学成果使哲学不断发展的原则),哲学与时代统一的原则等等。

由于旧体系的主要问题,是没有贯彻列宁明确提出的辩证法、认识论和逻辑学三者是同一个东西的原则(它与世界观、认识论、方法论三者统一的原则在思想实质上是同一的,可以把它简称为三者同一的原则),它的一切缺点都同这一问题有关,所以贯彻三者同一的原则就成为改革旧体系、建立新体系的关键。

所谓三者是同一个东西,简单地说,就是构成哲学体系的每一个部分,它都应当既是辩证法,又是认识论,也是逻辑学(或既是世界观、又是认识论、也是方法论);它的思想实质也就是必须彻底贯彻思维与存在相统一的观点,克服那种脱离认识论的本体论、脱离存在规律基础的认识学说、脱离思维内容的逻辑学或方法论。

思维与存在的矛盾(认识的主观形式和客观内容的矛盾、主观和客观的矛盾)是人类认识活动的基本矛盾。人的一切认识活动,归根结底都是为了解决这一矛盾,达到思维与存在的统一。哲学作为理论思维的科学,它的任务就是要为达到这一统一提供正确的观点和方法。解决思维与存在的矛盾是哲学的中心课题,从主观与客观的关系中去研究问题是哲学认识的特有方式。只有彻底贯彻这一点,才能做到辩证法、认识论和逻辑学的同一,从而消除旧体系的缺点。

所以,我们认为改革后的哲学体系应该以思维与存在矛盾的产生、发展和解决为中心线索。思维与存在的对立统一既是这一体系的起点,也是这一体系的终结点。如何解决思维与存在的矛盾、达到二者统一,是这一体系的基本内容。

思维与存在的矛盾是从人类改造外部世界的活动中产生,又在这种活动中不断解决的。只有把认识活动及其包含的矛盾放在人们改造外部世界的活动中,才能得到正确的理解。人们所以必须在认识中不断去解决思维与存在的矛盾,目的也只是为了提高实践活动的能力。把思维与存在的矛盾同人类社会实践联系起来,从而发现了这一矛盾产生、发展和解决的现实基础,第一次建立起关于认识矛盾的学说的科学理论,这是马克思主义哲学对哲学思想史作出的最伟大的贡献。改革后的哲学体系理所当然地就应以认识与实践的关系为核心内容。

实践活动和认识活动属于人所特有的活动,它表现着作为主体的人与客体之间的基本关系。实践活动和认识活动以达到主体和客体的统一为最高目的,也只有把认识和实践放到主体与客体的关系中才能使它们得到正确的理解。同时,思维与存在的矛盾不是抽象地存在着的,主体与客体的关系和认识与实践的关系也就是人类思维的基本内容,不同哲学派别在思维与存在关系问题上的观点分歧也主要表现在对这些内容的认识上面。因此,哲学体系就应从主体与客体及其关系这一大前提出发,去阐明认识和实践的问题。

这样,从上述认识出发,作为改革后哲学体系的基础,就归结为主要是三对基本矛盾、六个基本范畴的关系。它们是:(1)思维和存在或主观和客观(包括关系、矛盾、统一);(2)认识和实践(包括关系、矛盾、统一);(3)主体和客体(包括关系、矛盾、统一)。这些范畴之间的关系就构成了哲学体系的基本框架。它们之间的关系可用图简略表示如下:

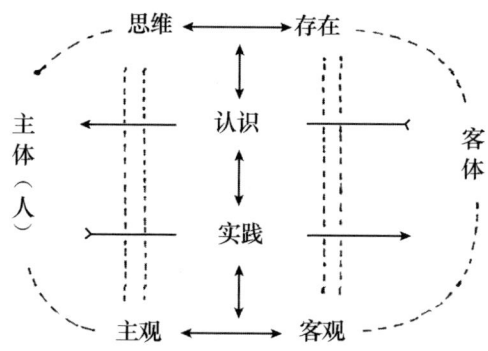

我们编写的《马克思主义哲学基础》一书，按照这一框架全书共分四篇（计十二章）。除绪论之外，第一篇论述认识的基本矛盾（简称矛盾篇），第二篇论述客体的本质和规律（客体篇），第三篇论述主体（人）的本质、能力及其根据（主体篇），第四篇论述主体与客体通过实践和认识的发展所达到的统一（统一篇）。每篇都包括一系列的范畴，通过这些范畴阐明各篇内容。这些范畴是人类认识史精华的结晶，它们既是已往人类认识所达到的思想成果，又是人们进一步把握上述对象的基本认识工具。我们试图使每一个范畴都体现出唯物主义与辩证法的统一，体现出马克思主义哲学作为人类认识最高成果的基本观点，以便通过这些范畴，促使人们掌握马克思主义哲学的具体观点，掌握认识各种事物的科学方法。

五、仅仅是一个初步尝试

如上所述，哲学体系的改革直接关系到对马克思主义哲学理论实质的认识和理解，这是一项大工程，同时也是艰巨的工程，决不可能一蹴而就。我们所做的工作，对于改革哲学体系来说，只能看作是一个初步的尝试。

我并不认为我们所构想的体系就是最符合于马克思主义哲学的内容和性质的体系。在我看来，教科书可以采用不同的体系去表述马克思主义哲学的内容，只要在这个体系中坚持的是马克思主义哲学的观点，它的结构基本上符合马克思主义哲学理论的性质，就是有价值的，就应当允许其存在。只有在有了各种不同体系的情况下，才有可能从比较中选定较优的体系予以推广。即使在这种情况下，也应当允许多种体系并存，有不同体系相互借鉴和补充对于推动马克思主义哲学的发展，是会有很大好处的。

我们所确立的体系还很不成熟。我们期望于它的，主要不在于所确立的体系结构本身，而在于通过它突破多年不变的旧有框框，推动人们对马克思主义哲学的理论实质作进一步的思考,引起人们对改革体系问题的关注和重视,以便今后能有更新更好的体系问世。如果能够达到这一点,我以为我们的工作就是有意义的。

关于哲学性质和对象问题的一点认识[①]

——谈哲学教学的提高和改进的影响

（1986 年）

长期以来，我们所讲的马克思主义哲学受到了三种错误倾向的影响，即"左"倾思潮的影响、本体论倾向的影响和简单化、庸俗化倾向的影响。要改变由于上述三种倾向给马克思主义哲学造成的影响，我们必须依照列宁所提出的辩证法、逻辑学、认识论三统一的原则，来理解马克思主义哲学的性质、对象、内容、体系和功能。下面我就具体地讲一下这个问题。

一、辩证法、认识论、逻辑学是"同一个东西"

辩证法、认识论、逻辑学三者统一的问题，应当说是近代哲学发展的必然结果。近代 17 世纪盛行本体论，是哲学的核心，到了 18、19 世纪，认识论取代了它的核心地位。这个转变说明单纯搞本体论不行了，在哲学里，必须把本体论、认识论结合起来。黑格尔在《逻辑学》中就实现了这一点。以后，马克思在《资本论》中把这个原则作为方法贯彻进去了，列

[①] 北京高等学校哲学教学研究会于 1986 年 7 月在北京举行了"马克思主义哲学备课研讨讲习会"，本文系应邀在会上所做的专题报告的记录整理稿，记录保留了口语化，有一些地方可能不够准确。

宁总结黑格尔的《逻辑学》，总结了马克思的《资本论》，在《哲学笔记》中就明确提出了这个原则，这是历史情况。过去，由于本体论的倾向占主导地位，所以在教科书里基本上就不反映"三统一"原则，苏联的一些教科书里很长一个时期根本不讲"三统一"的问题，所以到现在好像"三统一"问题变成了很深奥的问题，很难把握。其实，这个问题不难理解，下面重点说明，什么叫三者统一？怎么理解这个问题？

首先，"三者统一"怎么统一？关于逻辑、辩证法、认识论三个东西有统一联系，这点大家都承认，三者究竟怎么统一的？看法有各种各样，但归纳起来，主要是两种：第一，认为这三者，是各有自己独立内容的三个东西，它们是属于不同层次的三个东西，三者有相互制约、相互作用、相互重叠的关系，三个东西有统一联系。第二，叫做三个东西，在哲学基础理论里实际变成一个东西了，不是三个东西之间有联系，而是一个东西同时具有三个方面的属性、功能和内容，一个东西三方面的特征。基本上是这两种理解，我赞成后一种理解。列宁讲的已经很清楚了，它是同一个东西，不是三个东西之间有什么联系。为什么把三个东西非理解为一个东西，或是一个东西的三方面属性、特征、功能或内容呢？我们追溯一下问题的起因就可以理解了。列宁主要是根据黑格尔的《逻辑学》和马克思的《资本论》的内容提出的。首先，我们要限定一个范围，列宁讲，三个是同一个东西，是在什么范围？黑格尔的《逻辑学》，列宁把它叫作作为哲学科学的辩证法本身，就是说属于哲学的基础理论，在哲学的基础理论里必须统一。《资本论》是哲学的应用，在应用中也必须统一。三者是一个东西，意味着不能把三者作为专题分别研究，而是指作为哲学科学的理论本身三者不能是三个东西。列宁主要是针对历史上存在着三者不统一的状况提出来的，就以往的历史来说，主要指近代，从马克思主义哲学本身来说，主要是指马、恩逝世以后的以普列汉诺夫为代表的那批马克思主义者，针对他们的观点提出来的，而他们都是倾向于本体论的。

为了了解这个问题，有必要把康德及近代三者不统一的情况，简单说一下，才能了解实质。近代以来，哲学里边大体都包括这几部分：本体论、认识论、逻辑，此外还有历史观、伦理学、美学等等不同的理论。就本体论、认识论、逻辑三者来说，一般哲学体系里都有，但是三者在内容上是完全独立的，各有自己的来源，各有自己的方法，是个分裂的状态，甚至在观点上是互相矛盾的状态，这样处在哲学体系中，表现了一种旧哲学的内在矛盾、不统一。康德对先前哲学的这种矛盾，通过他的二元论把它典型化了，所以我们抓住康德的特征，大体就能了解。康德的哲学，认识论是个主要部分。他的认识论主要研究知识之所以可能产生的那些先天条件，即先天的直观形式和先验的范畴，这和认识的对象、内容没有关系。所以，他把自己的认识论叫先验认识论。他的认识论和本体论是脱节的。康德也有本体论，虽然他主张在认识论的基础上建立本体论，可是他所建立的本体论和认识论是完全对立的，他的本体论就表现在关于物自体的学说。按照康德的观点，我们运用的先天的直观形式、先验的范畴所认识到的是现象，现象是对象对人的一种表现方式，它不表现对象本身。对象本身叫作物自体。物的自身是什么样的？我们完全不知道，所以它叫物自体，是一个不可知的对象。这样，本体论和认识论不就分裂了吗？就是说，认识的形式和认识的内容，认识的规律和认识的对象，完全是两回事，是不统一的。至于康德的逻辑就更明显了，他的逻辑是研究先验范畴的理论，这些范畴康德把它看作是纯粹的思维形式，与思维的内容即客观的对象没有关系。所以，完全从人的判断来确定应当有什么范畴，而不是从人的认识内容来研究这个范畴，这些范畴一个一个都是孤立的，这就形成了它的逻辑和人类的认识史、和本体学说又是互相分裂的。这是从康德的体系来说，它表现了这三个东西分裂的典型状况。理论上的分裂表现着观点上的矛盾，这点非常重要。在这个分裂体系里，康德表现了什么样的矛盾观点呢？第一，他把本质和现象绝对割裂开。本质是在现象之外的存在，人们能够认识现象，而不能认识本质，本质也不表现为现象，可以作为抽象的存在，这就是过去的典型的三者不统一的基本看法。第二，思维的形式、规律、方法和思维的内容是割裂的，人的认识有自身的一套形式、规律、方法和对象，与内容毫无关系，这就表现了形式和内容的割裂。第三，主观和客观的割裂。主观的认识和客观的存在完全是两回事，在康德哲学里统一不起来。这就是康德三者不统一的理论所表现的观点上的矛盾。但是，康德的功绩恰恰也在于此，他把矛盾突出了，为后来的哲学规定了研究的课题。黑格尔对康德的总结很公正，他说，"康德的功绩在于提出了思维与存在必须统一的问题"，他的哲学就暴露了思维与存在处在矛盾中，是解决不了任何哲学问题的。思维与存在的统一就包括本质与现象、内容与形式、主观与客观方面的统一问题。所以黑格尔说，康德规定了以后哲学的任务，就是怎样使思维的形式、内容和主观的认识、客观体系达到统一，这就是哲学的方向，黑格尔就是沿着这样的方向来建立他的哲学体系的。黑格尔针对康德的观点发挥了辩证法思想，用彻底唯心论的观点把思维与存在统一了，克服了康德的二元论。比如，黑格尔的典型的一句话，讲本质与现象问题，针对康德认为本质是现象之外存在，本质不表现为现象，黑格尔认为，这完全是胡说，本质就在现象里边，认识了现象就能把握本质。他举了一个典型的例子。像剥葱一样，是个洋葱，找葱的本质，把葱皮都剥完了，洋葱也没了。葱的本质在哪？它的本质就在葱皮中存在，贯穿在这个现象里边，这就统一了本质和现象。

关于范畴，康德认为范畴完全是主观的，黑格尔认为恰恰相反，范畴不是主观的，是客观的，他说范畴是事物的核心，是事物的逻辑规定，具有客观性，同时也表现为观念的形式，具有主观性。在这个意义上，范畴的主观性和客观性也统一了。再如：关于思维形式，思维规律，思维方法，黑格尔明确提出，思维方法从何而来呢？方法就是内容自身的反思。他提出了这样的命题，方法、形式只能来自于内容，与内容统一，不能脱离内容去确定方法。黑格尔还提出了范畴具有自身变化的特征，不同的范畴必须通过转化联系起来才能表达运动，所以他用矛盾统一的思想贯彻到范畴里边。然后，把辩证法的规律不仅看成思维规律，而且看成是支配一切事物运动的规律，规律也统一了。正因为这样，黑格尔在理论形态上，在唯心论基础上第一个做到了把逻辑、辩证法和认识论变成了同一个东西。他实现了三者一致，所以黑格尔的《逻辑学》，既是逻辑，又是本体论，又是认识论。在逻辑、本体论、认识论里就贯穿了他的辩证法，他没有单独的辩证法，列宁提出三者一致就是根据这个来的。

到马克思的时期，主要问题还是要解决思维与存在的统一问题。但是必须把黑格尔的基础颠倒过来，要在唯物论的基础上做到思维与存在的统一，这样就实现了哲学的变革。所以，马克思在《资本论》里直接把黑格尔的逻辑学经过唯物的改造以后，把它作为方法运用到《资本论》内容里去了，贯穿了三者统一的思想。但是马克思没有从理论上作出明确的论述，只是实际当作方法来用。列宁后来加以总结，明确提出，强调三者是一个东西。

根据上面历史的叙述，我认为所谓逻辑、辩证法和认识论的统一，意味着把思维的形式和思维的内容，把主观认识和客观对象，把思维规律和存在规律彻底统一起来，就贯彻了这个思想，思维与存在的统一就表现了三者是一个东西的基本内容。列宁强调三者统一，从理论形式上说，恰恰要否定把哲学理解为单纯本体论的那种观点。把哲学理解为纯粹的本体论，或哲学以本体论为核心，核心还具有独立性的。如果这样去理解，这部分就和认识论区分开了，不能统一了，和认识论分开，就意味着认识的形式和认识的对象、内容分裂了。列宁为什么在《哲学笔记》着重强调，就是因为普列汉诺夫把哲学变成了实例的总和，变成了纯粹本体论的理论。所以列宁明确说，辩证法是什么样的理论？按普列汉诺夫的理解就是本体论的学说，研究客观规律，从大量的实例里概括出一些普遍的原则，这就是本体论的研究方法，列宁就要否定这种做法，因为这样研究的结果，就又回到了旧哲学。所以，列宁明确地提出，辩证法也就是认识论，原话是："辩证法也就是黑格尔和马克思主义的认识论，"强调本体论和认识论要统一，不能分裂。

提出一个问题，大家共同思考：把辩证法理解为本体论的学说，它就变成主要是客观辩证法。什么叫客观辩证法？恩格斯说：客观辩证法就是事物运动过程的本身，就是事物运动过程。就事物的运动过程来说都是辩证的，自然界中并没有非辩证的东西。为什么呢？自然界中的事物不管它处于什么样的状态，都在运动当中，都是属于辩证法的，是辩证法的内容之一，这里没有非辩证法的表现，不能说"自然界犯了形而上学"的错误。比如，人的胃是很高明的辩证法家，它从来不囫囵吞枣，总是去粗取精，经过分解、吸收精华、排泄糟粕，这很辩证吧。胃吃多了撑大了，不消化了，是否就说胃犯了形而上学的病呢？不能这样说，因为胃被撑大了、破坏了它的特性，它就必然出现这样的结果，这也是合乎辩证法的。既然没有形而上学，你在自然界中要分出什么辩证的、非辩证的有什么意义呢？没有形而上学，就谈不上辩证法。这就告诉我们，辩证法真正存在于什么地方。辩证法问题的提出是在我们用概念表达事物的运动、反映事物运动的时候，这时候才出现形而上学，才有辩证法和形而上学的矛盾，才能提得出辩证法的问题。所以西方哲学，他们认为自然界没有辩证法，我觉得人家抓住了问题实质。但我和他们不一样，他们根本就不承认自然界是辩证的，我认为自然界整个都是辩证的，所以在自然界根本就谈不到区分辩证非辩证的问题。因此，必须重新理解，辩证法主要解决什么问题呢？辩证法主要解决思维与存在怎么统一的问题，认识怎样反映存在的问题，这样辩证法就不能理解为纯本体论，它也是认识论。在理论形式上，反对那种完全脱离了认识对象和客观基础的纯粹的认识论，先验的认识论，像康德的那种认识论。当我们研究认识的形式、认识活动的过程这些问题时，必须和对象本身统一在一起去研究，这样认识论和世界观就统一了、一致了。同样，逻辑学也一样，逻辑是研究范畴体系的，哲学的范畴有它的特殊性。对象怎么反映到头脑中来呢？马克思说意识不外乎就是移植到头脑当中，并经过改造过的物质的东西。外界的物质怎么移至头脑中来呢？有它自身的特殊形式：第一，它必须主观化，把它变成一些观念的形式才能移植进来；第二，必须抽象化，不准全拿进来，去掉一些不重要的；第三，必须凝固化，把运动的东西掐断，变成凝固的，然后才能用概念形式表达出来。比如，运动本来是表现一个过程的，可是"运动"这个概念本身是个僵化的概念。这是思维形式固有的特点。如果把形式和内容根本脱离开，专门研究形式，结果就会把主观性、抽象性、凝固性绝对化，就会出现康德的逻辑学里边的形而上学的特征。研究范畴的思维形式必须和内容结合，内容是运动的过程，所以范畴必须通过对立的统一，经过转化表达出事物的运动，这样内容与形式才达到统一。我们理解"三统一"的思想时按列宁的思想去理解是很明确的。这样的统一，应当说在哲学基础理论里没有单独的本体论、单独的认识论、单独的逻辑。它表现的形式，都得通过范畴形式表现，这就是逻辑。范畴是认识史的总结，它也是我们的认识工具，在这点上它就是认识论。而范畴贯穿的思想内容就是对立面统一的辩证法，所以它也就是辩证法。它们一定是完全统一的。这样的统一，从哲学里不论拿出哪一部分都可以说它是辩证法，是逻辑，是认识论，这样才能做到彻底统一。这种彻底统一主要的意义在什么地方呢？因为三者统一意味着形式和内容的统一、本质和现象的统一、主观和客观的统一，所以只有把三者统一起来，才能真正解决思维与存在的统一问题，才能彻底贯彻唯物论。而这种彻底贯彻唯物论又必须结合辩证法，唯物论本身就是辩证法，不能是别的，这就是它的实质。由三者统一，哲学就成了世界观、认识论、方法论的统一体了。变成了这样的一种理论，就使得哲学的对象、性质、功能都和旧哲学不一样了。三者统一的问题对理解哲学的性质、对象问题是最关键性问题。这"三者统一"不仅仅是个理论形式问题，它是牵连到哲学观点问题，牵连到哲学理论的性质、对象、内容的问题。我们从康德到黑格尔的变化，可以看出，在哲学里要想解决问题，第一，搞二元论是行不通的，必须搞彻底的一元论，只有彻底的一元论才能解决思维与存在的统一问题，才能把思维的形式和内容，思维的规律和存在的规律，思维方法、主观认识和客观对象真正结合起来，达到了这些统一，哲学才能起到这样的作用，解决了怎样认识和把握客观对象的问题。第二，要想贯彻彻底的一元论，必须要有辩证法。统一靠什么？靠把主观辩证法和客观辩证法统一起来，因为客观辩证法就是事物的运动过程，事物都是处在运动过程中，都是辩证的。我们的认识要反映客观事物和它的运动，那么在思维里边必须贯彻辩证法，必须使思维的范畴也变成运动的东西。这体现了在哲学发展中，唯物论和唯心论问题仅仅是解决一个思维和存在统一的前提和基础的问题。而思维与存在统一的内容主要是靠辩证法。形式和内容的统一要彻底贯彻一元论的哲学就非得有辩证法不可。黑格尔的错误在于，他在思维的基础上去实现和存在的统一，这是比较容易、方便的，就像费尔巴哈对黑格尔的批评：你把存在变成思维的一部分，变成主观的客观化，叫作外化、异化，你就解决了，实际上你不过作了空洞的论断。最难的是要颠倒过来，在唯物论的基础上能够做到思维与存在的统一，马克思做到了，马克思是用唯物论的基础，把哲学变成了彻底一元化的理论，而唯物论能贯彻到底就是靠着辩证法。正因为这样，一颠倒，再把三者统一起来，这就是整个哲学的变革，牵扯到观点、内容、对象、性质、功能一系列问题的变革，所以我理解三者统一的问题是个关键。

下面按三者统一的观点去理解马克思主义在哲学当中所实现的革命性变革的实质。马克思主义哲学的产生就意味着哲学自身发生了一个革命性变革，究竟变在什么地方？什么变了就使这种变革成了革命性的变革？对这个问题的理解，我觉得我们过去不够深入，通常讲，变革是在观点上把唯物论贯彻到底了，把唯物论和辩证法结合了，强调这点比较多，是完全正确的。另外，还从马克思主义哲学的特点来证明变革，比如，马克思主义哲学属于无产阶级世界观，和实践紧密联系的，就是阶级性、实践性，说明了它是科学，这些理解都对。但是，如果不把问题提到三者统一的问题去理解，就不能抓住变革的实质。我认为，革命性的变革，要了解它，必须从思想史的规律去理解。从认识史发展到马克思主义哲学的产生是一个必然结果，由它克服了先前哲学的矛盾，必须以这个为前提去理解，同时要从历史和逻辑必然产物的观点去理解。这样理解，抓住三者统一是关键。我们说，由于马克思主义哲学的产生，把哲学建立在科学的基础上，使哲学获得了科学的形态。这句话不是一个空洞的论断，哲学能够成为科学理论，它是有内容的。内容是什么？它表现在哲学对象的变化、性质的变化和功能变化上，不能仅是观点的变化，必须从这几方面来了解马克思主义哲学所实现的这个革命性变革。

二、哲学的对象

首先说明哲学对象问题。马克思主义哲学成为科学，是因为它第一次确定了哲学特有的对象。这是认识发展规律决定的，不是因为马克思、恩格斯是天才，它是思想史发展到这步必然产生的结果。哲学的对象问题本质上是一个哲学和实证科学分工和统一的关系问题，哲学研究什么对象，就牵连到实证科学研究什么对象，哲学对象的确定就看它和实证科学怎么分工。哲学和科学的分工决定于什么呢？不是人们的主观随意确定的，它是由人的整个知识水平和知识结构来决定的。在认识水平很低的时候，知识就不能分化，不能分得那么细，甚至含混不清。只有科学的对象逐渐明确了，实证科学有一些基本的部门都取得科学形态以后，哲学和科学的分工关系才能明朗。在这样的前提下，哲学才能找到自己专门的对象。通常把哲学叫作最高的智慧，这是表示哲学在人类知识体系结构里它是处在最高的层次、地位，这点是不变的，也就是说，在知识体系的结构里，总得有一个最高层次的理论，这就是哲学。最高层次的理论，应当研究最高的原理。什么是最高的原理？这就决定于科学的认识程度怎样，人类知识的水平怎样，知识结构的状况怎么样，而归根结底来说，也就是决定于人及其文化精神发展的状态怎么样。按照这样的看法，每一个哲学家确定它的哲学对象，包括今天西方的哲学在内，都不是由主观自由意志来决定的，不过是通过他个人的特殊理解，表现了认识发展规律的。人类的知识要经过笼统直观认识的阶段，开始只能用直观去认识事物，直观就带有笼统性，不能分析得那么细。笼统直观就意味着没有分化的认识，即没有科学部门的分化，认识的形式和内容也分不开。笼统直观这种认识条件，（使）科学和哲学不能分化。在这样的条件下，哲学的对象和科学的对象就合为一体。像古代提出的万物的本原是什么？本原这个提法，既是科学的命题，又是哲学的命题，是两重性的。研究它构成的原子论，哲学史要讲，把它当作哲学来讲，科学史也当作科学成果来讲，这样，哲学对象与科学对象就分不开了。近代，科学陆续从哲学中分化出来，到了 18 世纪一些科学部门已经分化出来了，而且获得了自己的科学形态。但是分化还是不充分，问题还不明朗，再加上资产阶级阶级性给资产阶级哲学带来的影响，事实上一些科学部门和哲学已经分工了，把原来属于哲学的问题拿去研究了，但现在哲学还没有达到这样的程度，应当由你研究的大大方方地都送给你，然后再研究独立的问题，还没有达到这样成熟的条件。所以在这时期，哲学处在既和科学有区别，又要包括科学，这就是一种矛盾，是由这种知识状况的矛盾所决定的哲学的矛盾。怎么区别呢？研究的对象是一个，都研究客观世界。但是，认为实证科学只是作现象描述，哲学才能发现现象背后的真理、宇宙的隐秘的本质，近代本体论就是在这样的条件下形成的。这种条件下形成的哲学理论，就是通常说的哲学是一种科学的科学的理论。所以作为科学的科学的理论，一方面是包罗万象，科学所研究的问题，它都要作出回答，另一方面要作出和科学不同的叫做绝对真理式的回答，这是由当时的科学状况所决定的、人类知识水平和知识结构决定的。到了18世纪走向19世纪，通常讲三大发现，三大发现实际是个代表，这时期科学部门纷纷都独立了，哲学再想维持原来那种统治的局面已不行了。这本来是好事，它创造了这种条件，反过来，也才使哲学有可能走上了科学道路，包括使它自己找到专门对象，这时期条件就基本具备了。

哲学所专有的问题是什么？按照认识发展规律来说怎么理解？过去，只是讲这一点，引用恩格斯这句话：原来属于哲学的地盘被科学瓜分了，最后给哲学剩下的应当由哲学研究的只有思维领域。我认为，恩格斯这句话，主要是针对旧哲学来说的，旧哲学里边科学把它的对象都瓜分了，但是也没瓜分完，思维科学当时不够发展。今天就不行了，今天思维科学正在发展中，比原来的状况好多了。所以，当时恩格斯讲：按照旧哲学范围来说，自然、社会已经归于实证科学研究了，给哲学剩下什么呢？思维领域。从今天的观点来看，思维领域也不是哲学特有的对象，其中有很多问题也需要用实证科学的办法来研究。所以，我的看法是：哲学特有的对象，不应仅从科学给哲学剩下什么去理解，应从人类认识发展规律去理解。规律指科学纷纷独立了，走上了科学发展道路。它们这时期突出了什么问题？科学是一种理论认识，但是科学的特点，它是眼睛向外看，直接把握对象的状况，把握它的规律，这就提出一个问题，你把握的这个规律，究竟是不是真是那个对象的规律？你怎么把握对象的真正规律？提出了一个怎么处理认识和认识对象之间的关系的问题。随着科学发展本身，这个问题就越来越突出了。这个问题涉及到认识自身的本性问题，按本质来说，是属于认识对自身的反思问题，就是眼睛不能只看对象，还得反过来看一看眼睛有没有毛病。这种反思是涉及到认识的全局性问题，哪一门科学也解决不了，必须由处于认识的最高层次的哲学来解决。科学发展分化以后，它提出这个问题，科学的发展，暴露了认识自身的矛盾，哲学就应当对于怎么认识这个矛盾、怎么解决这个矛盾，提供方法，这就是哲学的任务。

哲学对象的演变，完全是由客观规律支配的，不是马、恩当时灵感一来，忽然就给变了，不是随便变的，哲学自身也表现了这个趋势。按照这样来理解，哲学对象究竟是什么？大家可以研究。我有这样的想法，是否合适？就是按照哲学和科学的分工来说，它们都要认识世界，科学是直接去认识世界，哲学主要是解决怎么样才能认识世界的规律问题。哲学的对象就变成怎么理解存在的本性，即存在作为实践对象和认识对象的本性；怎么理解认识的本性，即作为能够反映对象规律的认识本性；二者的关系怎样，支配它们的是不是一个规律，还是各有不同的规律，怎么理解和掌握这个规律。这样就归结为哲学应当研究思维把握存在及其运动的规律的一门学问，认识怎么去把握客观世界的本质和运动规律的一门学问。在这个问题上，我不主张现在马上改变大家已经习惯的哲学定义，已经习惯的恩格斯关于辩证法对象的定义，可以用来作为哲学研究对象的定义。我认为，恩格斯的定义还是可用的，恩格斯说："辩证法就是研究自然、社会，思维运动和发展的普遍规律的科学。"这应当是哲学的对象，只是不能按照本体论的观点去理解，应按照"三统一"的原则去理解。过去，我们虽用了这个定义，但是我们的解释是本体论的解释，这样就扭转了哲学的方向。按照本体论的解释是什么意思呢？把自然、社会、思维的普遍规律看成纯粹存在的、作为客观的规律，把思维也作为一种存在的现象去看，它的规律是什么？这种研究和实证科学的研究没有分别了。分别只能在自然＋社会＋思维＝世界整体（整体世界）。所以普遍规律就变成了整个世界的规律，要回答有关整个世界的问题，科学只是回答世界的一个侧面、一个局部领域的问题，哲学与科学就变成了整体与部分的关系了。这就不合理了，就失掉了哲学性质。而且哲学既没有试验室，也没有望远镜、显微镜，可是要它研究世界的整体、提供什么见解，可能吗？今天的认识，对整个世界来讲，它太渺小了，可以说是沧海之一粟，就整个人类的发展来说，今天认识的局限性很大。在这样的条件下，我们对整个世界作出一个什么样的科学结论，是不可能的事情，这是按本体论的理解。如果按"三统一"的理解，同样一个定义，理解便很不一样。恩格斯讲，哲学是自然、社会、思维运动发展普遍规律的科学，这个普遍规律恩格斯强调的是什么呢？强调的是自然、社会、思维三者关系当中，它们的规律是不是统一的规律。如果是统一的规律，不就叫普遍规律吗？普遍规律就是针对三者关系说的。要解决的矛盾是什么呢？主要解决客观世界和主观世界的矛盾问题，不是解决世界的整体的问题。自然代表存在，属于客观世界，思维代表主观世界。它们本来就各有不同特性，但是想用思维来反映自然存在的运动，要遵循什么规律呢？遵循能够和存在相统一的规律，哲学家应解决这个问题，所以在这个定义里应强调客观世界和主观世界统一关系的普遍规律。后来，恩格斯在讲到这个问题时有两种提法：一种叫作三分法，自然、社会、思维；一种叫作二分法，主观思维和外部世界。到列宁时期，主要是用二分法，思维作为认识的形式和思维的内容、对象，它们二者是否是一致的规律，哲学就应研究这个，怎么使它们统一起来。这点，要注意，哲学里应讲客观世界，而不应讲整个世界。这两个概念不一样，过去往往弄混，由于本体论的倾向，很多问题提法都是沿用了旧哲学的绝对化的提法，所以，在这个问题上就分不清。我们讲客观世界是相对于观念世界来讲的，它们是否遵从同一个规律？这个规律是不是既适用于客观世界，也适用于观念世界？而不是就世界整体来说的。这样来说明，哲学在研究对象上和科学就明确区分开了。单从客观世界的规律或单从主观世界的规律把它作为一个认识的客观对象来看，这是实证科学的研究对象。客观世界不用说了，物理学、化学都是研究客观世界的规律。主观世界，心理学、思维科学研究主观世界，但不是哲学。哲学的特殊性在哪里？在于它总是通过思维和存在的关系去研究客观世界和主观世界的问题。哲学不能离开主观和客观的关系去研究问题，它必须把客观对象提到认识面前，作为认识的客体去研究，要解决怎么去把握这个客体，才能进入哲学领域。任何一门科学都没有从主客观的关系去研究对象，提到主客观的关系去考虑问题。什么叫哲学问题？就是把它的问题提到人的认识面前，去研究和人的认识的关系。这样，哲学有了特有的对象，有了研究问题的特有方式，哲学研究怎么把握思维和存在运动的规律是否一致。哲学没有实验室，没有观察手段，它不可能把所有对象拿来一一去观察，为人们提供实证知识。它主要靠总结科学研究的成果，通过科研成果去认识客观世界；通过科学获得这些成果的认识活动去总结思维经验，总结认识规律。哲学总结科学应该是两个内容，不是一个内容，不能单纯汇总它的成果，给世界构造一个完整的体系。更主要的是，从科学之所以能够取得这些成果的认识活动当中去总结思维经验和认识规律，即从主客观的关系上去总结。如果按纯本体论来理解对象，思维也可以变成一个完全客观的对象来研究，变成人的思维在头脑里怎么进行，和人的神经有什么关系，这个哲学就解决不了，因为哲学不能观察，只能从科学当中吸取材料和内容，然后再反过来用于科学。哲学没有实验手段，把它变成本体论，要从客观对象得出科学达不到的结论，就等于向哲学提了一个解决不了的难题。在这个意义上讲，不能把哲学理解为纯本体论。一句话，真正的哲学就是从认识把握自身的矛盾开始，所以，哲学主要是解决认识本身的基本矛盾，或者说，作为主体的人和客体相互关系当中的那个矛盾，主观和客观的矛盾。这样，哲学对象就发生了变化。

三、哲学的性质

其次，由于哲学对象的变化，哲学性质也随之变了。哲学既然与科学有了明确分工和合作，就意味着，它和科学在科学已经分化和发展的基础上建立了一种新的对立统一关系。哲学不能再是知识总汇了，不能是包罗万象了，不能是研究科学达不到的终极真理了。按照哲学和科学的分工，哲学承担的任务和对象、性质主要解决什么问题呢？主要是给人们提供怎么把握客观世界的认识的观点和方法，而不再提供现成的真理的答案了。我经常用这样的说法，有意把问题说得极端一点，哲学按其本性来说，和科学最大的不同在于科学是提供关于对象的实证知识，严格讲哲学根本不提供什么知识。这是夸大了讲，科学才提供知识，提供现成的真理，哲学不提供现成的真理。在这点上讲，学哲学不是学现成的知识。当然这并不意味着哲学里没有知识，范畴不就是知识吗？哲学是提供能够得到正确知识的方法，不提供现成的真理，只能提供获得真理的方法。在这个意义上讲，到了马克思主义哲学这一步，马克思敢于理直气壮地说，我没有结束真理，相反，给认识真理开辟了无限宽广的道路。按照本体论的理解就不一样了，它们是从大量的实例里概括出一个具有普遍原则的结论。普遍原则知识的作用，只能是作为演绎推理的前提来用，这就变成了一种现成的结论了。过去，人们有一种印象，在庸俗化过程中，认为哲学很容易学，很简单，哲学是聪明学、明白学，原来不聪明，学了哲学就聪明了，以为一聪明就什么问题都解决了。这种理解不对。拿来一个问题，问这是什么？很简单，这是物质。它为什么运动？因为它有内在矛盾。只能这样当作套语来用了。怎么运用矛盾思维的方式把握对象的本质内容，按照纯本体论的论点，哲学里边已失掉了。用一个比喻：过去给群众讲哲学，有一个提法，说哲学是一把钥匙，可以打开黄金宝库，什么都能得到。过去人们理解哲学也是这样，只要你拿了万能的金钥匙，不管到张三家的门还是李四家的门，一捅就开了。如果哲学是这样一把万能的金钥匙，也就没有人敢锁门了，也没有必要锁门了，因为锁了也没用。如果人人都不锁门了，你的万能的金钥匙还有什么用呢？所以反过来是自我否定。这样的现成的万能金钥匙实际上根本不可能有，按哲学的性质来说，不是提供能够打开万把锁的一个现成的钥匙，而是提供了一个能够制造出来打开万把锁的那种万能钥匙的方法。而这个方法恰恰告诉我们，必须按照锁去配钥匙，一把钥匙开一把锁这就是它的方法。所以哲学并没有直接解决问题，要真想用这个方法配钥匙，必须研究锁的结构，这就叫从实际出发，这样，哲学就有用了。哲学曾叫最高智慧，人们原来在哲学与科学没有分化时，把最高智慧理解为：谁都回答不了的问题，哲学能回答。后来，又理解为，科学达不到的宇宙的底层奥秘、最高的原理，哲学能回答。其实，马克思主义哲学这才叫作真正的最高智慧，最高智慧就是获得一切真理的方法，只有掌握了唯物论的辩证法的方法，掌握它的真正科学的内容，才能对任何事物懂得怎么把握它的真理。这不就是哲学的性质的变化吗？

另外，哲学观点的变化，书里讲得比较多，辩证法与唯物论统一了，唯物论贯彻到社会生活就到底了，我们把它变成一个抽象的论断。要从"三统一"的观点来看，它也是有具体内容的，辩证法和唯物论所以必须结合，唯物论的观点必须用于社会生活，解决人的问题，也是认识史的规律决定的。从本质上看，哲学的发展经历了一个圆圈。最初人们从自身出发去认识外界对象，原始时代后期，万物有灵论观念就是这样，把事物看成都是有灵魂支配的，是从人出发，因为人自己身上有灵魂。后来就变了，不管人自身这一面了，把人看成也和外物一样了。研究整个自然，古代是一种自然理论了，到了近代就形成本体论的理论。近代后期出现了认识论的理论，最后出现了费尔巴哈的人本学的理论。这样，哲学就是个圆圈，从人出发认识整个世界，然后认识事物的本体，研究认识的本性，最后又回到人（人本学）。这是合乎认识规律的，所以后来费尔巴哈提出人本学是很有道理的。恩格斯完全肯定了这一点。道理在于，因为思维与存在的矛盾本来就是从人和自然的关系中产生的，没有人的活动就没有思维与存在的矛盾、主客观的矛盾，矛盾从这儿产生的，最后还得从人的活动中去解决。所以不了解人，只看别的对象，别的对象中也反映了人的本性，人的对象化就出现了主、客观的矛盾。这个矛盾怎么去解决呢？反过来，必须研究人，研究人的自身，回到人自身的出发点，从人的自身的活动中，看主、客观矛盾的根源，找到解决的办法。所以马、恩完全肯定了费尔巴哈的观点。费尔巴哈讲，康德陷入了思维和存在的矛盾，黑格尔用自我意识、绝对精神统一了。费尔巴哈认为思维和存在统一的真正基础在人的身上，这种认识是对的，所以到了费尔巴哈的阶段，哲学发展的集中点，聚焦到必须解决人本身的问题。而费尔巴哈没有解决这个问题，马克思解决了。由于马克思解决了人的历史发展规律问题、人的本性问题，从人的活动中提出了实践活动的概念，才找到了把思维与存在统一起来的现实的基础。

辩证唯物论怎么去统一呢？先前哲学的主要贡献可以概括为两句话：

他们认识到了物质原是世界万物统一的基础；外界的事物必须通过人的认识固有规律才能反映到人的思想中来。用教科书上的语言，是前者讲物质决定意识，后一句话讲，意识对物质有反作用，加上了人的主观能动作用，这两大成就。以前，最大的问题是两大成就统一不起来，前者是唯物论坚持，后者是唯心论坚持。唯物论认为物质决定精神，把精神归结为一种物质的感受性，精神就没有能动作用。正像洛克所讲的，人的头脑好像是白板，外界刺激好像画画一样，画上什么就有什么认识，完全否认了思维自身的能动作用。反之，如果承认对象只有经过思维改造了以后才能进入到主观中来，思维的能动性在物质方面却找不到基础，因为按照那时科学的观点，物质具有惰性，本身没有本原性。这样，两个命题都是片面的。发展到马克思主义哲学这一步，思维与存在统一起来，为这两个命题找到统一的基础，克服了它们的片面性。基础就是人的社会实践活动。社会实践的活动是能动的，在思维指导下的一种感性的物质活动，它体现了物质的能动性，同时体现了思维的本原性，在人的实践活动中二者是统一的。没有思维能动性，实践不可能改造外界对象，反之，实践改造外界对象的活动，又构成思维能动活动的客观基础和来源，这样就统一了。马克思主义哲学在理论上的主要贡献，这就是聚焦点，解决人的本质问题，通过人的活动发现了思维和存在统一的真实基础，这就是观点上变革的实质，这就是辩证法的唯物论。这两个命题的统一都在人的实践活动当中，把实践活动一解剖，两个命题就统一了，这才是属于马克思所创立的那种真正科学性质的哲学理论。现在我们讲辩证唯物论，脱离开"实践"这个基础，单讲一个存在决定意识，然后再讲意识又有反作用，两个命题发生了矛盾，怎么统一？实际没有超出旧哲学的范围，没有讲到马克思主义哲学创造性的地方。

另外，属于哲学变革的还有一点是，哲学作为科学形态的理论，应具有发展的性质，发展是它的生命力所在。宗教教条不能变，一变就没有神圣性。对教条理解的要执行，不理解的也要执行，在执行中去理解，正因为它荒谬，所以才需要你去信仰。旧哲学也不能变，因为它讲的终极真理，它抓到了人类认识过程中某一个必要环节，过去忽略的环节，它把这个环节扩大了，泛化了，形成了整个哲学体系，用它去说明一切，就构成了它的哲学体系，要变必须推翻整个哲学体系，所以历史上的哲学变化总是一个新的体系否定一个旧的体系。马克思主义哲学才具有其正的发展性质，怎么理解呢？简单地说，思维与存在的矛盾是哲学史的一个基本矛盾。马克思第一次发现了统一的基础，使思维与存在有可能统一起来了，马克思的功绩就在于此。但怎么从这个基础去回答怎么统一的，马克思主义哲学没有作出答案来，它给我们的是一种思维方式。比如，用实践的观点，怎么去理解认识、怎么理解科学理论的形成等等一系列的问题怎么解决，马克思留给后人了，它需要我们在历史中通过具体分析去解决。所以，马克思主义哲学的本性就是内容不断充实，要现代化，不能停止不前。过去，为什么变不了呢？就是因为把马克思主义哲学变成了本体论，变成了现成的答案，变成了宗教的教条。所以现在我们就要恢复马克思主义哲学的科学性，恢复了以后，才能把马克思主义哲学讲成最高科学，最实事求是，最有说服力，最富有生命活力，最令人信服的，最通情达理的理论。不要去强制人家信服，讲出道理来，人们自然就信了，靠真理去征服人。

四、人的问题在哲学中的地位

哲学内容的变化，当务之急就是关于人的问题，也是主体与客体的问题，不管是我们的哲学教学、研究，还是宣传也好，都应把它作为马克思哲学的主要内容增加进来。这个问题，主要讲关于主体、客体的关系问题。马克思主义哲学是从回答费尔巴哈没有解决的关于人的本质的问题入手，创立了唯物史观，由唯物史观实现了哲学的一系列的变革。现在，有的同志提出，"人应当是马克思主义哲学的出发点"，提出"历史唯物论在马克思主义哲学中应处于核心地位"，从原则上讲我是同意这些看法的。人的问题在马克思主义哲学中应当作为一个主要问题来对待，不能等闲视之。在马、恩的著作里，恩格斯明确肯定了费尔巴哈提出的要想把思维与存在统一起来的基础是人，这个观点是对的，这预示了哲学发展的方向。这表明马、恩继承了费尔巴哈的思想，问题是费尔巴哈所了解的人只是停留在生物学的观点上，他的人没有超出生物学的范围，最重要的是不了解人的社会本质，不从社会本质去了解人。这个人虽然是感性的具体的人，但没有现实性，是一种抽象的人。马、恩要解决的问题就是应当把费尔巴哈提出的关于人的本质的问题，其中特别是关于社会的本质作出回答，这是马、恩的贡献。在马克思的《关于费尔巴哈的提纲》和马、恩合著的《德意志意识形态》中，这个问题讲得很清楚。在《提纲》里，马克思批评旧唯物论的一个主要的缺点是研究自然只是从客观的立场上去研究，没有从主观的立场去研究，意思是，它不是把外界事物作为人的活动对象去加以研究的。如果把外界事物作为人的活动的对象去研究，这个对象不仅具有客观内容，还应包括人的本质的对象化的内容，所以人所面对的对象，作为客体就应是主观和客观的统一体了。所以，马克思说，旧唯物论所缺的正是这一点，而唯心论却以片面的形式加以补充了。在《德意志意识形态》里恩格斯讲得很明确，新哲学的出发点、立足点是什么呢？第一个前提是有人，没有人一切都谈不到；然后从人类的历史发展、人的社会本性出发回答了思维与存在关系问题，说明了历史发展的最后归宿是共产主义。这很明确，按照这个意思讲，我认为，在马克思主义哲学里，人本来是处在核心的地位，但是后来情况变了。前一时期，有一个争论，说马克思主义哲学里到底讲人没讲人呢？一种意见认为没有讲，另一种意见认为讲了。这个争论还是与前面三种倾向的影响有关。例如，从本体论倾向说，可以说是一种见物不见人的理论，它研究存在完全不考虑人的本质对象化的内容，完全相信人所认识到的就是存在的本来面目，脱离了人作为主体和对象的关系去谈客观世界，甚至讲人的认识也把认识作为一种物质发展到一定阶段、大脑的属性去研究，自然地描述认识的自然过程，这里人的本性没有了。历史唯物论是讲人类社会发展的规律，本来是讲人的，但由于"左"的思想影响，加上本体论倾向的影响，别的属性都去掉了，讲人只讲一个社会本质。是否可以作这样的归纳：从历史看康德、黑格尔讲人，他们把理性、自我意识作为人的本质。康德讲人就是一种理性、自主的理性，黑格尔认为人就是绝对精神的自我意识，这样的人当然是悬在空中的抽象的人。费尔巴哈在反对这种抽象的人的观点的前提下，提出他的关于人的学说，费尔巴哈讲：我把人从天上拉到了地下，变成了活生生的人。费尔巴哈讲的人是有血有肉，有情感，有意志，有欲望的，但是缺乏社会关系的本质，费尔巴哈做到了把那种悬在天空的抽象的人拉到了地下，使它具体化了，但缺乏社会的现实性。进一步应该解决：肯定费尔巴哈的功绩，然后用社会的本性来纠正他的片面性，马、恩这样做了。所以马克思在他的著作中很多地方讲个人，讲个人的地位，讲人的全面发展，都是有感性内容的。但是，在"左"的思想、本体论化倾向的影响下，似乎马克思的功绩就在于把人看成是社会关系的总和，除了这句话之外的内容都变成错的了，都是不可取了。所以在我们的历史唯物论里边虽然讲了人，仅仅是从社会关系的本质去讲人，本质离开现象仍然是抽象的。在这个意义上讲，我们的教科书从费尔巴哈的理论中倒退了，虽然是用了马克思的观点，我们讲的人，是没有血，没有肉，没有情感欲望、意志要求的。哲学不能讲人的情感、欲望、意志，好像讲这些，就陷入了资产阶级的泥坑，实际这样的人仍然是抽象化的人，不过是以另一种形式抽象化的。抽象到人与人之间都是怒目而视，咬牙切齿，只有斗争关系，根本不能讲爱的关系，只有费尔巴哈才讲爱的关系。所以我们的教科书讲的是社会结构的发展变化规律，不是人的本质的发展变化规律，强调的只是马克思的一句话，有什么样的社会，就有什么样的人，过去讲什么藤结什么瓜、什么阶级说什么话，只强调了这一面，社会关系对人的作用；其实马克思还有另外一句话，在"左"的思想影响下就完全丢掉了，马克思讲过，必须有什么样的人，才能够通过他创立什么样的社会。人家指责教科书抽象讲人是对的，抓到了我们理论上的弊病，这是应该解决的。现在西方存在主义讲人的地位，人的意义、价值，为什么到中国这么受欢迎，特别受青年人的欢迎，认为人家是从现实的人出发去说明人就感到亲切，能够回答我们的问题。我们把它变成了几条抽象的结论了，人就是社会关系的总和，所以社会关系一变，人就变，当然不能解决问题。个人怎么发展，也不能讲个人奋斗，讲个人奋斗似乎就落入资产阶级的观点。这些问题应该说，马克思主义观点不仅应抓住这个问题，而且能作出科学回答，这要清除"左"的倾向的影响。所以，按我的看法，如果从"三统一"的观点就必须坚持这样的前提，人是人一切活动的出发点和归宿，必须坚持这样的前提去理解哲学问题。"三统一"，为什么三个东西要统一？要从思维与存在的统一去解决问题，人的活动都是为了解决人的问题，具体讲，解决人和人所处的周围世界的关系问题。哲学问题也是从人和人的周围世界的关系里提出来的，必须把它放到人和周围世界的相互关系里去认识，去回答，去解决。

这样，必须提高主体和客体的范畴的地位。近几年，中国与西方、苏联都很重视研究主体、客体的范畴，反映了现时代的精神，反映了人关注的问题，反映了认识发展的规律，应当重视这一问题。由于我们长期忽视，在国内现在刚刚开始研究，有关主体、客体问题现在还不很清楚。我们在哲学的教学、研究、宣传里尽管是初步的成果，也要充分利用，不要回避这个问题，要当成主要问题，要纳入到马克思主义哲学的内容里边来。至于把它安排到什么地方，现在理解不一样，我也不能提出一个肯定的意见。现在要想改革教科书的体系，想拿它做骨架，就是"主体、客体、主体和客体的统一"，拿它做骨架来安排哲学内容，但是我们并没有把握说这样的安排方法是最合造的、最能反映马克思主义哲学的精神实质。

按这个框架考虑体系应分四篇。第一篇，哲学研究什么问题，主要解决人的认识活动、实践活动中所贯穿的主观与客观的矛盾，这是哲学的中心课题，也是我们实践和认识活动的基本矛盾，所以第一篇，简称为矛盾篇。先提出问题，哲学要解决什么问题。第二篇叫客体篇，第三篇叫主体篇。客体篇通过一系列的范畴来说明迄今为止，人们是怎么达到对客体的认识，成果是什么，进一步把握客体需要使用什么样的工具。通过一系列的范畴说明客体，范畴里边体现了马克思主义的辩证唯物主义和历史唯物主义的观点。主体篇专门讲人，把人作为一个主体来分析它有什么特性，占什么地位，怎么发展；我们怎么认识主体，应当通过什么样的认识工具、认识方法、范畴才能把握人作为主体的特性和本质。第四篇，简称统一篇，是主体与客体的统一，是人的一切活动的最终目的。怎么统一？统一必须解决两个矛盾，一是思维与存在的矛盾，一是认识和实践的矛盾。所以在统一篇里主要要解决思维与存在的关系、认识和实践的关系，通过这个关系的解决达到主、客体的统一，达到人的自由。

我们是这样安排的，但不强加于人，我认为将来不一定能站得住，也许以后我个人的认识会进一步有了变化，完全有可能我自己就否定了。但是，关于主体与客体关系的问题在哲学里必须放到主要地位，这点我是坚信不疑的。离开这一点，就不能体现马克思主义哲学的实质，不能体现时代的精神，不能回答当前人们感兴趣的问题。

有关主体、客体怎么去理解，我想提几点看法，和同志们一起研究。

第一，现在一些文章，讲主体、客体，通常把它看成认识论的范畴，我不太同意这种看法。不能讲到认识论的时候，说认识有一个对象叫客体，还应有一个主体叫人，这样才有主、客体的问题，不应该这样看。认识是以实践为基础，事物作为我们认识的对象，它首先必须是实践的对象，反过来说一样，人作为认识主体，首先应是实践主体。在其他实证科学理论里，没有一个从总体去研究人和人的周围环境的关系的学科，而这个任务应由哲学来承担。所以我们讲人，讲主体，应当是恰好从总体上来讲的，应当看到，人是实践主体，是认识主体，也是评价的主体，把这个关系在理论中讲清楚。从这些关系讲，实践关系、认识关系、评价关系，这就是主体、客体之间所发生的基本关系，哲学应当最后集中到真、善、美的关系问题。过去把真、善、美看作是康德哲学提出的一个观点，好像哲学只讲真的问题，只讲真的问题解决不了真的问题，非得结合善和美。真、善、美最后的统一，就意味着主体和客体的完全统一。所以主体和客体是通过真、善、美达到统一的，这就需要把它们纳入进来。当然这些内容只讲观点、方法，讲怎么看待这些问题、怎么认识它是属于辩证唯物主义，至于它的具体内容，我们不能讲伦理学，也不能代替美学，但是属于基本观点、基本方法的问题应当在哲学里边讲。

第二，怎样理解主体、客体概念的本质呢？怎么去说明主体、客体的概念呢？现已发表了很多文章，有各种说法。我认为，这个问题不一定搞得很复杂,现在讲主体的定义很多,讲人加上很多的限制词,讲客体也加上很多限制词,使定义很长,难把握,特别是很难理解。主体、客体问题提出的本质、精神究竟何在?还应从它的始源考虑,马克思曾讲过:主体是人,客体是自然,当然这是在特定场合讲的,但我认为表现了所以要用主体、客体这两个词,其实已经表现了它的本质。按马克思的意思,主体与客体之间的关系就是指人与自然的关系,人和自然的关系就是主体和客体的关系。当然,我们也得承认,人也可以把人自身作为研究对象,人不也可以成为客体吗?但这显然是个引申的含义。原来的意思就是讲人和人活动的对象的关系,从这个意义讲,什么叫主体、客体呢?主体就是讲从事活动的那个主宰者,就是人;客体就是讲,人的活动所指向的对象,在一定意义上和对象是一个意思。既然是这样一个关系,我们直接就讲人和自然的关系不就可以吗?为什么还要把人加上主体的名称,把自然加上客体的名称,是不是有点画蛇添足呢?不是的,把人和自然的关系看成主体和客体的关系就意味着,当着自然产生出人以后,在人和自然之间就有一种特殊的关系了,主体和客体表现了人出现以后,特别是通过实践活动所表现出来的和自然的那种特殊关系的内容,这种关系意味着,人是主体,表明人是人自己活动的主宰者;自然是客体,表明自然在人的活动里处于对象的地位。从这个意义来讲,主体、客体所要表达的就是由人的活动所构成的这个属人世界的两个基本要素,所以强调人的主体性、自然的客体性,在这个意义上说,只有这两个范畴,才能揭示出人的活动的世界的本质关系。

  主体的概念意味着什么?它进一步说明,在哲学里必须从主体的角度讲人,涉及到哲学的性质问题,在编《马克思主义哲学基础》一书里,结论是我写的,我提出这样的问题:哲学是双重性的理论,它既是一种知识形态、知识体系,同时又是意识形态;哲学既代表一种真理,同时又代表一种信念,它是真理和信念的统一。在这点上,它既和宗教不一样,又和科学不一样,既和科学有联系,又有某些类似宗教的问题。不能把哲学搞成单纯传授知识的东西。讲哲学应当通过哲学的世界观的教育提高人的自我意识,这就是人对自身的权力、义务、地位的意识,叫人的自我意识。

这样的理论应当催人向上，使人能够知道怎样发挥人的能动作用。通过哲学的教育，树立一种思想、培养一种情操、做自己的主人，这样的哲学才真正能够引人入胜，而不是与人无关的干干巴巴的纯粹的知识。讲人是主体，主要强调人是自己生活的创造者，人是自己活动的主人，人的命运是操纵在自己手里的，人不是工具。在一定意义上讲人可以是工具，但从本原意义上说，必须看作人是自己的主人。再一点，要强调人是人自己世界的主宰，甚至我们可以用上帝这个词，如果可以用上帝这个词表达最高的主宰者的话，那么在人的活动的世界里人就是其自己的上帝，这就是人的本性。在历史上人变成了工具，人丧失了主人的地位，人不仅不能成为上帝，而且成为奴隶了。我们的任务正好要解决这个问题，就是要克服那种使人失去人的主体地位和主体性质的社会制度，来建立一种能够充分发挥人的主体性、主体能力的社会制度。这样，就会既符合客观规律，又符合哲学与科学的区别和它应当肩负的任务。

再一点，希望引起大家的重视，既然人是主体，客体（客观世界）就要放到客体的地位上去讲，不能当作和人没有关系的纯自在的一个存在物来说明。把外部世界的对象作为客体来看待，就意味着在客体里边就对象化了的人的本质。换句话讲，费尔巴哈和马克思认识很深刻，他们都讲过"作为对象的东西，其实就是人的本质的对象化的产物"。它应当体现着人的本质，这样讲客体就不是追究康德的所谓物自体，而是按照我们的认识能力、认识水平，去总结科学成果，总结怎么把握客观世界的一些方法。包括讲社会、认识都不能离开人。我们讲认识论指狭义的认识论，专指说明认识的根源、形式、发展过程、真理标准等等的问题，讲这些问题，当然不能离开主、客体的关系。离开了实践的基础都讲不清楚，这是抽象化的，现在的理论就是抽象化的，很多同志写文章表示不满。我们就讲一个感性认识、理性认识，好像去粗取精就能上升到理性认识了，把非理性的作用都去掉了，实际人的理性的认识不可能是纯理性的产物，放在主、客体的关系里必然要有非理性的作用。西方的理论强调非理性，这种片面性是错的，我们完全忽略非理性对认识的作用，也不完全合适。放到主、客体的关系里，这方面的内容都要发生变化。进一步提出这样的问题，哲学是世界观,要对世界提出看法。按照上面所说的观点,哲学讲的是弄清两个世界的关系,一个是自在的世界,就是客观世界;一个是人的世界,哲学的出发点首先是解决人的世界问题,就是人的活动的范围内的世界问题。为了要解决人的世界问题,它不能不追溯、探索这个自在世界问题,而且也只能通过人的世界,透过人的世界的认识,去了解自在的世界的状况。这样,人的世界应是哲学的核心内容,哲学要解决的问题,就是要解决人的世界和自在世界二者是什么关系。由于有了人的世界,进一步又分裂出两个派生的世界:一是客观世界,一是观念的世界(主观世界)。要解决自在的世界和人的世界的关系,就非得解决客观世界和观念世界,就是解决头脑里的世界和头脑外的世界是个什么关系,这样才能解决前面的关系问题。上面我用了几个世界的词,也许不恰当,但这个思想还是有把握的。比如"什么叫世界观"的问题?按照纯本体论的观点,就解释为"自在的世界究竟是什么东西"这样一个问题。哲学讲世界观,我理解人的世界和自在的世界、主观世界和客观世界的关系问题是世界观的核心问题。对世界的看法,就是把世界的这几个关系问题弄清楚,能给我们的行动提供一个正确的指导观点。世界的统一性在于它的物质性,讲世界的统一性,必须强调这点,这是就自在的世界的统一来说的。但是,这种理解必须结合人的世界才能说明物质的世界,离开了人的产物和他所具有的能动性,我们得出的世界统一于物质的结论,就和旧唯物论没有什么差别了。自然物质的运动能产生像人这样的一个主宰着自然的,在一定意义上讲,叫做超自然的存在物,说明了物质本身就是一种能动的存在。如果从人的观点看世界,人产生以后,人和自然就处在相互作用当中,互为本原了。人也要参与创造世界,而且在人和自然的关系中,人是主导者,自然是被动者,只有这样,才能提高人的信心。但是这一点,又必须和世界统一于物质的观点结合起来,不然就会落入唯心论。从实践的观点看,客体和主体是不能分开存在的,没有客体就没有主体,反之也一样。这不等于原则同格了吗?是原则同格,而且人还是原则同格的中心项。唯心论提出这个命题错在哪儿呢?错在它缺乏前面所说的一个世界观的基础,所以就落入唯心论。在前一个基础上必须看到主、客体是相互作用的，而且主导方面是主体，是人。从主观认识的观点来看世界，就提出了观念世界的问题，观念世界也可叫主观世界，它是前面两个世界的统一，它的内容既来自于自在的世界，又来自于人的活动的世界，所以观念的世界是一个矛盾的统一。不这样理解，把观念世界理解为仅仅是客观世界的一个消极的被动反映，那就不是马克思主义哲学。只有结合前面两个问题去理解观念世界，才能说明实践的能动性。关于主体、客体的问题就扼要地提这几点，今后在教学、研究及宣传工作中，我们应当贯彻这个思想。

下面扼要地说明怎样理解哲学的基本问题，也有两种不同观点的理解。我认为，必须从人的观点才能理解思维与存在的关系是哲学的基本问题，用上面两个世界的关系去理解才能了解它的内容。为什么有许多问题，而单单"思维与存在的关系"的问题成了哲学的基本问题？过去我们受本体论倾向的影响，对这个问题是说不出道理的，或者说出道理也不能让人家信服。按照纯本体论观点回答：因为思维与存在或物质和精神是构成世界两大类的最基本的现象，是两个最广泛的概念，有的甚至讲，是构成世界本质的基本矛盾，所以它最重要，这就成了哲学的基本问题。这是离开了人类去谈基本问题，显然是不合适的。其实，"思维与存在的关系"问题所以成为基本问题，是指人的活动的世界，它是一个最重要的问题，离开人的活动的世界怎么能说它是自在世界的本质，基本矛盾呢？没有人，没有人的意识，就没有思维和存在的矛盾，世界就没有本质了吗，很难说通。所以离开了人的出发点，解释不明白。再一个解释，是因为"思维与存在的关系"问题是划分唯物论和唯心论的一个根据。我认为，这正是因果颠倒。问题恰恰是这样的，正因为它是哲学基本问题，所以才需要根据它来划分哲学派别。如果我们从人的观点来说明，这个问题就很容易解释了。因为思维与存在其实就是主观世界和客观世界，代表两个世界的关系，而这两个世界是人的活动世界的基本矛盾，人的一切活动，最后的目的就是要达到认识和对象的统一，思维与存在的统一，主体和客体的统一，从这就很容易解释通了，容易理解了。

对"思维与存在"问题的内容怎么理解？按照本体论的观点，通常解释为：哲学基本问题有两个方面，第一方面是解决世界的本原问题，就回到了旧哲学的提法，因为把第一方面看成本体论的问题。恩格斯原来提法是：精神对自然、精神对物质，二者谁是谁的本原，精神是自然的本原呢？还是自然是精神的本原？现在把它换成了解决世界的本原，这就脱离开了人的世界的范围。第二方面，认为仅仅属于认识的问题，有的甚至就简单地归结为是可知与不可知的问题，排除了所谓本体论的内容。因为本体论和认识论是分开的，第一方面如果是本体论，第二方面就是认识论，所以认为辩证法是属于本体论的学说，它不能包括在哲学基本问题的第二方面里。这样也有矛盾，既然是本体论又不能包括在第二方面，也不能包括在第一方面。所以后来出现了毛泽东讲的哲学从来就有两个对子，唯物论与唯心论是一个对子，辩证法和形而上学一个对子，两个对子都重要。可是哲学基本问题，只能管住一个对子，另一个对子怎么办呢？于是就讨论是不是还有第二个哲学基本问题。我认为，这个问题在恩格斯的书里就已经说清楚了，思维与存在的同一性，不完全是认识论的问题，也包括所谓本体论的问题。本体论这个词，我顺便说一下，在马克思、恩格斯讲到自己哲学的时候，我所看到的范围，是没有用过。他用这个词，是用在旧哲学，但是我不反对，今天还用本体论，你如果把本体论理解为就是世界观，当然也可以。但我认为，最好还是不用，与其用本体论不如用存在论。哲学基本问题第二方面也应包括本体论的内容，是本体论、认识论统一的内容，是思维与存在的同一性。同一性包括两方面的内容：一是思维的内容的起源问题，是否起源于外界的对象；另一是思维的规律，是否和对象的规律是一致的，而后者更重要，这个问题不解决，思维与存在的同一性问题解决不了。

按照"三统一"的观点，就应当说，第一、第二两个方面既是世界观的问题，又是认识论的问题，不能简单地划分。两个方面归根到底是要解决思维怎么把握存在的，在这个意义上去理解，第一方面是思维与存在达到统一性的一个基础和前提，它的重要性主要表现在这，统一往哪统一，以什么为出发点统一它们，就是弄清第一性、第二性的问题。但是解决了第一性、第二性出发点的问题，目的是为了用这个出发点进一步去研究思维与存在是怎么统一起来的。第二方面才真正讲思维与存在统一的内容问题，从这个意义上说，第二方面更重要。第一方面如果离开了第二方面，把它孤立起来看，它仅仅是一个抽象的论断，什么问题也解决不了。第一方面是为了解决第二方面的问题服务的，旧唯物论的毛病就出在停滞在第一方面，所以只有一个抽象唯物论的论断。这个论断按恩格斯分析，什么问题也解决不了，就因为它不懂得统一的内容。所以这样看来，对哲学基本问题的理解也要发生变化。

最后说明一个问题：对唯物论、唯心论观点的理解问题。对唯心论，许多人认为，贝克莱的观点是一种儿子生母亲的观点，是荒谬透顶的。这是一种简单化的理解。其实，唯心论是反映认识更深和更高层次的矛盾的理论，不是一个连石头的存在的经验事实都不承认的理论。贝克莱提出这样的问题：有物存在我完全承认，问题是你怎么知道物的？我是通过观念知道，通过观念知道的物，物被观念化，怎么通过观念能把握物的本来面貌呢？所以他通过唯心论的方式提出了认识论里的一个重大的课题。因此讲唯心论必须从这个层次上来讲，才能讲到唯心论的错误本质。这样讲就非常难了，按现有的教科书来批唯心论，不一定能批倒。对唯物论也不能简单理解，不能把它看成是素朴实在论的理论。它是针对唯心论，认识更深、更高层次的主客观矛盾的理论。马克思主义唯物论也必须从解决主、客观矛盾来看。举一个例子，比如，把唯物论归结为要从客观实际出发，第一从客观事实出发，第二不要从主观想象出发，其实这两点，矛盾都很大。"从客观出发，不能从主观出发"，能这样说吗？人的一切活动，首先是从主观出发的，要改造对象，需要用它来满足我的需要，没有这个主观需要认识它干什么，都是从主观出发的，是靠主观想象的，没有想象就没有对物的改造，我要把物想象成一个能改造、适合我需要的东西。但是这样能达到目的吗？不能达到目的，要拐弯，还需要从客观事实出发，这是个矛盾关系，我们把它简单化了，好像就是从事实出发。什么叫事实？事实是个非常复杂的问题，眼睛看到的是事实，耳朵听的也是事实，今天看到的是事实，昨天看到的也是事实，明天看到的也是事实，哪个事实是真正的？矛盾很多。所谓事实，就是已经意识到了的存在，就是观念化了的存在，从观念化的存在出发，不仍然是从观念出发吗？简单地就把看到的事实即观念到的存在作为出发点，很可能犯主观主义，过去很多人就因为简单化，所以犯了主观主义、唯心论的错误。

上面讲的是我的一些看法，有的话可能过一些，作为学术讨论，欢迎同志们提出批评意见。

关于哲学体系和内容改革问题的认识[①]

(1986 年)

哲学史上有一种规律性的现象：每当哲学理论有一个大的发展的时候，都要经历一次对哲学自身的反思。哲学的发展，它的内容来源于现实，来源于实践的发展、科学的发展、时代的发展，但是问题必须表现于哲学理论本身的矛盾。哲学理论自身的矛盾，引起人们对它不满、要求改革，推动人们对已有理论进行反思，通过哲学自身的冲突、斗争，才能实现哲学的发展。尽管现实发展了，如果已有理论能够完全解释并反映现实的问题，那还有什么发展哲学的必要？不仅哲学的发展是这样，一切理论的发展可以说都是这样。这条规律从原则上说，也应该适用于马克思主义哲学的发展。

马克思主义哲学，按其本性来说，是已获得科学形态的哲学。这就像牛顿把力学变成科学理论、拉瓦锡和道尔顿把化学变成科学理论、达尔文把生物学变成科学理论一样，马克思和恩格斯也把哲学变成了科学性质的理论。作为一种科学形态的理论，它乃是最讲求实事求是、最富有生命活力、最为通情达理、最富于论证性，因而也是最富有说服力的理论。马克思和恩格斯当初创立他们的哲学理论的时候，不过是许多学派中的一个学派。他们就是靠真理、靠情理，使他们的哲学变成世界性的理论。这是就马克思主义哲学的本性来说，是这样的。

毋庸讳言，就马克思主义哲学在今天所处的状况来说，却远非如此。

[①] 1986 年 10 月，吉林大学在庆祝建校 40 周年时，举行了学术报告会，我在大会上作了学术报告。本文就是我的此次学术报告的整理稿。

我们应当承认,今天哲学的声誉并不很高,不仅威力有所减弱,威信也有所下降。现在人们学习哲学不像过去那样热衷了。学的人是硬着头皮学,教的人是硬着头皮教,如果没有考试作为一种强制性的手段,恐怕自愿去阅读哲学书籍的人不会很多。大家都感到马克思主义哲学的原理内容陈旧、老化,引不起兴趣。有的人甚至这样来形容,说这种哲学不学倒好,脑子里少一点框框,还比较容易做到实事求是,学了反而束缚住思维,不容易做到从实际出发。这种现状不应隐讳,应当正视。

造成这种状况的原因显然是多方面的,有历史的原因,社会的原因,还有理论方面的原因。历史原因,大家都很清楚,过去全民学哲学,学的结果如何呢?不但没有防止住唯心论、形而上学,它们反而越来越猖獗。至于社会的原因也很清楚。80年代是实干的时代,当着人们热衷于讲求实效的时候,就很容易轻视理论。这些是属于客观方面的原因,除此而外,理论自身也存在着原因。我们现在讲的这一套哲学,是否那样引人入胜,那样有说服力?这是很值得考虑的问题。我们不能只是一味责备人家对哲学不够重视甚至不满,也应当回顾一下哲学理论自身的现状。现在所讲的哲学理论确实存在老化、僵化的问题。人们所关心的许多重大现实问题,在哲学理论中得不到说明;科学取得的许多最新成果,在哲学理论中没有系统地总结和反映。这样的理论,同现实对不上号,学了无法应用,人们当然不会热衷地学习它。

说哲学内容陈旧、老化,是否意味着马克思主义哲学今天已经过时了、不中用了,应当用一种新的理论去取代它?在社会上确实有这样一种说法。但我不这样看。我认为这一情况主要是反映了,今天我们所理解和掌握的马克思主义哲学,也就是今天我们用来宣传和教育人们的那种哲学理论,并没有真正地和完全地表达和反映出马克思主义哲学固有的精神和实质。问题主要出在这里。就马克思主义哲学本身而言,它作为科学的理论,也具有一切科学理论共同具有的历史的局限性、认识的局限性和理论的局限性,因而并不是绝对完善的,也需要不断地发展。但是,不断发展正是这种哲学区别于一切旧哲学的科学本性,也是这种哲学具有无限生命活力的根源所在。而我们今天所把握的哲学理论恰恰失掉了这一点,因而才使它严重地脱离了现时代的发展,出现老化、陈旧的问题,造成人们对它的普遍不满。

在我看来,今天我们关于马克思主义哲学的概念、观念,与马克思主义哲学本身是有很大距离的,它并不能完全代表马克思主义哲学,更不能把它与马克思主义哲学划等号。从始源的意义说,虽然它的内容主要是依据马列的论述,来源于经典著作。但是,马克思主义哲学产生一百多年了,在一个多世纪中,历史发生了重大变化,国际共产主义运动历经多次重大斗争。随着历史变化,在每一次重大的政治和思想斗争中,都要根据当时斗争的需要对哲学理论进行一番剪裁,作出新的解释。从这种观点去看,我们今天所了解的马克思主义哲学,应当说是在百年来的历史斗争中形成的,是经过历史斗争的折光反射出来的哲学理论,是已经大大走样和变形了的马克思主义哲学理论。当然应当肯定,理论的走样是不可避免的。没有一种理论会像花岗石雕像一样永不走样,即使是宗教教条,在演变中也会走样。同时,走样也不都是坏事。发展也是一种走样,要发展就不能总是保持原地不动,而理论如不发展,那它就没有生命活力。问题在于,作为发展的那种走样,决不能失掉该理论所固有的基本精神和实质,如果失掉了这点,那就不是原来理论的发展,而是变成另一种理论了。我认为我们今天关于马克思主义哲学的观念中,就有许多内容已失去了马克思主义哲学的精神,甚至不少内容是与它的思维逻辑直接相悖的。多年以来,我们主要是从哲学原理教科书中去了解马克思主义哲学的内容、观点的。教科书,在某种意义上被视为"马克思主义哲学"的标准模式。这部教科书的体系、内容,在苏联形成于30年代到50年代期间;后来移植到我国,内容虽也有某些变化,但基本框架始终没有根本性的改变,一直沿袭至今。事情很自然,所谓哲学观念中的问题,当然首先和主要的也就表现在哲学原理教科书中。这就是我们为发展马克思主义哲学,为什么首先要提出改革现有教科书体系和内容的原因。

是什么因素促使这个理论走样了,失掉了固有的精神和本性?这样的因素很多。我认为起了主要作用的是下面三个因素。

一、"左"的思潮的影响

在国际共运史上,曾经有过右倾错误,也有过"左"倾错误。不同时期,这两种错误的影响不大一样。在工人阶级和劳动人民通过共产党掌握政权以后,在社会主义国家,"左"的影响是主要的。"左"倾错误本属政治上的问题,但也影响到了理论和哲学。

"左"的倾向对哲学的影响,首先就表现在,它把哲学和政治一体化,使真理和权力相结合了。哲学和政治的关系本来就是很密切的,因为任何哲学都是一定阶级的世界观体系。但哲学是通过总结知识成果,以科学理论的形态,通过为一定阶级提供理论思维的观点和方法的形式为阶级利益服务的。这就像恩格斯所讲的,哲学在上层建筑中同宗教一样,是悬浮在高空、距离经济基础最远的意识形式。这就是说,哲学反映阶级要求不是直接的,而是通过了许多中介环节的。在"左"的思想影响下,哲学与政治直接结合在一起了,这就使哲学失去它本身特有的功能,造成一系列的后果。

一个明显的后果就是,迫使哲学必须服从政治的需要,真理必须服从权力的意志。哲学所能起的惟一作用,就是为现行的政策进行辩护。政治的需要、权力的意志,这就是真理,哲学只能为它的正确性去寻找理论根据。哲学变成了政治的侍从,它所要论证的结论都是预先规定好了的。哲学已不讲真理,真理是按权力分配的。谁的权力大,谁的真理就多,谁没有权力,谁也就掌握不了真理。50年代末①,曾有这样一种典型的说法:"你们是哲学系,不要以为你们叫哲学系哲学就掌握在你们手里。哲学系是最没有哲学的。你们知道哲学掌握在谁的手里吗?哲学掌握在各级党委手里。"这句话代表了当时哲学的地位和人们对哲学的看法。哲学要为政治辩护,就不能不也跟着政治风云的变换而不断改变原理。今天需要斗

---

① 指20世纪50年代末。——编者注

争，哲学就拿出"发展是对立面的斗争"一句；明天需要强调团结，于是哲学又拿出"发展是对立面的统一"一句。哲学总是从一个极端跳向另一个极端，完整的原理被随心所欲地肢解成为许多片面的命题。真理同权力结合，就无科学性可言，而没有科学性，哲学也就不能发挥它所能起到的作用。这种辩护，第一次人们是会信以为真的；第二次，也能发生效力；第三次、第四次人们还会相信吗？它只能起到不仅败坏哲学的信誉，而且动摇政治信念的结果。这其实是一种帮倒忙的行为。按照"左"的观点，真帮忙和帮倒忙被颠倒过来，它所喜欢和要求于哲学的恰是帮倒忙。

再一个明显的后果，是把哲学神圣化、神秘化了。说马克思主义哲学是我们党和国家制订一切路线、方针、政策和指导一切行动的根本理论基础、最高指导思想，这当然是完全对的。我们是马列主义政党、社会主义国家，自然应该以马克思主义哲学为指导。然而在极"左"思想影响下，指导就意味着是国家权力意志的体现和化身，人们对它只能信仰，不能研究，也不能改变。神圣化就是绝对化，也就是教条化。已有的原理一条不能去，没有的也一条不能加，言必称经典，甚至连解释也不能用自己的语言。至于理论的发展，神圣化的结果也变成只属少数特选人物的权利，与广大哲学工作者、理论工作者、实际工作者是毫无关系的。这样就不能不使理论僵化。所以半个世纪，教科书的内容基本上没有变化。

二、简单化、庸俗化倾向的影响

这种倾向是在向群众普及哲学、哲学通俗化中出现的。要向群众普及哲学、使他们都能掌握这一认识工具，哲学必须通俗化。但通俗化是一种具有更高科学性的工作。在"左"的思想影响下，在通俗化中就出现了简单化、庸俗化的倾向。它的主要表现就是：不是用哲学去提高群众的思维水平，而是相反地，把马克思主义哲学的科学命题降低到经验性的理论水平，把马克思主义的科学概念还原为一些常识性观念。比如讲实践，就简单化地归结为一个"干"字，"干就是实践"；什么是认识，"就是想一想"；什么是矛盾，就是懂得事物都有两点，如此等等。人们把全部矛盾学说编了一个口诀，说只要记住"事物有矛盾，矛盾分两点，两点有主次，主次能转化，转化是革命"就算掌握了辩证法。

有一个时期用一块石头向农民讲哲学。教者问：你们睁开眼睛看看，这个石头存在不存在，能不能拿脑袋去碰？学者答：我们看了，石头是存在的，不能拿脑袋去碰它。教者：好了，这就是唯物论，你们已是唯物论者。你们再看看，石头到什么地方去了？学者答：扔到窗外了。教者：对，这就是运动，现在你们已是辩证法者了。哲学理论就变得这样的简单。据说，康生非常赞赏这种"石头哲学"，曾说过"一块石头敲开了神秘的哲学大门"的话。其实，应当说正是这块石头堵塞了通向哲学的大门。这样去讲哲学，哲学还有什么用呢？所以那时普遍流行一种观念：哲学一点也不奥妙，不学也能掌握。唯心论、形而上学是睁着眼睛说瞎话，只能外国才有，因为他们是资产阶级，只能古代才有，因为他们是地主阶级，我们贫下中农、工人阶级是不会有这些东西的。正是在这种意识支配下，由于把辩证唯物主义的科学理论混同于自发的素朴实在论，多年来我们犯了大量唯心论和形而上学的错误而不自知，反而以为是在坚持马克思主义的辩证唯物论。

哲学理论的作用本在于使人们的认识深化，使人们的思想更复杂一点而不是简单化。如果谈经验常识是一种直观认识，那么科学理论就是更深刻的间接意识，而哲学则应属于反思的意识。它的意义就在于使人们不仅能够认识得更全面、更深刻，而且懂得如何去避免片面性、达到全面性的认识。简单化、庸俗化的结果，把哲学变成了不学而能的本能认识活动，因而也就完全失去了学习哲学的必要和意义。这种情况，在今天也并没有完全扭转过来，在我们的教科书中仍然存在许多这样的解释。

三、本体论化、实证化倾向的影响

哲学在历史上曾经经历了几个不同的发展阶段，在不同发展阶段，哲学的内容、研究重点不同，哲学的性质也各不相同。开始阶段，人们笼统地把自然作为自己的研究对象，可以叫作自然哲学。以后从自然现象中注重于研究事物的本体，产生了本体论哲学。再以后，人们发现，人们关于本体是什么的观点同人对它如何认识有关，于是本体论哲学就让位于以认识论为主的哲学。在更后则出现了人本哲学，想通过"人"来解决主观与客观的矛盾。哲学发展到马克思主义阶段，究竟应当是个什么样的理论？长时期以来，在苏联是有争论的，最近20年来争论得更为激烈。一种观点认为哲学主要是本体论的理论，一种观点认为哲学主要是认识论的理论，还有的主张哲学应是人的学说，等等。从马克思主义哲学的历史上看，恩格斯之后，普列汉诺夫曾把哲学本体论化。列宁批评了他把哲学变成"实例总和"的做法，提出逻辑学、认识论和辩证法三者是同一个东西的原则，这代表了列宁对哲学性质的看法。列宁逝世后，苏联有过一个批判德波林观点的运动，这是30年代初的事。德波林是倾向于黑格尔哲学的，强调哲学的逻辑的认识功能，但他的观点有片面性。批倒了德波林，就使苏联主张哲学应主要为本体论理论的思潮占了上风，从这个时期起逐渐形成了一直通行到今天的教科书体系。所以，现在教科书的体系贯彻的就主要是本体论的原则。当然这种本体论已不同于17世纪的本体论，但它只强调研究存在——客观存在的本性和规律，缺少主体意识，在这一点上它们是一致的。

　　本体论化倾向的一个主要表现，就是哲学理论被实证化了，把它变成了正如列宁批评普列汉诺夫的那种"实例的总和"的理论。

　　在知识体系里面，哲学本来属于最高层次的理论，过去叫做"最高的智慧"。作为这样的理论，它应当回答：人怎样才能认识世界和改造世界的问题，也就是研究人作为主体和客体是一种什么样的关系，人怎样才能发挥人作为主体的性质和作用？本体论倾向的问题恰好就在于它脱离开了人，脱离开了人的认识，单纯研究自在的事物本身。它研究人和认识也只是把它们作为一个单纯客观的过程去研究它们的自然发生与发展。到马克思和恩格斯的时代，自然、社会的规律问题都已归属实证科学去研究了，恩格斯曾明确讲过这点。哲学应主要从人与自然、主观与客观的关系中去研究思维规律和存在规律。本体论倾向的统治,则又把马克思主义哲学变成了与实证科学同样性质的,以研究纯客观存在的规律为对象的理论。按照这种倾向的观点,哲学与实证科学都以客观的世界(自然和社会)为对象,区别只在于哲学研究的是世界的整体,实证科学研究的是世界的局部,只是对象范围大小的不同;二者在研究方式上、理论性质上已没有原则区别,哲学也须从大量的事实里面去概括一些普遍性的原则、规律。列宁批评普列汉诺夫的错误,正是在于这一点。这点也就是我们现在经常讲的"原则加例子"的论述方式。先提出一条从大量经验事实中概括出的原则作为结论,然后就是从天上、地下、人间引来证实其正确性的实例。这样就把哲学经验化、实证化也教条化了,丧失了它应有的理论思维方法的本质特点。例如,苏联教科书中关于世界的无限性曾经是这样论证的:今天科学发展到这样高的水平,可以制造观察若干亿光年(比如 120 亿)距离的望远镜,仍然没有看到宇宙边界,可见世界是无限的。这样的理论能够说明物质世界是无限的,能够驳倒宗教神学和唯心论吗?神学家完全可以用同样方式反驳说:边界恰好在 125 亿光年处。即使望远镜观察的距离再扩大,问题照样存在。这就是把哲学理论经验化、实证化所造成的。

现在人们感到学了哲学,除去当作公式和现成结论往事物上去套用,实在看不出还有什么其他用途。这种状况同本体论化的倾向也有关系。

在这三条影响下(还不必说其他更多的因素),所形成的哲学观念还能够完全符合马克思主义哲学的基本精神吗?第一条意味着哲学失去了科学性,也失去了生命活力,变成僵化的教条;第二条意味着哲学丧失了哲学意识,退回到素朴实在论;第三条则使哲学失去了主体性意识,变成一些抽象原则、公式的总和。这些都是直接有悖于马克思主义哲学的精神的。

旧哲学总是把自己的理论说成已发现了宇宙的底蕴和奥秘,达到了终极的绝对真理,因而永不会再变了。马克思主义哲学否定这种奢望,才把哲学变成了科学。如果说马克思主义哲学也有局限性,它的局限性正是科学的局限性,正因为这种局限性(不是完成的终极真理)它才能成为科学;相反地,旧哲学竭力把自己的理论说成尽善尽美的,竭力否定有局限，正是这一点使它们不成其为科学的理论。这点正是旧哲学的局限性，我们可以把它称为非科学或反科学的局限性。由于上述倾向的影响，我们现在竭力要把我们的理论也说成似乎已解决了一切问题，正像《西游记》中描绘的如来佛的手掌一样，大千世界已尽收其中，不论孙悟空怎样翻筋斗，也跳不出如来佛手掌。这样就恰好否定了马克思主义哲学的科学性，而使它倒退到旧哲学那种非科学的和反科学的局限性中去了。

按照这样的观点，我认为我们今天要发展哲学理论，决不能以现在人们所了解的，也就是具体表现于教科书中的那种"马克思主义哲学"为基准和基点。为了发展哲学，必须做一项工作，这就是要对哲学的现状进行一番反思，通过对现有内容的重新认识，恢复马克思主义哲学固有的精神和实质，然后才谈得到总结和吸收实践和科学的发展所提供的大量成果，从而使马克思主义哲学反映今天时代的精神。不搞清存在的问题，单纯依靠往里面输送新内容，是不可能实现发展哲学的目的的。

从上述可以看出，目前哲学理论中的问题，不是枝节性的，不是哪一个个别思想有问题，而是带全局性的，在总体性质特别是基本精神上的问题。这里涉及到有关哲学许多带根本性质的问题，如关于哲学研究的对象、性质问题、内容问题、功能问题以及观点体系问题等等，都有必要重新进行研究和考虑。我近年来从事所谓"体系"问题的研究和改革，就是以此为出发点的。我决不是为创建一个什么新的体系才去改革体系，我只是感到，对上述根本问题的重新理解不打破旧的体系是不可能的。所以，对我来说，变革体系只是一个手段，目的主要是想由此引起人们对马克思主义哲学的精神和实质的重新思考与追求。

由于教科书长期以来被视为体现马克思主义哲学观点和内容的标准模式，上述问题主要表现在教科书上，变革也首先应从教科书体系和内容的改革开始。

那么现有教科书以及它所体现的当今人们对马克思主义哲学的理解，存在的主要问题是什么呢？在我看来，主要问题在于下面几点。

（1）由于上述倾向的影响，现有教科书未能充分体现出马克思主义哲学是哲学发展史中一次具有革命性深刻变革的内容，也就是未能正确地和明确地表现出马克思主义哲学与一切旧哲学在根本性质上的区别。

由于马克思主义哲学的产生，哲学才获得科学形态。这是一种革命性变革。说它是革命性变革，这就意味着不仅在哲学观点上克服了先前哲学固有的片面性，而且在哲学对象、性质、功能及其与科学的关系种种方面都发生了变化。

就研究对象而言，马克思主义哲学是在哲学与科学分化的基础上产生的。直到这时，在人类知识体系里，哲学与科学才有了明确的分工并建立起了新的统一关系，在这个基础上，哲学才有可能确立自己真正与科学有别而又有密切联系的对象。这个对象就表现在恩格斯为辩证法所规定的定义之中，即：哲学是研究自然、社会和思维运动发展的一般规律的科学。现有教科书也都引用恩格斯的这一定义，并以此说明马克思主义哲学的研究对象。但是，由于本体论化倾向的影响，它在理解和说明这个定义时，却是基本按照传统哲学的本体论观点，把一般规律看作是"自然＋社会＋思维＝世界整体或整个世界的规律"。这样就把哲学变成了研究整体世界、为这一世界勾划完整图景、探究一切存在的终极本性的一种"科学"理论。依据这种观点，教科书中提出的许多问题，沿用的仍是旧哲学的提法，而这些提法是早已被哲学自身的发展和科学的发展所否定了的，如：试图解决世界的本原是什么，万事万物的终极本性是什么等等问题。这些问题不是不能找到答案，那要依靠全部科学也包括哲学在内的发展才能逐步搞清的，而且能够搞清的也决不是什么世界的终极本原和本性。现在要求马克思主义哲学做出回答，这可能吗？如果真的做出了回答，这样的哲学还能称得上科学吗？这样提出问题，即要求马克思主义哲学现在就去回答只能由全部科学加以解决的，甚或全部科学也不能得出确定答案的问题，这同旧哲学还有什么根本区别呢？有人说，马克思主义哲学关于物质的概念不就已经回答了吗？可以这样认为。但什么是物质？按列宁的定义，物质是标志客观实在的哲学范畴。这就是说，所谓物质，就是肯定在我们的意识之外、作为意识内容的来源确有那么一个实实在在的东西存在。这就叫：物质是不依赖我们的意识、在意识以外存在并能为意识所反映的意思。这难道能够看作是对万物终极本原的回答，人们能够满足于这样的回答吗？显然不能。因此两年以前，就有许多学者对列宁的物质定义感到不满足，试图要进一步补充它的内容。有人提出在"客观实在"之前应加上类如有质有量、有限无限、处于运动、具有系统等等说明词。这样似乎就可以具体回答上述问题了。这是由于从纯"本体论"观点去理解列宁的物质定义（亦即哲学的物质定义）所产生的问题。按照纯本体论的观点，讲"物质"就必须描述出物质的实证特性。在我看来，依照这种要求，我们把现在科学和哲学已掌握的全部范畴都加进去，仍然不会感到满足，总会有未论述到的。这里的问题是出在，哲学本来就不应当看作纯本体论的理论，不应当像实证科学那样去描述物质的经验性状。列宁是从人们对存在的认识（源泉）的角度，即从认识论与本体论统一的角度去说明物质的，它告诉人们的不是关于万物存在的终极本原是什么，而是人们如何才能把握存在的本性和本原的问题。说物质是"客观实在"，这就意味着你要认识世界或万物的本性和本原，你就必须从它自身的存在去研究它的发展、它所固有的规律。这里提出的是如何去认识和把握存在本性、本原的观点和方法的问题。这样去理解，哲学关于物质的理论的意义就非常大了，你必须遵循这样的观点和方法（即世界观）去认识它，否则你就不可能把握存在的真理。

（2）现有的教科书也没有能够充分体现出马克思主义哲学是人类历史发展和科学发展的合乎逻辑的必然产物；没有充分体现出马克思主义哲学吸收了人类创造的全部思想精华，因而是一种内容最为丰富、最富有论证性和说服力的理论的性质、观点。

现在教科书所确定的马克思主义哲学的圈子是根据什么划定的呢？主要是根据经典著作的内容划定的，而在经典著作里面，又只限于那些作了充分发挥和论证的观点、内容。经典著作中虽然讲到，但没有作具体发挥，就不算数，有些作过发挥的也没有包括进去。这样，就不仅把作为思想前提本应包括在马克思主义哲学中的内容排除出去了，马恩已经明确肯定、吸收进来的许多优秀思想也被排除了，至于现实生活中提出的、应当补充和丰富马克思主义哲学的内容就更不在话下了。从狭隘的宗派观点出发，马克思主义哲学变成内容非常贫乏、思想非常干枯的一种理论，里面就只有那么一些条条,你只要记住这些条条,似乎就掌握了马克思主义哲学,就可以称为辩证唯物主义者了。

与此相适应的,由于狭隘的宗派观点,盲目地排斥异己,盲目地自我满足。对于现代西方的哲学,一概斥之为反马克思主义,就是马克思曾经阐明过的理论、观点,因为西方哲学讲了,为了与它们保持对立,也变成异端邪说了。关于人性、人道主义的问题就是如此。

人最为关心的就是人自己的问题,人所以要去认识人以外的事物,也是为了解决人自身的问题。人的全部活动,包括实践活动、认识活动、评价活动等等在内,无非都是为了解决人自身及其与周围环境的矛盾关系问题。在前述倾向影响下,关于人的权利、地位、价值等问题都成了禁区。前一阶段开展过马克思主义哲学有没有讲人的问题的争论。怎么看这个问题呢?说马克思主义哲学完全没有讲人,似乎很不公平。因为有历史唯物论,历史唯物论讲人类社会发展规律,怎能不包括人呢!说马克思主义哲学讲清了人,也不够实事求是。学完了马克思主义哲学的全部原理,你能回答出来什么是人,以及人在整个世界中占什么地位、人和自然的关系是怎样的、人的价值如何等等问题吗?这些显然又得不出明确的和满意的回答。在我看来,这主要就是由于上述倾向的影响,多年来在我们的哲学中也把人抽象化了的结果。因为人有一个突出的特点,就是具有自觉能动的创造性,这一特点明显地表现在人的意识和理性的活动上。所以以前的哲学要从能动的创造性去规定人的本性,就会把人看成是一种意识的本质,黑格尔就是这样。他讲人的本质,就归结为理性、自我意识,这当然是把人抽象化了,变成飘浮在空中的幽灵。费尔巴哈发现了他的这一毛病,在他的人本学中,把人从天上拉回到地上,赋予了人以血肉、生命、情感、欲望、情爱、意志等等。在他看来,人就是具有生命血肉情欲理性的一个感性实体。这是从生物学观点把黑格尔的抽象的人变成了活生生的具体的人。但费尔巴哈的人不是生活在社会关系中、从事某种特定活动的人,他虽然生活在地球上,却在本质上与动物无异。这种缺乏社会现实性的人,同样是把人抽象化了的。马克思的贡献就是发现了人的社会现实的本质。他提出:人按其现实性说是"社会关系的总和"。这一观点才真正把人变成具体的现实的人了，所以具有巨大的革命意义。但马克思是在黑格尔、费尔巴哈基础上继续前进，这一命题是以他们的成果为前提的，并不是以此否认了人所具有的血肉、生命、情欲等特性。由于"左"倾思想，我们在马克思主义哲学中只强调"社会关系的总和"一点，至于情感、欲望、意志、血肉等因为是费尔巴哈强调的，就都排除了。结果，在我们的哲学中，所讲到的人便变成了没有生命血肉、情欲意志，而只有阶级斗争本质的人。这样的人，即没有生命血肉、情欲意志而只是相互怒目而视，这不是仍然属于抽象的人吗？它与黑格尔、费尔巴哈不同的只是我们把人变成了社会学上的抽象的人。这样讲人，当然不能回答现实中人们关心的那些属人的问题，人们对这种理论表示不满当然是合乎情理的。马克思在他的著作中并不是这样讲人的。他在《德意志意识形态》中明确地说，我的历史理论的第一个前提，就是"有生命的个人的存在"。我们不能把关于人的理论拱手让给资产阶级哲学，似乎只有他们才讲人的地位、价值、意义等问题，我们一讲就是落入了资产阶级的圈套。

由于我们把人抽象化了，所以在讲世界的统一性时，就只讲一个自然物质统一性，不讲第二个统一性，即在属人世界中客体从属于主体的统一性。讲世界观时，只讲对于以物质为主的自然世界的问题，不讲以人为主的属人世界中的问题，毫无疑问，自然世界是属人世界的根源、基础、前提，没有自然世界，不可能出现人的世界。但是，当着人的世界出现以后，人与物的关系就变化了。原来人是自然的产物、自然的一部分，而在属人世界中，人就成为主体，自然物质要从属于人的需要。属人的世界是人自己创造的，人是人自己活动所构成的世界的创造者和主宰者。哲学作为世界观的理论，主要就要讲清这两个世界的关系，这对人的活动才有现实意义，也才能反映现时代的精神。由于缺乏人的观念，这样的哲学就失去了主体性；本体论在这一意义上就是没有主体性的哲学。在今天，我们花费那么大的精力、引用那么多的材料，仅仅去证明自然在先，有了自然才会有人和人的意识，而且到此便终结不再往下论证人如何主宰自然的问题，能引起人们多大兴趣呢？从自然产生出了人，人为什么却成了主体，人怎样才能实现并发挥人的主体性？这才是人们需要从哲学中了解到的。

哲学必须讲清世界的物质统一性，归根结底也是为了由此说明人的能动性及发挥能动性的基础、条件的问题。

（3）现有教科书的内容也不能充分体现马克思主义哲学是现时代精神的精华的特点。马克思主义哲学按其本性是一种不断发展的理论，而不是一个自我封闭的体系，它应当反映出时代的变化、历史的前进、科学的发展中提出的各种新的情况、问题、思想、成果。由于在上述倾向影响下马克思主义哲学的内容业已公式化、定型化，似乎辩证法就只能三条规律、五对范畴，不能增加也不能减少，这样的哲学当然不能反映现时代的精神。我们的教科书也在年年加厚，但增加的只是例证，至于原理则看不出有什么变化。所增加的实例，例如自然科学的最新成果，只是简单地拿来，并没有从世界观、认识论和方法论上予以系统地概括和总结。这种拿来主义，当然比不拿来要好，但这样简单地搬运过来并不能丰富哲学的内容，这就像直接把牛肉贴在脸上，并不能使人变胖一样。如果把从别的科学中拿来的例证去掉，那么会剩下什么呢？以唯物论来说，不过这样几句在中学课本中已讲明的话，即：世界是物质的、物质是运动的、时间空间是物质存在的形式、物质的运动是有规律的，再加上物质决定精神、精神有反作用两句，只此而已。事实上，这几句话在17、18世纪资产阶级唯物论哲学中早就讲过了，而且提法都是一样的，它并不是马克思第一次说出来的。这些话当然都对。但事隔两三个世纪了，我们讲唯物论仍然只限于这样几句话，怎能解决现代人思想中的问题，满足20世纪人们的要求呢！

（4）现在教科书所阐述的马克思主义哲学理论也没有充分体现哲学作为一个伟大的认识工具、创造性的思维方法的性质和意义。

马克思主义哲学是创造性的思维方法，最敌视僵化的教条思想。马、恩一再强调过他们的哲学不是教条而只是认识工具、行动指南。现在教科书的内容能不能当作认识工具去用呢？"学习哲学究竟有什么用？"学生经常提出这样的问题，这并不是偶然的。因为人们从学到的东西中，只了解了一些可以当作公式、套语的所谓原理，并不能掌握观察、分析事物的思维方法。这种情况，应当说就是把哲学变成了"实例的总和"的必然结果。例如关于矛盾学说，矛盾观点本来是一种从运动把握事物本质的高级思维方法，它反映的是属于事物更深层次的本质关系。本体论化和实证化的结果，我们把矛盾变成一种可以直观到的经验构成，认为不论举出什么事实，它的表现都是矛盾，至于如何把事物的本质关系把握为矛盾的思维方法，却并没有作出具体论述。学了这样的理论，人们除了把矛盾当作抽象公式去套用，当然不会有别的用法。我认为毛泽东同志的《矛盾论》就其基本内容说是写得比较好的，那里很注意矛盾的思维方法问题。可惜的是，现在有一种趋向，教科书中原来已经吸收进去的许多内容，又逐渐剔除出去了，这就使教科书愈加本体论化。把握了事物的矛盾，不能靠经验性原则，也不能单凭直观观察，必须掌握概念的辩证本性，并善于运用这一本性通过概念的对立同一关系去反映事物的本质。如果你运用的概念是凝固的，尽管面对着客观的矛盾，也会由于思维方式和直线性而把它消解了。

再如，唯物论学说集中到一点，就是要求我们必须从实际出发、实事求是。可是怎样才能做到这点？我们的原理并没有讲得十分清楚。从实际出发、实事求是不是一个抽象的原则，仅有这一原则是不可能做到从实际出发、实事求是的。旧唯物论也这样要求于人们，但它的许多观点在今天看来却并不合于实际。实际是复杂的，做到从实际出发去认识问题就更加复杂。这里的关键在于主观与客观是矛盾的。我们不通过观念，把握不了实际和事实，而当它表现为观念时则又被主观化了。眼见的事实和手触到的事实、思维到的事实，今天观察到的事实和以往观察到的事实，你了解的事实和我所了解的事实，它们并不完全一致，也不可能完全一致。要从实际出发，究竟应当从什么样的和哪一种实际出发？这就需要研究。另外，从实际出发，是否就意味着不要主观、无需从主观出发、应当抛弃主观的想象和愿望？不少书上就是这样解释的。事实上，人的一切活动都抱有一定目的，人总是要使事物满足人的需要才去认识它、改造它。人是不可能不从主观出发的。那么，在目的、愿望、想象支配下的人的活动怎样做到从实际出发？这样提出问题才真正进入哲学理论的内容。多年来，我们的理论只提要求，并没有讲清方法，甚而把问题加以简单化，似乎从客观实际出发就是不从主观愿望和主观想象出发。这在事实上是根本行不通的，所以我们虽然一再强调实事求是，处理起事情来却往往并不实事求是。

上面就是教科书存在的一些主要的问题。很显然，这些问题都带有根本的性质，仅仅靠个别原理的增补变化是难以解决问题的，必须从变革体系入手。

变革体系，是我选定的突破口。因为体系是内容的逻辑结构，它牵连理论的全局，而且关系到理论的基本实质。改变体系，就意味着对哲学的理论实质、内容观点，要有一个既符合马克思主义哲学的基本实质，又能反映当今时代精神的新的理解和认识。所以，体系的改变决不只是原有内容观点的重新排列组合。有的学者认为搞体系问题意义不大，不如把精力用到研究内容上。在我看来，这是由于他们把体系看作仅仅属于外在形式，没有了解到它还牵连到全部理论的内容和实质，才会提出这样的观点。就我的原意讲，我是把变革体系看作手段而不是目的，目的正是为了改革现有内容。问题在于，我感到现在的内容已非增加几条、减少几条所能解决，由于它已牵连到对究竟什么是马克思主义哲学的认识，牵连到怎样才能体现马克思主义哲学的基本精神和实质的问题，所以不从体系入手去解决是不可能奏效的。

变革体系并非易事。体系不能任意去改变，也不是脑子随便一想靠灵机就能改变得了的。这是一个十分艰巨的科学工程。要改变体系，必须首先研究清楚马克思主义哲学在哲学史上实现的革命性变革的实质是什么，它与以往的哲学是怎样一种关系，它与实证科学的关系和旧哲学有什么不同等等问题。为了改变体系还需要研究清楚，马克思主义哲学各部分内容之间的逻辑关系以及怎样才能更好地反映出它的科学性和革命性、反映出现时代的精神等等问题。

建立体系必须遵循符合于马克思主义哲学基本精神和实质的原则。这样的原则可以列出很多，例如，革命性和科学性相统一的原则、历史和逻辑相统一的原则、唯物论和辩证法相统一的原则等等。我觉得，贯彻这些原则，首先须抓住关键，为此就要搞清原来教科书体系的主要问题所在。

旧体系为什么不能充分表达上面谈到的那些问题？我认为关键就在于未能彻底坚持和贯彻列宁明确提出的辩证法、认识论和逻辑相统一的原则，我们可以简称为"三者统一"的原则。

现有教科书是由四大块内容构成的。唯物论、辩证法、认识论、唯物史观四块虽也有联系，由于各自按照独立内容加以论述，已经把它们割裂了，统一联系就只能变成一种人为的论断。由于几块的内容缺乏内在统一性，影响到对象、性质、观点、功能都难以体现同旧哲学的根本区别。唯物论离开后三者，只能讲成与各种唯物论形态相一致的唯物论一般，体现不出马克思主义唯物论的特点。辩证法、认识论也有类似的情况存在。在列宁看来，逻辑、认识论（唯物主义的）和辩证法是同一个东西，这是马克思主义哲学在对象、性质、内容、功能上的根本特点。"四大块"恰好与这一原则相悖，它体现的是本体论化的原则。内容中虽有认识论，由于脱离了人及其现实的认识活动，同样也把它实证化了。至于辩证法，更不可能贯彻"辩证法也就是认识论"的内容和精神。这就是原有体系存在的最主要的问题。

按照三者统一的原则，哲学讲世界观决不能脱离认识论、方法论。世界观不是讲纯自在的客体如何，而是以人为主体，从人如何认识和把握客体的关系中去论述客体，这样的世界观当然就与认识论完全统一了。讲认识规律也如此。认识总是人的认识，认识的规律既须以存在规律为基础和内容，又须以人及其组成的社会发展的规律为基础和内容，这样的认识论当然同世界观、历史观又完全统一了。哲学的特点本来就在这一点上：它无论研究何种对象，都是以主体与客体的关系、主观与客观的关系为出发点的。从二者关系中去研究主体或客体、主观或客观，这是哲学区别于一切实证科学特有的认识方式。其他科学都是或从客观对象这个侧面、或从主观活动这个侧面去研究对象，没有一门科学是从主、客关系这一角度去研究对象的。一旦它们把问题提到了主观认识的关系中去考察，也就进入哲学领域。这就是通常说的，科学中的哲学问题的内容。此外，哲学自己不设实验室，也没有观察站，它也不可能像实证科学那样通过直接直观对象去总结规律，哲学只能从总结和概括科学获得的成果中，去认识人类把握客体、主观反映客观的规律。在这一意义则可以说，哲学虽然不设实验室，但一切实证科学的实验室都是哲学的实验室。

三者统一的基本实质，就是把主观与客观结合起来，把关于主观活动的理论与客体活动的理论统一起来，即彻底坚持和贯彻主观与客观、思维与存在的同一性观点。恩格斯所讲的作为哲学基本问题的思维与存在的关系，从广义上说，就是主观与客观的关系。而主观性和客观性则是在人的活动的世界中，主体与客体相区别的根本性质，也是主体客体关系中的根本矛盾。哲学要回答思维与存在、主观与客观的关系问题，就是为人们怎样才能处理好主客观的关系、实现认识世界和改造世界的目的、发挥主体的本质力量提供指导性的观点和方法。这样，坚持主观与客观、思维与存在的关系这一核心问题，把它贯彻到哲学的一切内容中去，并在观点上做到二者的彻底统一，这就是贯彻逻辑、认识论和辩证法三者统一的关键问题。原有体系也承认思维与存在的关系问题是哲学中的最高问题、基本问题，但是没有放到基本问题、最高问题的地位上去对待，并没有自始至终在哲学内容中贯彻这一点。除结论中作了一般性论述之外，在讲到诸如世界的统一性、辩证运动规律这些问题时，就把它抛到一边去了。

那么，怎样才能使思维与存在统一，即解决主观性与客观性的矛盾？这应是"三统一"哲学的主要内容。主观与客观的关系问题是从自然界产生出人以后，出现了人的活动的世界（即属人的世界）才提出来的。没有人及人的活动，就没有主观与客观的矛盾；而有了人以后，这一矛盾就成为贯穿于人的活动中的基本的矛盾。人的一切活动，归根结底来说，不外都是为了解决这一矛盾、达到二者统一。哲学要为人们提供把二者统一起来的观点和方法，它就必须研究清楚主体与客体的问题，特别是二者的对立统一关系问题。主客观矛盾产生于人的实践活动，也只能在人的实践活动中去解决；而实践要达到主客观的统一，又须借助于意识的能动性。这后者就属于认识和实践的关系问题。

从上述认识，我们形成了这样一个体系构想，即三组矛盾六个基本范畴的结构。以主体—客体为骨架，着重阐明它们之间形成的认识—实践的关系，在这一基础上论证主观—客观或思维—存在是怎样统一的、怎样才能实现统一。共分四篇，一是矛盾篇，即论述主观与客观、思维与存在的矛盾及其历史演变；二是客体篇，论述人类认识及把握客体所达到的成果、运用的方法、体现的规律；三是主体篇，论述主体的形成、特点、地位、意义；四是统一篇，论述主体与客体如何通过认识与实践的统一、主观与客观的统一而实现统一的。全部内容主要通过范畴来说明，范畴中体现了不同哲学观点的对立和斗争。马克思主义的辩证唯物论和历史唯物论观点就表现在范畴的内容中。

我考虑体系和内容改革问题由来已久。最初的问题不是我提出的，而是我的老师刘丹岩教授最先提出的。原来考虑得没有这样广阔和深入，主要是对旧教科书"两个主义"的结构感到有问题。刘丹岩教授早在1953年就提出：把马克思主义哲学分成这样两块即辩证唯物主义和历史唯物主义，既不合乎马克思主义哲学的本性，也不合乎马克思创立这一理论的历史。他主张，辩证唯物论是哲学，它里面应当内在地就概括了历史唯物论的原则和基本观点，现在历史唯物论的基本内容并不完全属于哲学，应当分化成为独立的马克思主义社会学基础理论。1955年我们分别写了两篇文章发表在学报上，1958年经增补修改由上海人民出版社出了单行本。1959年这一观点被打成修正主义观点，遭到激烈批判，刘丹岩教授在这种重压下去世。这一思想是一个起点，党的十一届三中全会以后，在教育部有关领导鼓励和支持下，1980年冬我接受了编写新体系教科书的任务，经过五年时间有了这么一点初步结果。

我的主要目的并不是要立新体系。体系都只具有暂时的意义。我也不认为我们现在确立的体系就完全反映出了马克思主义哲学的精神和实质，或者很符合马、恩、列当初的想法。我的主要目的是，想通过它打破多年不变的已经发现很多缺陷的旧体系，改变一个体系独尊的僵化局面，同时也想由此引起人们对马克思主义哲学的精神和实质究竟是什么来一番重新思考与追求，以便更好地推进马克思主义哲学的发展。

工作仍是初步的，企望能得到指正和帮助。

论哲学观念的转变[①]

——哲学探进断想之一

（1987年）

马克思主义哲学是科学形态的哲学。作为科学的思维方式，它在今天并没有过时。不仅如此，我们只有运用马克思主义科学的世界观、认识论和方法论，才能正确回答当今时代出现的各种问题。

马克思主义哲学是不断发展的理论。随着时代的前进而不断发展，是这一哲学区别于教条式的思辨理论的根本特点，也是它具有强大生命活力的根本所在。而要发展哲学理论，就不能不改变那些虽已通行多年，却既不符合马克思主义哲学的固有本质，又不符合时代要求的陈旧的哲学观念。

近几年我写的文章，主要是从体系方面论述通行哲学教科书中存在的问题。体系的问题和内容分不开，和观点也分不开。从本文开始，我准备就内容和观点方面的问题，谈谈个人的认识。

我认为我们关于哲学的许多观念，都有重新思考、审查的必要，甚至有许多带有根本性质的观念，都应当加以转变。

一、世界观究竟要解决属于世界的何种矛盾

在我看来，世界观的任务并不是要把局部领域的认识综合起来，作出

[①] 原载《哲学研究》1987年第10期。

关于整个世界的完整陈述，即解决部分和整体或个别和一般的矛盾，而是主要解决由于人的实践活动和认识活动所分裂的属人世界与自然世界、主观世界与客观世界的矛盾。

不能否认，"世界"作为一个界域概念，它本身是具有整体涵义的，就像我们通常使用物理世界、有机世界、宏观世界、微观世界等概念那样。但人是人的一切活动的出发点和归宿，人们是从世界对人的关系中提出世界观问题，为解决人自己活动中的矛盾而去认识自然世界中的事物的。从这一根本关系出发，所谓世界的"整体性"不过是意味着"统一性"，哲学作为世界观理论，它要建立有关世界的统一性理论，也就是要去解决人在自身活动中对于世界的分裂，以及由此而形成的世界对立意识的矛盾。

哲学的发展历史证明，人对世界的认识总是先把它分裂开来和对立起来，然后再去寻求其间的统一性。一部哲学史也可以说就是在观念上不断分裂世界又不断统一世界的历史。不同发展阶段人们争论的内容重点不同，如理念世界与实物世界、超自然世界与自然世界、精神世界与物质世界的关系等等，归根结底地说来，都不外乎属人世界与自然世界这一贯穿并支配于人的活动中的基本矛盾关系。

人在认识中对世界的分裂和统一，乃是人的实践活动固有本性的反映和表现。实践活动就是一种不断分化世界又不断建立起人与自然的新的统一关系的活动。

人之不同于动物，在于不是消极地适应外部的自然界，而是通过自己的活动去创造自己所需要的生活资料，从而维持自身生存、实现自身发展的。人不仅是人自己的对象世界的创造者，而且是人自己的存在的创造者。在人的实践活动中，当着人把自己从自然界中提升出来变为主体，而把自然物变成"为我存在"的客体，同时也就使世界自身两重化，出现了属人世界与自然世界这一崭新的矛盾关系。从这一意义上说，认识中的分裂和统一活动恰是人之为人的本性的表现。哲学理论正是通过在观念上分裂与统一世界的活动，因而才具有了能够提高人的主体意识和主体活动自觉性的特殊意义和作用。

从部分与整体关系去研究世界,是就客体去研究客体,它提供的是关于世界的知识。从自然的与属人的矛盾去研究世界,是就世界与人的关系去研究世界,它要解决的是如何对待世界的态度和观点的问题。从总体来说这两种研究对人都是必要的,少了哪一个方面都不行,而且在以往的哲学中,这两种研究方式在很长一段历史时期还是结为一体是一揽子进行的。但它们毕竟属于两种不同性质的认识。在认识水平还很低下的情况下,这两种研究方式结为一体是不可避免的;随着人类认识的深化发展,它们必然走向分化,归属于不同的意识形式。正如恩格斯曾经指出过的,当着一切科学都必须在自己的特殊领域揭示普遍的运动规律即进入辩证综合研究阶段之时,关于世界总联系的任何特殊科学就是多余的了。应当认为这是对哲学的"解放"。科学承担了提供有关世界的知识(个别知识、一般知识)的任务,才使哲学有可能集中力量于属人世界与自然世界的矛盾、在坚实知识的基础上去解决对待世界的态度和观点的问题。恩格斯描述的是19世纪上半叶的情况,时至今日,在科学与哲学业已充分分化之后,我们仍然把哲学(特别是马克思主义哲学)看作从部分叠加中去描绘世界整体图画的理论,不是有点既不符合认识发展的本质趋势,又违背了现时代发展潮流之嫌吗!

主观性与客观性是主体与客体相区别的本质规定,是属人世界与自然世界相互关系的本质内容。解决主观与客观的矛盾,是统一属人世界与自然世界的关键性问题,所以它就成为历来哲学争论的焦点、贯穿全部哲学发展的基本问题。

二、关于马克思主义哲学变革的实质问题

对于"实践"观点,不能只看作仅仅用来回答认识基础、来源和真理标准等问题的一个原理,而应看作马克思主义哲学用以理解和说明全部世界观问题的一种崭新的思维方式。

对世界观的内容理解不同,对马克思主义哲学变革实质的认识也就

不同。

从部分与整体关系的理解出发，马克思主义哲学与旧哲学的区别只能是：以前的哲学对世界整体都未能做出全面的、彻底的和科学的说明，惟有马克思主义哲学做到了这点。这种观点不但不能使人理解马克思主义实践观点的深刻意义（它最多只能把实践看作"认识论"的第一的基本的观点）。无法说明辩证法与唯物论能够统一起来的客观必然性基础（它只能是游离于世界观内容之外的两个已存抽象论断或原则的组合），而且还必然要改变马克思主义哲学的理论实质。因为谁都清楚，对世界整体给出完全、彻底和科学的解释，意味着已经完成了绝对真理的认识；而这点恰恰是与科学性要求不相容的。

只有从属人世界与自然世界的矛盾去理解世界观的内容，才能正确把握并深刻理解马克思主义哲学在理论观点上变革的实质。按照这种理解，马克思主义以前哲学的发展，乃是从不同侧面和层次渐次深入认识和揭露属人世界与自然世界矛盾的过程，它大体上聚焦在三个问题上：超自然存在与自然存在的矛盾，精神实体与物质实体的矛盾，主体活动与自然作用的矛盾。依照这三个争论中心，哲学经历了三次分裂、三次统一、三个发展圆圈，促使人类认识从对客体的直观认识阶段，经由对意识活动的反省认识，逐步提高到以主客观统一关系为核心内容的自觉认识阶段。在这个过程中，人们分别认识到自然世界、属人世界的统一性，并由此暴露出二者多方面的矛盾内容，这点构成了以往哲学所取得的最主要的成果。然而属人世界与自然世界却始终处于分裂和对立之中而无法统一，则是它们哲学理论的主要局限。马克思主义哲学的伟大贡献就在于：它发现了两个世界相互矛盾的现实基础，从而第一次在否定性关系中建立起了属人世界与自然世界的统一性。

以往的哲学并非不想或没有去做统一两个世界的工作，问题在于它们用以观察和认识世界的观点是片面的。它们或者是从自然存在的基础去理解二者的统一，或者是从主体意识的基础去理解二者的统一。属人世界与自然世界是一种否定性的统一关系。而无论存在观点或意识观点，都是以"归并"方式去理解二者的统一性的，在它们把一个世界合并或还原为另一个世界之时，必然否定另一个世界的独立的内容和意义。从存在观点出发，建立的只能是自然世界的统一性；从意识观点出发，建立的只能是属人世界的统一性。而不论在哪种观点中，属人世界与自然世界同样都处于分裂和对立的关系。

事实上，造成属人世界和自然世界分裂的那个根源，也正是它们统一的现实基础，这二者是一回事，那就是人的实践活动。实践作为主体按照一定目的变革客体的感性活动，属于人与自然、主体与客体之间的否定性的统一活动。在这里，存在与意识处于双向作用的转化联系之中。它既表现着人和物之间的自然关系，也表现着二者之间的属人关系；它既属于区分人与自然的活动，又属于统一主体与客体的活动。马克思主义哲学发现了属人世界与自然世界两重化的根源，从实践观点出发去理解和认识世界现象的矛盾关系，由此才建立起否定性统一关系的世界观理论，从而实现了哲学理论的革命性变革。

存在观点、意识观点和实践观点属于哲学认识三种基本的思维方式。存在观点代表从直观把握人的本质、把存在归还于它的始初本原、以分析研究为主的思维方式。意识观点代表从思辨把握人的本质、由发展形态去理解事物的关系、以概念综合为主的思维方式。存在观点和意识观点归根结底来说也是导源于人的实践活动，不过它们只限于对包括在实践内容中的个别因素的抽象的反映，所以都是具有片面性的。马克思主义的实践观点是从主体与客体、主观性与客观性在现实的相互作用及其表现出的对立和统一的联系中去观察和认识一切问题的，它代表了从人作为主体的本质规定自身去把握人及其活动特点的思维方式。对于前面两种观点来说，实践观点是对它们扬弃的结果：一方面是对它们的片面性观点的否定，另一方面又是它们包含的现实内容在合理形式中的统一。所以实践观点理所应当地被看作是迄今人类所达到的最高思维成果。这一成果的理论形式就是辩证唯物论哲学。

思维方式的变化必然导致整个哲学理论观点的变化。我们也只有从思维方式变革的角度，才能真正理解哲学理论变革的深刻内容和意义。

三、关于世界统一性内容的理解问题

我们不能采用把一切都还原和归结到物质本原中去的方法,按照旧唯物论的思维方式只讲述自然世界的一个统一性,而应当在实践基础上从世界两重化的关系中,去建立辩证唯物论彻底一元论的世界观。

直观所达到的只是客体的自然世界,思辨所把握的只是抽象的观念世界。实践面对的,则不仅是自然世界,而且是属人世界,不仅有客观世界,还有主观世界,不只是对象世界,还是意义的世界,一句话,具有多重关系的世界。

所谓多重世界,基本的是自然和属人两个世界。属人世界和自然世界实际是同一个世界,它们都由人和物两大要素构成。只是由于在人和物之间存在着恰相反对的两重性关系,才显现出两个不同的世界。在一个方面,人作为物而存在,同物一样要受自然规律的支配,在这里主导的方面是自然,它们之间的关系是自然关系;在另一个方面,人作为主体而存在,物只是人的"无机的身体",它们也从属于人的活动的规律,在这里主导的方面是作为主体的人,它们之间发生的是属人的关系。这就是这两个世界的主要区别。自然世界不能等同于自然界。人们通常理解的自然界不包括人在内。属人世界也不能等同于人的世界。人们通常理解的人的世界也不包括人以外的自然界。属人世界与人化自然概念也不相等。人化自然虽然表明了人对自然的作用,但这一概念本身却并不包括人,而仅指自然物。

属人世界与自然世界是统一的,但它们是否定性的统一关系,不是直接的统一关系。两个相互否定的东西能够统一起来必须经过中介环节。以往的哲学所以总是只能限于片面的统一性。如前所述,主要就是因为它们不了解实践是这两个世界统一的中介环节。他们从存在观点、意识观点出发,只能或者把属人世界简单地还原于自然世界的本原中去,或者把自然世界简单地归结为属人世界创造的产物。这样,在哲学史上就形成了相互对立的两种片面理论。

近代法国哲学家们试图通过把一切存在物都归结为可以用力学规律加以解释的"机器"的理论，以证明自然世界的统一性。笛卡尔最先提出了世界是一架大机器的观念，他还说过动物是机器。但他不敢说人也是机器，因为在他看来人的思想是具有超自然——物质的存在。思想活动能不能也用力学规律加以说明，这就成了法国百科全书派必须予以解决的中心课题。他们找到了肉体感受性这个桥梁，通过它便把不论怎样高级的精神活动都能用物质运动规律加以说明，于是进一步提出了人也是机器的论断。至此，整个自然界都变成"齐一的"，一切都是自然的存在，不再有任何超自然的存在。这种自然世界的统一观，对于否定神学世界观、维护唯物论和科学的认识路线是有重大意义的，因而成为近代哲学发展所取得的一大成就。但它在否定超自然的神灵的同时，也否定了人对自然存在的超越性，这就陷入了片面性。这种理论不能说明主体的现实活动，它不能不引起后来哲学对它（理论上）的"反动"。

德国古典哲学家们所做的恰好是与法国哲学家相反的工作。法国人费尽心力所确立的"机器"的观点，在德国哲学中又一一被推翻。康德首先证明人不是机器，而是一个理性自主体，因为人的意志服从于理性法则而非自然法则。他还在有机界引进了合目的性概念，试图证明有机生命也不全是机器。沿着"理性"这条道路，谢林和黑格尔证明不仅动物不是机器，而且整个世界都不是机器。德国哲学家颠倒了世界的真实关系，这当然是错误的，但由此确立了属人世界的独立地位，揭露了主体活动所蕴涵的矛盾内容，却是有重大意义的。德国古典哲学也是近代哲学发展所取得的巨大成就。

很明显，马克思主义哲学作为科学形态的哲学，必须吸收法国哲学和德国哲学的成果，但又既不能走法国哲学的道路，也不能走德国哲学的道路。我们讲世界的统一性，必须立足于实践，从世界两重化的关系即从解决属人世界与自然世界、主观世界与客观世界等矛盾关系中，去建立我们的理论。自然世界是属人世界的初始本原，又是它的存在前提。我们必须坚定地承认自然世界对属人世界的优先的和基础的地位，才是唯物论。但从人的活动的观点去看，自然世界只不过是主体的对象世界，"主体是人，客体是自然"，我们承认自然世界的基础地位只是为了凭借它去发展属人世界。所以又绝不能脱离属人世界的发展去讲述世界的统一性。这里只讲发展的统一不行，这样会失去基础和前提，同样地，只讲本原的统一也不行，仅仅把高级存在还原为初级存在，又会失去目的和意义。这个矛盾只有用实践观点才能得到解决。而这样就不能只是满足于最后得出一个统一于什么之中的抽象论断，而应讲清统一的具体关系。

在我们的哲学中关于世界统一性问题的讲法，基本上没有超出法国唯物论的观点。我们只是论证自然的物质统一性，强调自然对人及其意识的优先性和根源性。这个道理当然是完全对的。但这只是唯物论的一般基础。重要的问题是要说明：肯定了自然的优先地位之后，人应该怎么办，摆在什么位置，还有怎样的作为？事实上我们讲世界的统一性问题，归根结底是为了提高人的主体意识，发挥主体活动的能动作用，换句话说，为了使人能够提高到优先于自然的地位。难道我们只要让人们承认了自然的优先性，就可以使人提高到优先地位上去吗？只有霍尔巴赫才这样教导人们："顺着自然为你划就的必然的道路放心地走去吧。"① 就连培根都不是这样，他在讲"顺从自然"的同时总是说明这是为了"支配自然"。

四、关于人的问题

在我们的哲学中不能像以往理论那样，也采用片面的方法去讲人，而应实践观点按照人的本来面目恢复人的具体性。

哲学如果以属人世界与自然世界的关系为基本内容，在这一理论中，人就是处于中心地位的。哲学不能没有人，不能不讲人。

在法国哲学把人融入自然深渊之后，康德首先试图恢复人的自主性质，他抓住了"理性"。黑格尔进一步把人的本质归结为"自我意识"，

---

① ［法］霍尔巴赫：《自然的体系》上卷，管士滨译，商务印书馆1964年版，第315页。

这显然是把人抽象化了。费尔巴哈把理性、意识从天空拉回到地上，赋予它以生命、血肉、情感、欲望。他讲的人，在生物学意义上是具体的，属于一个感性实体，但在现实社会中，却仍然是抽象的。由于脱离了社会性，人的肉体和意识就失去了统一的基础和中介，熔铸不到一块儿。所以对费尔巴哈来说，人是什么？仍然不过"一半是禽兽，一半是天使"。

马克思完成了从抽象的人走向现实具体的人的关键一步。马克思从人的现实活动出发，也就是从那种使人们成为现在这种样子的生活条件和社会联系出发，指出："人的本质……是一切社会关系的总和。"① 这样，马克思便把黑格尔的"自我意识"和费尔巴哈的"感性实体"奠立在现实基础上，做到了从意识性、社会性的统一中去把握人的本质。

黑格尔和费尔巴哈的观点作为对人的本质的两种抽象规定，马克思的理论是对他们的"否定"；但自我意识和感性实体作为现实的人所具有的两种不可缺少的内容，马克思的理论却是（从现实基础上）对它们的"肯定"。道理很简单，"社会关系的总和"所规定的，只能是赋有能动意识的属性并作为感性实体而存在的那种人的本质，决不可能是没有血肉、情感、欲望和意识能力的人的本质。如果排除黑格尔和费尔巴哈所揭示的内容，把人仅仅理解为社会关系总和，那就陷入了与黑格尔、费尔巴哈同样抽象的观点之中。

按照长期以来支配着我们理论认识的"左"的观点，黑格尔的理论是荒谬的，费尔巴哈的观点是片面的，惟有马克思的说法才是正确的。从这种对立关系出发，自然要把这种荒谬和片面的理论内容排除于马克思主义哲学之外。于是，在我们的哲学中讲到人，就只剩下了"社会关系的总和"一句，情感、需求、欲望、自我意识都不再谈论；人和人之间似乎除去怒目而视的阶级对立，也不再有别的关系。马克思的观点遭到曲解，人复又被抽象化了。

在马克思的思想中，意识性、自然性、社会性统一的本质，也就是实践性的本质。我这里说的恢复人的具体性，就是必须运用实践观点去理

---

① 《马克思恩格斯全集》第3卷，人民出版社1960年版，第5页。

解、论述人的本质，去阐明人性。

实践是人以自身自然力变革自然物质的感性活动，人的肉体存在是它的第一个前提。马克思明确讲到过这一点。人作为有生命的个体，当然同其他一切动物一样，也有他的七情六欲。而且人们的物质生活需要是第一个需要，正是为了满足这一需要，才有人的第一个历史活动：物质生产活动。从实践观点去看人，需要、欲求、情感、意志都是现实的人不可缺少的，它们理应在哲学中占有适当的位置。

实践是在意识支配下自觉的创造性活动。人必须把自我与他物区别开来，意识到自己是意识者，才会有人的认识活动。人必须在产品制造出来以前就使它存在于目的中，并且知道自己的这一目的，才能从事创造性的实践活动。所以从实践观点去认识人，不但不应排除"自我意识"，而且必须把它作为人的一个本质规定包括在我们的理论中。

实践是一种社会性活动。"社会是人同自然界的完成了的本质的统一"①。自然性和意识性必然统一于社会性中，而且只有在社会中它们才能成为人的现实的本质规定。所以从实践观点出发，人性是很具体的，包括着多方面的内容，决不是只限于"社会关系的总和"这一抽象论断。

我们恢复马克思的观点，必须紧紧抓住实践观的思维方式。只有抓住了这一点，我们才能不仅正确理解和掌握马克思关于人的学说，而且继承马克思的思想，进一步解决马克思未解决的那些有关人的新的课题，推进马克思主义哲学不断发展。

五、关于人的活动规律问题

哲学不能只限于论述如何使人的活动合于规律，而应着重于解决在人活动中"合目的性"与"合规律性"的关系的问题。

在属人世界，自然规律仍在起作用，人的活动必须遵从这种规律。不

---

① 《马克思恩格斯全集》第42卷，人民出版社1979年版，第122页。

坚持这点，就不会有关于社会的科学理论。

但我们不能仅从自然世界的观点去看待人的活动。现实的人是生活在业已转化为属人世界的自然世界。人在属人世界是主体，有它自己特有的活动方式，这种活动方式已大大超越自然界中物与物的关系。

支配自然世界的是因果性的必然规律，人的活动则是合目的性的活动。正如马克思指出的，人在劳动生产中不仅使自然物发生形式变化，同时还在自然物中实现自己的目的。因果链条插进目的性，使必然规律具有了某种自由规律的性质，是属人世界发展的基本特点。

目的导源于规律，却不能归结于规律。目的由欲求和观念组成。欲求是意识到的需要，观念是内化形式的存在。需要表现着主体超越客体的矛盾。而且需要和存在只有按照主体主观的内容和形式才能转化为欲求和观念。所以目的按其本性说，是属于主观性的东西。目的代表适于主体要求的"应然存在"，它在本质上是对已然存在和实然存在的否定，属于人在追求中的主客体统一关系，以观念形式表现出的思想性存在。从实然存在转化为理想存在，理想存在再转化为现实存在，这就是属人世界中主体活动的基本形式。就在这种循环中，主体的主观性内容被贯注到客观对象之中，客观的自然界因此也就被依照对主体有用的形式加以改铸，使自然世界日益转化为属人世界。

在因果链条中是过去的事件决定现在的事件。插进目的性意味着，在属人世界中的结果是由过去和未来两个方向的事件支配的。这里出现了一种新的即原因和目的之间相互作用的关系。人的目的也要服从自然规律，这是原因和目的之间的自然关系。但这里起作用的原因是经过人的活动选择过的，它必须符合于人的目的，这是原因和目的之间的属人关系。由目的和原因相互作用所产生的这样的结果当然就不再纯粹是自然的结果，而是可以制造出依照自然规律自发的作用完全不可能出现的结果。

由此看来，在属人世界的运动和发展，具有明显不同于自然世界的性质、内容和特点：结果变成不只是合规律性的而且是合目的性的存在；因和果之间的必然关系具有了属人的性质和内容；自然因果规律升华为具有某种自由性质的规律。

这些特点说明，支配人类活动的有两个尺度，一个是对象的尺度，一个是人的尺度。黑格尔最早讲到两个尺度的思想。他把自然规律看作处于我们身外的尺度，认为它们不易遭受侵犯，而认为法律是被设定的东西并源出于人类，因而在人们心目中都有一把衡量它的尺子。两个尺度的思想在马克思著作中得到进一步发挥，他指出，"动物只是按照它所属的那个种的尺度和需要来建造，而人却懂得按照任何一个种的尺度来进行生产，并且懂得怎样处处都把内在的尺度运用到对象上去。"①

两个尺度是对立的，但只有使二者统一起来，人的活动才能实现目的。它们的统一不是单向结合而是双向结合。它既要求人按照物的方式同客体发生关系，又要求物按照人的方式同主体发生关系。只看到前者而否认后者，人的活动将失去主体性质；只看到后者而否认前者，人的活动会失去客观基础。

关于如何做到合规律性的问题，属于各门科学承担的任务，应由科学去回答。哲学的任务是从最高层次即属人世界与自然世界的关系中，帮助人们认识自己活动的特有的方式。为此，哲学就必须着重去回答和解决如何对待和处理合规律性与合目的性的关系的问题。哲学不能只讲规律而不讲目的，当然只讲目的不讲规律也不行。只从规律观点看待人的活动的那种理论，并不能指导人们在行动上合于规律性。

六、关于如何看待主观性意义的问题

对"主观性"不能采取简单否定的态度，要看到并承认主观性的积极作用，正确地引导和发挥主观性的作用。

主观性是人的主体性的本质规定之一，主体活动具有主观能动性的基本条件。哲学不能不研究主观性，不研究主观性的哲学很难设想它是哲学。我认为应该为主观性"正名"。

---

① 《马克思恩格斯全集》第42卷，人民出版社1979年版，第97页。

不能说在我们的理论中完全未讲主观性。但我们讲主观性，只不过是为了要否定它。我们是这样提出问题的："从实际出发，还是从主观想象出发？"即把唯物论归结为就是告诉人们对待一切问题都要从客观出发，从客观出发就是要摒弃主观性。我们也承认观念和概念都是具有主观性的，但随即便把它归结到客观性中去，反复证明只有那种与客观性相符合的主观性，亦即作为客观性另一存在形式的主观性，才有存在的价值和意义。这不啻是说，它的意义只在于它的客观性，而不在于它的主观性。在辞书中难得列入"主观性"这一条目。有一部辞书列入了，但全部释文如下："主观性，一切从主观出发的主观主义思想作风。片面夸大人的主观能动性而不尊重客观规律性，看人看事只凭主观印象不顾客观实际，处理问题武断固执等等，都是主观性的表现；思想方法上的片面性、表面性、直线性也是主观性的表现。"① 主观性真是罪莫大焉！它简直就成了引人不断陷进罪恶而又总也无法摆脱的魔鬼。"唯物论"就是专门用来驱逐这一魔鬼的符咒。

这样简单化地对待主观性的理论，是合于实际、从客观实际出发的吗？主观性果然如此之坏、一无是处，那"主观能动性"从何而来？在现实生活中，有谁在处理哪一件事上不抱有主观目的、主观意图，即不是从主观愿望出发的？没有主观想象，怎能在行动之前就已在观念中创造出结果？

主观性确实能够引导人们走向谬误，唯心论哲学就是从夸大主观性作用中发展出来的。但优点和缺点往往结为一体。正是由于主观性具有超越客观性的性能，它才使人可能具有为一切自然物所不具有的主观的能动性。所以，问题应当归结到如何正确地去看待和处理主观性与客观性的矛盾和关系。

主观性是与客观性相对立的范畴。主观性表现着主体由己出发而对客体发生的关系。起于心意以内的由己性是主观性的根本特征，内化表现形式是主观性的另一根本特征。人的欲求、愿望、情感、意志、目的、观

---

① 《简明社会科学辞典》，上海辞书出版社，1982年版。

念、思维等等，是主观性的不同具体形式。

主观性与客观性有着复杂的关系，从本质上概括，可归结为两个基本方面：主观性一方面肯定、表现、反映着客观性的内容；另一方面，主观性又是对客观性的否定、背离和超越。两个方面始终交织存在，从不能剥离开来。人们只能在否定、背离、超越的关系中去肯定、表现、反映客观性，在对客观性的否定关系中同样也总包含着某种肯定的内容。

由于主观性具有两重性质，因而也具有两重性的作用。

一方面，主观性的由己性和对客观性的否定性，使它有可能完全背离客观性。人们如果把二者的对立绝对化，就会陷入谬误、空想，并使人的活动遭受失败。特别由于主观性是一种内化的存在，属于非直接现实性的存在，在心意以内可由人随意建构、组合，更易失去客观的内容，所以在一定意义上说犯"主观主义错误"是不可避免的。

另一方面，人的主观能动性又恰恰依赖于主观性的这种超越性。如果没有主观性对客观性的否定性关系，就不可能超越现存主客体关系，对未来存在作出超前反映，形成应然存在的理想意图。而没有这些，也就不会有人作为主体的能动性活动。主观性作为心意以内的存在对人的生活不具有直接现实的价值性，这看来是它的缺陷，但内化形式可以不受时间和空间的物理条件限制，由此使它具有最大的自由度，却又成为它优越于感性活动的优点。主观性活动的能动性和创造性本来是来自于感性实践活动的基础，它又能超越自己的基础，对感性实践活动起到指导的作用，这个超越的根据就在于它的内化形式以及由此而具有的主观自由性。正是由于主观性这一特点，实践活动由时空物理条件限制所做不到的许多事，人们在观念上却可以做得到。

实践活动是主观见之于客观的活动。主观性是实践活动内在的不可缺少的因素。坚持贯彻马克思主义的实践观点，决不应该简单地否定主观性。只有从存在观点出发，才会把主观性看成十恶不赦的坏东西。

回避主观性问题，对主观性采取简单否定的态度，并不能使我们不犯主观主义的错误。适得其反，人们从哲学中得不到正确对待主客观关系问题的指导，而在现实活动中又不能不去发挥主观性的作用，那就只好陷入盲目性，听凭主观性自发的摆布。再加上我们在理论中把主观性简单化地归结为客观性，夸大了它们的同一性，更易促成以主观性去取代客观性，犯意志论的错误。多少年来，我们一面大讲尊重唯物论，一面却大犯主观主义，这是很值得从理论上去总结的沉痛的教训。

七、关于真、善、美统一的问题

哲学不能只重真、只讲真，应当以真、善、美的统一及其最高的体现——自由为立论原则。

恩格斯以思维和存在的关系问题为哲学的基本问题，这是抓住了哲学问题的核心和关键。思维和存在的关系，就其本质内容来说，就是主观性和客观性的关系。哲学研究属人世界和自然世界关系的着眼点，是为了发展属人世界，实现主体与客体的统一。哲学从主观性和客观性的关系去解决主体与客体的统一问题，是它区别于其他意识形式的特有的认识方式。

主观性、主体与客观性、客体包含两个方面的统一关系。一个是主观性、主体统一于客观性、客体；一个是客观性、客体统一于主观性、主体。从人的立场来看，前者是基础，后者是目的。人是为了使客观性、客体适合于主观性的要求和主体的存在方式，才去反映客观性的内容、按照客体方式去同它发生关系的。对于这里的关系必须全面了解、全面论述，哲学才能发挥指导人的现实活动的作用。这就是真、善、美的关系。

真、善、美三个范畴分别表达了主观性适应客观性的关系，客观性适应主观性的关系，以及主观性与客观性在双向作用中所达到的统一关系。真、善、美相结合，由此实现的主体与客体的统一状态就是自由。

早在古代哲学中就已分别探讨了真、善、美的问题，直到德国古典哲学，才把三者结合起来，探讨它们之间的关系。按照德国哲学家的观点，真属于理论理性或理论理念，善属于实践理性或实践理念。理论理念是作为观念的东西同现实东西相对立的，它必须从客观世界中为自己汲取一定的内容和得到充实；实践理念则相反，它是通过扬弃外部世界的规定，以便使自己获得外部现实形式的活动。所以真表现着观念和实在的符合，善表现着目的性在外部现实中的实现，美则是二者的最高统一。马克思和列宁都十分重视德国哲学家的这些思想，他们从实践观点出发，对这些思想作了进一步的发挥。

然而在我们的教科书中，这些思想却都丢掉了。那里主要是从本体论或认识论而不是从实践论的框架去理解主观性与客观性的关系。它把真看作不说是惟一的也是最重要的范畴，求真是一切活动的最高原则，似乎人活着只是为了使主观合于客观；不能言利，因为利是卑下的，小人才讲利；善则仅仅看作道德范畴，美被归入美学，自由被归入政治范畴最多也只看作认识论范畴。

这显然不符合实践观点。实践的目的是改造客体。主观符合客观，是使客观符合主观的条件，没有前一个符合，不会有后一个符合。做到主观符合客观很不容易，不仅需要克服认识上的限制，有时还要作出重大牺牲以克服人为制造的障碍。所以为真理奋斗就成为神圣的事业，一向受到人们的崇敬。这是合乎情理的。但人们并不是为真求真，而是为善才去求真。如果不把真引申到善，即把主观适应客观引申到客观适应主观，那就失去了实践的本质。而客观适应主观并不是仅仅做到主观适应客观就能实现的。我们在哲学理论上如果不从本质上阐明主观与客观否定性的统一关系，那就不是全面的，这样的理论绝不能指导人们正确的行动。

这里只是提出问题，具体内容还须分别作出论述。不妥之处，企望批评指正。

论实践观点作为思维方式的意义

——哲学探进断想之二

（1987年）

一、哲学思维方式的意义

每一种哲学理论在它产生之时，都不仅具有超常识观念的性质，而且对于当时流行的科学观念也有着某种超越性。这是哲学作为反思意识而具有的根本特点。正因为如此，哲学才能给人的思想以深邃的启发。世界观的转变属于思维方式的转变。一种哲学理论（哲学体系）产生出来，如果它真正代表了时代精神的精华，这就意味着人们从它获得一种用以观察一切问题的新的思维方式。

旧的思维方式是从旧知识内容中形成的。人们从旧的思维方式去看已有的知识内容，自然会感到传统科学和理论对问题的说明和解释不仅是无懈可击，并且也很难想象得出还会有什么别种堪称为真理性的解释和说明。然而，人们观察问题的视角一旦发生变化，即换上了另一种思维方式，那些传统的理论、知识就变得不仅再也不能令人满足，而且人们还会发现，原来"天外尚有天"！所以思维方式的变化是根本性的变化，每一种代表时代精神的新的哲学——思维方式的出现，都具有某种解放思想的

---

① 原载《社会科学战线》1988年第1期。

作用。

　　思维方式是人们思维活动中用以理解、把握和评价客观对象的基本依据和模式。人的认识与动物认识不同。人从不满足于按照事物当下直接给予人的意义去理解事物，而总是追求从事物隐蔽的更深层的意义中去理解事物。人的头脑是运用自己专有的方式去了解世界、掌握世界的。这种认识方式，直接地是来源于以往认识经验的总结，而归根结底来说则是反映着（一定历史阶段上的）人的实践活动方式。经由实践证实为行之有效的那些凝结为概念和范畴体系的已有知识成果，决定着人们进一步认识未知事物的思维模式和意识取向。如列宁所说："人的实践经过千百万次的重复，它在人的意识中以逻辑的格固定下来。这些格正是（而且只是）由于千百万次的重复才有着先入之见的巩固性和公理的性质。"① 具有巩固性和公理性的概念、范畴及其关系所形成的框架就是人们作为认识工具而运用的思维方式。

　　思维方式具有多种不同层次和类型。科学中那些基本的概念和范畴，人们在把它运用于相关的认识领域时，都具有思维方法的意义。不同科学的概念和范畴，形成了不同类型的思维方法。不同类型的思维方法适应于不同的认识领域和认识活动，它们属于具体的思维方法。哲学的观点则属于适用于一切认识领域和一切认识活动的普遍方法。各门科学理论是哲学理论得以形成的知识基础。从总结科学知识中形成的哲学方法，当然不能不受到科学理论发展状况的制约。这是它们在一个方面的关系。哲学方法并不是从各门科学理论中抽取出来的仅仅属于科学方法的共性内容。哲学思维方式以主体与客体、主观与客观的基本关系为内容，而这恰恰是一切科学方法的最终根源。不论哪一种科学的概念和范畴，它们的性质和形式归根结底都是由这一关系所规定的。科学理论所以构成哲学理论的知识基础，只是因为哲学必须通过这些知识才能具体把握主体与客体、主观与客观的关系。而当哲学把握到这种关系之后，转过来它就成为各门科学理论的思维方式基础。从这一个方面去看，各门科学又只有通过哲学思维方

---

① 《列宁全集》第38卷，人民出版社1959年版，第233页。

式，才能形成自己适于主体活动方式的认识方法。哲学思维方式决定着科学作为具体思维方法的性质和取向。我们通常说哲学是方法论，就是指哲学思维方式实质是一种方法的方法，即关于方法的专门理论。

思维方式是一个历史范畴。不同历史时期主体的发展程度及其与客体发生关系的方式不同，人们用以观察和评价事物的思维方式也便不同。主体及其活动方式发生了变化，与之相适应的思维方式也要发生变化。这里表现了社会存在对社会意识的本原的和基础的作用。但在另一个方面，哲学的思维方式又是时代精神精华的最高结晶，在它里面集中地表现了时代发展的本质趋向和内在要求。哲学思维方式同时具有塑造时代精神的面貌、推动社会历史发展的作用。从一个时代转变到另一个时代，不仅必须经历哲学思维方式的根本变革，而且人们只有改变了看待一切问题的思维方式，才能彻底变革社会的意识形态，进而实现整个社会生活的深刻变革。

马克思主义哲学就是代表自19世纪中叶以来人类进入新的历史时期，适应时代变革的要求而出现的一种崭新的思维方式。马克思主义哲学的产生所以引起了整个哲学理论观点的革命性转变，从根本上说也就是因为思维方式发生了变革。马克思主义哲学是立足于实践的基础去观察、认识一切哲学问题的。这种新的思维方式也就集中体现在马克思主义的实践观点之中。

对于马克思主义的实践观点，我们决不能把它看作仅仅是用来回答认识的基础、来源和真理的标准等认识论问题的一个原理，而必须把它看作马克思主义用以理解和说明全部世界观问题、区别于以往一切哲学观点的新的思维方式。只有认识到这一点，才能把握马克思主义哲学全部内容的实质。

实践观点作为一种崭新的思维方式，它也就是马克思主义哲学对待一切问题的思维逻辑。每一种哲学，都主要是由于它的思维逻辑而与其他哲学相区别的。是否贯彻实践观点这种思维方式，就应当是判定马克思哲学与非马克思主义哲学原则界限的基本依据。凡属马克思主义的哲学观点，它都必然符合于马克思主义的思维逻辑，如果与这一思维逻辑相悖，它就不能属于马克思主义的哲学观点。有时我们也依据马列经典著作论述过的具体观点去划分马克思主义哲学与非马克思主义哲学的界限。通行的哲学教科书在它形成时就主要在依据经典著作的论述来确定马克思主义哲学内容的。这种方法有时很必要而且简便，却并不十分可靠。因为观点属于理论的个别表现，思维方式才代表精神实质。马列经典著作中论述的观点情况很复杂，其中包括许多经典作家赞同但并不属于马克思主义哲学的观点，例如唯物论一般原则性的观点。另外，经典著作论述的观点毕竟是有限的，有许多问题那里并没有讲到，我们显然不能由此便把马克思主义哲学体系封闭住，使它不再增加新的观点。哲学教科书的原理几十年没有很大变化，而且其中包括了许多并不反映马克思主义哲学实质的观点，我认为这同它没有抓住思维逻辑这一主要依据，而只是依经典著作的论述来划分马克思主义哲学与非马克思主义哲学界限的情况有着直接的关系。

一种哲学理论的发展，在一定意义上说，就是它的已有思维方式在新情况下合乎逻辑地进一步展开和发挥。马克思主义的实践观点是我们推进马克思主义哲学进一步发展的基本依据。所谓发展马克思主义哲学，其实质也就是运用马克思主义的实践观点——这一崭新的思维方式去分析、总结、回答现时代社会实践和科学技术所提出的那些新成果、新思想、新问题。马克思和恩格斯确立了实践观点、奠定了新哲学的基础，他们同时运用这一新的思维方式研究、回答了他们时代所提出的理论和实践的问题，创立了马克思主义哲学。他们只能解决他们所处时代提出的问题，不可能解决在他们时代尚未提出的问题。这些应当属于由我们去完成的任务。只要我们坚持运用马克思主义的实践观点解答了我们时代提出的问题，我们就能大大丰富马克思主义哲学的内容，推进马克思主义哲学理论发展。

二、哲学中的几种思维方式类型

每一种基本的哲学观点都代表人类认识中的一种思维方式，如自然观点、本体观点、元素观点、感觉论观点、理性论观点、意志论观点等等。

甚至在认识史中出现的每一个哲学体系也都可以看作一种不同的思维方式，如原子论哲学、理念论哲学、实体二元论哲学、实体一元论哲学、单子论哲学、绝对精神哲学、人本学哲学、实用主义哲学、逻辑实证论哲学等等。这些不同思维方式的区别、联系和演变是由哲学史学科来具体研究的。我们这里需要的是总体上大的分类。

总结哲学认识的发展，就思维方式的基本类型来划分，可以归纳为下面几种：①从未分化的笼统的自然出发去认识一切问题的思维方式，可以称之为自然观点；②从脱离人的自然出发认识各种问题的思维方式，属于存在观点；③从脱离自然的主体（即意识）出发认识各种问题的思维方式，属于意识观点；④从抽象的人出发去认识各种问题的思维方式，属于人本学观点；⑤从人与自然的具体统一即从具体的人的现实活动出发去认识各种问题的思维方式，属于实践观点。其他那一切具体的思维方式，都可以概括在这几种基本思维方式类型之中。

一切事物都处于普遍联系之中。这就是说，事物都是互相模拟的。人要从事物隐蔽的深层的意义中去把握事物，就不能不借助比拟的方法。认识总是以他物说明此物，而非以此物说明此物。当我们说"马是动物"时，已经超越了当下对象的局限，把个别归于一般，借助他物来了解此物。否则，那就会陷于同语反复。列宁曾把这点称作人类认识的辩证法，说"从任何一个命题开始，如树叶是绿的，伊万是人，哈巴狗是狗等等。在这里（正如黑格尔天才地指出过的）就已经有辩证法：个别就是一般……这就是说，对立面（个别跟一般相对立）是同一的"①。

在一切对立面同一的联系中，对人的活动而言最重要和最基本的，是人与自然（或人与物）的对立面。人对无论什么对象的认识，都同它对人与自然的关系的了解分不开。人总是将物比人，或是将人比物，从对人与自然的关系的认识中去了解各个对象。认识所以总是离不开人对自然的关系，这不仅是因为人自身是人一切认识活动的基本出发点，而且因为人与自然的关系既贯穿和体现在人的本质之中，也贯穿和体现在自然（作为客

---

① 《列宁全集》第38卷，人民出版社1959年版，第409页。

体）的本质之中。人是自然进化产生的最高存在物，在人身上集中了自然已有的一切精华和一切矛盾关系。从人出现以后，在人的活动中又赋予了自然物以新的矛盾内容。可以说，人的身上体现着自然的最高本质，隐藏着自然的最大秘密。所以，了解自然就不能不了解人，对人的本质的了解如何，就从根本上规定了认识自然的基本思维方式。上面列举的哲学思维方式的几种基本类型，对人的不同了解就是它们相互区别的本质内容。

（1）原始社会末期形成的万物皆有灵魂的观念，是将人比物的拟人观的思维方式。人类进入文明时期以后，尝试从自然的存在出发去了解一切事物，由此形成了自然观点。自然观点与直观认识相适应，仍然属于人的本能意识的表现。这种观点是从人的对象性存在中去了解人的本质的。在它看来，人是自然的一部分，人的存在是自然本质。但它在把人归入于自然之中的同时，也把人所特具的许多属性带给了自然存在。所以它认为，自然的存在也是人性的存在，除了理性灵魂这点以外，在其余方面自然与人都是同一的。正是运用这种思维方式，古代哲学从自然客体中揭露出来的都是属人的矛盾关系。与这种思维方式相适应的理论形式主要是自然哲学、理念哲学，中世纪的宗教哲学也属于这种思维方式。自然观点注重事物整体上的统一性，笼统地直观认识是它的基本方法。它也注重从产生和基源中去把握事物的本质，还原论和元素论的方法在这种认识中已有萌芽。

（2）存在观点从自然观点演化而来，是对自然观点的彻底贯彻和发挥。存在观点从人的本原存在中把握人的本质。在它看来，人的一切特性都来自于人身上及人身外的自然本原，从自然存在便可以说明属于人所有的一切。所以，存在观点也就是剥除了人性的自然观点。这种观点运用于自然现象，强调从本原和构成去认识事物的本性，强调客观决定论。还原方法、分析方法、线性因果方法是它的基本方法。与这种思维方式相适应的，主要是本体论、单线决定论、机械因果论等理论形式。

（3）意识观点是与思辨认识相适应的思维方式。意识观点注重于从人作为主体能动本质的外部显象中把握人的本质。由于它把主体同自然绝对地对立起来，使人完全脱离了自然的本原和基础，因而便把人——主体归结为意识本质，形成了从意识出发去看待一切事物的思维方式。意识观点在对其他对象的认识中，强调从发展形态、以概念形式去寻求和把握事物的本质规定。概念论方法、综合方法、目的论方法是它的基本方法。与这种思维方式相适应的有认识论、理性论、意志论、目的论等理论形式。

（4）人本观点是从否定意识观点和存在观点，同时作为二者的直接综合而出现的思维方式。这种观点试图直接从意识和存在的统一出发去把握人的本质，但它了解的人仍不过是意识与存在的简单合并。所以从思维方式的本质说，人本观点缺乏自己特殊的内容，在应用中它或者倾向于意识观点或者倾向于存在观点，更多的是倾向后者。

这就是马克思主义哲学产生以前的几种思维方式类型。自然观点属于过渡性的思维方式，人本观点属于综合性的思维方式。历史上影响最大的是存在观点和意识观点这两种思维方式。所以，应把后二者看作最基本的思维类型。

三、实践作为历史概念的几个基本环节

实践观点是马克思主义哲学创立的，但实践概念并不是马克思主义哲学首次提出的。那种认为只有马克思主义哲学才第一次把实践概念引入到哲学中来的看法，并不符合哲学发展的事实。

早在古代哲学中人们就已探讨过实践活动的内容，近代哲学正是从哲学的角度研究了实践概念的本质和意义。它们当然都没有达到实践的完全科学的概念，但它们已经把握到实践概念内涵的几个主要环节。没有历史上的这种研究和在这种研究中所取得的成果，马克思主义哲学是不可能一下子就建立起完全科学的实践概念来的。这几个主要环节如下：

人们最早是从"实行"、"践履"的意义上了解实践这种活动的。中国自孔孟始，就提出了知行问题。与知相对的行就是实践。知与行的关系已属实践内部包含的矛盾关系，即作为实践的行总是与知相区别而又紧密联系着的。在欧洲，亚里士多德从潜能的实现过程去理解实践。在他看

来，实践就是包括了完成目的在内的活动，潜能实现的过程如不完成目的就不是实践。把实践（行、实现）同目的性联系起来，以是否实现了目的作为实践同其他活动的区别，这是非常有意义的。把目的看作推动潜能走向现实的动力，这就意味着，他已认识到目的性构成了实践活动的基本环节，实践活动属于一种目的性的活动。这是人类认识所把握到的实践概念的第一个环节。

如果说古代哲学还只是偶然地谈到实践问题，而且它们了解的实践概念很宽泛，尚未把人的活动同物的活动严格区分开来，那么在近代哲学尤其是德国古典哲学中，实践活动已专指人的主体活动，并构成了论述主体活动的哲学的有机组成部分。

康德最早提出了实践理性和理论理性的概念。与此相适应，他把哲学也区分为实践的哲学和理论的哲学。理论哲学又称作自然哲学，主要研究认识论（也包括本体论）问题；实践哲学主要研究伦理问题，又称作道德哲学。所谓实践理性，指和意志发生关系的那种理性，意志的问题属于行动问题，实践理性也就是理性通过意志在人们活动中的"实践应用"。在康德看来，作为人们道德行为核心的意志完全受人自己的理性所支配，这点就表明人的理性是有实践力的，它能够不依靠任何经验的东西而仅凭自身来决定意志。康德由此得出，人在实践领域是不受自然必然性支配的理性自主体，即自由的人。在康德的这些思想中，揭示出了实践概念的另一个基本环节，即实践是一种自主性的活动。自主性只属于理性对意志的关系，康德从这种观念便把实践缩小为仅属人的道德活动。

在费希特哲学中，实践一词具有宽泛得多的涵义，已被扩展到了整个理性。费希特认为，理性活动是一种创造性的活动，它在本质上就是实践的；实践并不限于道德活动，只是它必然和道德活动相联系。这样，费希特就揭示出了实践活动的一个本质特征，即创造性活动的特征。这是人类认识把握到的实践概念的第三个环节。在康德哲学中，理论理性作为认识活动是与实践理性对立的，二者缺乏统一性的联系。费希特从上述理解中不仅把理论理性与实践理性联系了起来，并且还试图从实践的基础上去理解和说明认识的产生、形成。例如说，"并不是理论的能力使实践的能力成为可能,反之,乃是实践的能力使理论的能力成为可能","若果理性不是实践的,那它本身就不能成为理论的","若果人类本身不存在一种实践能力,那它也就没有禀赋着什么睿智的可能云云而外,绝没有其它方式的可能;一切表象之可能性都基于这种实践能力"等①。费希特是主观唯心论者,他在唯心论基础上能说出这些话,能够认识到实践的能力决定着人的认识能力,确是难能可贵的。

黑格尔在前人思想的基础上,更进一步说明了理论理念和实践理念的关系。按照黑格尔的观点,人的认识面对客观世界,表现为主观性与客观性的对立。最初,主观性与客观性二者都是片面的。为了消除二者各自具有的片面性、使它们达到相互统一,需要两种不同的活动,一个是认识活动,另一个就是实践活动。在这两种活动中表现出的主观性与客观性的关系是恰相反对的。认识活动主要是接受存在着的世界,以便使它进入自身即主观的表象和思想以内,扬弃理念具有的片面的主观性。实践活动则相反。在实践活动中,人将客观世界仅仅当作一个假象、一堆偶然事实的聚集,它凭借主观的内在本性去规定并改造这个聚集体,从而达到扬弃客观世界的片面性。这两种活动单就自身而言都是有局限的,只有把二者统一起来的无限过程才能达到"善"。从这些思想可以看出,黑格尔已把实践明确规定为主观改造客观的活动,并从相互作用中探讨了实践与认识的对立统一关系。黑格尔的思想是很深刻的,列宁给予了很高的评价。列宁明确肯定,"毫无疑问,在黑格尔那里,在分析认识过程中,实践是一个环节,并且也就是向客观的(在黑格尔看来是'绝对的')真理的过渡"。在这里列宁还特别指出了,"因此,当马克思把实践的标准列入认识论时,他的观点是直接和黑格尔接近的:见《费尔巴哈论纲》"②。

对实践的理解,也就是对人之为人的本质的理解,这两个问题是紧密联系着的。哲学是怎样理解人的,它也就怎样去理解人的实践活动。德国哲学家们只限于从理性活动去理解实践,这表明他们把人就看成是一个理性的本质。与他们把人的本质抽象化的观点相适应,他们对实践的理解也

---

① [德]费(斐)希特:《知识学基础》,程始仁译,商务印书馆1936年版,第60、261页。
② 《列宁全集》第38卷,人民出版社1959年版,第228页。

是抽象化的。实践如果不被理解为感性活动，它就没有直接现实性的意义，也就不可能去消除客观性和主观性的片面性、实现二者的统一。康德、费希特、黑格尔之后的费尔巴哈竭力反对抽象、力求回到感性，他把人理解为富有思维本质的感性存在，与此相适应地，也把实践看作属于感性的活动。但他并未解决思维与感性在人身上的统一问题，因此也就不可能理解作为感性活动的实践的意义。他所了解的感性活动不过是指单纯满足情欲的活动，用他自己的话来说，就是纯粹"利己主义"的吃喝自然、"享受对象"的行为。这样的感性活动，当然毫无能动性可言，与动物的活动没有什么本质不同。费尔巴哈本人对他所说的这种"实践"活动也采取鄙夷的态度，当他讲到属于真正人的活动时，又回到了理论的活动。所以马克思说他仅仅是从"卑污的犹太人活动"的表现形式去理解实践，完全不了解"'革命的'、'实践批判的'活动的意义"[①]。

从上述可以了解，马克思主义哲学产生以前，人们对实践作了多方面的探讨，关于实践概念所包含的几个基本要点人们已都接触到了。总结起来说，先前的哲学家已把实践看作具有下述特点的活动：实践是（1）实现目的性的活动；（2）具有自主性的活动；（3）能动的创造性活动；（4）主观改造客观的活动；（5）感性的活动；等等。问题主要是出在同对人的本质的了解一样，能动本质和感性基础统一不起来。如果承认实践是一种富于创造性的能动活动，那么它就只能被理解为抽象的理性活动；如果把实践活动看作属于一种感性的活动，这种活动就不可能具有革命批判的意义，因而也就不可能是真正人的活动。很明显，理解实践问题的关键在于，如何在人的感性活动中赋予它以能动性和创造性的内容。而这就意味着对人的本质要达到一个完全不同于过去的全新的理解。马克思发现劳动生产活动是把人从动物中提升出来、使它成为人的第一个历史活动，由此既揭示出了人之为人的真实本质，同时也解决了实践观中的矛盾，建立起了科学的实践观点。

---

① 《马克思恩格斯全集》第3卷，人民出版社1960年版，第3页。

四、实践观点作为新思维方式的意义

从马克思的观点看来,人的实践性也就是人性、主体性,即构成人作为主体的基本规定性。人有什么样的实践性、从事什么样的实践活动——也就有什么样的人性、主体性,也就是属于什么样的人、主体。这二者是同一的。

如果说人是人一切活动的根本出发点,不论人们认识自然世界或属人世界,都在自觉或不自觉地贯彻着对人的观点,那么,实践性作为人性的基本规定,在哲学理论中人们用以观察问题的各种不同方式也就不能不反映出实践活动的内容和特点。人的实践活动,是人的一切认识的实际出发点,也是人的一切认识的根本内容。构成认识对象的客观世界,首先是作为实践活动的客体而存在的。不属于实践活动的对象的存在,也就不能成为现实存在的认识对象。人们把握对象的认识方式,也首先是作为实践方式而起作用的。不构成实践方式的必要环节的东西,也决不可能成为认识活动的方式。

从这一意义说,先前哲学所有的一切理论观点,包括我们在上面所说的自然观点、存在观点、意识观点、人本观点在内,都不过是以这样或那样的方式对实践的内容和环节的反映。很明显,如果实践中不包括自然存在对人及其活动的基础性作用,就决不可能产生出来强调自然本原作用的存在观点。同样地,如果在实践活动中不存在作为人的对象世界是由人的活动构成的这样的环节,那种从意识出发大讲自我建立非我的哲学理论能够产生出来并发生重大影响,就成为不可想象的事了。正是基于这点,所以马克思说:"凡是把理论导致神秘主义方面去的神秘东西,都能在人的实践中以及对这个实践的理解中得到合理的解决。"①

但是,应该说以往的这些自然观点、存在观点也好,或意识观点、人

---

① 《马克思恩格斯全集》第 3 卷,人民出版社 1960 年版,第 5 页。

本观点也好，都只是对实践内容和作用的一种本能的、自发的反映。马克思主义哲学建立了关于实践的科学观点，这才达到对实践内容和作用的自觉的反映。自发的反映和自觉的反映有着原则性的差别。实践活动属于人与自然、主体与客体、主观与客观之间的否定性的统一活动，只有自觉地去认识它才能全面把握它充满矛盾性的复杂内容。在人们对它自发的认识中，必然会把它所包含的矛盾的内容肢解开来，分割成为互相对立的因素，以片面的形式去加以表现。存在观点夸大自然存在的本原作用和基础作用，意识观点夸大思维活动的能动作用和创造作用，二者形成两种完全对立的片面性的思维方式，就清楚地说明了这点。

马克思主义的实践观点是从克服存在观点和意识观点的片面性理论、全面反映实践活动的多种矛盾内容中形成的。因而它就是自觉地从实践出发去看待世界一切事物，人类迄今所达到的最高的科学思维方式。

从马克思主义哲学看来，实践是主体依据一定目的变革客体的感性活动。所谓感性活动，首先意味着实践是一种具有直接现实性的活动，在这一点上它区别于单纯的观念活动。在劳动生产活动中，人自身只有作为一种自然力去与自然物质相对立，通过自身具有的自然力去作用外界对象，才可能在对自身生活有用的形式上去占有自然物质。以自然力的形式去改变自然物质对象，这里就表现了自然物质存在对人的活动具有本原的和基础的作用。

实践活动必须以人和对象的自然物质存在为前提，并遵循自然物质运动的规律而活动。

作为实践活动的感性活动，同时是一种实践目的性的活动。人在生产活动中并非仅仅使自然物发生形式上的变化，而且要在自然物中实现自己的目的。在这一点上，它又区别于动物的本能活动和自然物的单纯实体性运动。如恩格斯所指出的，推动人去从事活动的一切都要通过人的头脑，外部世界对人的影响"反映在人的头脑中，成为感觉、思想、动机、意志，总之'理想的意图'，并且通过这种形态变成'理想的力量'"[①]。目

[①] 《马克思恩格斯选集》第4卷，人民出版社1972年版，第228页。

的代表主观的欲求,理想属于尚未存在的客体。客观的存在转化为理想的存在,通过人的活动再转化为现实的存在,这里表现出了主体的巨大的创造作用。实践就是主观见之于客观的活动,它在本质上属于主体的能动性活动。

在实践活动中,自然的基础作用和主体的创造作用是结合在一起的。实践活动作为物质运动最高级、最复杂,内容又最丰富的形式,它就是主体与客体、主观与客观相互规定、相互作用、相互转化的活动。实践既是消除主观性与客观性各自的片面性、使主体与客体达到统一的活动,又是发展主观性与客观性的对立、造成主体与客体新的矛盾的活动。总之,在实践活动中不仅蕴藏着人类社会生活的一切秘密,也蕴藏着人的对象世界的一切秘密。它是人类面对的一切现实矛盾的总根源,同时又是人类能够获得解决这一切矛盾的力量和方法的源泉和宝库。

马克思主义哲学立足于实践基础,自觉地以实践作为观察和处理一切问题的出发点,自然就会引起思维方式的根本变革。

以往哲学用以观察各种问题的那些观点,虽然在实践活动中都有其根据,都反映了实践内容的某一环节或因素,但由于它们脱离了这些环节和因素在现实活动中的统一联系,表现在它们的理论中就不能不变成抽象化的原则,从而失去真理的全面性。马克思主义哲学以实践观点为原则,这就是说,它是自觉地从人与自然、意识与存在、主观性与客观性、能动性与本原性在现实活动中所表现的统一联系出发,去对待和处理这些环节和因素的关系的,所以只有这种思维方式才能把握真理的全面性。体现这一思维方式的理论形式,就是辩证唯物论哲学。

实践观点既然是人与自然、意识与存在、主观性与客观性在现实活动中相互统一的思维方式,彻底运用实践观点去观察和看待一切哲学问题,就必然会引起全部理论观点的深刻变革。马克思所以能够既克服唯心论哲学的片面性,又克服旧唯物论哲学的片面性,做到把辩证法和唯物论彻底统一起来,依据的就是这一实践观的思维方式。我们要进一步推进马克思主义哲学前进,坚持用马克思主义的观点和方法去回答现实和科学提出的各种问题,首要地也是必须掌握这一思维方式,自觉地运用实践观点去观察问题和处理问题。

五、贯彻实践观点与转变哲学观念

马克思和恩格斯确立了实践观点，为人类认识提供了一个全新的思维方式，并由此实现了哲学理论的革命性的转变，这是他们对思想史作出的伟大的贡献。由于他们的这种理论活动，开辟了人类认识发展的一个新的时代，这就是自觉地运用科学的思维方式去观察和处理各种问题的时代。

马克思和恩格斯运用他们建立的实践观点研究和回答了他们时代所面临的重大实践课题，并且依据当时理论斗争的需要分析和清算了已往哲学的各种错误观点，在此基础上创立了他们的哲学理论。我们从思想发展史的全局去认识应当承认，他们所做的主要还是创立新哲学理论的奠基性的工作。如果把这一新哲学比作一座大厦，他们完成的只是基础工程，至于大厦本身还远未完成。这是留给后人的任务。马克思和恩格斯开辟了认识真理的道路，在我们面前有着无限广阔的活动天地。

遗憾的是，如我在其他文章中所分析的，长期以来由于各种因素特别是"左"的思潮的作用，在我们的手里马克思主义哲学并未得到它应有的发展，甚至使它的许多原理走样、变形，失去了固有的精神。从理论上说，造成这种状况的主要原因在我看来就是出在我们没有真正掌握实践观点这一思维方式的精髓。

我们的教科书也承认实践观点是马克思主义哲学的基本观点，看来像是很重视实践理论，事实上并没有真正理解和把握实践观点所蕴涵的深刻内容和意义。从教科书中的哲学观点看来，实践不过是许多原理中的一个原理，它之所以重要，只是因为实践是说明认识的基础、来源和真理的标准的基本概念。所以，通常只是把它看作"辩证唯物论的认识论的"第一的和基本的观点，而没有把它看作代表新世界观用以观察一切问题的崭新思维方式。

由于我们没有掌握实践观点作为思维方式的内容和意义，也就不能自觉地运用这种思维方式去观察和对待各种理论的和实践的问题。人的头脑不能够出现空白。不用这种思维方式去观察问题，就是在用另一种思维方式观察问题。从自觉的认识退回到自发的认识，那就不可避免地要出现或用这种思维方式或用那种思维方式去观察问题，此时在此一问题运用这一思维方式而彼时在彼一问题又使用另种思维方式的情况。我们的教科书所运用的思维方式就并不都是实践观的思维方式，虽然它的内容来自马列经典著作。为什么我们会把明显属于自发唯物论甚至机械唯物论的命题、原理，当作了马克思主义哲学而在教科书中大加介绍和论述？为什么我们在贯彻马克思主义的观点中，分析出来的结论往往与马克思主义哲学大相径庭？究其实质，就是因为我们实际所运用的思维方式不是马克思主义的，而常常是存在观点的思维方式，有时甚至是意识观点的思维方式。

因此我认为，如果我们能够做到彻底运用实践观的思维方式去观察和对待各种哲学问题，就一定会大大推进马克思主义哲学的发展，完成马克思、恩格斯、列宁和毛泽东未完成的事业，使马克思主义哲学的内容进一步丰富和完善。但是，我们要想做到这点，首先必须理解和掌握这一马克思主义的思维方式，而为此就要转变那些虽然传播已久，但明显不符合于这种思维方式的许多旧有的哲学观念。这是绝对不可少的一步工作。

所谓转变旧有的哲学观念，也就是运用实践观的思维方式去审查已有的理论，纠正那些离开马克思主义哲学轨道的认识，使它重新回到马克思主义哲学的轨道上来，换句话说，就是首先在教科书的哲学理论中贯彻实践观的思维方式。认真贯彻这一点，我们会认识到，应当加以转变的这类哲学观念是很多的，而且有许多正是关系到马克思主义哲学的最基本的观点。

再论实践观点的思维方式本质[1]

(1988 年)

（1）推进哲学理论发展，必须经历对马克思主义哲学实质的全面反思。现在终于走到了这一步，应该看作是一个重大的进展。

重新认识马克思主义哲学实质，这意味着多年来我们所理解的以马克思主义为名的哲学理论，其实并不完全符合它的创始人马克思的思想实质。而且在我看来，那种理论有许多恰恰是与马克思哲学思想的基本精神相悖的。正因为如此，所以人们现在才要尝试以某种新的名目，如实践唯物论、实践本体论、实践一元论，去重新表述马克思主义哲学，力求昭示马克思主义哲学的庐山面目，以便为进一步前进奠定一个可靠的基础。

从这种理解出发，对于马克思主义哲学是必须坚持辩证唯物论，还是应当代之以实践唯物论或实践本体论，就不仅仅是一个属于名目问题的词句之争。它同马克思当初使用过怎样的称呼也没有多大的关系。即使马克思只说过一句"实践唯物论者"的话，甚或这句话还别有涵义，在这里都无关紧要。问题在于名目代表我们所理解的理论实质究竟如何。而事实所表明的"实质"恰恰在于，我们多年来在"辩证唯物论"名目下所论述的哲学，确实没有把实践这一奠定马克思新世界观基础的观点作为最高原则突出出来，并贯彻到哲学全部内容中去。"实践唯物论"、"实践本体论"的提出，我以为它的意义主要就表现在这里。

（2）只有抓住实践的观点，才能真正理解马克思主义哲学区别于以往

---

[1] 原载《哲学动态》1989 年第 1 期。原题目为"再现实践观点的超越性本质"。

一切哲学派别的理论实质。在对马克思主义哲学的论述中，我从来没有使用过"实践唯物论"、"实践本体论"一类名称，但我赞同突出马克思的实践观点，以实践为基点去理解马克思主义哲学的理论实质。

我没有使用实践唯物论、实践本体论的名称，当然也有我的理由。我认为无论从本体论还是从唯物论去理解或突出实践观点的地位、性质和作用，都是仍然没有从根本上跳出旧的传统思维模式的限制，而造成悖谬理解的症结正在于这种思维模式，所以这类名称并不能很好地揭示出马克思哲学思想变革的本质。

在过去人们对马克思主义哲学的阐述中，例如在通行的教科书中，也并不是不重视实践。它遵照列宁的提法，把实践观点提到了马克思主义"认识论""首要的基本观点"的地位。只是它没有把这一提法进一步扩展到历史观和世界观领域。我们要进一步贯彻实践的观点，提高实践的地位，必须使它由认识论领域进到历史观、世界观的领域，这是毫无疑问的。然而问题是，怎样才能把实践观点也变成历史观和世界观的"首要的基本观点"呢？要知道，这并不是仅靠引进一个提法就能解决的问题。而且我们也不能这样去设想：旧理论的代表者们从没有想到过这一点，不愿再把实践的地位予以提高。他们未能贯彻到历史观、世界观的内容中去，一定是具有其特殊困难的。我们如果不针对这里存在的问题，继续顺着旧理论所遵循的思路去"提高"，可以想见，那会照样陷入它曾经遇到而无法摆脱的困境。

（3）所谓实践唯物论和实践本体论，二者共同的基本思想，都是要"赋予实践以本体论的意义"，"把实践引进本体论，并把它提升到世界本原的行列中去"①。这个想法的意思是好的，而且看来也顺理成章。如果不把实践局限于认识论范围，要使它进入历史观和世界观领域并且成为最高范畴，那就不能不把它理解为历史和世界的"本体"。上述两个名称就是来源于此。但在我看来，这样却恰好落进了造成旧理论之所以不能把实践观点引进世界观并贯彻到哲学全部内容中去的那个困境。

---

① 原载《哲学动态》1988年第3、7期。

以往的理论是按照本体论的传统思维模式建构起来的。本体与非本体（变体、属性）相对。本体论的思维方式，就是从二体关系把对象归结于它的始源存在的认识方法。按照这种方法，认识源于并依附于实践，在认识论范围说实践是最高范畴是顺理成章的。当然要把实践说成是认识的本体也并非没有困难，不过总还勉强说得过去。然而要说实践是包括自然事物和历史事件在内的整个世界的"本原"、"本体"，认为这些也都和认识一样源于并依附于实践，那就无论如何也难以说通了。物质是自然的始源存在，实践顶多可以看作人工事物的始源存在，而人工事物原初也是源于物质的，所以比起实践概念来，就本原、本体而言，毫无疑问地物质总是占先、具有更为根本的意义的。正是基于这一点，所以旧理论只能在认识论范围承认实践是"首要的基本"范畴，当着进入包括自然在内的世界观领域时，就必然要去坚持"物质本体论"或"物质唯物论"了。

提出"实践唯物论"和"实践本体论"，不想改变旧理论的思维模式，却要把实践提升到世界观首要范畴的地位，这就不能不使自己陷入矛盾境地。持物质本体论观点者提出的问题是，"究竟是物质高于实践，还是实践高于物质"？按照本体论的思维模式，这是恰中要害、无法回答的难题。说存在着两个本体，这在逻辑上有矛盾；如说实践也源于并依赖于物质，这不啻承认实践不是本体，它又怎能成为世界观的最高范畴？

在我看来，用本体论的思维模式去理解实践，即通过"赋予实践以本体论意义"的方法，是不可能提高实践的地位，使它成为世界观的基本范畴的。只有打破本体论的思维模式，才能做到这点。而且我认为，提出实践观的最根本的意义，恰恰就在于打破并根本改变了本体论的这种根深蒂固的传统哲学思考方式，所以，我是从思维方式的变革去理解并论述马克思提出实践概念的意义、马克思主义哲学的理论实质的。

（4）我认为马克思最大的贡献就在于把哲学理论奠立在实践的基础上，由此根本改变了哲学思维方式，使哲学进入新的发展阶段。

什么是马克思主义哲学，怎样去判定马克思主义哲学和非马克思主义哲学？尽管我们讲了这么多年这种哲学，其实从来没有向人讲清楚过。如果说，承认"物质决定意识、意识反作用于物质"和"世界是按照从量到质、对立面的统一、否定之否定规律永恒运动着的"观点的就是马克思主义哲学，那么大家都很清楚，这些观点以往的哲学都已讲过，并没有一句是新鲜的，或者差别只在于他们不是讲在一本书里。如果我们以"社会存在决定社会意识，经济基础决定上层建筑，社会意识具有反作用"等观点去标志这一哲学倒是很容易判定的，但这就无异于说马克思主义哲学只是或主要的是一种历史学说而非世界观理论。至于用什么"性"（如阶级性等）去标志，不确定性更是一目了然，无须多说。

举出某一具体观点，哪怕是很基本的观点，都很难确切地表明马克思主义哲学的本质。其他许多哲学学派的情况也是如此。这一观点同这些派别区分开了，却难以同那些派别区分开来。

在我看来，这是因为哲学作为世界观理论的最高本质是集中表现在思维方式里面的。一种哲学出现了，它作为区别于以往哲学的新世界观理论，其根本意义在于为人们提供一种不同于其他哲学的观察世界事物的视角，即对世界的一种新的理解方式。哲学派别的区分根源于此，哲学理论的价值也体现在这里。

唯物论和唯心论是从总体上区分的人类认识史上两种既有理解方式类别。所谓第一性第二性观点上的对立，实质上代表了是从始源存在理解世界事物本质、还是从超越形态把握世界事物本质的观点对立。以往的哲学都是在这种框架中去建立自己的理论体系的，很少有在根本上超出这种理解方式的。

马克思主义哲学的实践观点则代表超出这种旧有思维框架而形成的一种崭新的理解方式、思维逻辑。我以为判定是否属于马克思主义的哲学，就看它是否遵循这种理解方式去看待各种问题，而不在于它的具体观点是否合于马克思的某一说法。如果思维遵循、运用的方法完全违背了这种逻辑，即使背诵马克思的语录，也很难说是马克思主义的哲学。

（5）人所面对的现实世界，是由于人的活动已经两重化了的世界。从始源存在的意义说，它表现着自然物质的本质。在这里，一切事物，包括人在内，都是自然按其物质本性所有的必然规律运动发展的产物。这是现存世界在一个方面的本性。此外，它还表现为恰相否定的另一个方面的本性。当人从自然产生以后，它就以自然为对手的姿态、作为自然的否定力量出现在自然面前，反要把自己的目的贯注到自然存在中去，把它变成"为人的存在"。这样，作为人的对象的世界，就都已是对象化了人的本质于其中的，同时具有了属人的本质。

现实世界的两重化就是指：一方面具有自然的本质，同时又有属人的本质。自然本质表现为必然因果规律的作用，它的根源在于物质性；属人本质表现着目的（自由）因果规律的作用，它的根源在于人的本性。本来是同一个世界，由于人的活动而具有了两种相互否定的本性和规律，从不同观点（视角）去看它们，俨然两个相反的世界。这就构成了哲学这种世界观理论发生论争的对象和内容。我在以前文章中使用的"自然世界"和"属人世界"两个概念，就是试图表达对象世界这种两重性质的两个概念。

属人世界原本来自于自然世界、奠基于自然世界，从这方面看它不过是个派生物。没有自然世界先存在，无从谈到属人世界。一部分哲学家于是就把属人本质归并于自然本质，试图完全以自然的物质性去说明属人世界的性质。这里遇到的困难是，由此无法解释属人的本质为什么会表现为对自然本性的否定、具有对自然本性的超越性。从自然本性只能说明它的始初本质，不可能说明它的超越性质。因而又有另一部分哲学家试图从相反的方面、以相反的方式去说明对象世界的属人本质。他们抓住属人本质具有的超自然性，运用了对象化的关系去说明自然世界。历史上的哲学家总要在现存世界之上设定一个超自然的世界（如理念世界、本体世界、绝对精神世界等），通过先把世界分裂为相互对立的世界，然后再去寻求二者统一性的方式说明世界的本质，就是根源于世界对人所有的这种两重化矛盾本性。

以往的哲学家或者立足于矛盾的这一方面，或者立足于矛盾的那一方面，都不能从否定性统一的关系中去把握现实世界的两重化本质，这就形成了统治以往哲学理论的两种基本的哲学思维方式类型。我把它们概括为：从脱离人的自然出发的抽象存在观点；从脱离自然的人出发的抽象意识观点。很明显，这两种类型从更抽象的意义说，实质是一种思维模式，即都是从两极对立中试图直接地把它们统一起来的思维模式。或者把属人世界简单归结于自然本质，或者把自然世界简单归结于属人本质，这种认识方式在人类认识尚不够发达的历史阶段乃是不可避免的。只有经过这一发展阶段充分暴露出所含矛盾的内容之后，才有可能克服它们，发现出统一二者的真实基础和中介。马克思恰好在这一转折点上，他的功绩就在于发现了这一基础，实现了思维方式的转变。

（6）实践，按其本性说，既是造成世界两重化矛盾性质的根源，又是解决这一矛盾实现它们统一性的基础。在实践活动中既体现着自然物质的本原性作用，又体现着人及其精神的能动创造作用。既然实践是本原存在与超越形态的对立统一，自然关系本质与属人关系本质对立统一，那么，它也就是理解自然世界与属人世界否定性统一关系的基础。马克思把实践作为理解一切哲学问题、解决各种哲学纷争的立足点和出发点，这就意味着确立了一种崭新的思维方式。这种思维方式既不是单纯从脱离人的自然出发，也不是单纯从脱离自然的人出发，既不是单纯以本原存在为依据，也不是单纯以超越形态为依据，而是从人和自然、主体和客体、主观性和客观性在现实活动中的相互作用关系出发，以本原存在和超越形态在现实活动中的统一关系为依据，去观察各种事物、理解现实世界、回答两重化矛盾的思维方式。

这样去理解实践的性质和作用，它作为新哲学的基石，当然就成为世界观理论的最高范畴，而且作为理解方式必然要被贯彻到哲学的全部内容中去。

也只有这样去理解实践的性质和作用，才能既克服以往教科书只着重物质本原的作用而忽视主体创造作用的缺陷，又避免了双重本体的逻辑矛盾，从而摆正人与自然、主体与客体、主观与客观的关系。

这实质上意味着整个世界观理论根本性的转变，要说清这些，需要专书来论述。

（7）实践观点既超越了抽象的自然观点，又超越了抽象的人本观点，它是二者在合理形式中的具体统一。既然如此，就必然会逻辑地引申出一个结论，那就是：马克思主义哲学再也不能被容纳于传统的唯物论与唯心论派别抽象对立的模式之中，马克思主义哲学诞生的秘密、变革的实质，恰恰就在于对抽象的两极对立模式的超越。

这就是我的基本观点。

重新评价唯物论、唯心论的对立①

（1988年）

一、有必要打破这个僵化模式

我说的僵化模式是指：自30年代②以来，我们把唯物论和唯心论的对立看作评价哲学本质和意义的最高原则，认为哲学不属于唯物论就属于唯心论，唯物论代表正确、进步，唯心论则意味着错误、反动；分析各派哲学就在于把它归入唯物论或唯心论，从事哲学活动最终目的也只在于坚持物质第一性的唯物观点而同唯心论观点划清界限，如此等等。

思维活动不能没有范式。哲学又是属于派别性的理论。唯物论和唯心论作为围绕本原问题，在一定认识阶段必然产生的两个哲学派别，从它们的对立去认识哲学发展的本质，无疑具有十分重要的意义。任何范式都有可能被绝对化。范式一旦被绝对化，变成僵化的模式，它就非但不会加深人们的认识，反而会束缚住人们的思想。

唯物论和唯心论的划分本来是有条件的。长期以来，由于把它变成了无条件的公式，致使我们的思想封闭在狭小一隅，禁锢于几条抽象原则，脱离时代生活内容，拒斥一切异己思想，陷入简单化、抽象化、公式化。

---

① 这篇论文最初发表于1988年《时代论评》创刊号，《新华文摘》于1989年第2期全文转载，《人民日报》1988年11月7日摘介。
② 指20世纪30年代。——编者注

这种情况显然同极"左"思潮的影响有关。在"以阶段斗争为纲"政治原则的指导下，哲学上必然也会把唯物、唯心的对立绝对化。它曾经成为扼杀富有生机的哲学思想的一条鞭子、一根棍子。

早在50年代，人们就已感受到了它的危害。那种对待唯物论以外哲学派别、哲学理论的简单、武断、粗暴态度，是很难令人接受的。中国哲学史界的学者首先提出了对唯心主义哲学的估价问题，二十多年后外国哲学史界也提出了同类问题。由于人所共知的原因，这两次讨论都未能充分展开，但也足以说明，推倒这一僵化模式，已是不可阻挡的潮流。

问题不仅在于对唯心论哲学的估价，对唯物论哲学也需要重新去认识和评价，这二者其实是分不开的。这就有必要对唯物论和唯心论对立的公式进行重新审视。只有从理论上搞清了原则本身的意义和局限，才能从根本上解决问题，这就是本文所要提出的问题。

二、唯物、唯心不是哲学论争的永恒本质

唯物论是主张"物质第一性，精神第二性"的哲学派别，唯心论是主张"精神第一性，物质第二性"的哲学派别。如恩格斯所说，这两派的对立，来源于对"思维对存在的地位问题"，即"什么是本原的，是精神，还是自然界"的看法不同。恩格斯还特别指出，"除此之外，唯心主义和唯物主义这两个用语本来没有任何别的意思，它们在这里也不能在别的意义上被使用"①。

从上述便可了解：（1）唯物论和唯心论是围绕世界本原问题而形成的哲学派别，寻求初始本原、本体是它们思考的主题。（2）唯物论和唯心论是从对立两极去回答精神对物质的地位问题的，相信从一极可以完全说明另一极，是它们思考的基本方式。这是两个派别对立的本质和存在的基础。

---

① 《马克思恩格斯选集》第4卷，人民出版社1972年版，第220页。

只有当哲学以揭开宇宙之谜为主旨、探究万物本原为最高课题,并把问题聚焦于两种存在——自然存在与超自然存在(最初表现为感觉对象与思想对象,后来引申为物质实体与精神实体)孰先孰后、谁决定着谁的矛盾时,唯物论和唯心论的对立才是必然的,哲学区分为唯物论和唯心论两个派别才有意义;否则,就不是必然的和有意义的。

这样,问题就归结到:追究初始本原和本体能否看做哲学始终一贯的最高主题,从一极去说明二体关系能否看做哲学始终一贯的思考方式?我们从哲学发展到今天的状况看得很清楚,哲学的课题是经常转换的,哲学也并不总是在"或是"这种存在、"或是"那种存在的矛盾中进行争论的。一个时代争论的课题不止一个,不同时代的主题更是互有不同。

因为人所面对的不仅是自然的世界,而且是属人的世界——作为人的活动对象、在对人关系中为人而存在的世界。哲学按其本质说,它要探究的并不是自然宇宙的奥秘,而主要是探究体现着人和自然矛盾的属人世界的奥秘。只是在哲学发展的初级阶段,探究自然世界的本原、本体问题才构成哲学的最高主题。唯物论和唯心论的对立就是在这一基础上形成的。哲学必须由说明自然世界入手,在客观方面,是因为自然世界是人活动的初始根源和根据,在认识方面,是因为不对客体达到一定的了解,就无法深入去理解和说明主体。然而,人的本质不只存在于它的源头,人活动的根据也不只是来自于自然的本性,人及其活动的本质和根据,同时而且主要是存在于人异于自然性的那种自身创造性活动和超越的本性之中。所以,哲学在进一步思考中,必然会发生从主要探讨客体本性转而探讨主体本性,从向自然寻求根据转向从主体及其活动自身寻求根据,从着重于揭开自然宇宙奥秘转向探究属人世界奥秘。随着哲学主题的转换,哲学的思考方式(包括对问题的提法)也从追求人自身以外或超人的"本原"和"本体",转而去探究人与自然、主观与客观、人的内在尺度与外在尺度等等"相互关系"的问题。在哲学史上,人们本来要去探究自然存在的本性,为什么从中发现的却是属人的本质(柏拉图、亚里士多德)?为什么从探究原始本原、本体中,引申出来的是思维与存在的矛盾关系(笛卡尔、康德)?为什么在用自然观点对人的说明中,却得出了必须倒转过来用人的观点才能理解自然（费希特、费尔巴哈）？这其间的道理就在自然世界与属人世界的矛盾关系，即由于人的活动使世界已处于两重化的矛盾关系之中。

"本原"属于因果思考方式，有因果关系就有本原问题存在。因果是普遍存在的，有哪一种对象不存在本原关系，或者无须去探求本原？的确没有。但这只是问题的一个方面，反过来说，也没有一种对象仅靠因果关系就能得到圆满的说明，何况追求本原只是因果关系中的一种还原方法。即使去探求因果，追究本原也并非永远居于主要地位。如果我们承认哲学主题是转换的，那就不能把不论处于何种发展阶段的哲学、谈论何种问题的哲学，都一定要拉到本原的框架里面才能加以理解。

唯物论和唯心论的争论并不具有永恒的意义。唯物论和唯心论作为对立两派萌芽于古代，从中世纪向近代转折时期，在科学与宗教、理性与信仰激烈斗争中达到了最尖锐的对立。在这之后，主题发生转移并趋于多样化，这种对立的意义就减弱了，很难再把哲学论战看做主要是唯物、唯心之争。17 世纪的经验论和唯理论不能归结为唯物、唯心之争，中世纪的唯名论和唯实论也不能简单地归结为唯物、唯心之争。甚至古代的某些哲学也不一定需要纳入这一公式。像亚里士多德哲学，应属唯物还是唯心？用还原方法也可以勉强归入一个阵营，但这对了解他的思想究竟有多大的帮助是很值得研究的。至于现代哲学，就更是如此了。

三、唯物、唯心的分野不能成为决定一切的认识路线

先在的本原对于由它而生的后在事物，毫无疑问具有某种规定性的作用。我们不论认识何种事物都应去追本溯源，其意义就表现在这里。但却不能认为，先在本原业已规定好了后生事物的一切，因而在本原问题上的观点如何，就决定了在其他问题上的观点也必然是如何。

过去我们就是这样认识的。我们把唯物论和唯心论看作两条对立的哲

学路线、认识路线，认为初始本原问题上观点的对立，决定着在其他一系列问题上的观点也必然是如此对立的。这种本原决定一切的路线观点能否成立？我认为难以成立。

从道理来说，这种观点意味着，既然承认事物的本原关系，那么在它们后来的发展中再也不会被越过，原来是先在者，以后也永远应该先在，即主导、决定，这叫做一锤定终身，永不再变易。这有可能吗？果然如此，那还有什么发展呢？发展的本性在于否定和超越。按照这种理解，它顶多也只是已存东西的展开和重复。它的不合理性，正如只能从对爷爷的派生观点去理解孙辈的一切一样明显。

从事实来说，自然对人、精神的本原关系只在初始意义上才具有不可逆转的性质，当它们产生以后，就处在相互作用中，本原关系就不是不可逆转的；相反，却是不断转换的。自然、物质是本原，在相互作用中，人、精神转过来也可以成为本原，处于优先地位。

人之为人的本性就在于：它从自然派生出来，转过来却要去制服自然、驾驭自然，人就是自然产生的自身叛逆者，来自自然却依靠否定自然而生存、发展，属于自然却发展出了超自然的本性。如果人始终安于自己的自然地位，听命于自然，那与动物何异？既然人凭借自己的活动，作为一个独立的力量（当然是相对而言）参与到自然的发展中去，它就必然要在一切所及的对象中贯注自己的本质，打下自己的烙印，建造自己的天地，这就是属人的世界。在这个世界里，人是自己生存条件的创造者，为什么还不能看做"本原"？

人的活动把一个好端端的世界两重化了。对于具有两重性矛盾的这个属人世界——人所生活的"现实世界"，如果再坚持当初自然产生人和精神的那种本原观点，仅用两个自然物质根据去理解和说明，显然是很不够了。两重化的矛盾必须有双重性的本原和根据。为了理解这个世界，必须有二者相互作用即本原不断转换地位的观点才行。

当然，我们也可以"归根结底"把人的本原"还原"为自然物质本原。不论人有多大能耐，你都得承认来自于自然，而且还得依赖自然为你提供的条件。在追本溯源的意义上，我们必须永远记住这一点，并在活动中作为第一个大前提，一定要充分估计到这一点。但这也主要是在"追本溯源"的意义上，仅凭这点并不能说明人的"现实世界"的本质。如果承认人是人自己生活的创造者，那么还原论的抽象统一方法就不是万能的，我们就不应该把人的活动及其创造物简单归于自然的本原。

四、唯物论和唯心论的对立不能等同于真谬对立

在唯物论和唯心论的论争中，当然含有真谬、是非的内容。但在我看来，我们却不能依据是主张唯物还是主张唯心为标尺，去判定真谬和是非。

基本道理就在于，唯物论和唯心论作为相反观点，是从两极去说明世界本原、人与自然、物质与精神关系等问题的。而事实上，如上所述，对人而言的现实世界乃是人和自然两种因素、两个尺度、两类活动相互作用形成的结果。相互作用属于双向活动，它的基点不是凝固的，无论从哪一方都不可能完全说明另一方，更不可能说明双方作用的产物。从这点来说，两极对立的观点都只能说明一部分问题，而不能说明全部问题，在唯物论和唯心论之间不可能是一方绝对正确、一方绝对错误的关系。

更重要的一点还在于，哲学判断并非事实性判断，唯物论和唯心论的分歧并不是对某种直观事实的简单认定和否定。哲学论断必须立足于事实，哲学理论也不能不包含知识内容。但哲学在本质上属于反思性理论，它的主要任务并不在于提供知识。真理和谬误属于科学知识的评价范畴，把它们简单地套用到哲学身上，也并不适合哲学理论的性质。

就拿"自然物质先于人及其精神存在"的论断来说，初看起来似乎是一个很简单的事实论断，仔细想来并不尽然。要判定自然物质先在，必须以人及其精神的存在为前提，人和精神既已存在，自然物质的先在性就不再是直观的事实。所以这一论断决不像有些人想象的那样是"显而易见"的，与此相反的论断也并非是"明显地荒谬透顶"。人们完全有理由去设

想：由精神所知的物质已对象化了精神的本质，焉知产生精神的物质不是本已含有了精神性？我这里决不是说，这个论断不能证实、不可信。虽然它不是可以直观的事实，却可以通过其他事实间接予以证明。我相信科学的力量，也坚信这一唯物论论断是合于科学揭示的事实的。这里只是想表明，我们万不可把问题简单化，从直观出发把唯心论想象为仅仅是对一种明显事实单纯无知或愚蠢的否定。唯心论哲学在人类历史上能够产生出来并得到那样广泛久远的传播，总有某种道理蕴涵其中。我们毋宁把事情想象得复杂一点为好。唯心论哲学家们并不都是愚笨的人。在另一方面，把唯心论设想为简单的胡说八道，也是一种自我贬低，因为谁也不会认为以白痴和精神病患者为敌手的人会是很高明的。

在我看来，哲学属于人对自身主体意识的理论，它不同于科学理论。哲学观点是事实判断、意义判断、应然判断的统一，其中既表达了某种知识，又体现着主体的某种意向和对理想的追求。所以哲学论断既属主体在时代水平上对它与自然现实关系的理解，同时也是如何推进这种关系的自觉导向。评价这样的理论，最合适的不是真理和谬误的概念，应是"合理性"、"不合理性"的概念。合理性概念可以包含真实性内容，但不能归结为真理概念。黑格尔说的"凡是现实的都是合理的，凡是合理的都是现实的"这句话，我以为就含有这样的意思。合理的哲学，就是那种具有现实性的理论，即在时代水平上表达了人与自然、主体与客体、属人世界与自然世界的现实关系及其发展趋向的理论。这样的哲学，当然也就是人作为主体的自我意识，也就是时代精神的精华。合理性可以有程度之别。不合理性并不意味就是谬误。在一种哲学体系里，知识性的内容和它所表达的意向、追求以及同它具有的价值、意义可以一致，也可以不一致。这种情况在哲学史上是大量存在的。

例如，18世纪法国唯物论者提出"人是机器"，把人归结于自然本质，要人无言地顺从自然法则。这对于否定超自然的神灵、向上帝夺回人性，具有提高人的地位、解放人的作用，因而是合理的，合于其时代要求的。但它以抹杀人的"超自然性"为代价，则是不合理的。这就不能不引起德国哲学家们对它的"反动"。德国古典唯心论哲学把人归结为"自我意识"、理性自主体，就观点而言显然是偏颇甚至错误的。但它由此否定了人是"机器"，肯定了人是具有创造能力的能动主体，同样具有提高人的地位、解放人（从自然中解放）的作用。法国和德国的哲学从不同方面表达了他们时代的要求，都具有某种合理性，所以恩格斯把它们同样都看作是"哲学革命"。

五、唯物、唯心的对立并不具有不可超越性

从"现实世界"出发去认识，人既是属于世界的，世界也是属于人的，认识深入于人，会从中发现自然的本质；同样，深入认识自然，也会从中发现属人的本质。这就提供了一个根据，人们可以从自然去理解和说明人，也可以从人去理解和说明自然。哲学发展史，就是在这两个基本点上的不断回旋和摆动：一时走出人进入自然，复又走出自然回到人。

人的认识只能在不同倾向的对立中前进。唯物论和唯心论在历史上就表现了这两种倾向的对立。它们或者从还原观点出发，坚持用自然去说明人，或者从超越观点出发，坚持用人去说明自然。作为对立两极观点，它们都不能合理解决二者的统一问题，由此形成了哲学史上两种相反的思维方式：脱离人的抽象自然（物质）观点、脱离自然的抽象人（意识）观点。但这只是认识发展在一定阶段上的情况。认识本质的发展趋向，则必然走向合理的统一。

在我看来，唯物论和唯心论作为两个派别的对立是可以超越的，哲学被划分为不是唯物论便是唯心论的原则不是永恒的。如果人与自然、物质与精神能够在合理基础上统一起来，单纯用物质去说明精神或单纯用精神去说明物质的观点就可以超越。马克思创立的哲学就是现实的例证。超越唯物论、唯心论的对立，正是马克思主义哲学诞生的秘密、引起哲学发生革命性变革的实质所在。

早在马克思之前，在德国古典哲学的发展中，就已表现出了综合统一

的趋向。由于人和自然、精神和物质之间是一种否定性的统一关系，只有找到能够消解二者对立的中介，才能把它们统一起来。以往哲学家之所以只能把二者简单合并，不能真正统一，不是不想去统一，主要是因为受各方面条件限制找不到这样的中介。这个中介，马克思发现了，就是"实践"。

按照马克思的观点，实践是人与自然、主体与客体、主观与客观、精神与物质之间否定性统一的活动。人的实践既是分化世界的活动、造成人与自然矛盾的根源，又是统一世界的活动、消解人与自然对立的现实基础；既是体现着物质对精神的本质作用的活动、吸收唯物论哲学合理性的根据，又是体现精神对物质的能动创造作用的活动、吸收唯心论哲学合理性的根据；既是克服主观性片面性的活动、扬弃唯心论哲学局限的根据，又是克服客观性片面性的活动、扬弃唯物论哲学局限的根据。"实践"的发现，意味着一种崭新思维方式的诞生、形成。对于脱离人的抽象自然观点和脱离自然的抽象人观点来说，实践观点既是它们的否定，又是它们在合理形式中的统一。正是依据这一新的思维方式，即从人与自然、主体与客体、主观与客观在现实活动中否定性的统一观点出发，马克思才超越了以往的一切哲学理论，把哲学推向更高发展阶段，实现了哲学革命性的变革。

对于这一新的理论，我们既不能再用抽象的自然观点或抽象的人的观点即旧日的思维方式去理解，也不宜于再把它简单地归属到以往的任何一个派别中去。

值得一提的是，现代西方哲学在总的发展趋向上，也呈现出力图摆脱两极对立的思维方法，寻求能够把对立面结合起来的"中介"的趋势。虽然他们对唯物论和唯心论哲学的理解并不都是正确的，他们提出要超越两派之上的根据也不都是合理的，并且在他们之中也不乏在超越形式下散布唯心论观点之人，但我们如果尊重历史的客观事实，那就不能不承认：在他们所说的唯物唯心之分业已过时、二者对立可以超越的观点中，以及在他们从某一中介环节统一主客对立的理论追求中，确实透露出了两极思维方式正在走向中介思维方式统一认识发展的大趋势。对于这样的理论，我们也不宜于不加分析地一概使用唯物、唯心对立的模式去认识它们的本质。

哲学在今后还是只能在不同观点、倾向的对立和斗争中发展，这是由哲学这种理论的性质所决定的。我们永远也不能放弃从派别对立去认识哲学本质的原则。在哲学面临新的课题时，探究尚未深知的对象的本原和本体仍然会是首当其冲的任务，出现唯物和唯心或类似于唯物、唯心的派别对立是不可避免的。在这一意义上，唯物论和唯心论的对立并不会从哲学舞台上消失，但是，未来的派别对立决不会是对原有唯物论、唯心论观点、理论的简单重复。

怎样认识唯物论和唯心论对立的问题，属于哲学观的重要内容。顺应时代要求和哲学观念的变革，我们在这一问题上的观念也不能不加改变。我们的思想如果不从这一僵化模式的束缚中解脱出来，哲学理论就不可能得到突破性的重大发展。

哲学的生命在于创新[①]

(1992年)

哲学是时代的需要和时代精神的理论表达。哲学的功能不仅在于反映和表现时代，更重要的是推动人们的思想不断解放，引导时代不断变革和发展。哲学的作用是积极的而不是消极的。我们只有从这样的观点出发，才能理解马克思的"任何真正的哲学都是自己时代精神的精华"这句话的深刻涵义。

哲学要推动思想解放和时代发展，它自身当然也就不能僵化不变。在历史上，哲学理论始终处在变革和发展之中。哲学理论的稳定性是相对的，变化性是绝对的。哲学就是凭借自身理论和观念的不断变革和创新，去反映并推动历史和时代的变化，发挥自己特有的批判和引导功能的。哲学的价值主要并不在于它所给出的结论和答案，在历史上这些结论和答案都可能变成了陈迹，保留下来的主要是它们推动思想解放和开拓未来世界的创新精神。所以哲学一旦失去创新精神，也就在根本上失掉了存在价值。

然而，以往的哲学家们却醉心于建立永恒的真理体系，总要去追求某种终极性质的实在，例如柏拉图的"至善理念"、亚里士多德的"不动的推动者"、黑格尔的"绝对精神"等等。这样就造成了传统哲学的矛盾本性，使它只能以体系更迭、派别更替的形式去实现变革和发展。哲学史就是这样写就的：每一种新哲学理论被创造出来，都宣称自己发现了终极真

[①] 原载《天津社会科学》1992年第6期。《新华文摘》1993年第2期全文转载，《哲学动态》1993年第1期摘介。

理；而随后就被新真理的再度发现所否定，于是旧的理论让位于更新的理论。历史变革的辩证法是谁也无法抗拒的，或者自己主动去变，或者由于外力被动去变，此外没有别的选择。历史的事实表明，愈是自诩为终极发现的那种绝对化的理论，愈是具有短命的性质，黑格尔体系的迅速崩溃就是一个典型例证。

变革和创新是哲学的本性和常态，同它是否具有"科学"性质没有直接的关联。传统哲学处在变革状态，不能把原因归结于它们的"非科学"性质。难道"科学"性质的哲学就可以超时空地永恒不变，以不动应万变吗？果然如此，岂不使它恰好走向了科学的反面！

马克思主义哲学也是处在变革和创新状态中，马克思主义哲学绝不因为它的革命性和科学性就不变革和不创新。恰恰相反，马克思主义哲学是比传统哲学更富有变革与创新性的哲学。它的变革和创新首先表现在，它勇于突破和否定传统哲学对永恒不变终极真理的追求。它的变革和创新更富于自觉性。

马克思是把自己创立的哲学奠定于自觉变革基础上的第一个伟大思想家。马克思看透了哲学的本性，深深懂得哲学只有不断地自我更新，才能保持同生活实践的紧密联系，使它具有无限的生命活力。因此他自觉地以理论与实践的统一作为哲学的最高原则，在历史上第一次树起了反对"任何教条主义"的哲学旗帜。

适应实践、历史和时代的变化，哲学理论必须不断地创新，这对马克思主义哲学来说本是不言而喻的事。如果不是这样，它就不成其为马克思主义的哲学了。然而要做到这点却并非易事。无可否认，理论形态的哲学若干年来在我们手中并未得到很大的发展，体现于教科书中的理论半个多世纪无大改变是一个明证，当前哲学理论落后于实践的发展、同现实生活严重脱节也是一个明显的事实。这种状况如果不改变，哲学就很难发挥它固有的功能，反过来还必然会阻滞实践的发展。

为什么会出现这种状况？原因当然是多方面的。毫无疑问，许多年来"左"倾思潮的影响是一个重要的原因；千百年来永恒哲学的传统影响是又一个重要原因。而这两个方面往往结为一体地发挥作用。因此，要实现哲学观念的变革，发挥马克思主义哲学的固有本性，在今天首先就要破除由于这两个方面的影响所造成的那些思想障碍。

看来，下面的几个问题是首当其冲的要重新认识的关键问题。

一、坚持与发展的关系问题

我们作为马克思的后人和学生，理所当然地衷心愿望马克思开创的社会运动事业和学术理论事业兴旺发达。但是，什么才是"忠于"马克思的态度？怎样才能"继承"马克思的事业？这里却有着重大的分别。向来就存在不同"形态"的马克思主义，有教条主义的"马克思主义"，有修正主义的"马克思主义"，有创造性的马克思主义，有口头的马克思主义，有实践的马克思主义，如此等等。我们究竟要做一个什么样的马克思主义者？过去对这个问题谈论得较多，若干年来却不大讲分别了，变成似乎只是坚持与不坚持的问题。谈论分别不等于就做得正确，不谈论就更加难以分别，所以问题应当谈论，更要注重于分辨。

至于"坚持"，过去曾经发生过同发展的关系的争论。会做文章的人尽可以去讲二者的辩证关系，"既要坚持也要发展"、"只有坚持才能发展"、"发展是为了坚持"云云。这当然都是对的，但如果脱离开坚持什么形态的马克思主义标准，便很容易落入套语。

根本问题在于，要坚持什么样的马克思主义哲学，要把马克思主义哲学坚持于什么样的理论之中？仅仅坚持已有的书本理论，还是坚持活的实际哲学？是把马克思主义哲学坚持于远离生活的抽象条文之中，还是坚持于不断发展的实践之中？讲坚持，首先就要区分这两种根本不同的态度和做法。

马克思多次严厉地批判过教条主义，毛泽东还专门写过反对本本主义的论著。但不容否认，多年来教条主义、本本主义还是很时兴。原因之一就是，坚持于实践的发展做起来既困难，又要冒很大风险，只有从书本条文去坚持才简便易行而又稳当保险。因此一些人便甘愿从书本中去讨生活,而某些人更乐于从书本去大做文章。他们不关心中国改革实际、世界发展现实,不研究、贯彻邓小平结合中国具体生活实践丰富、发展了的马克思主义哲学思想。这样,"坚持"便被变成"守住",守住已有的结论,守住已有的条文,用已有的条文去裁割现实。这种"两个凡是"式的坚持,把马克思主义哲学搞得日益脱离生活实践,逐渐失去生命活力,这就是教条主义的"马克思主义"。

马克思的哲学实质当然要体现在他遗留给我们的书本条文之中,但它在根本上是一种用以表现实践发展,首先是近代以来的实践发展的逻辑,是科学的思维方法。如果我们脱离开现时代实践的发展逻辑,脱离开科学的思维方法,不研究、不分析新问题,死抱住书本条文不放,那就恰好丢弃了它的真正实质。教条主义之所以是对马克思主义的背叛,其原因就在这里。我们已经吃够以"左"的面貌出现的教条主义的苦头,历史的经验教训应该记取,但愿今后不要再让它来危害我们。

在坚持与发展马克思主义哲学问题上,确有敌视马克思主义哲学的人,经常以"马克思主义哲学已经过时,不再适合于今天的时代"即"过时论"的论据来反对马克思主义哲学。对于这种看法我们当然不能同意,理应进行批判。但是,对"过时论"的批判必须是科学和深入的,不能因为有人以"时代已变化"为借口宣传"过时论",我们就走上另一个极端,无视时代的变化、发展,采取"文化大革命"时期"对着干"的做法,对马克思主义经典作家的任何具体结论都抱"两个凡是"的态度。

理论过时与否不在于它自诩自己具有多大的普遍性和多长久的永恒性,而在于理论能否与生活实践同步发展,能否指导实践。马克思主义哲学是生活实践的反映,又是引导实践发展的理论精华。马克思主义哲学的生命力恰恰在于它与我们时代生活实践的密切结合,在于它随着实践的发展不断地自我更新。这样一种活生生的马克思主义当然不会过时,这就像"生命在于运动"的道理一样。

历史的辩证法就是这样无情:无视时代的发展,脱离具体实践,抽象掉时空条件,以"两个凡是"的态度对待马克思主义,看起来是很坚决地反对"过时论",实质上,恰恰扼杀了马克思主义哲学与现实生活的联系,使得马克思主义哲学难以在现实生活中得到发展并发挥指导作用。"过时论"与"凡是论"殊途同归,都败坏了马克思主义哲学的声誉,扼杀了马克思主义哲学的生命力。至于当前的时代究竟变化了还是没有变化,这是一个人人都能体验到的明显事实,这里用不着多说。

二、马克思主义哲学与现代西方哲学的关系问题

马克思的思想与传统哲学的关系,在马克思和恩格斯自己的著作中已经写得十分清楚,关于这点,后来的争议并不很大。至于马克思的哲学同现代哲学应当是什么关系,尤其是同现代西方哲学的关系问题,就不同了。由于这是属于后来出现的问题,它只能凭借我们自己的认识去进行判断,存在重大分歧是很自然的事。

在过去,这个问题不很突出,我们谈论得也不多。长期以来,我们都是沿袭苏联学者的观点,把现代西方哲学视为帝国主义时期资产阶级腐朽没落的思想反映而予以简单地否定,似乎那不过是一堆思想垃圾,或垂死挣扎中的救命稻草,不值得我们去重视。如果说在过去的"形势"下这种态度有其存在的根源和必要的话,那么,今天就难以行得通了。特别是,当我们提出要依据今天时代要求去进一步发展马克思主义哲学的任务之时,这个问题就更加突出、无法回避了。难道我们还要采取鄙夷态度,对它们不屑一顾,或者,同它们继续"对着干",凡是它们说过的我们都要反对,凡是它们研究的问题我们都要放弃?记得前些年西方现代哲学介绍到我国之后,在相当一部分人中兴起一股"西方现代哲学热",如尼采热、萨特热等。这种热是一种很不正常的现象。但这种不正常现象应当看作是先前那种简单排斥的同样不正常态度的一个必然结果。所以我认为,现在已到了应该重新审视我们对待现代西方哲学的态度的时候,不能再延误下去,继续采取像苏联学者那种故步自封、妄自尊大的态度,实际受害的只能是我们自己而并不会是别人。

西方的现代哲学是在全面批判西方传统哲学的基础上形成的。从传统哲学到现代哲学是一个根本性的转变。无论哲学的主题、哲学的思考方式或是哲学的观点和倾向，都发生了重大变化。它从追问原初的、先天的、绝对的本体，试图从那里找出人们的生存本性、行为根据、存在价值、生活意义乃至前途命运，转向于研究人的现实生活和现实活动及其设定的现实世界，力求从这里去了解人的根据、价值和意义；它从注目遥远的、身外的非人存在，试图从那里寻求一种可以依靠的权威力量，转向了关注人自身的存在和同人直接关联的存在，注重于发挥人的自我创造作用；它从追求永恒的终极真理的理性认知哲学，转向突出价值功能的真善美一体性的哲学；它从主要以自然科学为基础、注重贯彻以因果必然联系为核心的科学思维逻辑，转向以整个文化为基础、注重贯注以理解为标志的人文精神；它从追求绝对一元化的整体统一本性，转向注重个体为本位的多极化、多样化特征，如此等等。在这一转变中，毫无疑问，它丢弃了许多应当保留的有价值的东西，在一些方面陷入了更加极端的片面性。但也无可否认的是，从总体本质来说，这个转向是有其历史背景和时代根据的。它反映的是人从自身的影子去间接把握人的传统观念，向人从自身的存在和活动中直接去把握人的现代观念的转变。不论它存在多少片面性，毕竟在一定程度上以不同方式，即使是唯心主义的方式表现着现代人的意识和精神。在这一点上，应当肯定有它的历史必然性和历史进步性一面，而不完全是历史的倒退。所以它一传入我国便刮起一股热潮，不能说这不是一个重要原因。热潮中的人有多少是有"哲学兴趣"的？恐怕多数人与其说有哲学兴趣，不如认为更多是出于"时代兴趣"较为合乎实际。而这点正是值得我们重视和深思的。

马克思正好生活于转变时期的转折点上。马克思以其深邃的思想，敏锐地观察到了这一历史性的深刻变革，所以他的哲学活动一开始便把矛头指向传统哲学的最大代表及其学派。我们理应认为，马克思主义哲学属于现代哲学范畴。马克思是第一个伟大的现代哲学家，是开辟新时代理论的现代哲学的开创人。从这一意义说，马克思的哲学学说与现代西方的哲学理论，本来要比传统哲学具有更多相同和相通之处，因为它们都是对传统哲学否定的产物。但是，它们之间也存在着对立。现代的哲学派别绝大部分属于资产阶级的哲学理论，它们脱离开实践这一根本基础去研究人的存在形式和生活价值，在思想和理论上都存在很大的片面性。有些哲学家出于阶级偏见还抱着仇视的态度，处处与马克思主义哲学为敌。这都是客观的现实。

在这种形势下，我们对待现代的西方哲学学派当然应当采取批判的态度，决不能无条件地搬运、盲目地追随；但也不能一概否定、盲目地拒斥。那种置之不理、简单骂倒，或者"对着干"的做法只是表达一种狭隘心胸，并不能解决问题，也绝非科学的态度。正像马克思所说，要真正"批判"倒敌对哲学，你就必须把它说得好的、说得对的东西即有价值的优秀思想全部吸收过来，创造出能够回答它所提出的问题，并且比它更加高明的理论。马克思就是以这样的态度对待传统哲学的。传统哲学也基本上都是剥削阶级的哲学而且大部分是唯心论，马克思能够以批判继承的博大胸怀和科学态度去对待古典理论，为什么我们就不能以同样的态度去对待现代理论？何况要使我们的理论面向现代、走向世界，需要更多借鉴的不是古典理论而正是现代理论！

马克思的哲学思想与现代西方哲学思潮的对立属于同一"现代哲学"范畴之内的对立，这点决不能忽视或者忘记。忘记或者忽视这一点，就会在反对西方现代哲学过程中自觉不自觉地把我们自己置于维护传统哲学的立场。而这对我们已经是有过沉痛的历史教训的了。

三、当前哲学与实践的关系问题

哲学理论的作用归根结底是要指导并推动实践的发展。如果不能起到这个作用，它就在根本上失掉了存在的意义和价值。那么，我们哲学理论的现状究竟如何呢？

我们一向倡导理论与实践的统一。这是就指导思想而言的。如果我们面对历史和现实，那就不能不痛心地承认，正是这个统一问题，长期以来并未得到很好的解决。

我们曾经有过一段理论支配实践、哲学统帅现实的历史时期。那是以哲学理论的"神化"为前提的统一,它所带来的实践后果是人们记忆犹新的。经过"实践标准"大讨论,破除了理论神话,实践从它的束缚中被解放出来,才有了我国后来生机勃发、欣欣向荣的大发展局面。而从此哲学理论也就被实践远远抛在了后面。在无论前者或者后者两个时期,哲学都未能对实践起到应有的作用,甚至发挥的是一种相反的作用。从前者向后者的转变,看来好像哲学发挥了威力,而实际上它所发挥的恰是一种自我否定性的作用。为什么会造成这种情况?根本原因就在于凝固僵化的理论与生动变化的实践的矛盾。事情已经闹到如果不把实践从理论的"指导"下解放出来它就得不到发展的地步,不是很说明问题了吗?

理论与实践是对立的统一,统一的基础只能是实践。理论不能跟着实践跑,但却必须适应实践而发展。理论只有从实践吸取营养不断地充实自己、变革自己、发展自己,才能对实践的发展起到指导作用。我们的问题恰恰出在这一点上。我们一向都以教科书的理论为哲学的标准模式。而这个教科书的哲学自30年代到40年代由苏联学者制订出来以后就很少变化,甚至可以说基本上仍是半个世纪前的老面孔。这样的理论怎能指导当前实践的发展?在这种状况下,自然是宁可去摸着石头过河,也比忍受僵硬公式的束缚更有利于实践的发展。这当然并不表明实践不需要理论,而是意味它不需要脱离自己的僵化理论。实践呼唤着理论的发展,实践需要的是不断更新、不断发展的理论。

今天我们仍然面临着哲学与实践的彼此脱节、相互对峙的局面。怎样摆脱这一僵局,达到二者统一?惟一的选择只能是,适应实践发展,改变理论面貌。现在完全具备了这样的条件。我们已经有14年实践发展的丰富经验,再加上纵向的和横向的多种教训,只要我们肯于采取实事求是的科学态度,坚持马克思主义的立场去认真总结这些经验和教训,就一定能够解决理论与实践的矛盾问题,从而创造出反映我国实践发展、适合我国情况并能同国际对话的最先进的现代哲学理论。

四、关于十年哲学探索的评价问题

事实上,改革开放以来,适应实践大发展的形势,我国的哲学观念已经发生了许多重大变化。只是这种变化主要表现于学术领域,它既没有进入课堂,也难在实践领域发挥作用。

这里牵连到对十年来哲学探索的评价问题。十年来学术领域探讨了许多具有重大理论意义的哲学问题。毋庸讳言,也有不少失误,甚至出现过某些别有用心者借机兴风作浪。但是,我们能否以偏概全,因此便把这十年看作是什么思想"大泛滥"呢?我认为不能。既为探索,就免不了失误。何时没有别有用心者,难道今天就杜绝了吗?毛泽东同志经常说:看事情要分清主流与支流,九个指头和一个指头。这是马克思主义的方法。按照这一方法,我们应当肯定,十年哲学探索的主流是积极的和健康的,成绩是根本的和巨大的。因为它是适应我国改革实践的大潮而兴起,直接为改革实践服务的。

自改革以来,哲学发展的第一个重大成就就是"实践标准"讨论。这场讨论是思想解放的先声,它贯彻、弘扬了"实事求是"这一马克思主义的精髓,它为中国改革排除了"僵化"思想的束缚。

其次,它试图改变我国哲学理论脱离社会生活、落后于社会实践的局面,力求使哲学理论研究能够反映并推动我国现代化实践的发展。"改革需要哲学,哲学需要改革"既是人们发自内心的呼声,也是实践发展的内在要求。十年中探讨了实践提出的许多新课题,总结了许多新经验,在很大程度上改变了理论落后的面貌,这一点是不容否认的。

再次,它的另一个重大成就是,突破了沿袭苏联的封闭多年的僵化体系,拓展了哲学思考的领域,开阔了哲学观察视野,丰富了哲学理论内容。从此哲学不再仅仅局限于传统教科书的范畴、理论和内容。十年来,就其探讨问题的广泛性、深刻性说,是以往我国也包括苏联学术界都不可比拟的。

另外，它的再一个成就是，十年来我国大多数学者不仅立足中国、立足现在，而且面向世界、面向未来，探讨了许多当今时代人类共同关心的问题，力求把我国的哲学纳入时代洪流，使它充分体现世纪转换时代的精神。

总之，这十年是改革开放实践大发展的十年，同时也是我国哲学理论突破僵化的思维模式，走出"教科书哲学"狭隘视野，开始面向实际、面向世界、面向未来，迎着时代的呼唤，力求在马克思奠立的哲学原则基础上努力开创新理论的十年，即我国哲学理论大发展的十年。这就是它的主流。如果这样的估价是合于实际的，那么结论就应当是：克服缺点和失误，总结经验和教训，在十年成果的基础上继续前进，决不能让哲学再倒退回十年以前去。

五、哲学在现时代的生长点

马克思主义哲学要永葆其青春，必须紧密地与现实生活相结合，必须不断地实现自我更新和自我发展。那么什么是中国最大的现实，什么是世界上最大的现实，马克思主义哲学怎样在现代条件下实现自我更新和自我发展呢？

事实很明显，和平与发展是我们时代的主题，我们的哲学应放眼世界，分析当今时代的矛盾，把握当今时代的本质，分析当今时代的历史发展趋势，以助于我们民族更好地汇入世界文明发展大潮，对人类做出我们的哲学贡献。

改革与发展是我国最大的现实，哲学必须关注这一现实，分析这一现实中的诸种关系、诸种矛盾，为中国改革和发展提供马克思主义的思想方法，为克服"左"的思想、形式主义、教条主义做出自己的努力。

马克思主义哲学乃至历史上任何有重大价值的哲学发展方式，有着一个突出的特点。一种哲学的重大发展不在于或者说主要不在于它对已有的问题给出新的解释、新的说明，而在于面对时代的要求，它改变了自己提出哲学问题的方式,它面对时代的新发展提出了新的问题,凝结出新的范畴和新的理论。

古希腊哲学的提问方式是追求世界的本原,康德的提问方式是"形而上学如何可能",马克思的提问方式是"哲学怎样才能变革世界"?本体论的方式—认识论的方式—实践论的方式,这是提问方式的进步。"本原"范畴—"纯粹理性"范畴—"实践"范畴,这是哲学理论范畴的进步。

在新旧世纪交替之际,我们的哲学研究要沿着马克思主义哲学开辟的道路前进,面对新的时代、新的现实,提出新的问题,升华新的范畴,生成新的理论。这样马克思主义哲学就能永葆其青春。

从人的生成发展看市场经济[①]
——解放个人是发展市场经济的根本
(1993 年)

一、促使人走向独立是市场经济发展的根本历史作用

市场经济的作用，不同的人从不同的视角和观点去认识，理解会各不相同。

在一些人看来，市场提供了能够选择多样花色品种商品的场所，而对另一些人则是一种赚钱发财的机遇，可以大显身手的乐园；从经济学观点去认识，市场经济是资源优化配置的经济运行体系，促进生产迅速发展的一种手段；按照政治学的观点，市场经济的发展又是推进政治民主化和法制化的基本前提；而从某些伦理学家的观点去看，由于市场经济把人与人的关系变成金钱和利益关系，因而它却成了破坏情感联系、诱发道德败坏的一个根源。

历史上产生的任何一种经济活动形式，都有它一定的社会进步作用，也都不可避免地会有某种负面的社会作用，十全十美的东西是未曾存在过的。市场经济作为人类社会发展不可逾越的必经历史阶段，同样不能不是

---

① 原载《江海学刊》1995 年第 1 期。《新华文摘》1995 年第 4 期全文转载。

如此。它对人类社会的发展无疑具有多方面的作用,而且这种作用也必然是多重性质的。

现在我们需要弄清的是,它在历史上的根本作用是什么?只有把握了这一点,我们才有可能对它作出比较全面和客观的认识与评价。而在这样提出问题时,我们就不能仅限于从经济学、政治学、社会学、文化学和伦理学的具体方面去认识,同时还必须从哲学上去认识,也就是从人的生成和发展这一更为广阔、更为根本的历史视野中去思考和理解市场经济的社会作用。

如果从哲学的视角去认识,我们就会看到,市场经济发展最为根本的意义就在于促进普遍的独立个人的生成。解放个人,推动人走上独立发展的道路,这就是它的主要历史性作用。

二、社会发展史归根结底是人的个体发展史

社会发展归根结底是人的发展,而人的发展,归根结底来说也就是个人的发展。

人是以一个个生命个体形式存在的,现实中只有具体的人,并不存在抽象的人。因此马克思不仅把"有生命的个人的存在"看做人类历史的第一个前提,而且明确地指出,"人们的社会历史始终只是他们的个体发展的历史,而不管他们是否意识到这一点"[①]。

然而,作为人的个人却并非自然给予的现成存在,而是在人的历史发展中逐渐形成的。自然赋予人的不过是一个生命个体,而人是有着双重本质的存在。除了生命本质,人还具有超生命的本质。超生命本质即社会的本质,它只能在历史和文化的发展中生成。从这一意义来说,初期作为人类历史前提的那个"有生命的个人"不过是一种自然性的个体,还并不是

[①] 《马克思恩格斯选集》第 1 卷,人民出版社 1972 年版,第 24 页;第 4 卷,人民出版社 1972 年版,第 321 页。

真正意义的个人,这样的个人只能是历史的结果,不能够是历史的起点。

马克思曾把人类发展过程区分为三个大的阶段,称"人的依赖关系"为人的最初的社会形态;"以物的依赖性为基础的人的独立性"是第二大形态;"建立在个人全面发展和他们共同的社会生产能力成为他们的社会财富这一基础上的自由个性"是第三个阶段。①

这个分析是符合历史过程的。历史向我们表明,在人类发展的漫长阶段中,包括奴隶制和封建制时期在内,个人都是没有独立性的。那时由于力量软弱,人们为了谋取生存,不得不依赖群体的直接凝聚力去对付强大的自然。在这种状况下,人只能以群体形态存在,通过血缘或地缘的自然纽带结合于某种形式的人群共同体中。这就是说,人在最初形成的是族群主体,存在的是一个大写的"人",个人那时只是"狭隘人群的附属物",他们不但只能从族群中获得自己人的力量和性质,甚至也只在归属于族群的意义上才被称作人。这正像古希腊哲学家亚里士多德所说的那样,个人并不属于他自己,"个人只是城邦的组成部分","自然生成的城邦先于个人"②。

只是在经历了这个漫长的发展过程之后,在机器工业和市场经济发展的条件下,个人才获得独立的人格,形成具有自主性的独立个人。这就是马克思所说的人类发展的第二大形态。

在马克思看来,有了"世界历史性的、真正普遍的个人"之后,才可能进入人的真正历史,所以第二个形态只是一种历史准备,它的主要作用就是为人类进入个人全面发展、发挥"自由个性"这一更高历史阶段创造条件。这就是共产主义阶段。

三、人只有在世界历史性的广泛社会联系中才是能独立的动物

独立的个人需要何种条件,以致必须经历市场经济的发展才能形成这

---

① 《马克思恩格斯全集》第46卷上册,人民出版社1980年版,第104页。
② [古希腊] 亚里士多德:《政治学》,吴寿彭译,商务印书馆1965年版,第9页。

样的个人?

独立的个人,是具有自立(能力)、自主(性质)、自律(意志)和自由(状态)性质即独立人格的个人,也就是充分社会化了的人。

作为这样的个人,首先要有能够自立的能力,没有能力自立,你让他独立他也独立不起来。那么,这种自立的能力是从何而来的?个人能力的大小固然同人的天赋有关,在根本上却不是由自然赋予,而是主要决定于同他人的联系方式即来源于社会关系中的。人要靠自然的和社会的力量来武装自己,这是人的力量的根本来源;单独的个人只有在广泛的社会联系中才能运用人类获得的这种共同能力来装备自己。一个人只有把一切他人包括前人创造的社会总体实践能力变成自己可以运用的能力,把一切他人包括前人创造的社会共同财富变成自己可以享用的财富,也就是说,只有把个人完全融进人类世界的统一活动中去,使自己变成由于分工而形成的社会合成力量的人格化身,也就是使个人占有类的本质,人们才能获得独立的能力,成为自立性的个人。

为要实现这点,必须打破人类初期出自然形成并限定的地域、族群的狭隘界限,把民族地域性的历史转变为世界性的社会历史。只有随着生产力的普遍发展,世界市场的形成,在人们之间建立起广泛的社会交往联系,狭隘地域性的个人才能为普遍性的个人所代替。所以马克思说,"每一个单独的个人的解放程度是与历史完全转变为世界历史的程度一致的"[①]。

自主和自律表现的是个人的自身关系。作为独立的个人,他必须是自身的主体,他的意志能够支配自己的生命活动,选择自己的命运、负责自己的行为,即自己成为自己的主人。只有个人自身人格化,他才能够成为自主的和独立的人。个人的这种自主性,在人们处于依附族群共同体、彼此从属的人身依赖关系的条件下当然是谈不到的。必须打破人身支配的从属关系,以社会化的联系取代自然性的联系,把一切个人置于相互平等关系之中,才会有个人独立的人格。

---

① 《马克思恩格斯选集》第1卷,人民出版社1972年版,第42页。

所谓自由，从其实质来说，在这里表现的不过就是实现各自独立人格的一种自主和平等的关系。

由此可以了解，独立个人只能在世界历史性的活动和人们普遍的交往关系中生成。这里决不是要摆脱对他人的依赖关系，也不是要削弱人们之间的社会联系，而是要打破那种固定化的人身依附关系，建立起个人间的全面和相互的依存关系；打破自然形成的那种狭隘性的联系，代之以社会性的普遍联系。而这些，正是市场经济所有的性质，它也只能由充分发展市场经济提供出来。

四、市场经济是个人独立活动的社会化交往形式

市场经济也就是市场化的商品经济。市场经济以社会分工的发展为前提，反过来它又进一步推动了社会分工的发展。

"社会分工"具有双重性质。在一个方面，由于分工，社会生产被区分为不同的行业和部门，社会劳动被分解为彼此独立的私人劳动，人们之间不仅形成各自差别的性质，而且造成相互对立的利益主体。这就是说，分工使人孤立化了，把人分离开了。但在另一个方面，分工又把人置于彼此全面依存的关系之中，使得每个人都不可能脱离他人而单独生存，在这里每个人都只能从满足他人的需要中去满足自己的需要。从这方面说，分工又把人联合起来了，使他们处于相互依赖的一体关系中。这两个方面是彼此补充、互为前提的。正因为个人孤立化了，使他们脱离开自然性狭隘共同体的限制，摆脱了等级从属、人身依附关系的束缚，才有可能使人们进入世界性的历史活动，建立起一体化的社会交往联系。市场经济正是这样一种活动体系，它是在高度分工基础上形成的独立个人之间一种社会化的交往形式和联系方式。

市场经济所以能够实现这点，是因为它在人与人的联系中以金钱关系取代了自然的联系，把对人身的依赖转变为对物的依赖。市场关系作为一

种交换关系，各个人是商品或货币的所有者，他们各自是独立的活动主体，只有通过物和物的交换关系才建立起他们之间的社会关系。在这种形式中，社会关系已从自然人身剥离出来，体现为货币商品的物化形式，人与人之间通过物与物的联系发生关系，人的价值、地位也就不再表现为血统、出身等自然禀赋，而是决定于对于财富的物化关系。这就是马克思所说"以物的依赖性为基础的人的独立性"的基本内涵。

人身依赖变为对物的依赖，也就是人身支配为物的支配所取代、超经济统治为金钱的统治所取代。人变成了物的奴隶、金钱的附属物，这件事当然是有着两重性质的，由此不能不滋生人间许多为伦理学所指出的"丑恶"的现象。但从人的发展观点来看，这一步却也是不可避免的，而且它还是人类历史的一个重大进步。

这里的"物"，不是指自然之物，而是人化之物即人的劳动创造物。从人身依赖转向这种物的依赖，也就是从依赖自然的前定因素转向依赖自己的劳动和劳动产品。因而这个转变也就意味着突破血缘和地域自然纽带对于社会关系的狭隘局限，在人们之间第一次建立起了真正普遍性的广泛社会联系。在市场交换的这种联系中，面向市场就是面向整个社会；参与交换就是加入世界历史性的活动；交换物就是交换他人的不同劳动；占有物也就是占有共同的社会生产能力。这样，个人也就与整个人类世界融为了一体。

其次，这一转变也意味着打破了社会关系对人的先天束缚，赋予人以更大的主动性和能动性。建立于人身自然禀赋的社会关系对人具有先天强制性，人是无法去选择的。由物的联系所建立的社会关系则不同，它对个人已不再是无可改变的与生俱来的命运，而成为一种客观的偶然的东西，人们虽然也不能不服从它的支配，但毕竟多了一点行动选择的自由。

再次，这个转变还意味着打破人格从属的等级关系，把人置于对等地位，因而使人们获得了彼此平等的权利。所谓平等，真正说来，首先是人格平等。在市场交换活动中只有一种身份，即物（商品、货币、资本、劳动力等）的所有者的身份起作用，它不允许超经济的特权，人们只能在契约关系中实现交换、在平等关系中进行竞争。在这里的每一个人都只有作为另一个人的手段,才能达到自己的目的;他也只有作为自我目的,才能成为他人的手段。个人身上这种目的和手段的统一,就意味着个人获得了独立性,人们之间的社会关系也转变为以个体为本位的联结关系。

市场经济的活动方式还同时为独立个人的成长、发展提供了学习和锻炼的场所。市场经济同自然经济在下面这点上一样,都有"一只看不见的手"在支配着人们的活动。但支配市场经济的这只手是价值规律,它同支配自然经济靠天吃饭的那种规律在性质上有着很大的不同。价值规律属于内在人们活动中的社会性质的规律,它对人们命运的支配不是先天性地决定,也不是固定不变的规定,而是同个人的行为状况密切关联着的。在市场活动中有人成功就会有人失败,这是确定不移的。究竟哪个人成功、哪个人破产,却不是由规律选择的前定命运,这要依个人的行为和机遇而定。在这里个人不同的智力、才能、努力乃至胆识,都起着重要的作用。因而可以说,市场活动中个人的命运由个人参与决定,属于自我行为选择的结果。在这一意义上,就是意味着个人掌握着自己的命运,因而也只能由自己对个人行为的后果负责。这就是市场活动通过价值规律的"选优汰劣"机制。它是一座"大学校",人们正是通过它的培育和锻炼才学会运用社会规律,逐渐成长为自立、自主、自律和自由的人的。

五、资本主义是市场活动自发联系方式的制度化产物

个人的解放,就是生命潜能的解放,就是人性的解放,也就是生产力的解放。

人所特有的创造能力,本属个人生命活动的本质,也必须通过个人生命活动去实现。个人,才是社会的创造性因素。人类文化的发展、工业技术的进步,乃至科学理论和文学艺术的创造,无一不是个体创造性活动的结果。"社会"作为处在相互关系中的个人本身,在这里不过是个体活动借以实现的社会形式而已。由此可以了解,只有发挥个人的主动性和创造

性，社会才能进步和发展。而创造一种使每个人都能自由发挥主动性和创造性的条件，也就成为社会进步发展的内在本质和根本目标。

资本主义制度所以能够如马克思所说，在不到一百年的时间里创造出了比过去一切世代创造的总和还要大的生产力，秘密就在这里。这是因为，它是顺应市场经济发展和个人走向独立化的历史趋势所建立的一种适于单个人自主活动的社会形式。巩固了市场经济的成果，促进了个人人格的生成，推动了独立个人的自由活动，这就是它的活力所在，也是它的根本历史作用。当然，资本主义的历史作用也只能以此为限。

如果说以往人们依赖狭隘共同体的联系是"自然形成"的，那么，在否定这种联系之后由交换而建立的市场经济的联系便是"自发形成"的。而资本主义不过就是这种自发活动形式、自发联系方式的"制度化"的产物。资本主义把统治权建立在物——金钱统治的基础上，以维护个人的私有财产和利己主义利益为宗旨，这就以制度形式巩固了外在于人的社会关系对人的支配，使人完全屈从于异己力量的统治之下。资本主义社会矛盾及其弊端就是由此产生的。这样的制度有利于推动个人走向独立自主的活动，却满足不了独立以后的个人走向全面发展、建立完整人格的要求。

一旦个人的人格普遍地建立起来，即一切个人自身都已人格化，也就是个人都成为了"人"，这时人们就不再能够忍受异己力量的统治、屈从于物的权力的支配，而要求自觉地建立属于人们自己的社会关系，要把人的联系方式置于自己的支配和控制之下。在这样的条件下，资本主义就必然要为马克思所说的"每个人的自由发展是一切人的自由发展的条件"[①]的那种更高社会形态即共产主义社会所取代。

六、在我国社会主义现阶段，解放生产力首要的就是解放个人

建立社会主义市场经济的体制，涉及到经济基础和上层建筑的许多领

[①] 《马克思恩格斯选集》第1卷，人民出版社1972年版，第273页。

域，毫无疑问，它将引起我国整个社会生活的深刻变革。在这里，同样毫无疑问的是，人的变化将是最根本的变化。一切变革都要归结到这一根本变化上来，没有这一变化其他的一切变革到最后都难以发挥实效，甚至会落空。

人的变化，包括许多的内容和方面，而就我国的历史和现实情况来说，核心问题就是要解放个人。因为独立的个人是我们最为需要而又甚为缺乏的。

封建宗法制的漫长发展历史，造成我国从未形成过真正具有独立人格的个人。靠天吃饭的自然经济状况使人不得不屈从于自然支配之下。封建宗法的政治文化传统又牢牢地把人系在自然血缘纽带之中。儒家的人伦道统几乎扼制了人的一切个性。封建国家不过是放大了的人伦家庭，天地君臣父子夫妻兄弟无一不被纳入礼教规范之中。说中国从未有过"个人"，我们有的只是皇帝、贵戚、达官、布衣或君子、小人，这句话并不算怎样过分。达官贵人看来可以我行我素、颐指气使颇令人羡慕，其实那都不是他们个人的人格，不过是一种身份、角色，离开他们所代表的族群，脱去他们的角色外衣，他们个人便什么也不是。在现代的中国，我们经历了政治的解放，经济、文化、社会等方面也发生了重大的变化，人当然也已不同。由于若干年来我们实行的集权中央的计划经济体制和"一大二公"的公社制度，"计划经济"是少数人拍板决策多数人服从照办的体制，在这种体制下，个人不可能普遍地获得发挥创造才能的独立性。而且会使一部分人养成只知向上伸手"等靠要"、依赖群体吃"大锅饭"、照本宣科来办事、听从口令迈步走路的依赖习性。而另一部分人又只习惯于充任群体人格化身的"一言堂"的生活方式，一切都要求划一、一律、统一，容不得不同的思想、意见、行为方式。个人缺乏自我独立人格，发挥不出个性创造才能，这种状况就是我们的社会生产力长期落后、发展不快的根本原因。

按照马克思的观点，任何生产都是个人力量的物化，在相互联系中个人的力量就是生产力。① 因而解放个人也就是解放生产力。要解放生产力，

---

① 《马克思恩格斯选集》第1卷，人民出版社1972年版，第73页。

在今天的现实中也就是首先解放个人，使每个人都能充分发挥出他们的主动性和积极性、聪明才智和创造才能。

我国改革开放以来的历史性实践充分证明了这点。由于我们贯彻解放思想、实事求是的思想路线，实行下放自主权力、减少行政干预的改革方针，在调动起了基层生产单位和广大个人的积极性和主动性之后，我们的经济形势和生产面貌便立即改观，短短十多年中便取得了举世公认的重大进展。

解放个人不是解放少数的个别的人，而是解放每个个人、一切个人。论到个别人的优先发展我们早就做到了，现在已经如此。然而事实证明，在个人普遍地获得独立性之前，那些尽管处于优越地位的少数个人也不能真正独立，他们从群体获得的优越地位并不意味着他们个人的解放。个人解放的实质是要在一切个人之间建立一种真正人格平等的关系。多数人不作为人而独立，少数人也不可能具有个人的独立人格。

个人解放的问题不是一个地位高低、权势大小的问题，甚至也不是一个生活优裕程度的问题。它的核心是要确立个人独立的自我人格，形成具有自我特征的特异个性。个人的解放会带来生活的富裕，但这并非惟一目的，如马克思所指出的，人的"任何一种解放都是把人的世界和人的关系还给人自己"①。这里首要的是发挥人作为人的无限潜在创造能力，尊重每个人作为独立人格的主动性和创造性。

个人解放从本质说来是一种自我解放，他人无法代替，也决非他人所能恩赐。但同时，它又不属于纯粹个人的问题，而是要决定于社会环境条件的。很明显，在一个"鸡犬之声相闻，老死不相往来"的封闭、保守的社会条件中是决不可能生成这样的独立个人的。没有文化科学和社会教育的普及，在大批文盲和科盲中形成这样的个人也是不可想象的。

我们确立了市场经济的体制，可以想见，在它所提供的条件下我国人口素质定会迅速提高，个人的性质也会发生重大改变。但这要有明确的指导意识，在各项工作中都要把人的问题放在核心位置，而不能只去关注产

---

① 《马克思恩格斯全集》第 1 卷，人民出版社 1956 年版，第 443 页。

值、利润等经济性的指标。如果说资本主义是市场活动自发联系的制度体现，那么"社会主义市场经济"的优越性就应当体现在这里，它可以通过市场联系自觉地理顺人的社会关系、有意识地去培植具有高尚人格的独立个人。

市场经济的本性是以个人为本位的自主性经济，我们以前实行的计划经济则是主观决策的命令性经济，它们在性质上是根本不同的。自主性经济要求发挥一切个人的主动性和创造性。我们只有把立足点从少数人决策转移到依靠一切人的主动性即所谓"群众的首创精神"上来，才能真正实现向市场经济的转轨。我们决不能把发展市场经济所需要的宏观调控同过去实行的计划经济等同或混同起来，以致期望运用习惯了的"命令"办法去推行"自主"经济、依靠少数个人的头脑去包办必须由一切个人共同完成的事业，这是不可能的。

确立个人为本位自然就要发展个人利益，但这并不意味着就是发展"利己主义"。作为社会化联系方式的市场经济既是利己的（个人是目的）也是利他（个人又是手段）的一种交往形式。这里容易滋生利己的个人主义（因而这方面需要社会的导引和限制），这里同时也会产生真正社会性的集体利益。从这一意义来说，发展个人利益与发展社会集体的利益并不是绝对不相容的。过去由于我们多年在计划经济体制下生活，已经习惯于一切听从组织、一切依靠群体的活动方式，观念上也形成了一种模式，似乎谁要是讲求个人利益、谋求个人发展谁就是背叛了"集体主义"原则。事实上，"集体"在历史上是有不同存在形式的，因而集体这个概念也就相应地有着两种不同的涵义和理解。一种是以群体为本位的"集体"，一种是以个人为本位的集体。在个人获得独立性之前存在的实质是社会群体，只有在个人独立之后才会形成真正的社会集体。群体是超个人的存在。在马克思所说的"人的依赖关系"的发展阶段，群体凌驾于个人之上，形成人格化的实体，它以集体为名义的利益是压倒一切的，个人必须无条件地服从这样的集体利益，这种服从本身也就是那时的个人利益，此外不应再有个人超越于此的利益。这在那时是必然也是必要的，但在人的更高发展阶段，即对人的真正集体来说情况就完全不同了。它不但不再与发展个人利益相抵牾，而且必须以个人的独立、个人的发展、个人的自我实现为其存在和发展的条件。马克思所说的在共产主义社会里"每个人的自由发展是一切人的自由发展的条件"就是这种"集体"的最高形式。

从这一意义来说，解放个人也就是人的解放，也就是真正的集体的解放。个人与集体必然对立和不相容的观念是群体本位时代形成的观念。与发展个人利益相对立的那种"集体主义"观念实质上只是一种狭隘的群体主义观念。这些观念都已不再完全适于人走向独立的现时代，需要加以更新。

人的问题是个大问题，也是一个具有根本性质的问题。现代化的社会只能由现代化的人创造出来。现代化的人又只能在创造现代化社会的活动中去培养、锻炼和成长。这就是我们应当明确树立的基本的观念。

市场经济、个人主体与现代哲学[①]

(1993年)

一、哲学、经济与人的关系

哲学与经济（经济活动、经济关系）本来有着非常密切的联系。只是，这种联系往往为哲学理论的抽象形式所掩盖。

哲学理论向以最富思辨性和抽象性著称。哲学中的范畴都属外延最广大的概念，反映的是所有现象最普遍的联系。哲学探求的问题更是一些远离现实生活，看来很像彼岸世界才能存在的问题，如宇宙的终极存在、万物的永恒本体、认识的绝对真理等等。因此在传统哲学中就形成一种观念，即认为哲学属于最远离实际、与世俗生活最少联系的理论，当然与经济的关系就更难谈到密切了。黑格尔甚至说，哲学就是不实际，实际了便不再是哲学。

哲学理论的抽象形式不但掩盖了它与经济的真实关系。更重要的是，就传统哲学来说，这种抽象的形式也遮没了它自身本有的内容实质。我所以说这是"更重要的"一点，就因为在我看来前者的被掩盖是通过后者的遮没才造成的。如果哲学回到它的真实本质，那么，就会立即袒露出它与经济的真实关系。沟通二者共同本质的中介内容，在我看来就是"人"。

[①] 原载《吉林大学社会科学学报》1994年第1期。

就哲学的本质说，它本来属于人的自我意识理论。哲学面对的是人的世界，哲学在观察世界中贯彻的是人的观点，哲学研究外部世界的最终目的也是为了把握人自身。人不但是哲学的真正主题、核心内容，是它的理论的初始起点和最终归宿，而且在它的理论发展中表现出的那些相互分歧和对立的观点，归根结底来说，所反映的也都是存在于人身上的矛盾和对人的不同认识。只是这一切，在传统的哲学理论中本末倒置了：用以说明人的存在的那种非人存在，被看做真实的存在；人所追求的那种理想性的东西，被当成初始的根据。这样，哲学变成了以终极、永恒、绝对为主题的理论，人在这里反倒成了微不足道的对象。传统哲学是以非人的形式来表现人，以超现实的形式表现现实世界的。人的主题被遮没了，哲学与经济的联系自然也就被割断。

如果我们恢复哲学的"本来面目"，提出什么是人、谁创造了人、人的本性究竟为何这类问题，这就必须追溯到它与经济的特殊联系。

尽管历来关于人有各种说法，科学和历史的大量材料业已充分证明：人并非上帝的创造物，倒应该认为上帝是人的创造物；人虽来自于自然，却非自然造就的现成作品；人只能是人的活动造就成的，即人自己活动的作品。而在人的各种活动中，生产活动、经济活动是居于始源地位、具有基础性质的活动，这就是人之生成为人的发源地。正如马克思所指出的，人们"可以根据意识、宗教或随便别的什么来区别人和动物。一当人们自己开始生产他们所必需的生活资料的时候……他们就开始把自己和动物区别开来"[①]。这就是说，人是以实践为本性的一种存在，生产活动、经济交往活动就是人的生成根据、生存基础和发展源泉。人是从这里走出动物家族，摆脱自然支配，发展出人的世界来的。因而人"是什么样的"，必然"同他们的生产是一致的——既和他们生产什么一致，又和他们怎样生产一致"[②]。即使今日人类已经高度文明化，创造出了远非昔日可比的极其多样化的生活内容和社会形式，这个领域所成就的人仍然是规定人的本性、具有始源性的人。在这一意义上我们完全可以说，这里就是原型的人、基

[①]《马克思恩格斯选集》第 1 卷，人民出版社 1972 年版，第 24—25 页。
[②]《马克思恩格斯选集》第 1 卷，人民出版社 1972 年版，第 24—25 页。

础的人、本真的人，或者，干脆叫做"本体的人"。马克思为了同政治领域、伦理领域、意识形态领域中的人相区别，就曾称呼经济活动领域中的人为"本来的人，真正的人"乃至"人本身"①。

追求"本真的人"正是以往的哲学为自己确立的目标。这个"本真的人"同时也是它们整个哲学立论的基本前提和终极根据。以往的哲学虽然不是从人们现实生活和活动中去说明本真人的，而是把它转移到了彼岸世界，理解成为原始性的非人存在。但是，不论人们把它理解和说成什么，人只能按照自己所有的样子去描述人，它的原型也只能取自现实生活中的人，这点是没有疑问的。

这里我们还可以进一步看到，不仅以往哲学把本真人理解为非人存在，就连它们把哲学变成追求终极存在的思辨理论、进而完全否定哲学与经济的联系这件事，也十分清楚地表现了哲学与经济的密切关系。因为这一切归根结底都是以经济活动状况以及在这种状况下所成就的人为根源的。

如果问，以往的哲学为什么会把哲学变成思辨形而上学的抽象理论？这同哲学具有穷根究底的学科性质不能说毫无关系，但，真正的原因是在于：它们对人的理解是抽象化的。那么，它们又何以会把人抽象化呢？再追究根源就会归结到：这是因为它们借以立论的那个现实生活中的人本来就尚未发育完全。缺乏主体性的人不会把自身表述为主体，发育不成熟的人只能产生人的不成熟理论。而人的发育不成熟就意味着造就人的那个物质经济条件发展得不成熟。

以往哲学产生时的基本社会状况是：人类进入文明社会以后，人已开始为人，并意识到自己为人，因而有了人的理想和愿望，并开始去追求人的生活。哲学就是作为最初觉醒的人的理论产生出来的。但在人类文明社会的一个很长发展阶段里，人的力量还很软弱，既未摆脱对自然力量的依赖，更无力掌握和控制自身的命运。这种状况清楚地表现于"自然经济"主导的现实生活里。

---

① 《马克思恩格斯全集》第1卷，人民出版社1956年版，第440页。

自然经济在本质上也就是"靠天吃饭"的经济。生产要凭自然体力，工具要借用自然形态物质，分工要依据自然生理区分，联系要靠自然纽带（血缘、地理）维系，城市是自然成长起来的，交换也主要是同自然的交换等等。总之，自然的脐带尚未完全割断。这就是传统哲学所形成的理论、用来塑造"本真的人"的现实土壤和原型。

应该说，人还在成长当中，原型本身就是"抽象的"、发育不完全的。马克思称自然经济条件下的人为"狭隘地域性的个人"、"狭隘人群的附属物"，也就是尚未达到独立的空疏的人。在他们身上，真正具有现实性的主要是先天承继来的自然禀赋和自然联系，至于"人的关系"，那时更多地还处在理想追求形式的孕育当中。这种状况当然决定了从它生长出来的哲学必然要把人抽象化，只能以非人的形式去表达人、在彼岸的幻想中去满足人的理想追求，也决定了它在理论形式上必然要去追求终极存在、投靠身外权威、相信本质先定，即走向思辨的绝对论的形而上学。如果不是这样，那倒令人奇怪了。这里充分体现并印证了马克思创立的"社会的存在决定社会的意识"伟大原理的正确性。

现代哲学与传统哲学相比，在对象、内容、主题、观点乃至提问方式、观察视角种种方面都发生了根本变化。如果用一句话来表达它们的区别，可以说就是：抽象的人和具体的人、虚幻的人和现实的人的对立。从传统哲学转向现代哲学，也就意味着哲学从云端降到了地上，从彼岸到达了此岸，从天国回到了人间。现代哲学已不再关注什么原初的、先天的、终极的存在，它所关切的是现实人的现实存在、现实生活、现实世界的问题。如果说传统哲学把人抽象化，是由于原型的人是抽象的，那么，现代哲学转向现实的、具体的人，当然也就是以"狭隘地域性的个人为世界历史性的、真正普遍的个人所代替"[①]为现实基础的。

这样的"世界历史性的、真正普遍的个人"正是在近代以来市场经济的发展中形成的。

[①]《马克思恩格斯选集》第1卷，人民出版社1972年版，第40页。

二、市场经济与独立个人的生成

"人是主体",这是针对人与活动对象的关系说的,因而具有泛称的意义,这既可以指个人(个人主体),可以指群体(集群主体)、社会(社会主体),也可以指人类(人类主体)。主体的活动基础同样只能是个体的人。因为人类、社会、群体作为主体的活动、需求、性能体现于有生命的个体人的身上才具有直接性,也只有通过有生命的个体人的行动才能获得现实性。如果人的主体性不落实到个体身上,也就是说,如果个体的人不具有主体性或者不能发挥主体作用,所谓人的主体性就不过是一句空话,或者只是一种潜在能力,不会是现实的主体性。

因此马克思说,"任何人类历史的第一个前提无疑是有生命的个人的存在"[①]。个人不只是人类历史的"前提",甚至也是历史发展的目的。马克思还说过,"人们的社会历史始终只是他们的个体发展的历史"[②]。

个人并不是自然给予的现成的存在,也不是一经存在便不再变化,而是在历史中生成,在历史中发展的存在。人有双重本质:一重是生命本质,这是由自然赋予的;一重是超生命的本质,它只能从社会中获得、在历史发展中形成。从这一意义来说,作为人类历史初始"前提"的那个"有生命的个人"还并不是真正的个人,即还不是人的个人。真正人的个人只能在"人类历史"的发展中逐渐形成。

自然经济时期可以看作个人生成的第一个阶段。这时的个人应该认为已经是人,即具有了人的性质、可以看作属于人的个人。但如果提出他们身上的人的性质来自何处、表现于何方这样的问题,我们就会看到,它还并不完全属于个人所有。那时的人处在一方面必须依赖自然纽带,另一方面必须依赖人群共同体的生存状态,这就意味着他们是从自然的种群中(共同体)获得人的性质和力量的。至于个人,从总体说他们既无独立的

---

① 《马克思恩格斯全集》第27卷,人民出版社1972年版,第478、24页。
② 《马克思恩格斯全集》第27卷,人民出版社1972年版,第478、24页。

人格，又乏自主活动能力，个体之间也尚未形成真正人的差别。所以马克思说他们只是"一定的狭隘人群的附属物"。这是一些并不具有独立性质的人。不是独立的人，也就不能看作真正的个人。自然经济及其主导的历史时期，只是向独立的个人发展的过渡时期、准备阶段。只有在发达的商品经济即市场经济的条件下，独立个人才可能形成。

非独立的个人怎样才能发展成为独立的个人？所谓"独立的个人"，他应当是具有自立（能力）、自主（意志）、自律（素质）和自由（状态）性质的个人，即普遍具有独立人格的人。

按通常理解，独立性和依赖性相对峙，要独立，似乎就得摆脱依赖。然而在世上又从来没有不相依赖的东西，那种绝对孤立的存在只能意味着不存在。从这一意义说，一个人要变成独立的个人，需要的并不是摆脱对他人、对社会的依赖和缩小与他人、与社会的联系，事情或许相反，而是要进一步升华这种依赖、扩大这种联系。

一个人只有把他人所创造的社会总体的实践能力变成自己可以利用的能力，把他人创造的社会共同财富变成自己可以享用的财富，也就是说，只有把自己完全融进人的类活动中去、把自己变成社会合成力量的化身，才能真正独立、成为独立的个人。

自然经济状况中的个人的非独立性，不是因为他们对共同体和他人具有依赖关系，而是由于这种关系的狭隘性、片面性和固定性，限制了对社会总体能力的吸收和利用。所以进一步的问题便主要是如何把自然性的单方面、固定化的依赖关系发展为社会性的相互和全面的依赖关系，把自然地域性的狭隘的交往联系扩大为世界历史性的、普遍的交往关系。这一问题的实质就是要把人们对自然性的依赖变成社会性依赖，把自然性的联系变成真正社会形式的联系。这正是市场经济所特有的性质。

市场经济也就是市场化的商品经济，它是人们之间在高度分工基础上形成的一种新型的社会化的交往和联系形式。

市场经济以社会分工为前提，它又进一步推动了社会性的分工。在社会分工中，社会生产被区分为不同的部门或行业，社会劳动被分解为彼此独立的私人劳动，人们之间也造成了相互的差别和利益的对立。这看来是分离了人们的联系，但没有这种分离，就不可能打破束缚人身的"自然纽带"，人们不可能走向独立，自然形成的共同体也不可能趋于瓦解。

在另一方面，经济活动的市场化，也就是经济关系的社会化。通过市场来调节生产、交换、分配和消费，以市场为导向来分配社会总劳动，这样便不仅把个人的私人活动都纳入社会性活动，也把人们及其活动联结成了统一的体系。在这里，面向市场就是面向整个社会，为自己劳动的同时也就是在为他人和社会劳动。

市场经济体系作为独立的个人及其活动的一种崭新社会联结形式，完全不同于自然经济体系的结合性质，支配市场活动的规律是价值规律，市场行为遵循的原则是利益调节原则、等价交换原则和平等竞争原则。个人或企业在这里都是自身利益的主体，他们的活动由自己的意志支配，他们行为的后果也只由个人负责。在相互平等竞争的条件下，每个人如果不遵循市场活动的原则，不积极地吸取社会总生产力的成果，不力求创新和改进自己的产品和经营方法，就会被价值规律所淘汰。在这样的结合方式中，个人形成的人格必然是自己独立的人格，同时又是社会化的人格。

市场经济的发展在历史上具有多方面的意义。从人的发展角度说，它的重大历史成就就在促进独立个人的形成。马克思所说的那种"世界历史性的、真正普遍的个人"就是只能生成于市场经济的条件。

独立的个人所以只能在市场经济的发展中形成，概括说来就是因为：在一个方面，由自然经济形成的那些束缚个人的片面的固定的（自然性）依赖关系，只有在市场的冲击下才能彻底被摧毁。在另一个方面，由以充实和丰富个人内涵从而使它走向独立所需要的那些条件，也只有通过市场的发展才能创造并提供出来。这是属于市场经济所有而为其他形式无法替代的作用。

（1）只有把人身依赖转变为对"物"的依赖，才能使个人从束缚人的"自然纽带"中彻底解放出来，进而形成独立的个人。人身依附凭借的是前定的自然的禀赋，而这里的"物"是指由人活动所创造的财富（包括金钱）、物化的社会关系所以转向物的依赖也就意味着，人们变自然的支配为自己劳动产品的支配、自己的劳动的支配，变自然性的依赖为社会依赖关系、全面的和相互的依赖关系。

（2）独立的个人以个人间的平等关系为前提，这只有在市场活动中才能建立起来。自然共同体所形成的那些等级、特权关系也只有依靠市场经济才能彻底破灭。在价值规律面前，没有高低贵贱之分，一切商品当事人都是平等的。价值规律铁面无私，对人一视同仁，它只遵守一条规则，即优胜劣汰。

（3）独立的个人在世界历史性的活动、人们普遍的交往关系中形成。历史证明，只有市场经济才能突破地域、民族或国家的壁垒，推动"历史向世界历史的转变"，打破原始的保守自足状态，在人们之间建立起最广泛、最普遍的交往联系，从而形成"世界历史性的、真正普遍的个人"。

（4）由于市场经济改变了只是面向领主而劳动的生产方式，这样便在基础活动领域结束了一部分人是目的、另一部分人充当手段的结构体系，从而在个人身上实现了目的和手段的统一。市场经济的活动，体现的是每个人为自己劳动同时也就在为他人服务的关系，而且自己只有作为他人的手段才能达到自己的目的，反之亦然。目的手段的这种统一是个人独立人格形成的基本条件，也是个人主体形成的主要标志。因为只有这种统一是个人独立人格形成的基本条件，也是个人主体形成的主要标志。因为只有在这种统一关系中，个体自我才能成为支配自己生命活动的主人。

（5）通过市场活动的培育和锻炼，人们才能从规律的奴隶状态中逐渐摆脱出来，学会支配和掌握个人的命运。市场活动也有"一只看不见的手"在操纵着人们的命运，这就是价值规律。但它同支配自然经济活动的那只手有着性质的不同。它属于人们活动中的社会性规律，与自然性规律不同，它对人们的作用不是先天性规定，也不是固定不变的决定，而是同个人行为状况密切关联着的。市场活动中总有人成功有人失败，这是确定无疑的。但哪个人成功、哪个人失败却不是前（先）定的命运，而是决定于你的行为和机遇。这里个人后天的不同智力、才能乃至胆识都具有重要作用。个人参与了结局的决定，在这一意义上也就是个人掌握着自己的命运。人们就是在这样的活动中，即通过市场经济的培育和锻炼，才逐渐走向"自为存在"的。

（6）市场经济改变了人们之间的关系，同时也就改变了整个社会的结构。少数个人的优先发展，在自然经济条件下就已达到。但只有在市场经济活动和平等竞争的关系中，才有可能普遍地使每个人都成为自身主体。并成为自己生命活动的意志主体、成为社会活动的行为主体。在现代发达的市场活动中，"消费者"也是主体，他们对生产活动也能起到一定意义上的支配作用。这就是马克思所说"真正普遍的个人"的涵义，如果社会不能形成"真正普遍的个人"，利用某种特权优先发展的那些少数个人也不可能是真正的自身主体。

在市场经济活动中，由于利益的分离和相互的竞争，必然使个人向两极分化；相对固定的社会分工也会使个人向片面化方向发展；对金钱、财富的追逐交易把人变成金钱的奴隶而陷入"货币拜物教"。这些是这种经济形式的局限性。所以市场经济形式还并不是人类活动的完善的和高级的形态。马克思在论述人类社会形态的发展时仅把它列为向更高形态发展的中介形态即第二大形态。马克思指出："人的依赖关系（起初完全是自然发生的），是最初的社会形态，在这种形态下，人的生产能力只是在狭隘的范围内和孤立的地点上发展着。以物的依赖性为基础的人的独立性，是第二大形态，在这种形态下，才形成普遍的社会物质变换，全面的联系，多方面的需求以及全面的能力的体系。建立在个人全面发展和他们共同的社会生产能力成为他们的社会财富这一基础上的自由个性，是第三个阶段。"[①]

个人的独立性是在第二大形态即市场经济的发展阶段形成的。这个阶段一方面促使家长制的、古代的以及封建的等级依附关系走向瓦解，同时又为在个人全面发展基础上形成具有自由个性的人即第三个阶段的到来准备了条件。这就是它的历史作用。在这个意义上，市场经济就是人的发展中一个不可缺少的必经阶段。

三、市场经济的发展与哲学观念的现代变革

人是怎样存在的，人用来表达自我本性的哲学理论也必然是怎样的。

[①]《马克思恩格斯全集》第46卷上册，人民出版社1980年版，第104页。

存在方式、生活方式决定着观念方式、思维方式。

发达的市场经济也就是现代经济的基本活动形式。人由市场经济走向现代化，社会由市场经济进入现代社会文明，哲学也由市场经济推向现代哲学形态。

随着在市场经济发展中自然经济体系的解体，原来适应于自然经济活动方式的观念在不知不觉中都变化了，逐渐让位于市场经济所需要的新观念。例如，自给自足观念为开拓创新观念所代替，等级从属观念为自立观念所代替，命运前定观念为个人奋斗观念所代替，保守观念为进取观念所代替，平均观念为竞争观念所代替，恩赐观念被自立观念所代替，权威观念为平等观念所代替，守旧观念为革新观念所代替，如此等等。

这些观念的变化归结到一点，其实质就是：适应个人由依附走向独立，人们对待外部世界以及人自己的态度发生了根本的变化。或者说，由于人变化了，人对世界、世界对人的关系都需要重新调整，新的观念就是适应新的关系而形成的，它的出现就意味着个人主体意识的觉醒。

这些反映到理论上，就表现为哲学观念的变化。即传统哲学理论向现代哲学理论的转变。

现代哲学，可以认为就是现代人的自我意识。它所表现的是获得独立性以后的个人与外部世界的关系，对待人世事物的态度，以及他的理想、愿望和追求。

自然经济条件下的个人只是"狭隘人群的附属物"，他们的人的内容是空疏的，单个的人不具有独立性，甚至不能成为人，"人"只是大写的人，只能存在于团体中，单个人只有在共同体中才能成为人。反映人的这种状态，传统哲学当然只有把人放到外部实体中去才能理解，并且也只能从某种先在本质中去寻求人的思想和行为的根据。

当着人变成独立的个人，这里的关系就完全变化了。从独立的个人的眼光也就是主体的眼光看来，并不是人是附属物，应当是外部世界属于人——主体的附属物，即马克思所说的"无机的身体"。在这里人的性质不但不是取自外部世界，而且相反，外部世界的存在意义反要从对人（人们实践活动）的关系中才能理解。

传统哲学转变为现代哲学，首先就是这一哲学立足点的变化，它不再从什么假想的实体、本体出发去理解各种事物，而是要直接地运用人的眼光去看待一切，从对人的关系中去理解外部世界；它所关注的已不再是什么彼岸存在的终极、永恒的问题，而是人的现实存在、现实生活中提出的问题；它也不再依靠什么外在权威、先定本质去解释和解决人的生存生活问题，而是要从人自身的生存活动中去寻求人的行为的价值、意义和根据，要运用人自己的力量去创造人自己的生活、掌握人自己的命运。

这样，就形成了由传统哲学到现代哲学的如下理论转向：从一元取向转向多维取向，从族群本位转向个体本位，从客体决定论转向自主决定论，从先天命定论转向后天选择论，从投靠外在权威转向发挥内在权威，从绝对主义转向相对主义，从实体论转向价值论，从抽象理性主义转向批判理性主义等等。

马克思是现代哲学的开创人和奠基人。马克思在19世纪中期最早以理论形式表达了人类社会第二大形态的伟大历史变革，在哲学中实现了从抽象的虚幻的人转到具体的现实的人，从抽象的彼岸世界回到人的现实世界的伟大理论转变。从此，传统哲学的历史便终结，开始进入了新的哲学时期即现代哲学的发展时期。

我国在20世纪初期就较早地接受了马克思的哲学理论。在这一理论指导下，我们取得了民主革命的伟大胜利，随后又进入社会主义的发展时期。

然而我们接受这一理论的"基础"却并不很完备。人所共知，自近代以来，我国便处于落后的发展状态。广大农村以一犁一锄自然经济的生产方式为主，城市也只有落后的小工业生产和小商品经济。迄今以前，我们虽然创建了许多大工业、大农业，由于采用的是高度集中的计划经济体制，缺少现代市场经济的发展阶段，致使我们始终未能根本改变落后状态。

缺少现代市场经济的发展阶段，不只影响到我国社会生活的各个方面，更主要地是限制了我国"人"的成长和发展。我们虽然生存于现代世界，却并没有获得现代人的素质和能力，支配我们思想和行为的更多地是小农经济、小生产即自然经济条件下的那种"狭隘地域性的个人"和"狭隘人群的附属物"的习性、观念和模式。正是由于这一原因，以致我们设想以更高形态去改变社会制度、社会生活的那些原属很好的思想和措施，一经用到实际中去便不能不陷入走样、变质。例如，"一大二公"变成了"吃大锅饭"的平均主义组织形式，"集中统一"变成了只能按号令迈步走路的等靠要行为方式，如此等等。

马克思的哲学是现代人的意识表达，只有从"世界历史性的、真正普遍的个人"的立场才能真正理解其精髓。多年以来，无可否认，我们对他的思想和理论有许多误解、错解、甚至歪解的地方，我们把许多本不属于他的思想施加于他，我们从他的理论中识解出来的常常是我们所需要的内容。例如，在"世界观"部分，我们把他创立的实践观点搁置一旁，用的是自然本体论的方式去理解他的观点。因而便在"物质"这一最高范畴下把人还原为和物同质的存在；把"规律"变成人必须顺从自然、主观只能顺应客观的依据，以"群众"的名义泯灭个人的自主性和独立性的人格价值，等等。在认识论和历史观部分，我们讲的是"实践标准"，贯彻的却是"抽象理性"标准；我们承认生产力是决定社会发展的根本力量，在理解中通过把生产力归结为生产关系、把生产关系归结为所有制关系、把所有制关系归结为政权关系的方式，引出的是"阶级斗争为纲"、"政治统帅一切"的结论，如此等等。这些，不能不说同我们的"人"的状态是密切相关的。

党的十一届三中全会确定了实事求是的思想路线，开创了我国改革开放的发展道路；十四次代表大会又确立了实行社会主义市场经济体制的方针，使我国进一步走向世界历史的发展大道。我们可以预期，随着市场经济的发展，正像它在历史上曾经起过的作用一样，也必将改变我国社会生活的面貌，引起整个社会的全面而深刻的变革。

经济体制的转轨，要求政治、文化、意识形态也必须随之变化，即从适应计划经济的轨道转向适应市场经济的轨道。哲学当然不能例外，也不应当例外。我们在多年中用以教育人们的哲学观念、哲学理论，是适应高度集中的计划经济体制的需要而形成的，它曾经为那种体制服务得很好。

我们能否设想，这样的一套理论不做任何根本的变革，同样可以适应逐渐走向独立的人的需要，也能够为市场经济的发展服务得很好，因而可以照样用它去教育学生、干部和群众？

我以为这就是今天摆在我们面前，需要我们首先认真予以思考的问题。只有从这个问题得出应有的答案之后，下一步的工作才有可能真正的展开。

我深信，市场经济的发展能够改变人、能够改造社会，它也一定能够改造哲学。适应我国社会主义市场经济的发展，我国的哲学观念也必将发生深刻的变革。

市场经济与当前中国哲学的发展[①]

（1993年）

一、市场经济与人的发展

社会的发展，归根结底，就是人的个体发展，也就是个人的全面发展。马克思对此有很明确的论述。他从人的发展这个角度规定了社会形态，指出经历了三个大的发展阶段，即人的发展三个阶段。第一个阶段就是人的依赖关系。人是处于相互的固定的依赖关系当中，主要特征就是人都是以群体形态而存在的。马克思把它叫做人群共同体。在这个阶段的人，只有大写的人，单独的个人并不算人。叫做我并不是属于我自己，我是属于家族、部族、宗族的，马克思把它叫做种族群。个人只是"狭隘人群的附属物"，附属于人群里边。这个阶段包括从原始社会、奴隶社会到封建社会，甚至包括资本主义社会的初期。第二个阶段，是独立个人的生成，马克思叫做"以物的依赖性为基础的人的独立性"阶段，主要特征就是形成具有自主、自立、自律，具有独立人格的个人，马克思把它称作

[①] 这是一篇学术报告的录音整理稿。1993年8月应甘肃省社会科学院哲学研究所邀请，参加了由他们主持召开的"市场经济与人"的学术讨论会，我以学术报告形式作了长篇发言，结合市场经济与人的关系谈了有关哲学理论改革的问题。事后邓兆明研究员根据报告录音整理成稿，经过压缩后在《甘肃社会科学》发表。其中讲到的一些内容，我觉得对理解市场经济与哲学的关系问题可能有一定的帮助，所以收在了这里。由于是报告录音的整理稿，整理人保持了口语特点，这次我也仍然保留了原貌。

"世界历史性的、真正普遍的个人",这是在《德意志意识形态》里使用的名称,按现在的语言就是个人主体的生成。第三个阶段,是属于在个人全面发展基础上已经形成了具有自由个性的人。"自由个性"是马克思的原话。马克思把它看做人类发展的最高形态。这个阶段的社会,马克思称作自由个人的联合体,自由人的联合体。按其实质来说,就是今天我们所理解的共产主义。按照马克思主义三个形态的分析,社会历史发展的总的目标,也就是人作为个人独立人格的生成或者全面能力的发展。至于社会的不同的形态也好、体制也好,应当说这是人发展的必要条件,也是人发展的一个结果。这两个方面,应当是完全适应的。现在我们讲人是主体,人的发展实际上也就是人的主体生成的过程。所以,成为人或人成为主体,这两件事也是相互一致的。人不能成为主体,就不能成为一个完全的人,或者是一个真正的人。人的主体的生成,可以看作经过这样三个步骤:首先形成的是集群主体,集群主体表现人的主体能力的低下,尚在生成过程之中。第二个阶段,个人才能逐步形成主体,在个人主体发展的基础上,最后才能形成类主体。群体主体与类主体的主要差别在于个人不是主体,个人成为主体以后,在广泛的、全世界历史性的联系当中,才能形成人作为类的主体的行为。类主体带有普遍性,所以它只能在个人主体基础上才能形成。今天世界范围内提出的问题,很多都是带有类的性质,你一个国家,不能光顾你一个国家的利益,要考虑全球的利益,大家都在一条船上,像这种观念,在近代已经提出人道主义,但是只有在今天才能达到人类主义。

市场经济在人的发展,在社会形态的演变当中,究竟占什么样的地位,起什么作用?市场经济不单是个经济问题,它是社会的基础问题。关于市场经济,我们不论从哪个角度说明,都能得出一个共同的结论:就是市场经济是人类或社会发展不能超越的、必须经历的一个发展阶段,市场经济的作用是别的经济形态、经济体制、经济制度无法代替的。至于市场经济究竟有什么作用,也可以从多方面去理解、去说明,因为它的作用本来是多方面的。我们今天所能达到的生产社会化、政治民主化、行为的法制化、科技的现代化、思想的自由化,这些都和市场经济高度发展有直接、密切的关系。那么从哲学来说，市场经济主要的历史作用，就在于创造独立的个人，用马克思的话说，就是狭隘的个人为世界历史性的真正普遍的个人所代替。这句话是马克思用来说明市场经济在世界历史性的交往当中所起的主要的作用。在这样的基础上才建立了人们之间，也可以叫做世界历史性那种全面依赖的联系、社会性的联系，促使民族历史、地域历史向世界历史的转变，才会有今天的世界，有现代世界、现代社会、现代文明。从这个意义说，不经过市场经济的发展，不可能打破由自然形成的那种人身依附的、等级从属的狭隘的群体关系。马克思把它叫做狭隘的共同体，甚至叫做虚假的共同体。那是一种片面依赖的固定的关系。不经过市场经济的发展，也不能形成独立性的个人的自我人格。个人的生命的活动不能成为他自己意志的对象，就没有独立的人格。

为什么只有经过市场经济的发展，独立的个人才能形成，用别的方式、别的形式不能代替？这个问题，马克思讲过一句话："人是只有在社会中才能独立的动物。"这个社会是指特定的社会发展阶段，人才能逐渐形成独立的个人。马克思还有一句话：每一个单独个人解放的程度，也就是独立的程度，是与历史完全转变为世界历史的程度一致的。就这一点来说，独立的个人只有在把民族的历史、地域的历史转变为世界历史这样的市场经济高度发展的条件下，才可能形成。为什么？我仅用三点说明。

第一点，就是社会分工。市场经济以分工为前提。它既是社会分工的产物，又是社会分工进一步发展的一个基础，市场经济的发展与社会分工的发展，是相互适应的。市场经济的发展就意味着社会分工的深化发展。分工具有两重性，具有双重的作用。一方面，它把人孤立化了。分工就是使各自搞各自的，分成不同的行业、职业，劳动被分解为彼此独立的私人劳动，利益也被分成个人彼此之间相互对立的利益主体，这就形成人与人之间的冲突，这就把人分离开来。另一方面，市场经济又把人纳入社会性的、相互依赖的关系当中。因为分工的另一面，就是形成人与人之间的相互需要，我生产的东西不能完全满足我的需要，我所需要的东西，必须由别人替我生产，这样就必然形成一个相互依赖关系，所以人与人之间处于这样一个相互需要关系，也促使人处于一个全面依赖的关系。同时，分工也就使单个人的活动成为世界历史性的活动,每个人的活动都和整个世界范围所有的生产活动挂钩,结合在一起。个人的活动成为世界历史性的活动,这也是马克思的原话。马克思的分析,对我们今天理解市场经济是有好处的,为什么非在分工当中,独立的个人才能生成,除了你的独立劳动之外,马克思要分析的有这样的道理,在古代社会一个人的需要,都要由他自己动手来生产,就是说他什么都得会干,这样看来,他很能干,实质上,马克思认为这个原始性的丰富性是空疏的,也就是说是虚假的丰富性,实际上他什么也干不好,什么能力都不全面具备。只有在分工的条件下,个人能力才能发展,在这个意义上说,分工造成的普遍交往,在每一个人身上,目的和手段都统一了。一个人为别人服务,同时也就是为自己服务,他要想为自己服务,他同时必须充当别人的手段。这就是相互需要的关系,在这个意义上讲,个人才成为自己生命活动的主体,个人生命活动才成为自己意志的对象,同时,个人生命活动又得到了社会普遍的意义和身份,也是他人生存的需要。这就把所有的人联系在一起了。这就是分工的特点。分工在这个意义上说,既造成了独立的个人,马克思叫做把个人独立化了;同时,又把所有个人用一种新的社会性联系把它联系在一起了。这是别的所不能代替的。

　　第二点,马克思提出,通过对物的依赖形成个人的独立。在市场经济条件下,物的依赖是指的财富,指金钱,指货币,和以前自然经济条件下,对人身的依赖相比,在性质上根本不同。这种对物的依赖也有两重性。一方面由于对物的依赖形成了金钱拜物教,一方面因为这个物作为财富,它是自己劳动的产物、劳动的产品、劳动的结果。依赖于物,也就意味着,依赖于自己劳动的产品,依赖自己的劳动,具有自我依赖性质。还有一点是,这个物,在这里是社会关系的物化形态。原来的社会关系,马克思叫做是自然形成的,按着血缘、按着自然分工所形成的那样一种关系。通过对物所体现的这种社会关系的依赖,这里的社会关系便脱离了人身,变成一种客观存在的,具有客观性、具有独立性的一种实体。对于这种物的依赖,打破了人身的依赖才可能形成人与人之间普遍的,马克思所说的全面的相互的依赖关系。对于物的依赖,就等于说从对于身外自然依赖转向了对于自身劳动的依赖，把对于人身内自然的依赖又转变为对于身外社会联系的依赖，这是一个重大的进步，也是别的不可代替的。金钱拜物具有两重性。人也有两重性。什么是人？传统的回答叫做：一半禽兽，一半天使，因为人来自于自然，当然有禽兽性。另外，人总有人的一种追求，这就表现人的"天使"性。追求某种理想要有某种信仰，总是从看得见的东西追求某种看不见的东西，如果没有这一点，人就不叫做人。市场经济就是金钱在社会上的普及，把人的两面性都焕发出来了。市场经济是一种自立经济，应当有健全的法制。我们对物的依赖，这是一个人的发展不可少的必经的阶段。

第三点，价值规律的支配。自然经济条件下的活动是靠自然调节，市场经济的活动靠价值规律自发调节。当然，到了产品经济，就由人有意识地自觉地调节，现在我们没有达到这个阶段。自然经济是一种靠天吃饭的经济。自然经济条件下，起主要作用的是自然的本能联系。可以这样说，在自然经济条件下，有一只看不见的手，操纵着人们的活动，支配着人们的命运，但是这"两只手"的性质不一样，自然经济条件下那一只手，是先定的、客观的，与人的活动没有内在的联系。一场大风暴来了不管你张三李四，同样受灾害，它不考虑你的状况，与你的活动不挂钩，但是，价值规律的支配作用就不一样了，这一只看不见的手所反映的是社会的需求，是客观化的主观需求，它也是一种外力自发地起作用，但是它是内在于人的活动中的外力，也就是说它是体现在人活动当中的一种规律，它所起的作用并不是先天的决定，而是在运行的过程当中所形成的一种必然的联系；它也不是一种固定不变的决定，而是在随机变化当中不断起调整作用，它对待一切利益都是均等的，但是在这里头个人在规律的支配下，究竟达到什么样的结局、结果，却是与个人活动直接相关的，是由它所选择的因素起作用的。个人活动或行为的状况，决定于你个人的思想、素质，也决定于你个人的机遇。这些条件组合在一起，才形成你的命运。在这个意义上说，个人是参与选择的，你的命运从一定意义说是掌握在你的手里的，如果你的信息灵通，掌握了市场经济运行规律，在大多数情况下，总是成功的；如相反，就不一定。从这个意义上说，只有经过价值规律的作用，经过市场经济这个阶段，人才真正能够学会驾驭规律、运用规律，掌握自己的命运。市场经济活动是一所大学校，锻炼人成长，锻炼了个人，使人摸清客观规律，然后怎样有意识地运用这个规律，去获得自己行为的成功。这一点，可以叫做天命与人事的统一，这是历史的重大进步，是无法代替的。总之，人不经过市场经济阶段，就不能形成独立的个人，也就没有现代社会从独立的个人出发所有的一切，如民主、科技、法制等等，就都谈不到了。

二、人与哲学的发展

市场经济与哲学的关系。如果把哲学与人的关系理解好，哲学与市场经济的关系也就清楚了。自有哲学那天起，人们一直在争论究竟什么是哲学，看法不一。根据我现在的看法，哲学说穿了，就是人对自己的一种理解，我把它叫做自我意识的理论。哲学的作用，主要就在于它要帮助人们理解好、把握好人自己，以便使人能按照适合于自己发展的状况的观点，即人的观点，去活动、去行为、去认识外部世界、处理各种问题。这样充分发挥人作为人所应有的创造性，这就是哲学的作用。哲学应当启发人自觉意识到人在世间应当怎样去做，所以哲学体现了人的观点，我们用哲学观点去看问题，就是用人的观点或适应现在发展状况的人的观点去看待一切问题。在历史上，人是怎么样的，可以说哲学基本上就是怎么样的，人的存在方式、生活方式，决定了人的观念的方式或思维的方式。哲学历史的那些矛盾、争论，总是要出现相互补充的对立的观点，有唯物论，就有唯心论，有唯理论，就有经验论，等等。这些其实都是表现人所固有的矛盾，人是世间最大的一个"二律背反"式的矛盾存在，它来自于自然又超越于自然，有自然性，又超自然性，有肉体，又有灵魂，肉体引人通向自然，灵魂引人通向天国，通向形而上学。这些特点反映到哲学里边，当然就要形成这样那样相互补充又相互对立的两种观点，就使历史上常出现颠倒的世界观。哲学的特点，都是反映人的特点。从这个意义上来说，现在我们所讲的哲学是世界观,应当说就是用人的观点去看那个世界的模样,人所处的条件状况,它所追求的理想世界或模式。

哲学的世界观,和科学的世界观是不一样的,哲学的世界观与宗教的世界观也不一样,过去我们为了批判宗教世界观,往往把哲学世界观理解为科学世界观,这就与我们理解的哲学有关,往往就把马克思主义哲学的真实思想掩盖住了。人类进入文明的时代,即进入奴隶社会以后,就产生了哲学,因为这时人已经开始意识到自己是人,并且要去追求人的生活、人的理想。西方哲学的第一个命题,是在德尔菲的神庙前面的石碑上刻着的那一句话:"认识你自己"。从苏格拉底、柏拉图就开始转向人世的研究,探索人自己。哲学的发展与人的发展状况是相适应的。我们把全部哲学的发展,大体可以分成两种哲学。现在比较流行的说法,一个叫传统哲学,一个叫现代哲学。黑格尔以前的,大体上可以把它概括到传统哲学里边。从马克思以后的,叫做现代哲学。传统哲学和现代哲学的根本区别就在于抽象化的人与具体的人的对立,虚幻的人和现实的人的对立。传统哲学的特点就是把人抽象化了,是从抽象化的人的观点去理解世界而形成的一套理论。传统哲学是从本原或试图追究那种本真的人,它不满足于对现存的人的认识,却要追根溯源,追来追去,追到最终的本原,它已经不是人,比如,我们要追溯鸡蛋从哪里来,你不能从鸡蛋本身,你要超出鸡蛋本身,追溯到小鸡那里去。如果你要再问小鸡的来源,那一定是非鸡,从非鸡产生小鸡,同样是这样一个道理。传统哲学的思考方式就是这样。从本原,追求本真,结果就追求到非人。把非人当做真正的人,把人变成不是人了。按照德谟克里特的观点来看,什么是人,人的本真就是原子,不过是一种更加精致的原子而已。按照柏拉图的观点,什么是人,人就是一种理念,最高的理念,等等。以这种思考方式,把人追溯到非人存在,反过来,又试图从先于人存在的绝对本体当中引申出人的一切行为根据。如果本真的人是非人的存在,那么这个根据就是预先规定在非人的里边了,这就是传统哲学所讲的本体。概括来说,它的主题、对象是追求终极存在,永恒本体,绝对真理,它试图投靠身外权威,在人以外去寻找一个更高的权威,总是相信本体的先定,人的后天的一切本质事先就给你规定好了。这样哲学就变成一种客体中心论，外在决定论，本质先定论，人变成从属的存在。外在决定论，人的活动都是由人的身外，先天来规定的；先定本质论，本质总是预先就存在的；抽象理论性，哲学的意义作用就在于从先定的本质推论出结论，发现了先天的原则，然后衍生出结论。这就是传统哲学的基本特点和基本思考方式。为什么传统哲学以这种方式去研究人，把人抽象呢？就是因为传统哲学，基本上是反映了自然经济，小生产状况下的人的本性、人的追求、人的理想的一种理论。它所反映的哲学所表现的一些特点，和自然经济条件下的人的发展状况，完全是一致的。因为在自然经济条件下的人，本来就是发育不完全的，也就是说是抽象的。个人都不是独立的，仅仅具有原始的丰富性，空疏性，实质上是一种片面性。人对自然的关系有两面性，人对自然一方面有肯定性的关系，这表现在自然是人生存的基础，人需要依赖于自然而生存。人还有对自然否定性的关系。动物简单地肯定自然，自然提供的吃掉就成了。人恰恰是在否定自然原有的形态的活动当中，才突破性地成为人的，在人身上所表现的真正人的特点不是对自然的肯定性，恰恰是对自然的否定性。但是，在自然经济条件下，人虽然已经是人，脱离动物界了，人的生存方式跟动物在很大程度上还没有原则差别。这就表现在，主要靠肯定自然获得自己的生存。这就形成在自然经济条件下，人的状况完全处于自然的威力之下，人的否定性还不具有现实性，还是属于人的理想、追求的目标。在这个意义上，反映这样的人的状况的哲学理论，必然要把人的现实本性变成理想的目标。在现实中拿不到的东西，它希望在终极中拿到。这种理论，在自然经济条件下，完全适应人的状况，对人也有很大的鼓舞作用。但是当人发展以后就不成了。所以现代哲学，从19世纪新兴起的哲学就不能再接受这种哲学理论。从马克思开始，包括尼采、叔本华等早期哲学家，现代哲学都反对传统哲学那种思辨的形而上学。15世纪到16世纪以后，市场经济发展起来，再加上工业革命，引起活动方式的变革，自然经济转向制造经济，到后工业社会，就是今天我们的创造经济，在这种条件下，人不但有能力实现自己的愿望，而且也有力量控制自己的命运，人不能再忍受屈从于外部权威由先在本质决定命运的那种哲学理论了。人要求自立，要求自主，哲学也要求自立，要求自主，要建立真正反映人自立性、自主性、自律性、自由性的理论，这就是现代哲学。人发生变化，人的观念也跟着变化了。我们从这几年市场经济发展以来的变化看出，人成长壮大、有力量了。用自然经济条件下那种人的眼光去看世界、看自然，自然总是捉弄人的一种强大异己力量。你对它毫无办法。用市场经济的眼光去看世界，再不把它看做不可征服的异己力量了。相反地，变成了自己的财富。这就是马克思所讲的人化自然。世界也不是异于人的存在，而是人的身边存在。这种世界已经踏上人的足迹，对象化了人的本质力量。哲学表达世界观就不能像原来那样，把它作为异己的、外在的、先定的、操纵人的命运的那样世界来对待了。而是把它看做人的认识、改造的对象来对待，过去咱们受某些理论框框的束缚，往往不愿从这个角度去理解。其实，从现代人的观念来看，绝对不是我们现在哲学所讲的那样世界的面貌，那样的世界恰好正是古代哲学或传统哲学所反映的自然经济条件下一种世界的图画。人给自己所确定的对象，实际都对象化着自己的本质。你自己没有达到那样的本质，你就不可能把它作为本质的对象。世世代代九寨沟都有人，那是什么样的人呢？从生活上来说，与动物差不多少。他们没有从旅游观念出发的审美意识，现代人之所以发现一个新的旅游景点，实际上是人获得新的本质以后，对象性质发生了变化，从今天人的观点来看，是赚钱的对象。唯心论有一个著名的论断：比如，天上的月亮，唯心论说，月亮是与我而共在的，与我的意志融合而成的，我不存在，月亮也就不存在。我同意批判这个论断。但把这个对象与我们的意识活动连在一块考虑的话，我们看到的月亮是怎样的呢？就是那么大的一个圆盘，把它形容为磨盘，一个明镜，月牙……这是我们感觉的对象。假如地球上根本没有人，月亮能不能表现一种磨盘、明镜、月牙的对象存在呢？从这个意义上来说，你的认识对象一旦进入你的认识范围，就已经体现了你的本质。这就是我以此说明为什么从传统哲学到现代哲学，人们对世界的看法发生这么大的变化。关键在于人变化了。从传统哲学到现代哲学的转变，可以说就是人对待人和世界的态度方式发生了变化而在理论观点上的一种反映。当然这里要说明，现在西方哲学思潮和马克思主义哲学不完全一样，这里是从它们的共性来说。这里形成的一系列问题都发生变化。哲学对象发生了变化,再不是关心那种渺无人烟的本体世界了,对象就转向于人们现实生活的世界。现在我们讲的是现实世界,或者说街市的世界,不再是那种遥远的与人无关的世界了。哲学主题也发生了变化,哲学不再追求终极存在、永恒本质、绝对真理,而转向注重人的生存活动、人的存在方式、人的现实处境的问题。马克思主义理论很明确,就是人的解放的理论。看马克思的书,很少看到马克思谈终极存在是什么?他在《德意志意识形态》中开宗明义:人类历史第一批有生命的个人开始往下研究,研究人的世界发展或人类的发展。哲学思考方式也发生了变化。现在不再去争论谁是第一性,谁是第二性,这个关系还存在,但已经不是很重要了。概括地说,从传统哲学到现代哲学的一系列理论转向:从一维取向转到多维取向;从群体本位转向个体本位,现代哲学所考虑的问题,都是讲个人体验的世界、个人生活世界,本位也发生了变化;从先天命定论转向后天选择论;从投靠外在权威转向发挥内在权威;从绝对主义转向相对原则;从客体论转向价值论;从抽象理性主义转向批判理性主义等等。总之,适应人的发展变化,哲学也经历了从传统哲学到现代哲学这样的一个转变。

三、市场经济的发展和我国哲学观念的变革

咱们奉行的是马克思主义哲学,马克思是现代哲学的创始人、奠基人。马克思是从市场经济高度发展的远景,深刻地总结了市场经济这个社会阶段,它的利、弊各方面的社会矛盾,形成了他的哲学理论、经济学理论、科学社会主义理论。这种理论完全反映了现代人的观念。在反映现代人的理想和追求,对传统哲学采取批判否定的态度上,它跟西方哲学是一致的,只是对传统哲学否定的东西不一样,马克思是立足未来去看过去,所以在否定当中有继承,从人的根本活动中反映现代人的性格和特点。而西方哲学往往各抓一面,各抓一点,去表达现代人的状况。马克思主义哲

学是反映现代精神的精华,当然应当推动我国走上世界历史,走向未来,应当在社会主义建设中取得重大胜利。可是,中华人民共和国成立以后,这种理论却不断地使我们陷入错误。比如说,长期以来我们强调理论与实践相统一的,为什么我们的理论与世界历史,与时代要求不合拍?我们越强调主观要符合客观,要从客观出发,要尊重客观规律,我们却越犯主观主义的错误,唯意志论的错误;我们越普及辩证法,形而上学越猖獗;我们越强调人民群众是英雄,领袖崇拜、领袖迷信越严重;我们越讲实事求是,在许多问题上反而不实事求是;我们(越)强调经济是基础,经济基础决定上层建筑,(就)越贯彻政治决定论,政治统帅一切;(越)承认实践高于理论,却越实行抽象的理性标准,等等。这是值得我们深思的。为什么我们以马克思主义哲学为名称的理论,越学它,在现实中越碰壁?在"文化大革命"(它)达到了极端,把中国经济引向了崩溃的边缘。当然,原因是多方面的,马克思主义哲学理论,它(是)反映现代市场经济高度发展的那个条件下所形成的,具有独立的个人要求全面发展的那种理想、愿望、追求,我们只有站在现代市场经济发展的那个人的立场上才能理解这种理论。相反,如果我们还是站在自然经济状况下,从人与人依赖关系中的抽象共同体那个立场上是不可能真正理解这个理论的,即使你念出了那个词句,也把握不了它的精髓。马克思的理论相当大的一部分是在批判资本主义已经暴露出来的社会矛盾和社会弊端的基础上写出来的理论。怎样解决这些弊端,可以从两个立场去理解,一个立场从形成独立个人以后,在这个基础上追求个人全面发展,以这个原则来批判资本主义。这种批判当然引向集体主义,共产主义。相反地,如果站在封建的、小农经济的、平均主义的、"大锅饭"的立场,去看待资本主义,绝对不一样。恐怕很多问题上要回到原始共同体,如宗族、部族、家族、国家等即马克思所说的虚假共同体。这样,就会得出两种完全相反的结果或结论。应该说,苏联学者从斯大林,包括斯大林在内,对马克思主义思想的接受,就是在俄罗斯的土地上,处在农奴制及其影响没有完全消除的那样条件下,来理解马克思主义哲学,所以很多问题在他们手里边已经变形走样了。这种理论给我国造成很大危害,甚至使苏联垮台,几十个小时就使苏联这样的国家在地图上抹掉了，是造成这个祸害的原因之一。对从苏联过来的这种理论，不做根本的改造，小修小补解决不了根本问题。要把它与马克思的哲学思想区别开来。现在应当按照马克思的原来思想重新理解我们现在所奉行的这套理论，不要把这套理论看成都是马克思的观点和理论。应当从现时代的要求出发，进一步推进马克思主义理论，对我们现在这种理论存在的问题已是重新认识的时候了。要想进一步推动市场经济的发展，就必须推动理论也要有一个大的发展。首先应当重新认识现有的理论，弄清楚这种理论在哪些方面变形走样？总的来说，马克思在哲学上最重大的贡献，就是从抽象的人转向具体的人。马克思批判以往哲学特别强调它们所有那些理论的弊病都是来自把人抽象化了。所以马克思要求把人还原到现实的、具体的人，这是马克思理论的立足点、基点。马克思理论作为人类解放的理论，也是从这点出发的，就是要解决这样人的一些问题。在这点上，马克思主义哲学非常明确体现了它的核心就是人。但是马克思是怎样观察人，怎样把人具体化呢？马克思抓住了人的生存的一个根本活动，这就是劳动生产。概括为实践观点，马克思从实践观点来理解人，这样就把人看做生活在一定历史条件下现实活动当中的人。克服以前对人抽象化的观点。实践观点应当看作是马克思在哲学理论上最重大的贡献。马克思在哲学上所有新的创造都来自于实践观点。由于各个方面贯彻了实践观点，必然引起整个哲学理论革命性的变革。从这个意义上说，如果抓不住具体的人、现实的人，抓不住实践这个核心概念，就不可能真正理解马克思的思想。那就必然把马克思主义哲学经过改造以后倒退回去，变成旧唯物主义。我认为苏联学者就是这样，必然用传统哲学框架去理解马克思的思想，这样就在他们哲学理论里边，关于像哲学的性质、哲学的主题、哲学的思考方式等等，都引向到历史倒退，倒退到18世纪法国启蒙哲学家的水平。当然还夹杂其他的，有黑格尔的，直观唯物论的，包括近代以来经验论的。按照我们现在所理解的哲学，开宗明义，首先规定哲学是世界观。世界观是干什么的？实际上回答世界之奥秘，回答世界归根到底是什么，世界是怎样发展到今天，也就是给世界构造一个完整的图画。而这些正是传统哲学的任务，传统哲学的特点，在这样前提下，也把哲学引向追求什么终极,什么永恒,什么绝对。我们的物质概念就是一种永恒,就是一种绝对嘛。我们把它作为最高本体,然后试图从它引申出我们行为的根据,我们的一切思维方式。从苏联引进的哲学,整个学完以后,给我们建立的最深刻的观念,即这种哲学理论所体现的基本倾向:就在于要你相信一切都是客观规律呀,物质呀,都是不以人们意志为转移,在处理这些关系问题上,总的倾向就是在人与自然的关系上,要承认自然是老大,自然第一;客观与主观关系上,客观是老大,客观第一;活动与规律关系上,规律是老大,规律第一;真理与价值关系上,要承认求真是第一的,价值要服从真理;自由和必然的关系,要承认必然性第一,自由应顺从自然;情欲与理性关系,理性是老大,情欲要服从理性等等。这个倾向在某种意义上,也就是客体中心论,客观决定论,外在决定论,先在本质论的一个翻版。按照这种方式来处理,人什么时候都听自然的话,按照自然的方式去活动,那就没有人。人被失落了,也就是把人抽象化。因为人与自然的关系,本来有一个逆转关系。原来自然是主宰人的,人的实践活动恰好相反,把"关系"逆转了。实践就意味着要把自然变成人的改造对象,在对象中灌注人的目的。在实践活动中,人变成老大,变成主体。如果还要强调客观第一,这人实际就变成同动物一样的存在。这种哲学理论不可能反映现代人的需求,所以人们感到它离我们太远,解决不了现实生活的问题。

在苏联学者的手中,马克思主义哲学已经变成了脱离现实,远离生活,背离时代,以不食人间烟火的天使为人性假定的一种理性主义哲学。在这种哲学里边,实践(观点)这一马克思的重大发现,没有作为一个核心概念来对待。而把抽象的自然原则作为整个哲学的前提。这样哲学就变成了不是贯彻实践的原则,而是贯彻抽象理性原则,我们在现实生活中,因此总是把原则看得比生活更重要、更真实。如果原则和生活发生了冲突,我们宁可牺牲生活,也要维持原则,这叫做坚持真理。那么,实践到哪里去了呢?实践在过去的理论里边被驱逐到认识论的一个小角落。过去从苏联引进来的书,只在讲到检验真理标准的时候,才讲实践。讲到认识的本性的时候都不讲实践,认识的本性没有反映实践的本性。虽然我们说，认识来源于实践，但实践在认识当中没有打下自己的印记。我们关于认识的解释跟旧唯物论的解释基本是一样的。所有这些说明这种理论是倒退，除实践这一部分理论以外，其余，凡是不贯彻实践观点和思维方式的那些理论统统变成退回到旧哲学理论原理那里去了。

还有许多理论观点，是我们执行高度集中的计划经济体制的需要，也都把它改造过了。很多理论是马克思的思想，但是为了适应我们高度集中计划经济体制的要求，解释、理解都不一样了。比如，物质这个概念，在我们哲学体系里边是最高的范畴。把它作为观察一切问题贯彻始终的出发点，这就意味着要把一切事物都还原回基本上是同体的存在。因为在始初的物质存在面前，大家都是一样，不分彼此、你我。如果说，在现实当中，人们在吃大锅饭，在我们哲学理论里边也让人和动物在物质范畴下同吃一锅饭。在物质前提下人没有特殊性，重物抑人，失落了人。

又比如：群众是历史唯物论一个重要概念。但是在群众决定一切的名义下，我们过去的教科书，理论里边不讲个人的作用，没有个人的差别，没有特殊人格，也没有人的个性。把许多人划归在一起堆成一个大堆，这就是群众，是个集合概念。那么作为群众的人格化身的就是领袖。我们讲的个人不是群众当中的单个人的个人，个人只是指领袖的个人，而领袖实质上是群众人格的一个代表，群众人格化的一个表现。（所以，这次我就考虑市场经济与人关系，特别发挥一下独立的个人这个概念。这个概念是马克思提的。马克思在许多地方反复强调地讲，个人在整个历史发展中是基础，是一个主体）在这种理论指导下会指导出怎样的实践呢？这个答案就很自然了。只有改造这种理论，然后才可能与世界历史接轨，才能做到这一点。

在粉碎"四人帮"以后，这种理论所造成的危害已经十分明显了。怎么想办法跳出这个困境，解脱这种理论的束缚，使实践解放出来，让它能大踏步地发展，当时是一个很大的难题。这样就出现了"两个凡是"的讨论，当时要解决这个问题，要找到一种理论去解决对理论的教条主义态度，使人们能够从"两个凡是"的禁锢中解放出来，还是很费脑筋、很困难的一件事。后来发现了，在马克思的理论里边有实践是检验真理的标准这样一个原理，这一下就找到了法宝。这个法宝才是真马克思主义哲学。按照这条原则，就是在实践与理论的关系当中，不是理论、抽象原则是老大，不能首先考虑概念原则，而应当首先考虑现实生活需要，这就是实践原则。贯彻实践标准，实践应当放在第一位。实践和认识或理论发生了冲突，应当让理论首先服从实践。根据这样的原则，困境就跳出来了。当时展开真理标准大讨论，经过这个讨论，实践从那种理论神话束缚当中解放了出来，从此才有改革开放十几年的大好局面，没有这一步，不可能有今天。

实践是检验真理的标准是哲学命题。哲学命题起着扭转乾坤的重大作用，这不是哲学发挥了作用吗？如果仔细想一想，这是一种什么样的作用？这种作用就是坚持实践是检验真理惟一标准的这个命题，首先就要把理论神话打倒，过去讲的那套理论，首先靠边站，放在一边，现在我们讲实践，让实践创出一条路来。再不能按照你那个抽象理性原则的理论来束缚手脚了，来限制我的行动了。从这个意义上说，这是哲学所发挥的一种自我否定作用。哲学靠这一命题把自身否定了，然后才解放了实践。应当说这既是哲学自身的胜利，也是哲学自身的失败。这就证明你原来那套理论，除了实践是检验真理标准的这个原则以外，剩下那些对实践的好处就不大了，所以在真理标准讨论、三中全会以后，接着我们贯彻实事求是思想路线，改革开放，这就出现了一个理论在时间和空间上的空白。那么实践怎么发展，正是在这样情况下，提出"猫论"，还有"摸着石头过河"。这就是当时一个不可避免的处境。最初，摸着石头过河。摸着石头过河，跟着感觉走，至少你可以找到厕所、食堂。你闻着气味就可以找到了。而这两样正好是人的生存、生活最必需的东西。过去那种理论，你说它什么堂皇，什么原则，恰好它找不到食堂，找不到厕所。这是最关键的。抛开它，应当说是个势所必然。当然"摸着石头过河"只是在理论中断的空当中暂时起作用，不能完全依赖它解决中国现代化或者社会主义市场经济这个问题。现在开始强调理论，但现在我觉得对理论还是不够重视。哲学的悲剧就在这个地方。哲学用自我否定的原则把自己打倒，实际还没有倒，然后又立起来了。但是它没有醒悟，实践醒悟了，抛开你那种抽象理性原则，追求生活实践的原则，有了很大发展。可是我们的哲学理论还在坚持那个玄思的理性原则。这种状况必须改变。总的说，当前一个核心任务是推动哲学观念适应我们国家现代化事业的发展，这些观念要发生根本的变革。

我最初做的工作还是由自发逐渐走向自觉。原来很不明确市场经济的作用这么大，因为那时还没有市场经济这个观念，那时把市场经济、商品经济和资本主义分不开，《德意志意识形态》读了多遍，实际上根本没有理解。正是这次为了写这篇文章，重新看了几遍，一看发现那里头对市场经济，比如交往关系，讲得非常明确，而且地位放得非常高，就是使地域性历史变成世界性历史，什么个人变成狭隘群体的附属物，什么个人变成世界历史性普遍性的个人，过去看了的在头脑里不挂号，就因为那时自己的观念还在自然经济、小农思想支配下去读书，读了不懂。我个人思想不断变化，也可能再变，现在还不是最后结论。大体上可以说，原来从本体论学习哲学，以后在人们的启发下，走上从认识论理解马克思主义哲学，后来适应历史的推动，走向从实践论去理解马克思主义哲学。现在我又进入到从人论去理解实践论，理解认识论，理解本体论，就是理解哲学。把马克思主义哲学人本化比把这种哲学物本化要更好，更接近我们的生活，我主张，应当从人去理解哲学。应当让哲学首先关心人、解决人的问题。哲学要解决的是人对自我的觉醒。促使人们去觉醒，发挥现代人的作用、功能，这就是我现在达到的认识。

正确理解马克思的"社会主义观"①

（1993年）

一、有必要重新审查我们关于"社会主义"的传统观念

苏联和我国半个多世纪的实践充分证明，已往我们对"社会主义"并没有真正理解。这点我们必须老实地承认。

这不等于说我们关于社会主义没有我们的理论认识。问题正是在于，我们不但有从我们所处的社会历史条件和政治需要所形成的"社会主义"观念，而且正是从这种理论认识出发才导致了以往的那种社会主义实践。实践既已陷入困境，那就表明它所实践的那种理论观念既不符合历史前进和时代发展的要求，也不符合马克思当初创立的社会主义学说，在今天就应当从理论上进行反省和重新认识。

我们要敢于正视理论问题，而不能采取回避态度。理论问题必须理论地去解决，不能仅仅凭靠实践自发地解决。今天我们虽然按照时代要求已经走上改革开放道路，我们的实践已经挣脱了以往传统观念的禁锢，并形成了"建设有中国特色的社会主义"的初步理论，这并不等于就是"社会主义"一般理论认识的完全解决。人们不时地还在发问"究竟什么是社会

---

① 没有公开发表，收录于《高清海哲学文存》卷2"哲学的奥秘"（吉林人民出版社1997年版）。

主义?"思考未来的社会目标应当如何等等问题，就说明了这点。在许多人的头脑里，用来衡量今日现实的那个标尺，实际上还是沿袭关于"社会主义"的旧有观念，因而使他们常常在思想上陷入困惑不解，在行动上踟蹰不前。这里更不必去说利用旧日理论观念为改革开放和"建设有中国特色的社会主义"实践制造障碍的也大有人在的情况了。

所以，破除支配人们头脑多年的关于社会主义的旧日传统观念，重新理解"社会主义"的本质和内涵，树立起真正符合时代要求因而也是真正属于马克思的社会主义观念，乃是势所必然，也是刻不容缓的事。现在已到了果断地转变观念和澄清理论认识的时候，早一日转变，少走一日弯路，自觉地转变，可以减少被迫转变中不得不付出的那种不必要的代价。

二、确立社会主义观念必须分清两种根本对立的思想原则

理解社会主义，首先有一个思想前提问题，这就是从抽象的普遍理性原则和道德规定出发、还是从历史前提和现实实践出发去看待社会主义的问题。这是两种完全不同的原则和出发点。从不同的原则出发，所形成的社会主义观念必然是性质根本不同的两种观念。

人间世界从来就不是尽如人意的，以往的社会更是仅仅属于极少数人的自由天堂，所以追求一种平等自由、符合永恒正义原则的"大同世界"，历来都是人们的至上的愿望。在人类尚无力量支配自己命运的条件下，这种向往反映到哲学上，便形成了具有宗教性质的仰赖身外权威、相信本质前定、追求永恒正义的抽象理性主义的哲学原则。人们把现实的愿望凝结为一种"善"的绝对规定，把现实的行为看作某种先定本质的实践。传统的思想方式和行为方式都具有原则先行，时时考虑原则根据、事事追问原则规定的本质和特点。以既定原则为出发点就是以抽象理性为标准。以往哲学形而上学的任务就是要去发现这样的原则，为人们的思想和行为提供先验的准则。这就决定了传统的哲学理论都具有准宗教的性质，在本质上

便是教条主义的。

在马克思的时代已有过多种社会主义、共产主义学说，但它们大都属于"空想"性质的理论。它们所以具有空想的性质，就因为贯彻的是抽象的理性原则，那种"社会主义"或"共产主义"作为美好的理想和愿望，仅仅是从永恒的正义原则和抽象的概念规定中导引出来的某种主观的规定。

马克思的社会主义学说与它们完全不同。马克思不是从什么普遍理性、永恒正义、道德需求、概念规定出发得出社会主义、共产主义结论的；恰恰相反，他的学说正是破除这种理性抽象原则的产物和结果。马克思在他的思想形成时期一开始就向世人明确地宣告："我们不想教条式地预料未来，而只是希望在批判旧世界中发现新世界。"① 这就表明，马克思贯彻的是从现实生活条件出发的实践原则，坚决反对并摈弃那种从理性的抽象原则出发的教条主义做法。

什么是在批判旧世界中发现新世界？马克思面对的是已经发展到相当高度的资本主义现实。所谓在批判旧世界中去发现新世界，具体说来就是：在资本主义所创造的人类现代高度文明的基础上，去克服资本主义自身无法消除的弊端和弊病，这样建立起来的社会自然就是比资本主义更高级、更优越的"新世界"，从社会形态说这就是社会主义和共产主义。这里不是要去想象生活目标，因而也就不存在什么永恒正义和理性原则问题，它所需要的只是批判地对待现实的资本主义。

马克思在说明他所理解的社会主义和共产主义时进一步指出："共产主义对我们来说不是应当确立的状况，不是现实应当与之相适应的理想。我们所称为共产主义的是那种消灭现存状况的现实的运动。这个运动的条件是由现有的前提产生的。"② 这里所谓"现有的前提"显然是指资本主义所获得的历史成就和局限说的。

共产主义学说从"空想"到"科学"的转变，首先是世界观的转变，即从抽象理性原则向现实实践原则的转变。我们要真正理解马克思的社会

---

① 《马克思恩格斯全集》第1卷，人民出版社1956年版，第416、40—41页。
② 《马克思恩格斯全集》第1卷，人民出版社1956年版，第416、40—41页。

主义思想，同样必须经历这个世界观的转变。只有从现实的实践原则才能理解马克思的"社会主义"真谛；如果我们运用抽象理性原则去对待马克思的"社会主义"，那就不可避免地会使它从"科学"再转回到"空想"中去。我以为，这就是苏联和我国过去在几十年中为什么会把马克思的学说变成一种完全背离现实生活逻辑、一味追求虚幻目标的"社会主义"的重要原因。

抽象理性哲学统治人们的思想长达几千年，已经深入人们的骨髓，至今仍在自觉或不自觉地支配着人们的思想和行为。我们提倡"实事求是"，在思想和行动中又经常违背实事求是，往往打着实事求是的旗号犯主观主义和意志主义的错误，在许多情况下也都是因为这个抽象理性原则在作怪。遇事不首先去考虑生存发展的需要是什么，而是首先追问它"姓"什么、符合什么普遍原则；以致忘掉了我们追求的真实目的，常常把手段变成第一位的东西，为了原则而牺牲现实的生活。这就是它的重要表现之一。多年来我们名义上坚持的是马克思的世界观哲学，我们也是在这个名义下对人们进行世界观教育的，实际上这个哲学世界观早从苏联学者的手中就已走样变质，被按照传统哲学的理性原则改铸过了。所以才出现那种愈是进行唯物论教育唯心主义愈泛滥、愈是全民学习辩证法而形而上学愈猖獗的奇怪现象。

三、理解社会主义的关键在于正确把握它与资本主义的关系

社会主义以资本主义的存在和发展为基础，马克思提出社会主义的学说也以资本主义的历史实践为基本前提。社会主义与资本主义具有密切不可分的关系。如果没有资本主义所获得的高度发展的现代文明成果，那就很难谈到社会主义的问题。脱离开资本主义创造的文明基础的社会主义，决不是马克思所说的社会主义。

从这种观点看来，社会主义与资本主义当然处于对立的关系中，但这

种对立决不是抽象的对立，只能是一种具体对立的关系；社会主义也毫无疑问地是对资本主义的否定，同样地，这种否定也决不是抽象的否定，必然是一种具体否定的关系。具体的对立是同一中的对立，它意味着社会主义与资本主义同时又处在相互渗透、内在统一，即通常所说"你中有我，我中有你"的联系之中。事实上，社会主义也只能从资本主义获得自己的内容、取得自己的规定性。社会主义包含了这些内容而又超越了它的限界，这就是社会主义对资本主义的否定。这样的否定是具体的否定，它是从内部对资本主义的扬弃，而不是从外部对资本主义的抽象的排斥和否定。具体否定意味着肯定中的否定，否定同时也就是在更高形式中的肯定。

所以，社会主义与资本主义并不像人们过去所想象的那样是绝对不相容的、界线绝对分明的抽象对立关系。道理十分简单，社会主义只是资本主义在发展中的自身超越，也可以说就是消除了自身弊端、获得合理形式的资本主义，在它内部如果不能容纳作为现代文明成果化身的资本主义，它怎么能够成为高于资本主义、优越于资本主义的社会？所以，在社会主义社会中看到某些资本主义的东西，完全不必大惊小怪。

我们过去并不是这样理解的。贯彻普遍理性、永恒正义的原则，我们恰恰是把社会主义与资本主义看成了抽象的对立关系和抽象的否定关系。我们处处要同资本主义划清界限、要同资本主义"对着干"，生怕同资本主义沾上边。我们曾经以为，不管身处何种发展阶段和何种历史状况，只要同资本主义划清了界线，实行与资本主义相反的原则，那就是"社会主义"。因此才出现把"建设"社会主义归结为只是排斥资本主义、同资本主义对着干、让资本主义在我国"绝种"，乃至达到"宁要社会主义的草，也不要资本主义的苗"的极端的做法。在那些时日里，凡是与"资本主义"沾过边的东西，统统要被铲除掉，连个"尾巴"也不能留。铲除的结果，给我们剩下了什么呢？社会的落后、共同的贫穷加上一个抽象的"社会主义"原则。为了抽象原则而宁肯牺牲现实生活，贯彻的正是旧哲学的抽象理性标准，它同马克思的社会主义思想相去何等遥远，怎么还能认为是在坚持实践马克思的思想理论呢！回到马克思的思想理论，在这里就意味着回到现实的生活实践中来,为此必须根本改变以往那种奠基于超现实的理性原则和概念规定的"社会主义"观念。党的十一届三中全会的伟大历史意义正是表现在这里。

四、转变社会主义观念的同时也必须转变对资本主义的观念

重新理解社会主义,也需要重新去认识资本主义,转变对资本主义的观念。

这个问题同前面的问题紧密相联。过去我们之所以不能全面地理解社会主义与资本主义的关系,那样地排斥资本主义的东西、生怕同资本主义沾上边,就因为我们对资本主义也缺乏历史的和全面的观点。我们把资本主义和雇佣劳动的制度往往看做历史上不可容忍的最坏制度,连带地把它所创造的一切成果也都看做沾满了罪恶,于是在我们的观念里"资本主义"便成了万恶之渊薮,惟恐避之而不及。这种把资本主义简单等同于罪恶的观点也不是马克思的观点。

资本主义当然有它的弊端和弊病,马克思因此几乎花费了毕生主要精力去批判和揭露资本主义的内在矛盾。但资本主义作为一种社会制度,在人类历史的发展中首先是一种重大的社会进步。在资本和雇佣劳动基础上,它使生产高度社会化,创造了规模宏大的生产资料和交换手段、世界历史性的广泛交往关系、先前世代无法比拟的高度发展的生产力、现代化的科技和文明等等。即使盛行于资本主义社会的金钱关系也有它的重大的历史进步作用。正是通过货币的崇拜才排挤了宗法的等级从属关系,通过对物的依赖才打破了封建式的人身依赖,造成个人独立发展、人们相对平等的关系。因此,只有从封建主义的立场去看,资本主义才是一种可怕又可憎的洪水猛兽,因为它正是封建主义的克星。

马克思从历史唯物主义即人类历史前进发展的观点首先肯定的是它的历史功绩和贡献。马克思那样重视对资本主义本质和规律的研究,是因为

那里存在着值得花费主要精力去进行研究的重大理由。只是为了进一步发扬资本主义所创造的宝贵财富和成果，使它不致为资本主义狭隘关系的局限所埋葬，马克思才会花费那样大的精力去"批判"资本主义。马克思所批判的，集中到一点上来说，就是社会化生产和资本主义占有的不相容性，在马克思看来，这是造成现代社会一切冲突的主要根源。但这一矛盾以生产高度的社会性质为前提，是只有在资本主义把生产力发展到空前巨大的规模之后才会显现出障碍作用，因而必须去加以克服的。在这一基础上克服了资本主义的矛盾，自然就会进入更高的社会主义、共产主义社会形态。

我们不能抽象地谈论资本主义的矛盾，不能只看到资本主义的弊病，更不能把资本主义就看成（等同于）弊病。资本主义的弊病是生长在资本主义发展起来的强壮的身体上的。只有具备了这个身体，才会生长出这种病，也才会显示出弊病。更重要的一点是，这样的身体不只是会生出弊病，而且也只有从这样的身体上才能生长出"社会主义"来。

我们如果坚持社会历史是一个规律性的发展过程，那就不能不承认：正像资本主义是从封建社会的内部结构产生出来的一样，社会主义在这种意义上也只能从资本主义社会基础发展出来。封建主义的"发展"就是封建社会的自我否定；同样地，资本主义的"发展"也就是资本主义社会的自我否定。马克思所说的社会主义的历史必然性正是生根于此，也只能奠基于此。

马克思在《共产党宣言》一书中就指出过，实行共产主义所要做的，许多不过是资本主义社会在它自身发展中正在做的，或以扭曲形式已经成为客观事实的事情，例如消灭私有制就是如此。马克思回答人们的责难说："你们一听到我们要消灭私有制，就惊慌起来。但是，在你们的现存社会里，私有财产对十分之九的成员来说已经被消灭了；这种私有制之所以存在，正是因为私有财产对十分之九的成员来说已经不存在。"像小资产的和小农的财产，这种财产"用不着我们去消灭，工业的发展已经把它消灭了，而且每天都在消灭它"①。其他一些问题也具有类似的性质。当前

---

① 《马克思恩格斯选集》第 1 卷，人民出版社 1972 年版，第 265—267 页。

的事实也有力地证明，在苏联和我国的"社会主义"环境中作为目标未能解决的某些问题，在现代发达国家通过资本主义的发展反而得到部分地解决或接近于解决，如三大差别问题等等就是如此。所以，所谓创造新世界的任务，从马克思的观点看来，不过就是"解放那些在旧的正在崩溃的资产阶级社会里孕育着的新的社会因素"①。马克思的这些观点我们所以难以把握，这同我们在思想里依照抽象理性原则，预先已把社会主义看做是对资本主义的抽象否定这点具有直接的关系。

国民党当年在向群众作宣传时，把"共产主义"描绘成洪水猛兽，简直可怕至极，我们曾经当做笑柄来谈论。我们是马克思主义者，怎么能够也把"资本主义"视同洪水猛兽，那样地惧怕它呢！对资本主义的恐惧病不应当是我们的心理反应。我们不是从封建立场、而是要从更高立场去否定资本主义，凡是它创造出的好的东西都会有利于我们的发展，我们同时还要把它提高到新的更高的形态，有什么理由要惧怕将被代替和否定的比我们更低级的东西呢！

改革开放以来我们已经解除了许多禁锢，开始利用资本主义的某些成果，并大胆提出了也要学习资本主义长处的口号。但这些都是在经过剥离、使它们同资本主义脱钩之后才敢大胆采用的，例如商品经济、市场经济、股份制等等。这样做是必要的，但也表明我们对资本主义仍然怀有戒心，虽然已不再把它看做洪水猛兽，至少，还抽象地当做与社会主义哪怕是初级阶段的社会主义绝对不相容的东西。这种剥离的办法从目前看来当然很有效果，但毕竟很有限度。如果凡经"资本主义"染指过的东西必须清洗干净以后才去使用，那就会把人类很多现代文明成果排斥在外，终有一天会走到极限，面临有必要借鉴和吸收而又难以同"资本主义"清洗干净的问题。有些问题在经济领域还比较容易做到，在社会领域问题就会更复杂了。所以，这只能使问题推迟，我们终究不会跳过转变"资本主义"与"社会主义"抽象对立观念的这一关口。

---

① 《马克思恩格斯选集》第 2 卷，人民出版社 1972 年版，第 379 页。

五、社会主义必须以人的独立发展为
其现实基础和前提条件

社会的发展归根结底是人的发展,而人的发展归根结底就是个人的发展。社会主义、共产主义所以是比资本主义更高发展的历史阶段,从根本意义来说,就在于它是个人获得独立性以后的自由人的联合体,因而能够为一切个人的全面发展和自由人格的发挥提供最充裕的社会条件。

封建主义、资本主义、社会主义或共产主义,它们都不过是人在不同发展阶段所采取的社会联结形式。人的发展是社会发展的根本目标。社会的形式不过是人的发展所必需的内在条件。因此,人是什么样的,社会的联结形式也便是什么样的;随着人的成长和变化,社会的形式也必然会跟着发生变更。这就是人类的历史。

关于人的发展状况,马克思曾经指出有三种形态。第一种是从自然发生的"人的依赖关系",在这最初的形态中个人没有独立性,人主要以大写的群体形态的"人"而存在;到第二个发展阶段才形成普遍的个人,马克思称这一形态为"以物的依赖性为基础的人的独立性";第三个阶段,马克思称作"建立在个人全面发展和他们共同的社会生产能力成为他们的社会财富这一基础上的自由个性"①。

人的这三种形态同时也就是三种不同的基本社会形态。第一个形态指前资本主义诸社会形式,资本主义属于第二个形态,第三种形态便是共产主义。

由此我们便可以了解,资本主义作为高度发展的商品——市场经济的社会形式,它在历史发展中的主要作用,就是促成独立个人的生成。也可以说,资本主义就是以独立个人的活动为基础自发形成的一种社会联系形式。资本主义社会发展起来的大工业生产、自由贸易、世界市场、自由竞

---

① 《马克思恩格斯全集》第46卷上册,人民出版社1980年版,第102—103页。

争、社会分工、科学技术以及民主法制政治等等，都是为破除血缘和地缘等自然纽带形成的人身依附关系，促使个人走上自立、自主独立发展道路所必要的条件。这就是马克思所说"资产阶级在历史上曾经起过非常革命的作用"的基本内容。

由于资本主义是以私有制为基础自发形成的一种社会形式，它为独立个人所能提供的活动领域、发展条件是有限度的，而且这一切又大都是以扭曲的形式而实现的。所以它的作用也仅仅在于促成独立个人的生成，这样的个人一旦形成，它的历史作用也就终结，在个人的进一步发展中它不但不能起促进作用，而且会变成严重的障碍。在这时，资本主义就必须让位于更高的社会形态，这就是共产主义。

马克思在分析人的发展形态时明确指出，第二个形态即"以物的依赖性为基础的人的独立性"这一阶段，其主要的意义就在于"为第三个阶段创造条件"。共产主义是独立个人形成之后自觉建立起来的社会形式，只有在这里才能为一切个人自由而全面的发展提供最充裕、最优越的条件。所以马克思在《共产党宣言》中总结这一新社会的本质时作了这样的概括："代替那存在着阶级和阶级对立的资产阶级旧社会的，将是这样一个联合体，在那里，每个人的自由发展是一切人的自由发展的条件。"①

六、中国应在世界历史发展的轨道中
走出自己建设社会主义的道路

中国进入现代历史的起点很低。新中国建立时"还大约有百分之九十左右的分散的个体的农业经济和手工业经济"。我们是一个落后的国家，至今与世界发达的资本主义国家还有着相当大的一段距离。对这点我们必须从心底认帐。这不只表现了我们在物质财富、精神文明方面的差距，主要的是说明我们的"人"的差距，也就是说，在我们这样的落后国家独立

---

① 《马克思恩格斯选集》第1卷，人民出版社1972年版，第273页。

的个人还有待形成。这种落后不能不影响到并表现于经济、政治、文化等社会的各个方面。

后进国家有后进国家不利的方面，但也有它有利的方面。其中一个重要的有利条件就是：我们有可以借鉴、学习的榜样在前，因而具有选择性更大的自由度。在许多方面，我们可以避免自发性、盲目性，更多地发挥自觉性。但这就要求有坚强的更能反映现实发展需求和高瞻远瞩的主观指导。

历史是有重复性的，但历史却不会走回头路。我们今天没有必要也不可能去走资本主义已经经历过的老路。全盘西化、照搬西方，是绝对行不通的。这正像当年的全盘苏化行不通是同样的道理。我们应适应我们的状况、循着我们自己的历史走出自己发展社会主义的道路，这是惟一可行的出路。

但历史毕竟是一个规律性的发展过程。这里的规律性从根本上说来，就表现在社会创造的一切形式都必须适于推动人的成长和发展这一根本目标；而人的成长和发展是一个从初级到高级循序渐进和多方面关系协调共进的过程，它不可能一蹴而就，也不可能顾一头舍其他单面突进。人是一种历史性的积淀，也只能是历史的产物。今天的人类已达到高度文明化的水平，但婴儿胚胎的生成尽管采取很不相同的时空形式，仍然不得不走完人类曾经走过的进化历程才能到达此岸。我们在工作中必须善于分辨，哪些事情是通过政权的力量能够做到的，哪些是历史发展不可越过的必经阶段。我们不能光凭好心的愿望去办事，意志不能等同于规律，也取代不了规律。这方面已有过沉痛的历史教训，作为付出的高昂学费我们应当从中学到更多的东西。

今天我们面临的任务有许多。社会主义必须发展生产力、创造更多更丰富的物质财富。这是解决我国十数亿人口生活温饱、使我们的国家富裕强盛的大事。我们也必须大力抓好精神文明的建设、现代民主和法制的建设。但这些的最终目的都是为了"解放人"，这点始终不应忘记和忽略。根本的目标应当放到培植、发展独立的人，进而创造使每个人都能获得自由全面发展的条件这一根本点上。我们应当明确地从此出发去安排各种活动，以此为尺度去衡量各项工作的成效。

马克思说，人的"任何一种解放都是把人的世界和人的关系还给人自己"①。解放人，从当前我国现状说可以认为下面是两项急迫的重要任务：一是要把人从自然纽带形成的人身依附的关系、观念中解放出来，使他们成为具有独立活动能力的自立的人，这是我国数千年宗法制度遗留给我们的历史任务；一是从多年集权的计划经济体制所养成的一切等待上面指示、仰靠上面调拨的依赖心理和习惯的束缚中解放出来，使他们成为敢于用自己头脑思考问题、能够独立发挥自己聪明才智的自由个人。

我们相信，中国人是聪明的、勤劳的、有能力的，只要创造出使每个人都能发挥他们的聪明才智、贡献他们的创造力量的社会条件，我们一定会走出新路，在落后的社会基础上用最短的时间建设起先进的社会主义制度，为人类创造出奇迹来。而这点正是我们当前从事的改革实践所要达到的真正目标。

---

① 《马克思恩格斯全集》第1卷，人民出版社1956年版，第443页。

主体呼唤的历史根据和时代内涵[1]

(1994年)

一、主体形态的历史生成

人是由于自身的劳动把自己创造为人的,这是马克思对人的基本看法。肯定这一点也就意味着,人之成为人和人之成为主体,二者是紧密关联着的。"主体"的初始含义原本就是指,人是人自己创造性活动的主宰者。

人与主体并非相同的概念。它们是就不同方面而言的,前者主要从存在方面、后者主要从活动方面,分别反映着人的不同性质,因而在使用中并不能随意地代换。虽然如此,就人的存在性质和人的活动性质而言,却又并非完全不同的两回事;如马克思所说,"他们是什么样的,这同他们的生产是一致的"[2],因而人作为人的存在状态同人在活动中的主体状态,即人是怎样的人和人是怎样的主体,又不能不是彼此适应、基本一致的。

关于人的生成和发展,马克思曾经从总体上把它区分为三个阶段,归结为三种历史形态。在他看来:(1)自然发生的"人的依赖关系"是人的最初存在状态;(2)"以物的依赖性为基础的人的独立性"构成人类发

---

[1] 原载《中国社会科学》1994年第4期。
[2] 《马克思恩格斯选集》第1卷,人民出版社1972年版,第25页。

展的第二大形态；（3）"建立在个人全面发展和他们共同的社会生产能力成为他们的社会财富这一基础上的自由个性，是第三个阶段"，也就是可以预见到的最高发展阶段。①

马克思揭示出这一人的历史成长画面，在我看来，同时也就是人的主体形态的历史成长过程。

历史必须以"有生命的个人的存在"为起点，马克思把这看做"任何人类历史的第一个前提"。②然而又很明显的是，作为历史前提的这种个人其实不过是一些生命个体，它们同动物并无多少差别，尚属纯粹的自然存在，严格地说还不算作人的个人，更不能成为现实活动的主体。如果说与动物有何不同，那只在于他们的生命活动是有意识的，因而能够以某种特殊方式结集成共同体，借助彼此的合作关系以提高对付自然力量的生命活动能力。

人的初始依赖状态表明，最初形成的人必然是一种大写的"人"，它不可能直接体现在个体生命中，而只能主要体现于一定数量个体的合成质和累积质，即人群共同体的形态里。至于个人，在这一阶段还不具有独立性，而是完全依附于群体的，他们的生命活动主要也不由个人主宰，而要接受集群主体的支配，也不为他们的个人所有，而是从依附的群体获得的。照马克思的说法，这时的个人只不过是"一定的狭隘人群的附属物"③而已。

最初结成的社会共同体，无论凭借的是血缘纽带还是地缘纽带，均属自然的种群。人们对这种共同体的依赖也就是对自然的依赖，人类尚未脱出自然关系的支配。自然纽带一方面把人凝聚为群体，同时也就把人限制于狭小的地域和族群范围，严重地束缚着人们之间的交往联系和个体生命潜能的发挥。所以，进一步发展必然要突破自然关系的限制而代之以社会性纽带，以便把人们置于广泛的交往联系之中，让社会创造的总体实践能力成为每一生命个体都能运用的财富，由此提高个人的自主活动能力。这

---

① 《马克思恩格斯全集》第46卷上册，人民出版社1980年版，第102—104、18页。
② 《马克思恩格斯选集》第1卷，人民出版社1972年版，第24页。
③ 《马克思恩格斯全集》第46卷上册，人民出版社1980年版，第102—104、18页。

样的条件,是在社会分工、机器生产、商品交换、市场经济、自由贸易等的发展以及它们所推动的民族和地域历史转变为世界历史的过程中创造出来的。

市场经济是个人自主活动的经济形式。它通过商品和货币这种物的交换方式,一方面摧毁了原来的自然共同体和人身依附的等级从属关系,同时也就把每一单个的人都融进了世界历史性的活动之中。人们面向市场,在这里就是面向整个社会。人们要参与市场的竞争,就必须吸纳和运用社会创造的最高生产能力。正是在这种条件的培育和锻炼下,才使个人获得自立和自主的能力,逐渐成长为自己主宰自己的独立主体。

当一切个人共同获得了人的性质,或如马克思所说"狭隘地域性的个人为世界历史性的、真正普遍的个人所代替"[①] 之后,人们才会有真正平等的关系,个人才能得到全面的发展,社会关系才可能置于人的自觉支配之下,一句话,人才能够成为真正自由的人。这种达到了高度融合和统一的人也就是"类"。

这就是人类生成发展的大致过程。依照这种理解,如果向我们提出什么是人和人究竟存在于哪里的问题,不局限于人类学的抽象意义而从存在形态上怎样去回答呢?我以为必须这样来回答:"人"是具有无限丰富内容(既包含人与人的关系,也包含着人与自然的关系)并处于不断变化中的一种历史的和具体的存在,起初它主要体现也应该这样去认识:起初人只能以群体方式发挥主体性,最先形成的是集群主体,随着个人走向独立才会形成个人主体,作为最高统一性的类主体只能形成在这一切之后。

二、主体形态的人性根据

世间惟有人是这种状况——具有不同的存在形态和活动形态,其他的动物都不是如此。这可以说是表现了人的一种特殊本性。

[①] 《马克思恩格斯选集》第 1 卷,人民出版社 1972 年版,第 40 页。

这种特殊本性就是人的实践性，或者说是同于实践而形成和决定的人的本性。

从这一本性来看，人首先是一种生命存在，生命属于个体性本质，人也总是表现为一个个单个人的存在。这个方面表明，人与人的生命是同一的，人不能存在于生命之外，如果失去生命，人也就不复存在。

然而生命乃是自然进化的产物，属于个人天赋的性能，而人之为人却是自己实践的结果，属于后天创生的性质。这个方面则表明，人与人的生命又是不同一的，个体有了生命，并不等于就是有了人的本质。

这看来很矛盾。以实践为本性的人原本就是一种矛盾的存在。这个矛盾表明了，人是双重本质的统一体，人既有一个生命本质，又有一个超生命本质。只有这两重本质的结合才能构成完整的人。与之相适应，人由此也就同时具有了双重的存在形态，既表现为个体的存在形态，又能够是超个体的存在形态。

动物不是如此。虽然动物也是既有它的生命又有它的种，它的生命属于何种动物也须由种来规定。但动物的种与其生命是天然地统一在一起的，种就包含在生命中，个体获得生命的同时就获得了种的规定，所以小猫生来便是猫。人便不同了。人的个体从父母获得生命，只能看做有了人的"一半"本质，他必须经历二次生成，从社会取得另外的"一半"本质才能算作现实的人。个体的这种成长过程，其实不过只是人类成长道路的一个缩影而已。

人的创造潜能蕴涵在人的生命本质里，人的创造活动也只能通过生命活动去实现。生命对于人是宝贵的，但生命的价值却体现于非生命本质中。生命只有与非生命本质结合才能成为人的生命，生命活动只有成为人的活动才能发挥人的生命创造作用。所以人的本质虽是两重性的，最后却必然要走向结合，人类历史也可以说就是二者不断走向统一的发展过程。

人的本质既为矛盾，它们能够结合就意味着也能够分离。在发展的过程中二者分离是不可避免的，也是必要的。这是人之优越于动物的所在。正是这种对立的统一而非直接结合的关系，构成了人的本质总是处在自我发展状态，而且这种发展又必然采取否定之否定形式的内在动力的根源。

人的个体只有在经历以超个体非生命群体为主体的发展阶段之后，才能普遍地获得人性进而确立自身为主体；而作为个体统一本质的类主体也只能在个人普遍自立的基础上才能最终地形成。到了这时，双重本质达到完全融合的人也就彻底脱离了它所从出的动物家族。

这就是人的实践本性。这一本性决定了人不但必然具有不同的存在形态，而且只能一步一步地去建立人的关系、获得人的性质。人类每从一种存在形态走向另一种形态，也就是把自己提升了一格，更远离动物世界一步，向人的世界更迈进了一步。实践本性决定了人必然是处于历史发展中的具体存在。

三、主体的呼唤是人的自我解放呼声

人的主体性活动属于意识到自身需要的目的性活动。人在这种活动中不但意识到自身的需要和目的，而且意识到自身的地位和作用。主体意识就是属于人的自我意识。

由于主体性活动并非适应自然本性而恰恰是逆反自然本性的活动，人向人的关系和人的世界每前进一步都会遇到来自各个方面，不只是自然方面也包括人自己的方面的阻挠和挑战。因此可以说人的主体性乃是通过人的抗争和奋斗得来的，而不是自然成就的。在这一过程中，人需要不断去强化自己的主体意识，以便坚定自己的主体信念和争取自我解放的奋斗决心。这种自我主体意识的表达和争取自我解放的呼声，就表现为对"主体"的弘扬。

我们翻开历史的记录就会看到，人总是在不断地呼喊、焕发和弘扬自身的主体性。一部意识史，甚至也可以看做是人类呼唤自身主体性的历史。

我们平常比较熟悉、谈论较多的是"文艺复兴"时期人文主义思潮所发出的主体呼声。这次人的复兴运动的确可以看做历史上主体呼声的一个最强音。它以"人道主义"口号否定了"神道主义"的统治，对于推动人从宗教神学的重压下解放出来起了巨大的作用。但这也不过是一次较为强烈的呼声，其实历史上这类呼声从未间断过。不同的只是，人的主体形态处在历史变化之中，适应不同形态及其不同转型，这类呼声的具体内涵和表达形式各有不同而已。

深入分析便会发现，就是这次人文思潮所要否定的那个神道主义，在当初也曾是人之主体本性的一种表达形式。神是超越于人和万物之上的存在，具有主宰一切的权威和无所不能的创造力。神的原型实际上就是大写的"人"，神对个人的超越性也就是集群主体对个体生命本质之超越性的反映。

人们结成的族群共同体属于超个体非生命存在，初期它与个体生命融为一体，矛盾并不显著。随着它日益走向具有独立性的人格化实体，人的生命本质与非生命本质便陷入分裂，这就是人的本质的"异化"状态。自然共同体的"人格化"，同时就意味着"人"被变成一种特权资格，仅为那些充任实体人格代表的国王、贵族、官吏们所垄断。这时，共同体作为人的化身而具有的那种超个体性和非生命性，从生命个体来看就变成仿佛来自天外的一种具有神圣力量的超人性。人们必须依赖它而生存，只能从它里面获得人性，它对人们也就成了高高在上的神。这就是那时人们所以会普遍地而且是以十分真诚的心态去信仰、崇拜上帝的直接社会根源。

不只神学，哲学也同样如此。人们的这种存在方式，凝炼和反映为思维方式，就必然相信世界是某种更高隐秘力量的作品，进而就要向人身以外的彼岸存在去寻求人的"本真"，并把主体想象为超越性的外在权威等等。这就是古代哲学的基本思考方式。区别只在于哲学中称作"本体"的那个最高存在，在宗教中变成了"上帝"而已。

这些说明，那时人们创造出本体或上帝来，也是想借此把人从万物中区分出来，进而提升自己为人，即为了表达和弘扬人的主体性。现在它们却成了攻击的目标，人们要确立自身的主体性反而必须从它里面解放出来。这不是因为别的，这里反映的就是"人"的变化，主体形态转型的要求。以往所强化的主体，是超个体非生命形态的那种主体，现在个人要建立的则是个人本位形态的主体，这种主体恰是对那种主体的否定，因此必须破除前者才有可能实现后者。在这里打倒上帝的权威，也就是意味着摆脱自然共同体的束缚，突破少数特权者对"人"的垄断，使每一个个人都获得同等做人的权利。这是一次"人"的解放运动，所以采取了"普遍人权"的形式。

四、今日弘扬主体的时代内涵

弘扬主体的呼声连绵于整个近代，并伴随我们步入现代社会。当然，世界的发展是不平衡的，今天仍有广大地区和国家处于落后状态，甚至个人主体尚未完全形成。但从今日时代的本质趋向说，在前述主体呼声推动下世界确实变了样子，超生命主体的权威时代已逐渐让位于各是自己权威的个人主体时代。

古代人的观念强调："我不属于我自己，我是属于城邦的。"

中世纪的观念是："我们不属于自己，是属于上帝的，要为上帝而生、为上帝而死。"

到了现代，人们的观念强调的则是："我属于自己，不属于任何人，也不属于天使和上帝。"

这是多么大的变化！这个变化应当看做历史的重大进步。它表明人已成长壮大，蕴涵于个体生命的人的创造潜力开掘出来了，因而使得时空间缩短，生活节奏变速，社会活力增强，历史步履加快，迅速进入高度发展的现代社会文明时代。

然而在另一方面，新时代也带来了新的过去曾有过的矛盾和问题。这些问题如，利益的多元化，使人们处于紧张的竞争关系，造成许多新的矛盾冲突；价值观的相对主义，使社会失去了具有权威性的统一信仰和信念；物质的高消费主义，把人变成金钱的奴隶，使精神陷入极度的空虚；极端的反理性主义，使动物式生命本能得以复活，造成难以遏止的物欲横流；如此等等。这一切集中地体现为当代人类所面临的诸多重大社会问题：环境污染，生态失衡，人口爆炸，能源危机，核弹威胁，南北差距，粮食匮乏，等等。

这就不能不引起关心人类命运的人们反转来思考：我们还需要弘扬主体吗？弘扬主体是否走过了头？西方学者就此提出过许多学说和主张。就其主要倾向说，他们共同认为必须破除"人类中心论"的传统观念，要求重新审视人类对待自然、自己的态度，主张采取新的原则处理人与外部世界的关系等等。在哲学理论方面，这一趋向则鲜明地体现在主体观念从"主体性凯旋"到"主体性黄昏"这两种相反提法的嬗变之中①。

这些考虑都有相当的道理，值得我们重视和深思。在我看来，这就意味着人类已从盲目张扬自身的主体性，进入高一层次反省主体的阶段；而人们对个人本位的批判性反思则预示了，类主体取代个人本位的新时代已是指日可数、即将来临。

按照马克思的观点，人以实践为本性就表明人是类存在物。只是由于实践的不够发展，人不得不把自己封闭于狭小群体圈子，而后又局限于分裂的个体之中。在经历了前述阶段发展之后，类的问题便自然地提到人们面前。

当代提出的那些重大社会问题，大部分都是属于只有从人的类出发才能获得解决的问题。这就表明，当人通过物的依赖获得独立性之后，进一步就应把社会关系置于人的自觉支配之下，摆脱物对人的奴役状态。类主体就是人的自觉的存在状态，是一切的自觉为人的存在状态，是在个人全面发展基础上人和人达到了自觉融合的存在形态。只有在这种状态下，才能从根本上解决人和人、人和自然的协调关系问题。

人与自然的关系出了问题，关键在于人与人的关系，这应由作为主体的人来负责。人们把自然当做掠夺对象，是因为人自身分裂成了多极利益主体，它所表现的实质上是人和人之间的相互掠夺。只有建立起类主体意识之后，自然成了如马克思所说人的共同的"无机的身体"，人们才能像爱护肌肤一样爱护自然资源。类主体意识就是一种责任意识、充分发展了的理性意识。

---

① ［美］弗莱德·R. 多尔迈：《主体性的黄昏》，万俊人、朱国钧、吴海针译，上海人民出版社1992年版。

所以在我看来，解决当前问题的关键并不在于克服人类中心论的观念，更不能从弱化主体意识让人回到自然生活状态中去求得解决；而是应该通过升华人的主体意识，使人类尽快从个人本位提高到类主体形态去获得解决。

要做到这一点，必须实现观念的大转变，但又不能仅靠提高意识，还必须通过现实的活动和斗争以提高人的实际主体地位。从这一意义说，实现这一点的路程还是很漫长的。

五、培植个人主体是当前我国社会发展的迫切需要

"主体"问题在近些年不约而同地成为我国哲学和人文学科最为关注和热衷的课题，这决不是偶然的。它反映了我国改革开放形势发展的内在需要。改革，从最深层的意义说就是要解放人。解放人就是解放生产力。需要解放什么人，弘扬何种主体，从什么里面解放？这就涉及主体形态问题。前一阶段哲学关于主体的研究大多注重概念性、原理性探讨，关于这类问题，讨论得很少。这当然有它现实的社会原因。但这个问题是回避不了也不应当回避的，因为正是在这里体现着主体研究的真实意义。

我国属于后发展国家。我们与西方发达国家不同，在我们的大地上几乎集中了过去、现在和未来的多重矛盾和问题。要确定我们亟待解决和能够解决的问题，这只能从我们的现状出发，既不能从抽象原理出发，也不能模仿西方国家。

就人类所处的时代来说，集群主体的意识基本上属于历史的过去，以个人为主体本位的发展也已暴露出大量的矛盾，人们关注的是如何进一步发展类主体的问题。但是，回到我们的现状，情况则有所不同了，我们必须如实地承认我们的落后，这种落后不只表现于经济和政治方面，更主要地是表现在人的发展的落后状态。

我们的情况是，数千年的封建主义统治，造成我国从未形成具有真正

独立人格的个人主体。靠天吃饭的自然经济使人屈从于自然的支配；家国同构、宗法一体的封建政治文化传统又把人牢牢地系在了血缘纽带之中。儒家的人伦道统几乎扼杀了人的一切个性。天地君臣父子夫妻无一不被纳入礼教规范。"非礼勿视，非礼勿听，非礼勿动"。没有人能够是他自己的个人，既没有属于个人的天地，也没有属于个人的生活，甚至不允许有属于自我的隐私，当一个人离群独处之时还有一个"慎独"在规约他。由此我们说，除了个体生命的本能以外，中国从未有过"个人"，有的只是皇帝、贵戚、达官、布衣、君子和小人，这话并不算过分。达官贵人能够我行我素、颐指气使，颇令人钦羡，其实这也并不是他们的个人人格，而不过是一种身份、角色而已。个人作为主体的特性被禁锢，得不到自由的发展，这应该看做是我国社会长期停滞、发展缓慢的主要原因。

面对着个人本位已经暴露出的重重矛盾，能不能越过这一阶段，径直去发展类主体呢？这样的考虑应该说很合乎主观逻辑，却不符合历史发展的客观逻辑。因为人的类本性是以无限丰富的个性为内容的普遍人性，它必须以个人的独立性为前提，只能是独立个人发展的结果。另一方面，那种超个体的自然共同体也只有在个人走向独立的基础上才能彻底瓦解。如果越过个人主体的发展阶段，从天然的族群联系直接过渡到类联系，可以想见，那样建立起来的类主体很可能就成为族群主体的变相复活。

我们曾经实行过的"一大二公"制度和集权中央、计划指令性的经济政治体制并没有使个人得到真正解放；非但如此，还培植和养成了人们照章办事、照本宣科、一切听从指挥、一切仰赖上头，甚至不发口令就不会迈步的依赖习性。过去的体制缺乏活力不也正是来源于此吗？我们现在已经转到了建设有中国特色的社会主义市场经济体制，找到了解决中国问题的实际道路。这是一个伟大转折，它无疑会对中国的历史发展产生深远的重大影响。但人们决不能忘记那段付出过沉重代价的历史教训，应该珍惜它，把它变成我们的"成功之母"。

培植独立的个人主体是我们的当务之急，这是越不过的历史阶段。个人的独立是个人的自立而非他立，不是靠恩赐，也非思想政治教育所能解决，更不是用强力能够奏效的。"权威"的效力是有限而不是无限的，它对人的自立问题就很难发生效力。人的解放不只是政治解放，也是经济解放、社会解放、精神解放。当前实行的市场经济有多方面的作用，而最根本的就是解放个人的作用。我们不能只从经济方面认识市场经济而忽视它的人的内涵。现在需要的是大胆放手，创造条件让个人独立去闯，在实际活动中锻炼成长。我们不能总是想着用计划经济习惯了命令办法去推行、实现一切。经过市场经济的培育和锻炼，个人一定会形成具有自立、自主、自律能力的独立主体，这点应当坚信不疑。

从族群本位转向个人本位，是价值观念体系的重大变革。伴随着个人从多年的人性压抑中解放出来，人的情欲会喷薄而出，一时形成泛滥，这是难以避免的。我们不能运用以往那段虚幻生活中形成的道德观念尺度，去衡量市场经济的道德问题，以致动摇我们前进的步伐。这里出现的问题需要教育引导，也需要适当控制，更需要的是从积极方面去提高，从推动市场经济发展进一步升华人性中求取解决，而不能一味靠强力去压制。至于那些本属腐化腐败的现象，当然要另作别论。

个人发展了，才会有发展类主体的条件。我们应当发挥社会主义制度的优越性，在发展个人主体的同时去发展类主体。但这必须以根本破除那种压抑个性的集群主体的传统形式及其影响为基本前提。从这一意义说，今后我们在政治和社会乃至理论方面的改革任务还是极其繁重的。

人是一切问题中的根本。国人现代人格的形成是我们一切事业成功的根本保证。忽略这一点，可能会因失去根本而致使一切走样、变形甚至落空，这当然决不是我们所希望的。

价值与人[①]

——论价值作为哲学概念的本质

(1994年)

我们从当前我国价值观念的变革,以及由于这种变革而引发的关于价值哲学见解的理论分歧中,可以得出这样的认识:理解价值本质问题的重点和难点,主要是在人的方面而非物的方面;人的价值问题在价值理论研究中不但应该给予特别的关注,还应当成为我们理解价值一般本质的基本出发点。在我看来,不仅只有这样的研究才符合哲学探讨价值问题的本义,也只有这样的研究才能够较好地回答当今现实生活提出的那些价值问题。

人追求价值,究竟是在追求什么?价值表现的是人的本质还是物的本质?在我看来这是当前值得特别深思的问题。

一、价值属于人对自身本质的追求

"价值"是一个大字眼儿。现在这个概念应用得颇为广泛,几乎能够满足主体某种需要,对我们具有某种有用性质的事物,都可以看做是有价值的。人们因此也就从物的有用性质去了解价值概念的一般本质。尽管如此,我们从现实应用的情况去看,在日常谈话和讨论中人们使用这一概念

[①] 原载《长白论丛》1995年第6期。《哲学动态》1996年第1期论点摘介。

时还是很谨慎的，对于许多虽然有用的事物往往也并不都用价值的概念去表达。这不意味着这些事物不属于价值范畴，而是不需轻易动用这样的大字眼儿，引进价值概念有时反会带来许多分歧、麻烦而使事物更加复杂化。这种情形表明，价值虽然包含满足需要、有用性质这些意思在内，但它并不是这样一个简单涵义的概念，也绝不限于这类直观的意义，它总还另外有点什么深刻的隐性涵义蕴藏其中。

价值的问题与人们对于价值的评价分解不开。不能认为价值评价只是对于既定价值事实的简单认定，它同时还具有开掘和开拓价值内涵的意义。价值问题本质上是一个选择性的问题，人们依据自身的主体需求判定价值是什么，才会承认什么具有价值，价值评价因而也就成为价值自身确立的前提和生成的环节。这是价值意识区别于认识活动的根本不同之点。就这一意义可以说，人们对价值的任何确认或否定，都表现为一种价值评价，价值与价值评价二者从实质上甚至可以认为是一回事。

谈到价值评价，就要有一个评价的尺度和标准，这便进入了价值观的领域。不同时代不同的人，用以评价的尺度是不会完全相同的。不同的评价尺度，反映着人们的不同理想的追求。追求不同，尺度有别，就意味着他们的价值观是不一样的。从不同的价值观出发，人们所确认的价值物可以各不相同甚至直接相反。从实际情况来说，价值作为理论必须探究的一个重要问题正是从这里产生出来的，由于价值评价发生了分歧或价值观需要转换，才需要从理论上去探讨价值问题。所以在价值哲学中价值和价值观也是很难拆解开来的。

由此可以看出，价值不仅是个大字眼儿，还有着某种崇高的意味儿。人们在生活中不轻易抛掷这一字眼儿不是没有道理的；而一旦使用了价值这一概念就会因分歧而往往争论不休，其原因也主要在这里。

价值的"崇高性"表现在，它不只是体现了满足人的某种需要，而且还表现着人的主动追求。需要和追求并不是完全同一的。有价值的东西肯定能够满足人的需要，但人的存在却并不以需要的满足为满足。需要作为人的需要虽然体现着人的主体性，它同时又意味着人对外物的依赖性，就这点而言需要的本质应属非选择性。对于那些无可选择的东西是不会存在价值评价问题的。所以动物有生存的需要，也有需要的满足，但对它们却不存在价值与非价值的问题，只要是能够果腹和传种，便一切完事大吉。而人之为人恰恰在于，他有需要却不把自己束缚于需要，也从不以满足需要为满足，总在那里不断提出新的更高的追求。应该说正是这点才使人和动物分道扬镳，生出来价值选择和价值评价的问题。

只有对人才谈得到价值问题这点表明，价值只是属于人的本质，表现的只是人所有的本性，也可以说所谓价值不过就是人作为人所追求的那个目的物，而这个目的物也就是人的自身本质。我认为这应成为我们从哲学去理解价值问题的基本立足点。

二、人的最高追求就是成为人

人追求什么，什么就是人的价值物，人也就会把什么评价为有价值的。

人在生存中究竟追求着什么？人所追求之物无限众多，并且各不相同。而从人作为人的归根结底意义来说，人的最高追求物不是别的，正是人自己，是人的自身本质，也就是要使自己成为人；人把其他一切能够满足自身需要的东西看做价值物也不是由于别的，只因为它们作为实现人的本质的必需之物因而便被看成本质自身之物。

人总是从人的意义去肯定价值物，评价物的价值的。人对人不只是一个最高和最根本的价值目标，而且是最高和最根本的价值尺度。这点并不以人的自觉为条件，人们通常也并不意识这一点。但不管人们意识到还是没有意识到，人们在确定自己需要追求的价值目标和进行选择的价值尺度时，总是从某种关于人的理想模型和人性假定为依据的。最能显现出这一本质的是当某种需要获得满足之后，在人们进行新的价值选择时人的这一根本尺度就会突现出来。生存需要满足了，会生出发展的需求；物质需要满足了，会生出精神文化需求。人的自我实现即对人的本质的这种追求是永无止境的，人的价值目标因而也就总是处在不断地升华和更新之中。人们追求价值的过程也就是实现自我本质、塑造自我形象的过程，这二者是同一的。所以，我们往往从一个人在追求什么样的价值物中，就能大体判定他处在人的发展的何种层次和水平。

肯定人以自身本质为最高价值目标，就是肯定人是以自身为目的的存在，人的价值不是手段性价值，而是属于自身关系的目的性价值。这是人的价值与物的价值的根本区别所在。人对自身本质的追求乃是价值的本质，即自为的价值原；物只是因为实现人的本质的需要才获得自身的价值性，它只属于为它关系的手段价值。从这一意义说，物的所谓价值，表现和实现的都只是人的价值，而绝不是相反；我们必须而且只能从人的价值去说明物的价值，绝不能倒转过来，从引申物的价值涵义（有用性）去说明人的价值意义，这往往就是把人还原为客体而人的价值被工具化的理论根源。

人是由于具有人的本质才成为人的，在这里人同人的自身本质怎么能够分别出来，形成一种自身追求的价值关系呢？这看来似乎很难理解。其实，正是在这里表现着人的特有本性、价值只能为人所有的本质。

人的本质与物的本质尽管有这样那样的许多共同联系，有一点却是根本不同的，这就是人之为人的本质并不像其他的存在那样属于自然的现成作品，而是只能在人的活动中去生成，也只能靠人自己去创造。这是人之所以为人的特有本质。

对于其他一切存在，自然让它们来到这个世上，就已经为它们安排好了应有的本性，这点无需它们参与，它们也无力去抉择。它们的存在与它们的本质是完全同一的，它们也只能顺应它们既定的本性去从事活动。这点表明，它们的本质并不属于它们自己所有，也不能由它们去操纵和支配，因而对它们也就不存在追求自己本质、以自身本质为目的，即实现自身本质的价值追求、价值选择、价值评价之类的问题。人便不同了。人的本质既非神灵给予的也非自然前定，而且还不是一经确定便永不改变的，这一切都要看人怎样去创造，怎样去实现，即决定于人自己的选择性活动。这就是说，对人而言，人的本质是掌握在人自己的手中的，因此人也就必须不断去追求自我的本质，创造自我的本质，实现自我的本质。这便形成人的活动与一切其他存在的活动都不同,具有了追求价值创造的意义,成为了实现价值性的自为活动。

人能创造超越自我限定的自身本质,这既是人高出其他存在独具的特质,也是人在世上存在的最大价值。马克思曾说,"人的根本就是人本身"、"人本身是人的最高本质"①,依此我们也可以说,人本身也就是价值本身,人的存在就是价值存在,人的价值就在于把自己创造为真正的人。

三、人在哪儿存在价值也就指向哪儿

人以人的自身本质为最高价值目标,这种本质存在于何处,属于怎样一种存在,什么也就是人的追求目的,并具有了价值意义。

价值属于人的本质这点,并未把"物"排除在价值之外,因为人的本质本身就包括了物在内,不只是人身之物,而且也包含身外之物。

按照通常的观念,我们了解"人",总是把他同人以外的存在区别开来,注重于人与物的区别本质。这确属人的特质,但并不表明人的全部本质。人作为人不是单一性的存在,人之为人的本质也不是单一性的本质。人是一个最为复杂的存在,人的本质也是一种最为复杂的本质。例如:人是一个生命有机体,生命是人的生存基础。但生命不过只是人的一重本质,人作为人还有着另一重非生命的本质。这是人与动物的根本区别。动物的本质与它的生命是完全同一的,它们获得了生命也就具备了它们的本质。人便不同,他获得人的生命还不能是真正完备的人,只有同人的非生命本质结合起来才能成为现实的人。所以人要成为人必须经历两次双重的生成过程。从这一意义说,"人"这一概念只能是一个大写的文字,决不能仅仅理解为单个生命体的存在,它天然地要把他人包括在自身的本质里,属于我你他众多生命个体统一体或复合体的存在。

---

① 《马克思恩格斯全集》第1卷,人民出版社1956年版,第460、467页。

人不同于一切其他存在的另一特点是，人对待任何事物都是从我出发，以我为主，人的活动的目的也是为了把事物变成"为我的存在"。从这一意义可以说人是一个天生的"自我中心主义者"。但另一方面，人又表现出是一种由他和为他的存在，人来自于自然，人也只有把自身的本质对象化于外部存在，才能把事物变成自我的对象和为我的存在。自我对象化和对象人化的统一这点表明，人不仅是面对整个世界的存在，而且本性就是一个具有世界意义的存在。人的力量按自然本能说在动物界本来是最为软弱的，由于本性外投这种性质使他能够把一切自然存在转化为自己的"无机的身体"，把一切自然能力转化为自身的本质力量，因而成为世间最为强大的存在。从可能性说，没有什么事物和力量人不能把它变成人自身的本质的存在和力量，所以人的发展趋向最终必然要与万物结为一体，"人"这个概念最终也要走向与"世界"的概念融合为一。这表明人是以类为本性的一种类存在。

由此我们便可以了解，人追求人的本质绝不单纯是要把自己从万物的存在中区分出来，区分只是为了与万物建立更高统一体的步骤；人要"成为人"也决不是要把自己变成凌驾万物之上的主宰者，主体的涵义只是意味着世界固有潜能得以充分开掘和发挥的启动条件。

当然，要达到这一步是一个漫长的发展过程，必须经过从肯定走向否定，然后对否定再行否定才能实现。"人"的概念在这一意义上也就是一个以"否定之否定"为本性的概念。

马克思关于人的发展的三形态或三个阶段学说[①]，清楚地表达了这一本性和过程。人的自身关系经历了群体本位、个体本位、类本位三个发展阶段；人与自然的关系相应地也经历了从天然一体到彼此分离和对立再到相互融合的三个发展阶段。与此相配合，人对自身本质的意识同样经过了三个不同发展阶段，即超现实的神化阶段、物化的科学阶段和类化的哲学阶段。

人的本质集中在哪里，价值目标也就指向哪里。第一种形态的人，主

[①] 《马克思恩格斯全集》第 46 卷上册，人民出版社 1980 年版，第 104 页。

要表现为由自然纽带结成的狭隘地域性的人群共同体,马克思称之为"人的依赖关系形态"。由于人们必须依靠自然生命的直接凝聚力去发挥人的主体力量,那时也就只能以狭隘的群体为价值本位,巩固和发展这样的群体大我便成为最高的价值目标。个人在这时还不具有独立性,也就是说他们自身尚不具有人的本质,这种本质只能从超越于个人的群体中去获得。由此便形成了古代追求超个体、超现实的神性本质的宗教理论和哲学理论,例如强调国家至上(柏拉图)、城邦优先(亚里士多德)、人应当为上帝而生为上帝而死(基督教)、忠孝节义(中国儒家)等理论所表达的价值观。

在第二种形态里,确立了个人的主体本位,但却是通过依赖物的联系才得以实现的,马克思称作"以物的依赖性为基础的人的独立性"阶段。此与相适应,价值本位也从群体转向个体生命的小我,推动个人走向独立、发挥个人的创造才能、实现个人的自我本质成为这时最高的价值目标。由此便形成了近代以来金钱至上、个人第一,强调自我发展、自我实现的哲学价值观。

在第三种形态里,随着小我作为普遍的个人获得全面的发展,大我作为普遍的类得到充分的展开,人与自然的关系在经历否定阶段之后重新走向统一,人们从自在存在提高到自为的存在,可以肯定,价值观也定会发生根本性的变化。我们可以预期,到那时价值本位将从群体和个人转向二者统一的类,在此基础上,必然会形成大我与小我、人与物、生命本质与非生命本质、个体形态与超个体形态的完全和谐一体的价值观。这样的价值观,在马克思所创立的关于人的类本质的学说中已有明确的表述。

四、实现类本质是价值追求的最高目标

关于价值问题,就其自身的内容来说,我们经常会碰到下面三个关系问题需要处理。这就是:(1)物对人的价值关系问题;(2)小我对大我的价值关系问题;(3)自我对自身本质的价值关系问题。当前在我国社会

大变革中出现的价值观的转换，其主要内容也是集中反映在这三个基本关系上面。这些问题，在我看来都是只有从人的本质去理解价值、把价值看做是人对自身本质的追求这样的观点，才能把它们合理地统一起来，从而得到正确的认识和解答。

依据前面论述的观点，人和物、小我和大我，在价值关系中本质上都应是统一的，因为它们都属人的本质的构成因素。

例如在人和物的价值关系中，物没有单独的价值意义，物的价值表现的实质只是实现人的价值的价值，这个方面是人们都熟知的。这里还有着另外的一个方面。人按其本质也并非与他物抽象对立的存在，人要以潜在的自然力量装备自己，而且人最终还要与万物融为一体。如果我们承认了这一观点，那么，人也不能孤立地即抽象地去实现自身的价值，它必须通过并借助于发挥物的价值以实现自身的价值。从这一意义说，所谓实现人的价值，即追求人的本质、实现人的潜能、展现人的力量，其实质不过就是意味着在人化的形式中使万物固有的本质、潜能、力量得以开掘和发挥而已。人的物化、物的人化，这二者是在同一过程中实现的。正是基于这种关系，历史上才会出现这样的现象，人所占有的物，往往成为人的人格、身价、尊严的标志，家族、血统、土地、官阶、财产、金钱都曾成为人们追逐的价值目标。

再如小我和大我的价值关系，它们从本质上说也是统一的。小我属于生命个体，大我是一种超生命存在，这二者同属人的本质。

生命作为人的生存基础对人是重要的，人若失去了生命，便失去了现实的存在性。从这个方面说，生命对人具有首要的价值意义，人们通常也都是把生命看做第一可宝贵之物，要像爱护眼珠那样去保护它。然而人的双重本质则向人表明，生命对人固然可贵，自身却不具有单独的价值意义。生命所以可贵是因为只有凭借它，人们才可能获得超生命本质——人的第二生命，进而发挥人的创造潜能，实现人的生存价值。这是人的生命与动物的生命根本不同之处。一个人如果只去追求生命的需要，只为保持和延续生命的存在而活着，他的生存意义便同动物无大区别。

人的生命价值体现于非生命本质之中，它必须通过非生命本质的价值才能实现自身的价值。因此一个真正的人决不会满足于生命的需求，总要不断去追求超越生命之上的价值，把这看成更为重要的东西，为了它甚至甘愿献出生命。

人的超生命本质使人的存在价值超越了有限进入到无限、超越了相对进入到永恒的境地。人在有限的生命活动中创造的价值，一旦进入人类社会文化系统，就会永远活在人们心中，成为人类永恒的财富。这就是人的类价值。

但另一方面，由于群体、社会、类的存在自身并不具有实体性，它只能以生命个体为其存在的实体。从这一方面说，人的超生命本质同样不具有单独的价值意义，它不但必须通过生命个体的活动去实现自身的价值，它的价值也只能体现在生命个体身上，即表现于升华个体人性、发挥生命潜能、实现个性价值。超生命价值与生命价值本质上也必然是统一的。

这里说的本质的统一，不是自然本有的天然统一，即并非自然的直接关系，它是在人的创造性活动中，由人建立的属人的一体关系。从自然关系到属人关系，须经历一个转化的过程，只有在经过人从自然的分离、小我从大我的分离过程之后，才能建立起具有否定内容的属人一体关系。经过这样的一番转化，万物固有的本性得以充分实现，自然本有的潜能得以充分发挥，世界也就进入一种崭新的统一秩序。推动世界走向新的秩序，或者说创造一个崭新的人化世界，这就是人类生存的根本价值。

我们现在还正处于转化的过程之中，这样的一体世界前景可见，但还不是已存的现实。在当前分化的任务尚未完成，所以我们遇到的多是重重矛盾。

例如，我国当前市场经济发展中人们价值观念、价值追求发生的重大变化，就表现了这样的两重性质。这些变化主要表现为：价值观念从传统的"重义轻利"转向追求金钱和功利；价值本位从过去的大我转向小我、群体转向个人；价值追求从以往基本统一的目标走向相对化、多极化的目标。怎样认识和看待这样的变化？是变好了还是变坏了，或者好中有坏、坏中有好、好坏参半？人们对此有各种不同的见解。

在我看来，如果我们理解了价值的真实本质，看清了价值的真实目标，从转化过程去认识当前的变化，那么我们就会把握它的两重性意义，既不会为价值观念的一时混乱所迷惑得出完全消极的结论，也不会为人性复苏的变革所遮蔽而忽略它隐含着的负面作用。

从这种观念去认识，对于当前价值观念的变革我们首先应抱着欢迎的态度予以充分肯定。因为它从原来以超脱凡尘的圣人、神人为假定模型的价值观，转向以现实人性为依据，面向生活真实的价值观，这无疑是一次人性的大解放，是走向全面发展的人的目标的必经阶段和步骤。没有人的物化，不会有物的人化；自我不从大我束缚中解脱出来走向独立，不会进入真正的类集体；价值取向不多样化，人的丰富多彩的个性难以生成。由此看来，今天的这些变化不是离开人类理想的类目标更远，正是向它更靠近了一步。

当然另一方面我们也不能不看到，以物的依赖为基础形成的自我本位价值观，它在把人从人身依附中解脱出来的同时，又把人置于金钱、财富、物的支配之下。人格的物化，正像人格的神化一样，也属一种人性异化状态。所以从马克思的观点看来，"以物的依赖性为基础的人的独立性"这一阶段，只是为走向以类为本位的"自由个性"更高形态创造条件的过渡阶段，它在进一步的发展中也是要被历史所扬弃的。

认清了这一切，我们就会采取积极引导的方针，创造一种讲求人格的社会文化环境，以便推动人们建立起普遍的人格意识，不断升华自己的人格境界，尽快走出神化人格并从物化人格提高到类化即人化人格。人格文明化的问题不只属于精神文明建设的任务，也应当成为物质文明建设并推动我们一切事业发展的内在灵魂和根本原则。

突破真理论的传统狭隘视界[①]

（1993 年）

一、问题的提出

自 1978 年真理标准大讨论以来，关于真理问题的研究已有相当进展。为了推动研究更加深入，现在，我认为有必要提出下面这个问题进行思考，这就是：哲学应当怎样去探讨真理的问题，或者说，哲学应当探究的究竟是何种真理问题？

这个问题值得我们重新思考，在我看来，是因为它直接关联着对于人类发展的一个根本问题的理解，即人们不懈地追求真理，究竟是在追求着什么、要去追求什么？

在以往的哲学中，我们的目光主要盯在科学认知真理上面，仅限于从认识论去谈论真理，而且把主观和客观相统一的真理性归结为主体对客体本性和规律的正确反映，只强调主观应该符合客观的单面关系。这个方面当然也是需要的。主观对客观本就有着肯定性的关系。正确反映对象的本质和规律也是人类活动获得成功的必备的前提和条件。然而问题是，哲学探讨的真理问题是否应该仅仅限制于认知性的科学真理，科学认知真理能否认作就是人类活动追求的最高真理？更进一步说，人类孜孜以求真理，

[①] 原载《哲学研究》1995 年第 8 期。《新华文摘》1995 年第 10 期全文转载。

为真理前赴后继、奋斗牺牲，难道就是仅仅为的认同客体、符合客观、适应外部世界、实现客观本性，此外还有没有更高追求的真理目标？或者换一种方式说，符合于外界对象，是否可以认为就是人类理性活动的最高本质、惟一功能和终极目标？

当着思想局限于狭隘的理论范围之时，对这里所提的问题我们可能会感到很怪异；而一旦回到现实生活的广阔天地，我相信我们就会立即体验到，原来哲学理论所论说的那种真理实在太过狭小、不敷现实使用，很难反映出生活的真实。而这点，在我看来，或许就是我们的哲学理论远离了生活、因而也为生活所冷落的一个重要表现和原因。

在人们的现实生活中，"真理"通常既是一个很神圣的字眼儿，同时又是运用得十分广泛和普遍的概念。它并不是只有一种涵义。人们经常是在不同的意义上去运用真理一词，这里既包括认知性的真理，也包括其他意义上的真理。因此可以说，在生活中事实上存在着不同的真理概念，它反映了现实的人们是具有多方面的不同追求的。

真理，如果从它的普泛而非学理的意义说，无非就是指真实之理或实在存在之义。在这里，真实是与虚假相对待的，实在是与虚幻相对待的。有真实是因为有虚假。有了真实与虚假，就需要去分辨真假，于是产生出求真的活动。

在现实生活中，真假的问题并不仅仅是个认识问题、观念活动问题。理性和观念有着真假的分别，这没有疑问；对象和存在，甚至人的生活本身也同样都有真假、实幻的区别问题。人们在现实活动中，经常会把假存在当做真存在去对待，把假对象当做真对象去处理，拿假问题当做真问题去进行争论。当然也会把真的当做了假的。生活亦如此。人们正在过着的生活，不一定就是真实的生活。人们往往不得不去过着一种虚假的生活，而且经常把它当做了真实生活，或者把真实生活看成虚假的生活。这只要想想某些官场和商场逢场作戏的生活，再想想"文化大革命"那些年代神话般的生活状况，就会理解这里说的一切。这类真假问题也需要去分辨。辨别这类真假的意义决不亚于辨别真假观念的意义，甚至应该认为更加重要、更有意义（虽然这两类真假问题经常是联结在一起的，却也不是完全相同的一回事)。

　　事情如果是这样,那么,这样的"真"存在于何处,它究竟是个什么?显然,这只能是对人而言的真、为人而有的真。这样的真既不可能存在于人们生活之外的世界里,也不可能仅与客体相关而与人的主体状态无关。人们通常所说求真、讲真、叫真,以及"要为真理而奋斗终生"这些话,决不仅仅是要使自己去适应或符合于外在的客观、客体和对象的意思,它们具有的内涵明显都超出了科学认知真理的那种意义。一种需要并值得人们为之奋斗终生甚至不惜贡献生命而去争取的真理,是一个神圣而伟大的目标,其中必然体现着人们的某种理想和追求,寄托着人们对于未来莫大的美好期望。这样的真理,只能属于人自身创造本性的实现,不可能仅仅是回到事物已有的预先规定。

　　从这种观点去理解人的"理性",我们会同样地看到,它的本质也不是仅仅趋同于客体、仅仅符合于客观的对象。人们需要认知客体,是为了超越客体;人们需要反映客观,是为了突破客观。理性的本质应该说是双重性的,它对对象的肯定性关系只是作为环节而蕴涵于对于对象的否定性关系中的。引导人们突破物的局限,超越自然规定的限制,在人和物之间建立起以人为主导的统一联系,这才是人们所以需要理性和理性应当发挥的真正的和基本的功能。理性与对象的统一关系,从这一意义说就不会是单面的符合关系,必然是双向的互适关系。例如科学总结出的规律和原理,它也不只是单纯地反映对象的客观内容,其中也已对象化了人的本质内容,那种所谓的客观性,只能是为人而存在、为人所有的客观性。所以当科学把事物的本性转化成为理性特有的普遍性的形式,这就意味着使它超越了事物的客观存在,突显了事物对人而有的意义,并在事物和事物、事物和人之间建立起一种可由人支配和运用的联系,人们通过这一中介就能创造出自然界本来没有的存在。理性的这一本性,以往的某些哲学家已经意识到了,在他们关于理性的理论中,已不再局限于认知理性、理论理性的传统观念,同时还提出并研究了实践理性、价值理性、审美理性等范畴。即使单就理论理性而言,也不再理解为单纯表象客体,而是加进了某种先验的成分和内容,这部分称为先验理性。康德就是这类哲学家的突出代表。

这就是人的现实生活和实际活动向我们昭示的情况。哲学本是来自于生活的，理应去表现生活、理解生活、说明生活、批判生活、引导生活。哲学的真理论是教人分辨真假、追求真理的专门性理论，它应当具有宽广的视野和高超的意境，全面去表现生活中的求真活动，不仅要说明实然性的、手段性的、理论性的真理活动，也应说明应然性的、目的性的、实践性的真理追求以及它们之间的相互关系，决不能够也不应该把自己的视野仅仅局限于某一种真理的问题上面。

二、真理的人性本质

真理问题是人所特有的问题。惟人才需要去辨析真假，才会去追求真理，动物世界是不存在这样麻烦的问题的。这个事实说明，真理是表现着人性、属于人的存在方式，无论真或假，都是人的本性的体现。哲学属于人的自我意识理论。哲学讲真理当然也就只能从人性出发，必须体现出人的特有本性。人的本性，按照马克思的观点，从根本上说来就是实践性。人是一种实践的存在，以实践为生存本性的存在。实践本性意味着，人是一种自我创造性的存在。人一方面是自然存在，在这一意义上，人同其他自然存在一样，必须依赖自然而生存，并且要受到自然规定的影响和制约；人同时又是一种反自然的存在，在这一意义上，人又超越了自然的限定，创造出自己独特的生存活动和存在方式。人在自身的创造性活动中，通过本性外投的方式，在把自身本质对象化于外部存在的同时，也就使对象人化，把自然事物变成了"为我的存在"。据此我们可以说，由于人的出现便颠倒了自然的乾坤，人的本性也就是颠倒的自然本性。

人的如此本性充分体现在真理性质之中。

如果我们去探究"人为什么要去追求真理、人追求真理究竟是在追求什么？"这类问题，我们就会发现一种看起来十分矛盾的现象：人之所以需要追求真理，这意味着人能制造一种假理，而且人也总在那里不断制造着假理。由于人经常为假理所诱导，又为假理所迷惑，常常是假中有真真中有假、假假真真真假难分，所以才需要去追求真理、分辨真假。

如果再进一步追问，人又为什么要去制造假理，造了假之后还要费力求真，给自己凭添如许的麻烦？这显然不会是仅仅为了要去消除假理便去制造假理。先造假理再去消除假理，这个行为本身说明，"假理"一定也是人的生存方式所需要，对于人的生存生活有着某种用场；否则，人是不会允许发展这种能力、从事这样无谓的行为的。人从制造的假理中去求取真理，这同时也说明，由此所求得的真，决不会像过去所了解的那样，仅仅是为了使人的行为能够顺应、符合于客观、客体的需要。因为，道理很明显，如果仅仅是为了使人的行为顺应自然、符合客观，那就不如让人回去做动物，没有必要先造假理再去求真地多此一举。

人是一种很奇怪的存在，人的行为常常是看起来自相矛盾的。其实，这正是人之为人的本性。人的这一切矛盾行为，从人的实践本性会很容易理解。归根结底来说，所有这一切矛盾行为都是根源于一点，即人不能满足于自然提供的现成的存在和条件，不会甘心仅仅顺从自然本性所规定的生活。人需要的一切，虽然需以自然条件为依据，但它只能凭靠自己的劳动，去进行创造。这就是人的实践本性。而创造的行为，按其固有本义便是一种无中生有的活动，实际也就是把真的变假、假的变真的活动。这就是为什么人需要去创造假理，然后又必须去追求真理的根本缘由。人所追求的那种真理只是人自己的创造活动的产物，并不是什么既有的现成存在。作为这样的真理当然也就只能从消除人所创造的假理中去求得，它决不是客观本有的什么既定之理。所以从这一意义说，真正表现人之为人本性的，与其认为求真的行为，不如看做"造假"的本领更能说明问题。

人所创造的假理，人们从它能够引出真理，也就能够由它走向虚幻。不会使人陷入虚幻的东西，也不能引人进入创造境地、超越客观自然的限制。从根本上说来，这就是人所特有的"主观性"的作用。主观性对人具有两重性的作用，它像一把双刃剑，既是发挥创造性的利器，也是可能伤害自己的凶器。过去从原苏联引进的哲学教科书只看到它伤害自己的一面性质，因而必欲连根拔除而快之。从这种观点出发，进而便把真与假、实与幻的关系看成绝对对立的。按照这种观点，真是真、假是假，二者界线分明；真是客观性，假是主观性，二者互不相容。于是，在这种理论里，人们追求真理的活动便被归结为追求客观性、排除主观性的活动，区分客观性和主观性也就成为判别真理与谬误的根本界限和尺度。哲学，特别是它的真理论的功能因而就变成只是教人如何"一切从客观出发，不能从主观出发"的理论。

这在现实生活中，当然是完全行不通的。实际生活中我们不但排除不了主观性，还得时时处处去依靠主观性、发挥主观性的作用。这既是人的生存活动本性，也是人作为人的生活的本有内容。试想，在人们所创造的劳动产品里，有哪一件不是主观性物化的结果？即使是一块天然的石头，当着把它变成人的对象时，例如南京的雨花石、安徽的黄山石，人们也往往要赋予它以某种主观性的精神内核，什么"童子拜观音"、"猴子观海"、"寒江独钓"、"秋风落叶"等等，如此才感到心满意足。在人的生活里，主观性与客观性总是纠葛一起难解难分的。问题只在于如何去处理它们之间的关系，在它们之间如何建立一种适于人的发展状况和要求的关系，而决不在于简单地排除主观性的问题。所以我曾在一篇文章里提出了"为主观性正名"的问题①。

同样道理，为人所有的真与假、实与幻的关系也不是一种简单的否定关系和排斥关系。事情往往是这样，真中有假假中有真，假的可以变真真的也可变假，正所谓真变假时假即真、假作真时真亦假。如果不是这样，人就失去了创造能力，也就不再是人。

按照这样的理解，人的求真就不简单是一种认知活动，而且是一种实际的创造活动；人所追求的真理也不单纯是为了适应自然、认同客观，而是贯注着人的理想、追求的一个创造性目标。为此，我们就不能不去调整、改变过去从单纯认知真理所形成的那种真理观念和理论框架。我们宁可把真理问题理解得复杂一些，以便思考得更加深入，切莫

---

① 详见《哲学研究》1987年第10期《论哲学观念的转变》一文。

过于简单化。

三、走出传统科学理性框架

　　过去,我们对真理问题理解得很狭窄、过于简单化,可以说基本上是按照直观认识论所了解的科学认知本性去理解真理问题的,追究其原因,我以为主要同下面的两个情况有关。

　　第一个情况。对真理的这种理解是由于沿袭传统观念,特别是近代以来把人假定为理性存在、以科学理性充当楷模的这种哲学观念所造成的。

　　近代自结束宗教神学的独断统治之后,便掀起了理性的复兴运动,随之科学得到迅速发展,科学—技术理性逐渐取得了支配地位。由于理性被科学化,"科学"便成为一切理论的标准模式,其他种种意识形式都不能不向科学理性靠拢、看齐,于是形成科学技术理性支配文化形态的时代。

　　科学化的这种倾向,在哲学身上表现得最为突出,它不但影响到哲学理论的形式方面,还渗透进哲学理论的内容之中。那时,一些哲学家甚至认为哲学只是科学思想及其成果的一种综合理论,把哲学变成仅仅是科学的附属物。另一些哲学家虽然竭力维护以往哲学的至尊支配地位,他们也难以摆脱科学思想的影响,只能按照科学方式称哲学为凌驾科学之上的"科学的科学"理论。

　　哲学的科学化影响至今也并没有完全消除。在从原苏联引进的教科书里,我们就能看到大量的这类影响印迹。教科书里的许多基本哲学范畴,如物质、运动、时空、规律、因果、必然性等等,当初是从科学概念直接搬运过来的,至今对它们的所谓哲学解释,体现的仍然主要是科学(而且往往是那一时代的科学)的观点,例如"规律"的理解就基本是如此。另外,适应科学的要求,教科书也把哲学理性化,重视认知理性的意义,不重视非理性因素的作用,像意志、情感、目的、欲望这些范畴都未给予应有的地位,有的干脆被排除在哲学理论之外。教科书讲述哲学理论的方式,也基本是摹仿、照搬科学理论的论述方式。首先给出命题、原则、结论，然后引用大量的经验事例去予以证实，哲学变成了如列宁曾经指出过的"实例的总和"的理论。在这种情况下，"真理"被看成单纯追踪客观性的活动，哲学的真理论被归结为认知性的科学真理论，就是顺理成章、毫不奇怪的事情了。

哲学作为世界观理论，同其他一切意识形式和知识部门都有着十分紧密的联系，并需要不断借助其他意识成果以充实自己的内容。哲学在一个时期趋向神学化、在另一个时期趋向科学化，这在哲学和人类意识成长发展的历史过程中是不可避免的现象。但是哲学毕竟只是哲学，既非神学也非科学，它具有自己特有的对象和任务，也有自己特有的理论形式和研究方法。如果说在过去，哲学和科学都还发展得不够成熟，出于反对宗教神学统治斗争的需要，哲学和科学彼此联手相互借助，哲学直接吸纳大量科学内容因而使自己科学化具有相当理由的话；那么在哲学和科学都已发展成熟的今天，哲学仍把自己看成"科学理论"，无论是科学之上的科学的科学或是科学之下的科学亚种，就都是不适当、有违哲学本性的行为了。今天的问题是，需要克服任何把哲学非哲学化的倾向，不论是神学化的倾向还是科学化的倾向，这样才能保持并发挥哲学自身固有的本性、职能、价值和功用。

所谓克服哲学的非哲学化倾向，更深入一步去说，这个任务的实质就是要使哲学更全面和更完整地去反映和把握人的本质，以便由此推动人类逐步做到如马克思所说，"以一种全面的方式……作为一个完整的人，占有自己的全面的本质"[①]。从这一意义上说，任何非哲学化的倾向，包括神学化和科学化等倾向在内，都是对人的本质的某种片面化和抽象化理解的表现。克服哲学的非哲学化倾向，其实就是当今时代人们所倡导的"人文精神"的实质和内涵。

我们在1978年的真理标准大讨论中，完成的是克服哲学神学化倾向的任务，那时以来，还遗留下消除哲学科学化倾向的任务有待完成。要实现这一任务，就要从真理标准问题深入真理自身的实质和本性问题展开讨

---

① 《马克思恩格斯全集》第42卷，人民出版社1979年版，第123页。

论。现在已到了应该把这个问题提上研究日程的时候了。

四、克服直观认识理论局限

现在谈第二个情况。马克思本来已为我们走出狭隘的科学理性框架、克服直观认识理论的局限，提供了必要的理论和方法基础，这就是马克思确立的实践观点的思维方式。然而遗憾的是，从原苏联学者起始包括我们在一个长时期都没有认识到这一点，我们面对珍贵的宝藏，却不知怎样去派它的用场，以致使它长期埋没发挥不出作用。

过去，我们虽然承认"生活实践的观点是认识论的首要的和基本的观点"，应该说我们并没有认真和彻底地去贯彻这点。实践在教科书中仅仅被安插在检验真理的标准的位置上，我们以为这个最终审判官的位置是具有最高权力的位置。可是这样一来，就使它只有在认识和真理既经形成之后才能行使职权和发挥作用。而在认识本性和真理本性的阐释中，我们沿用的仍然是直观认识论的观点，从摹写论去理解认识本性，从客观性去说明真理的本性。认识和真理的本性既然已经定型，审判官在"秋后算账"中还能发挥什么作用呢！只有去为直观认识理论充任"轿夫"的作用，顶多也只是一票否决权的作用。由于我们没有改变认识的直观本性，却又要求实践去进行验证，关于怎样从实践中去检验认识与对象符合与否的问题就成为一个难题，我们很难说得清楚，人们也总要提出这样那样的疑问，如效果如何证明符合，真理"标准"究竟是实践还是客观事物等等问题就是由此生发出来的。

按照这样的理解，以往我们所讲的"真理"，实际不过是客观存在、客观对象、客观本性的一种"代号"；因而"服从真理"在我们的哲学中也就变成只是去顺应存在的客观事物、服从既定的先在本性。这里体现的原则，同200年前被马克思批评为直观认识论的原则，如霍尔巴赫所说："人是自然的产物，存在于自然之中，服从自然的法则，不能超越自然，就是在思维中也不能走出自然；人的精神想冲到有形的世界范围之外乃是徒然的空想，"于是他呼吁："呵，人呵！……放弃那些空洞的希望……让我们服从必然罢……让我们听命于自然……顺着自然为你划就的必然的道路放心地走去吧"①。有什么差别、能有多大差别？它怎能与马克思创立的实践观点以及由此决定的认识理论相容呢？

如果我们把认识真正放到了实践基础上，把它理解为实践活动的一个环节，那么，认识本性以及真理本性所表现的首先就应当是实践的本性。实践本性是一种创造活动的本性。从这一意义说，人的认识活动就应看作是感性实践的一种理性预演活动，看作是先行于感性实践的"精神实践活动"。它决不仅仅是顺应、认同、表象、摹写既定对象的活动。从这种观点去认识，人所追求的真理，在它身上所体现的统一性就决不只是单纯趋向客观性的那种客体本有的统一性，而应是以人的方式所建立的人与客观、人与对象、人与世界的新的更高的统一性，这样的真理必然是体现着人的理想和追求的真、善、美的统一体。

这两种情况说明，我们沿袭的传统真理观念必须实行根本变革，这既是当今时代发展的要求，也是彻底坚持和贯彻马克思的实践观点的需要。

真理观和价值观是哲学理论中最富敏感性、与人们的现实生活关系最为密切的两个部分。我国改革开放以来，适应时代、历史和实践所发生的变化，我们对价值观的问题比较注重，展开了广泛的讨论，取得了较大的进展。这是非常必要的。价值观与真理观在哲学理论中紧密相联，很难拆开。如果说价值观涉及的是人们的思想和追求问题，那么真理观则是关联人们更高和更深层次的理论信仰和信念问题。不改变传统的真理观，关于价值观的许多问题就不可能彻底解决。随着价值观问题讨论的日益深入，现在已把真理观的问题提上日程，需要我们去展开研究和讨论。这种研究对当前重建人们的思想和信仰具有十分重要的意义。

本文主要是提出问题，意在推动思考和研究，至于一些问题的具体答案，只能在讨论中由大家去共同作出。

---

① ［法］霍尔巴赫：《自然的体系》上卷，管士滨译，商务印书馆1964年版，第10、315页。

认识与价值在实践中的统一关系

　　学界讨论的关于文学价值问题与哲学界近些年来的讨论相近也。这说明文学与哲学都有一种对现代观念的追求，体现当今时代精神的呼声和愿望。

　　我们正处在时代的转折点上，不可避免地会出现传统的与现代的两种思想观念和思维方式的纷争。这种分歧不可能不反映到各种问题的认识中。关于认识与价值关系问题的观点分歧，在某种程度上也表现了这样的性质。从传统的思维方式及其观念出发，必然坚持客体中心论，把价值论归结为认识论，进而归结为"本体论"。只有从现代的思维方式及其观念出发，即以实践为基础，才能从认识与价值的对立统一关系中去思考价值论问题。

　　认识论与价值论体现着人们实践活动中所形成的认识关系和价值关系。这两种关系之间不存在单一的、直线式的关系，它们反映着人和自然、人和对象之间双向的、复杂的、两重性的关系。从历史的角度来说，自然的先在与人的后在是没有疑问的事实。但在人出现以后，人和自然之间发生了逆转关系，形成双向的相互作用。自然决定人，人也支配自然。由此就在人与自然的本原关系之外又出现了主客体关系。主客体之间的最基本的关系是实践关系，其中包含着认识关系与价值关系。认识关系与价值关系虽然都是在实践基础上发生的关系，它们表现的内容和性质却不同。

　　认识关系中是人作为主体反映对象的活动，它的尺度在客观方面，主体活动的主要目的是要把握对象的本质，以客体的内容充实主体。与此不同，在价值关系中，虽然主体也必须以价值对象的存在为前提，但价值关系表现的是客体对主体的从属关系，它的尺度在主体中，人是真正的价值源。价值活动的目的是要把客体变成适于主体需要的"为我之物"。

在实践中，人以物的方式进行活动，换来的却是物以人的方式的存在。实践活动包含了人顺应对象和对象顺应人的双重关系及其转化。在这个意义上，坚持实践观点，就是坚持人与对象的双重关系和人的双重本性。因此，承认始源关系上的物质第一性，并不意味着就要否定人作为主体在自身活动中的主导的作用。正如马克思所说的那样："人不仅仅是自然存在物，而且是人的自然存在物，也就是说，是为自身而存在着的存在物，因而是类存在物。"① 按照人的双重本性来说，人与自然（对象）的关系，决不是单向的、直线的、可以直接合一的，而是充满矛盾，包含对立、逆转。认识关系、价值关系正是从两个不同的角度、不同的方面表现了人与自然（对象）的这种两重性的双向作用关系。我们没有理由简单地从认识论中直接引出价值论，反之也不能把认识论简单地归结为价值论。

传统哲学的思维方式不了解人的实践本性，也不理解人的双重本性。传统哲学总想在相互矛盾、多重复杂的关系中，找出一个绝对的本源，用它去统一对方；甚至注重于人的身外本源，追求一种超人的先天规定、先在本质，并把这些归结为一种永恒、至善的绝对存在。这是一种"外源论"的理论。这种理论是人类发展不成熟状态的产物。把人还原为物，把主观还原为客观，以非人的形式表达人，以非现实的形式来表现现实世界，一切都诉诸客观、诉诸先定，是这种哲学的根本特点。

随着自然经济的社会被工业社会与后工业社会所取代的历史进步，在19世纪到20世纪之间，人类的思维方式与观念发生了根本性的变化。我们正处在这一历史性的转折点上，处在传统思维方式向现代思维方式转变的过程中。马克思是现代思维方式的开创人，他的理论是为现代观念奠基的理论。从传统理论向现代理论的转变是一种根本性的转变，它意味着随着人走向自立、自主，人们对待人和世界的态度和方式发生了根本变化。

---

① 《马克思恩格斯全集》第42卷，人民出版社1979年版，第169页。

然而，现实与理论发生这一深刻变化，并不等于人们立即就能转变传统的思维方式与传统观念。不少人仍然习惯于用客体中心论、外在决定论的思维方式去理解问题，单向地强调客观决定主观、客体决定主体。无论在本体论还是在认识论、价值论上都仍然坚持"外源论"和"客体决定论"。

传统思维方式是忽视价值问题的，即使谈到价值观，也只是强调"客体固有属性"，强调价值论要以认识论为基础，它的实质是最后归结为传统的"本体论"，通过还原方法把价值问题纳入客体决定论。这种通过认识论统一价值论的方法，意味着客观决定论的思维方式把价值问题单向地统一到客观、客体、本源中去。按照马克思的实践观点来看，认识活动与价值活动是不可分的，二者的统一要经过相互作用的活动才能实现，这个活动就是实践。实践是认识关系、价值关系，认识论、价值论相互统一的基础和现实力量。实践把反映与价值相互沟通、融为一体。

当然，认识活动与创造活动虽统一于实践活动，这两种活动仍存在着基点上的差异。认识活动必须以对象为基点进行创造，其目的是以客体充实主体的空虚。创造活动则以主体的需要、目的为基点进行创造，其目的是在对象中贯注自身意图。这种区别就是实践活动的主客两重关系的矛盾的表现。文学创造活动的现实过程，同样是解决这一矛盾，统一双重关系的实践过程。

论思想解放与人的解放[①]

(1997年)

"解放思想,实事求是"是党的基本思想路线,也是邓小平理论的基本哲学精神。我们正是依靠这条思想路线的指导,才回到现实生活,来到了今天;改革开放以来所取得的一切成就,都是思想解放、实事求是结出的硕果。可以肯定,今后还将是如此。我们不能认为思想已经解放得很够,今后主要是享用它的成果的问题。解放思想不是那种可以一劳永逸的任务,随着社会改革的日益深化,当新问题出现之时,我们还会面临解放思想的问题,而且这个任务还会越来越重、越来越艰难。因此就很有必要从理论上探讨一下"思想解放"的有关问题,以便使我们能够更加自觉地贯彻党的思想路线,更有效地发挥邓小平理论的指导作用,减少许多往日遇到的思想阻力和本可以避免的那些弯路。

"思想解放"说来容易,实际做起来并不容易,甚至是很不容易的。因为这不只是一个信仰和态度的问题,它还牵连到理论认识和世界观的重大问题,而这些方面,就并非人们都很了然的了。

思想为什么要解放?应该从哪里去解放?解放了要到哪里去?怎样才能够解放?解放思想与实事求是是什么关系?这些问题人们并不都很清楚,何况多年来在计划经济体制的陶冶下,"照本宣科,照章办事"、"依照口令迈步走路"已经成为我们很多人的行为习惯和思维定式,一旦需要自己去独立走路,特别是要走开拓性的路,反而手足无措了。人们常常要

[①] 原载《高清海哲学文存·续编》卷一,黑龙江教育出版社2004年版。

别人告诉他"应该解放什么"、"怎样去解放",就是明证。

一、为什么必须解放思想?

这是牵连完整理解"思想路线"中解放思想与实事求是关系的问题。"解放思想"与"实事求是"是结合为一体的,这是一个完整提法,前者是前提、手段,后者是基础、目的,二者处于相互制约的关系中。

我们的思想不是为了解放而解放,思想解放是实事求是的需要,理解这点很重要。从思想解放的根本目的说,它最终是为了解放人;而从思想范围说,则是以实事求是为目的,就是为了使我们能够做到"实事求是"、"从实际出发"。在这个问题上我们曾经有过历史的经验和教训。早在1958年就提出过"破除迷信,解放思想"的口号,那时由于缺少明确的目的性制约,许多人便把思想解放自身当成了目的,认为可以不要任何条件地去发挥思想的作用,"解放思想"于是变成了"异想天开",说大话、吹大牛,发出了类如"人有多大胆,地有多大产"的许多"顶天立地"的豪言壮语,诗化的浪漫主义弥漫了中国大地,最后酿成虚报浮夸、弄虚作假成风。这个历史教训是必须吸取的。

实事求是之所以需要以解放思想为前提,说明要做到"从实际出发"、"实事求是"是一件很困难的事。不要以为我们生活在实际当中,整天和实际打交道,就会本能地了解实际,就能天然从实际出发。什么是"实"?眼见为实,耳听为实?是书本上说的为实,还是亲身经历的才实?生活接触的是表层的实际,而我们要追求的是内在的和深层的实际。这是一种无形的存在,它需要用感官,更需要用思想才能够把握。而据守经验的人常常要受经验的限制,据守书本的人往往又会为书本所束缚,更不要说还有先入为主的许多观念和情感因素会在这里起作用。人们参观同样的工厂或农村,从中得到的"实际"往往很不相同,就是这个道理。

更深入一点说,从实际出发、实事求是决不是一个简单的客观性原则,也不是去追求单纯的客观真理,像有些人所说的那样。如果目的只是为了服从客观、顺应自然，跟随"生命本能"走就足够了，动物就是天然的"哲学家"，我们只需回到动物就可以做到了。人是自由、自觉的存在，是自身活动的主体，人的行为都是抱有主观目的的。我们之所以必须从实际出发、从"实事"中去"求是"，是要为人们的活动和行为寻求现实的"根据"，确立合理的"目标"，制定可行的"方针政策"，以便发挥人的创造本性，去改造客观的实际。这样的"是"和这样的实际当然就变得很难求到也很难把握：因为它不只是对物的存在，同时是对人的存在，即包含着人的关系在内；不只是必然性的存在，同时是应然性的存在，即牵连着人的价值追求；不只是现实性的存在，还包含可能性的存在，即从本质来说这是属于人们开拓新天地的创造性活动。总之一句话，这是涉及哲学所要解决的那些根本问题即主体与客体、主观与客观、精神与物质、一般与特殊、必然与偶然等等相互关系的那种存在。我们要认识和把握这样的实际，追求这样的"是"，处处都有许多的思想障碍，需要不断地去破除，然后才能深入它的底理和堂奥。

"实事求是"归根结底是思想如何对待现实的关系的问题，所以，"解放思想"必须领先。

二、思想要从哪里解放？

抽象地可以说，思想要从一切阻碍我们深入事物内在实际的思想束缚中解放出来。当初提出的"破除一切迷信"这句话，应该说是对的。思想不能有迷信，不能迷信感官、迷信书本、迷信经验、迷信古人，也不能迷信天才、迷信洋人、迷信科学、迷信权威等等。总之，一切迷信都要破除，这样才能释放我们自己的思想潜能，发挥我们自己的创造能力，去深入实际、了解实际、把握实际、开拓实际。

从根本上来说，思想解放也就是自我的精神解放，思想的枷锁主要是自己设置的，归根结底还是要从我们自己的"思想"中解放出来。

作为人的思想的解放，当然也要包括从外在条件、客观环境、自然存在中的解放。但外在条件、客观环境和自然存在能够"制约"人的创造活动，却不能"限制"人的创造活动，这是人与动物的根本不同之处。限制人们思想的不是外在条件，主要是人们自己关于外在条件的思想，即所谓"唯条件论"或"无条件论"者是。所以人要从外在条件中解放出来，首先必须从思想的"自我束缚"中解放出来，即从那些因循守旧的思想、故步自封的思想，照本宣科、无所作为的思想，以及既有的不符合现实发展要求的种种狭隘局限的、陈旧过时的思想中解脱出来。

思想成了思想前进的最大障碍，这里正是从反面表现了"思想"是一种巨大的"精神能量"，蕴涵着无限的创造潜力，对人的创造活动具有巨大的作用。

精神也是有"能量"的。精神能量固然做不出物质能量那样的"功"，但它能够以观念的形式转化物质联系，释放出物质蕴涵的潜在能量，这就是它的巨大作用。所以，人所具有的根源于实践的"创造"能力，首先就体现在思想的创造作用上面；人类开创的属于人的新世界，也首先表现在思想为自己开拓的可能性空间之中。所以可以说，"解放思想"也就是开拓我们的精神世界，为我们创造自由活动的可能性空间。

思想状态、精神状态是发挥人的创造能力的基本前提。这里特别要不得的是自甘抛弃的依赖思想、"奴隶思想"的精神状态。我国几千年来封建专制的压抑，遏制创造思想的教育模式，造成国人的"精神世界"不断萎缩、退化，以致被封闭在一个极狭窄的天地，几乎丧失了创造性的"想象能力"。梁启超就曾提倡过，要人们"自除心中之奴隶"，勿为古人、世俗、情欲之奴隶。从这一意义说，新中国成立后我们发出"破除迷信，解放思想"的号召是具有积极意义的。

人有两重性，思想也有两重性。思想能够发挥人的创造力，反过来也能成为人们发挥创造性的阻力。如果我们把那些曾经从它获得过成功的思想当做包袱背起来，就会使思想变成惰性和保守力量，在新事物、新对象、新问题面前，成为创造性的巨大障碍。因而思想必须不断更新，思想的生命就在于不断创新，教条主义、经验主义、守旧主义，包括被僵化和神化了的传统观念，是思想的最可怕也是最顽固的"敌人"。

回顾我国近年历史，我们能够走上改革开放的道路，以及在这之后迈出的每一个改革步伐，不首先都是转变了旧有的陈腐观念、克服了强大的思想阻力才达到的，即思想解放的结果吗？改革之前，是什么束缚了我们的生活？最大的障碍是什么？说来令人惊异，最大的障碍原来主要是我们自己的思想观念，即关于"社会主义"的理论观念。

若干年中，我们是仿照苏联的理论模式和制度模式来建设"社会主义"的。按照这一模式，"社会主义"就意味着是"资本主义的抽象否定物"，因此"建设社会主义"就变成与资本主义"对着干"；资本主义是私有制，我们就要搞"一大二公"，而且愈大愈公愈好；资本主义搞商品—市场经济，我们就实行产品—计划经济；资本主义搞两极分化，我们就宁愿大家受穷，也要彻底根除"资产阶级法权"，如此等等。按照这一模式，马克思从学者变成政治权威，"马克思主义"理论也被神圣化、偶像化，僵化为教条；与此相适应，最后导致个人崇拜，迷信权威，乃至发展到"两个凡是"的极端。这就是50—70年代①的境况：虚构的"社会主义"原则，扭曲的"马克思主义"理论，以这样的原则来强制剪裁生活，以如此僵化的教条替代面对的实际，"社会主义的实践"怎能不走上绝境？苏联的垮台是不可避免的必然。

苏联解体了，我们没有垮，而且走上了生机勃勃的新路。我们是怎样转变过来的？在这里，"实践是检验真理的标准"的讨论无疑起了关键性的重要作用。"社会主义"（观念）是个理论问题，理论观念的障碍还需理论观念去解除。真理标准的理论讨论之所以能够起到如此巨大的解放思想作用，就因为它内含的"理论自我否定因素"正是那种抽象原则和虚构理论的克星。"实践标准"就意味着人的价值标准、生活需要标准、实际效用标准，它是最敌视教条主义的。因此通过这个讨论，才使我们从"两个凡是"的思想禁锢中解脱出来，回到了现实生活中，为改革开放、为实践的发展扫清了思想障碍。

我国向来就有重道、认理、讲原则的历史传统，这一步迈过来了，不

---

① 指20世纪50—70年代。——编者注

等于下一步不会再有思想阻力。事实证明,旧的理论观念作为思想传统,不会轻易地让出占据的地盘,并且还要不断去顽强地表现自己。一些人遇事总要提到抽象原则上去,按照旧习惯、旧观念追问"姓社姓资"这样的问题,就说明了这点。所以在这之后,我们在转向市场经济体制、实行引进外资方针、建立股票市场种种问题面前,每迈出一步都要经历一场艰难的观念变革,只有把问题同"资本主义"剥离开来,才会过关。在这里,多亏有我们的总设计师及时为我们点破问题。邓小平同志关于"社会主义初级阶段"的观点、"建设有中国特色的社会主义"的理论、"一国两制"的构想都是伟大的创造,就是"不争论",在我看来也是一个创造,它是在当前情况下摆脱旧有观念和抽象原则的纠缠干扰,使我们得以专心致志地抓改革、搞建设非常必要和有效的一个措施。

三、思想怎样才能解放?

思想解放从根本上说来是一种自我解放,主要要靠自己去解放自己。思想是属于自己的,别人不能代替,也无法代替,思想的解放既不能恩赐,也不是命令所能奏效的。现在"路线"已经很明确,剩下来的就属于我们自己的问题。问别人"我怎样解放",这是思想还束缚在旧观念里,我们首先应当从这种依赖思想中解放出来。

改革的事业需要发挥每一个人的自主性和创造性。思想解放所要"解放"的正是人的自主精神和创造精神。"群众"中蕴藏着无尽的创造力量和才能,"尊重群众的首创精神"是我们党推进改革发展的基本依据,也是一个可靠的依据。"联产承包责任制"就是首先由农民群众创造而后推广开来的;"乡镇企业"的发展也蕴涵了群众的无数创造。

改革是自上而下、自下而上发展的事业,国家干部更应率先解放思想,转变价值观念,转变思维方式。为此,就要深入实际、深入群众,更要学习理论。

"思想解放"在根本上是个世界观变革、思维方式变革问题,所以必须首先掌握马克思主义理论和邓小平理论的哲学精神，才可能提高我们解放思想、实事求是的自觉性。在这点上，我们今天是处在社会主义的初级阶段，它与马克思所说的社会主义虽然有所不同，我认为马克思主义理论和邓小平理论所体现的哲学精神则是完全一致的。

在马克思生活的时代，已有许多种共产主义、社会主义的学说和理论，然而大多属于从抽象的理性原则出发，依据永恒正义尺度，或从某种普遍道德理想推论出来的结论。他们贯彻的是传统哲学从非人关系理解人、从非现实关系理解现实世界，追求终极存在、永恒正义、绝对真理的哲学原则，缺乏现实生活的基础，所以都具有空想的性质。马克思的"社会主义"学说与它们完全不同，其间的不同首先就在于马克思破除了那些抽象的原则，实现了世界观和思维方式的根本转变。马克思坚决反对从抽象原则出发的教条主义推论，他公开声明，"我们不想竖起任何教条主义的旗帜"、"不想教条式地预料未来，而只是希望在批判旧世界中发现新世界"。①

从"批判旧世界中发现新世界"，这就表明，马克思贯彻的是从现实生活条件出发的实践原则，马克思的"社会主义"是以资本主义的现实发展为前提的，它就是在资本主义社会文明的基础上，吸收它所创造的一切优秀成果，同时克服了它自身无法解决的内在矛盾的那种高级的社会形态。这样的社会主义——包含了资本主义的内容，却超越了它的界限——当然会比资本主义更高级、更优越；这样的社会主义，与那些空想理论不同，它并不是什么超现实的"理想"，而是改造社会现实条件的活动。马克思很明确地指出过这点："共产主义对我们来说不是应当确立的状况，不是现实应当与之相适应的理想。我们所称为共产主义的是那种消灭现存状况的现实的运动。这个运动的条件是由现有的前提产生的。"②

很明显，马克思变革了从抽象原则出发的世界观，才有了他的科学社会主义理论，我们今天也是在推翻了奉抽象原则为神圣的教条理论之后，才有了中国特色的社会主义现实的。在这点上邓小平和马克思完全一致。

---

① 《马克思恩格斯全集》第 1 卷，人民出版社 1956 年版，第 416 页。
② 《马克思恩格斯选集》第 1 卷，人民出版社 1972 年版，第 40 页。

邓小平理论的哲学精神是什么？它的本质已明确概括在"解放思想，实事求是"的思想路线里面。如果具体一点说，这个精神就是体现在邓小平同志一切理论思想和实际行动中的那种脚踏实地、面向未来、不断创新的精神；不从抽象原则出发，尊重生活实践要求，不受书本教条束缚，尊重群众首创精神，决不因循守旧，大胆突破陈规，把握方向，认准道路，一往直前的开拓进取精神。这实质上就是从"批判旧世界中发现新世界"的哲学思维方式。

世界观基础的一致性，才能保证"社会主义"的"本质理解"上的一致性。在经济、文化、科学技术落后的国土上怎样建设社会主义？这是一个全新的课题。苏联没有解决这个问题，是由于他们没有按照马克思的哲学精神，从他们的现实条件出发，在已有的基础上去建设和发展社会主义，反而按照传统哲学思维方式，把马克思的"社会主义"理论变成抽象原则和固定模式试图强加于现实生活，这样当然不能不碰壁。苏联没有解决，我们解决了，就因为我们及时转变了世界观和哲学思维方式，这就是"邓小平理论"的伟大贡献和根本意义。

按照马克思的观点，社会主义与资本主义当然是对立的，社会主义也就是资本主义的否定，但这里的"对立"和"否定"是具体的，而不是"抽象的对立"和"抽象的否定"。具体的对立是"你中有我，我中有你"的那种对立，具体的否定是在吸纳资本主义创造成果基础上的自身否定。我们今天的现实条件与马克思设想的不同，我们要建设的只是初级阶段的社会主义，在处理社会主义与资本主义的关系问题上更加需要具体地对待，决不能搞抽象对立、抽象否定。

过去我们把"社会主义"变成某种抽象原则，看成与资本主义的抽象对立物，因而以为只要抽象地否定资本主义——排斥资本主义的一切，与它划清界限，同它对着干，"割掉资本主义尾巴"，让它"绝种"，甚至"宁要社会主义的草，也不要资本主义的苗"——就可以建成"社会主义"；我们把资本主义视为可怕的洪水猛兽，简直形成了一种"恐资病"，不了解"资本主义"首先是意味着高度发展的生产力、科学技术、现代文明的一个社会，资本主义的弊病是生长在一个发育成熟的强壮身体上的弊病，没有那样的身体，不会生长那样的病，我们为了不长那样的病，宁可不让身体发育强壮起来，这是真"社会主义"吗？处处要问"姓社姓资"，这是仍然把社会主义与资本主义的"抽象对立"当作原则的一种表现。

四、改革与"人"的解放

改革的实质，说到底是为了解放人。如马克思所说，要把"人的世界和人的关系还给人自己"①，以便使每个人都能充分发挥自己的聪明才智和创造才能。解放人就是解放生产力。

思想解放也是为了解放人，它是人的解放的必要前提；不同的是，人的解放除了思想条件外，还必须有制度条件的保障，即要通过改革体制、调整机构去理顺关系。这就是我们必须实行"市场经济体制"、转变政府职能的根本原因。

关于市场经济，人们通常多从经济运行机制的方面去理解，把它看成优化调配资源、劳力的经济运行方式，这当然是对的。但"市场经济"的历史作用却绝不限于经济的方面。市场经济作为人们之间一种特定的社会联系形式，它的根本的历史作用同样要归结到"人"的方面来。在我看来，解放个人，创造独立自主的人，推动人们形成自由平等的人格，这才是市场经济发展不可替代的根本历史作用。

从历史来看，初期人与人的人身依赖关系，从这种关系形成的人群共同体，并不表明人的力量强大，应该说正是力量软弱的表现。要提高人类的总体能力，就必须发展每个人的自立能力；只有个人形成独立的自由人格，发挥出自主的创造潜能，人类才能得到真正的发展。所以马克思曾把人类的社会历史归结为"只是他们的个体发展的历史"，社会不过是个体活动和发展所必要的条件。

---

① 《马克思恩格斯全集》第 1 卷，人民出版社 1956 年版，第 443 页。

个人走向独立，同时也就是个人的"社会化"或者叫做"类化"的过程。因为一个人只有把他人包括前人所创造的社会总体的实践能力变成自己可用的能力，把他人创造的社会共同财富变成自己可以享用的财富，也就是说，要把自己融进人的"类活动"中去，变成人类合成力量的化身，个人才能获得自立和自主的能力。而这就需要打破原来那种人身依附的从属关系，打破共同体之间的壁垒界限，使整个人类进入相互交往的一体联系，民族地域的历史转变为世界性的历史。这些条件在历史上是由市场经济的发展创造出来，而且也只有通过发展市场经济才可能提供出来的。

当然，市场经济同时给人类社会带来许多负面作用，这是不可避免的。所以马克思在论到人和社会发展的三个历史阶段、历史形态时，把这一发展阶段称作"以物的依赖性为基础的人的独立性"形态，认为它的主要历史作用就在于为进入人类发展更高的历史形态"创造着条件"。更高的第三形态马克思称作"建立在个人全面发展和他们共同的社会生产能力成为他们的社会财富这一基础上的自由个性"①形态，这也就是共产主义社会。

共产主义——社会主义只能在个人不仅必须独立而且还要获得全面发展的基础上才会真正建立。从这一意义说，"市场经济"就是不可越过的历史过程。我们今天实行"社会主义市场经济体制"是完全符合人的成长的内在逻辑、社会发展的根本规律的。走市场经济道路不是离"共产主义"愈远，而是更靠近了一步。

市场经济作为个人独立活动的社会化的交往形式，资本主义只是它的自发活动形式的制度化结果，我们实行的是社会主义市场经济，已把它提高到自觉的活动，理应能够消除自发性的某些弊端。

我们不应该惧怕资本主义，"恐资病"不应该我们有，那是封建贵族的心理情绪，因为资本主义正是他们的"克星"。不怕资本主义才会有社会主义，搞真社会主义、真搞社会主义是不会惧怕资本主义的，只有搞假社会主义、假搞社会主义才躲避资本主义。

---

① 《马克思恩格斯全集》第46卷上册，人民出版社1979年版，第104页。

但我们也不能走资本主义的老路,这点不必要也不可能,历史不会也不允许简单地重复过去。我们应当走自己的路,走出自己创新的路。但必须充分汲取包括资本主义在内人类所创造的一切好的文明的东西。香港已经回归,我们现在已是社会主义、资本主义"两种制度",这为我们相互学习、相互促进提供了有利条件,我们应当充分发挥这一优势。

学别人的经验走自己的路,对人类未来的发展做出我们中华民族应有的新贡献,这就是我们应有的观点。

哲学的命运与中国的命运[①]
——20 年哲学历程的回顾与展望

（1998 年）

一

今年[②]是"实践是检验真理标准"讨论 20 周年，也是"党的十一届三中全会"召开 20 周年。人们对 20 年前的今天怀有特别的记忆，也抱有特殊的感情，因为这一年，是我国走上改革开放道路重大历史转折的一年，也是人类社会主义事业走向健康发展获得新生的一年。

20 年来我们在经济、政治、文化、理论各个领域取得了巨大成就，这是有目共睹、举世公认的。然而，这 20 年的发展道路也并非一帆风顺，其中不乏风风雨雨，也有不少曲曲折折。

回顾 20 年前的历史转折和 20 年来的艰难发展，从中能够得出什么教益和认识？

我以为，坚强、正确的政治领导和正确、坚定的理论指导，对我们来说是至为重要的。而这二者的关系，又是密切不可分的：正确的思想路线需要坚强的政治作保证，而坚强的政治领导也必须以正确的理论思想为前提。这就是我们首先应该得出的结论。

[①] 原载《哲学研究》1998 年第 6 期。
[②] 指 1998 年。——编者注

以往我们的失误固然表现在许多的方面，而首要和根本的，应该说是在理论思想尤其是哲学思想方面的失误，正因如此，真理标准这个本属哲学理论性质的讨论，在当年才可能发挥那样巨大的历史转折作用。我们很难设想，没有这次真理标准讨论和党的十一届三中全会澄清理论是非，端正思想路线，我们能够解脱束缚于虚假理论观念的梦幻生活而回到今日的现实世界中来。

20年来的曲折发展，我们遭遇的难关，也主要是在理论思想方面，几乎每往前迈进一步，都要经历一次思想观念的变革。正像走向市场经济、股份制时经历的那样，只有破除了思想原则上的拦路虎、在理论上同"资本主义""摘了钩"，我们才能往前迈步走路。因而也同样难以设想，没有"总设计师"这些年及时为我们清扫航道、端正航向，我们怎能走到今天这个地步。

政治领导和理论指导的关系，犹如"硬件"和"软件"的关系——用今日流行的计算机语言说，它们实际是处在不可分的一体关系中的，硬件保证软件，软件导引硬件，二者相互制约，各有自己的作用。过去我们也很注重政治与理论的统一关系，我们特别强调的是理论要服从政治意志、满足政治需要，即为政治服务的关系，却不大注重它们之间"相互"的"制约"关系。

我们有一个说法叫做"政治是统帅，理论是灵魂"。这句话按其固有含义，本是针对政治、理论与具体工作（比如经济工作）的关系说的，并非指政治与理论之间的关系。如果把"统帅"关系简单套用在"灵魂"身上，这就等于把"枪弹头"设置成射击"目标"，可以随政治的主观意志"打到哪里指向哪里"，"怎么做都有'道理'"，"'随心所欲'便是'矩'"。这样一来，就不仅理论自身会失去作用，变成政治的实用工具，乃至沦落为政治玩偶，而且政治也会因此陷入自我迷误。

历史证明，不尊重理论固有的逻辑规律，把理论当作"玩偶"的代价是惨痛的，理论玩偶的命运到了一定时候就会转变成为理论玩偶者的命运。

如果不回避问题，我们就应该认为，政治和理论之间的这个关系，正是以往我们之所以会造成理论失误,进而导致政治迷失的重要根源;它同时也是扭转这一局面之所以会具有那样大的难度,以致人们必须拿出"不怕再次被打倒"的超常精神和勇气才能做到的主要原因。我们要从历史中吸取有益的教训,我认为这点是应该认真总结的。

所谓"实践是检验真理的标准"这个观点,决不是意味着"实践"重要,"理论"不重要,要人们去更加看重"实践"(可惜的是,有相当多的人恰好是这样看待这次讨论的作用和意义的)。真理标准讨论的实质,实际说来,正是要在"实践"和"政治(意志)"之间给"理论"的基点重新"定位"的问题;也就是说,要把实践包括扎根于实践中的理论,从那种以理论形式出现实际是体现着纯粹政治意志的"主观幻象"中解放出来。这是对实践的解放,也是对理论的解放,同样是政治自身的解放。

政治、理论、实践三者的关系是个大问题,改革开放以来我们之所以发生了如此巨大的变化,是同这种关系的调整直接相关的。这一切成果,首先就集中凝结在"解放思想,实事求是"的理论思想路线里面,而这也就是邓小平理论的思想核心。

邓小平同志离开了我们,邓小平理论是他留给我们的宝贵精神财富,我们应当十二分地珍惜这份遗产。但要发挥这份理论财富的作用,还有一个如何按照它的理论精神去对待它的理论的问题。

二

正确的理论,必须以正确的理解为前提,然后才谈得到正确地运用。我们通常只知道"理论"体现着世界观,其实,对理论的理解乃至应用也同样体现着世界观。"理解"本身就是一种世界观,而"应用"不过是现实展开的理解。关于这个方面,人们通常就不大重视,也不甚了然。

如果问,我们原来所奉行的马克思的理论,比如"十年动乱"期间口中背诵的那些"语录"、报章印出的那些"黑体字",即指导我们"打倒一切、横扫一切"的那些理论,是错误的还是正确的?按照通常的理解,答案似乎很明确：理论是完全正确的，只是由于"教条主义的应用"才使我们犯了错误。这种认识当然也可以看做是对的，因为教条地搬用理论也会使我们碰壁。但令人费解的是，理论如果完全正确，忠诚于它的狂热的人们在赋予它以"直接现实性"的品格时，怎么反会变成如此荒唐的"历史恶作剧"？

深入地去思考，如果不回避问题，我们应该说，那些"理论"是正确的，也是不正确的。它在马克思的思想里是正确的，在我们的黑体字里就是错误的，因为在我们的黑体字里已经纳入我们的思想体系，为我们所理解，体现着我们思想乃至世界观的马克思和马克思的理论，而不再是本来意义的马克思和马克思的理论。语录是我们挑选的，黑体字是我们编印的，要学习的几本书也是我们根据需要指定的，如果马克思不适合、不服从我们的意志，它是绝对上不了黑体字的，所以马克思不能也不应该对黑体字去承担责任。

这里当然也需要分清两种情况，有些人是别有用心故意那样做的，大多数人则是由于"理解"问题而造成的，二者性质根本不同。对于前者，不必多说；关于后者，就有必要了解"'理解'本身是世界观"的道理。

人们都同意，世界观对人们的思想行为具有根本的意义。通常说的"世界观"不必非指那种对整个世界的看法，在人的每种认识、活动中都能体现出世界观来。在这一意义上的世界观，主要是表现为人们看待各种事物所遵循和运用的那种思维逻辑、价值取向、概念框架，或者叫做思维方式。

从历史上看，哲学理论的重大变革，都要伴随思维逻辑和价值取向的根本改变。一种新的哲学理论，就意味着一种新思维方式的诞生。对这种理论，我们只有转换了我们旧有的思维逻辑和价值理想，按照它所变革了的思维方式，才能理解并掌握新的哲学理论。这里不能不内含一个悖论：一方面，必须转换了旧有的思维方式，才能够理解新的理论；另一方面，又只有理解了新的哲学理论，才有可能彻底改变旧有的思维方式。所以，理解一种创新性的理论是很困难的事，这里的"理解"过程本身就是世界观改造的过程。如果在这个过程中不触动和改变原有的习惯思维，那么，所理解的理论就可能被扭曲、走样、变形甚至变质。这对理解马克思的哲学尤其如此。

马克思的哲学是对以往旧哲学传统的根本变革。传统哲学是适应那时人的不发展状况,向来是以非人的方式理解人、以超现实的方式理解现实世界的。它们总是仰赖超人权威,相信本质前定,把追求终极存在、永恒正义、绝对真理作为自己的宗旨,时时考虑原则根据,事事追问原则规定。传统哲学是一种抽象理性主义哲学,它的任务就是要为人们提供某种先验的行为准则,所以这种理论天生具有准宗教性质,本质上就是教条主义的。马克思哲学所实现的变革,变在何处?首先就变在这种沿袭了千年之久赋有天生准宗教性质和教条主义性质的传统理论观念和思维方式。马克思破除了从先验原则出发的"抽象理性主义"的思维逻辑,确立了从现实生活出发,面向未来世界,以实践发展为准则的崭新思维方式,也就是说实现了哲学世界观的彻底转变,这才有了后来被称为"马克思主义"的完整理论。①

很明显,理解并掌握这样的哲学,就意味着世界观的彻底革新。如果我们不转换自己的思维方式,仍然运用传统思维逻辑去理解马克思的理论,那就不但理解不了它,还会经过我们之手使马克思的哲学倒退回去,变成与旧哲学没有原则区别的理论。

这里有必要顺便讲到,通常我们总是把"教条主义"理解为对待理论的一种态度,或者一种思维方法、思想作风,而不理解为一种"世界观"。实际说来,教条主义表现的正是传统抽象理性主义的思维本质、理论态度,也就是传统哲学的世界观。所说要与传统哲学"决裂",其含义不只是要变革它的那些具体观点(其实这并不是最重要的,有许多观点还必须继承、保留下来),首先和根本的就是要变革它的那种从先验绝对原则出发的教条式的思维逻辑、理论态度和思维方式。如果不改变这点,就不可能彻底变革旧哲学的世界观,也不可能改变对待理论的教条主义态度。假定我们把往日的哲学都彻底砸烂(我们就做过这样的事,想想"横扫一

---

① 有关这个问题,请参阅拙著《高清海哲学文存》第1、2卷(吉林人民出版社1997年版)中的相关论文。

切"的日子),然而使用的却是它的原则和逻辑(我们也这样做过,想想"三忠于、四无限……"的口号),那会是什么结局(这只要再想想"早请示、晚汇报,手持小红书、胸挂大红心、大跳忠字舞"的场面就会了然)?只能得出与它们相同的结果("两个凡是"不正是这样的吗)!历史常常捉弄人,否定了教条原则的马克思,怎么也料想不到他本人"马克思"竟也会变成教条崇拜的"祖师"。

了解了这一切,我们就能够明白,在苏联以马克思的名义制定的哲学理论中,为什么经常会显露出18世纪的哲学原则,汇集经典著作内容编写出来的哲学教科书,为什么在很多地方却直接违背马克思的哲学精神,以及苏联在所谓"马克思主义哲学"的"科学"指导下为什么竟然最后走向了解体的根本原因。我们原来是仿照"苏联模式"建设"社会主义"的,我们的"马克思主义哲学理论"也是"十月革命一声炮响"直接从苏联引进来的。在这种理论的指引下,为什么我们的"社会主义"道路会愈走愈窄、愈来愈陷入困境;多年来我们不断反对、批判"教条主义",结果为什么总是愈反愈烈,愈反愈"左"?我们十分重视并反复强调"理论必须与实践相统一",为什么愈是强调统一,我们距离真实的生活世界愈远?我们曾经组织全民学习唯物论、学习辩证法,学的效果不但唯心论形而上学没有减少,反而愈学愈猖獗,愈学先验框框愈多,愈学愈难做到"实事求是"?这个原因现在很清楚了,这不是因为别的,就因为我们没有经历思维方式的彻底转换,我们运用的理论早在我们接受之前已经被扭曲,变成了类于传统哲学,远离生活世界、超越时空限界的先验教条原则的缘故。

出现这种情况,也并没有什么可奇怪的。传统的思维方式影响我们几千年,它不但是我们最为熟悉的,而且可以说已经深深透入我们的骨髓,融化于我们的血液中,这对俄罗斯和我们国家这种历史条件下生活的人们更加是如此,所以想要转变传统的思维逻辑,谈何容易!从一定意义说,这涉及改变人的本性的问题。"万岁"不离口、"句句是真理、一句顶一万句"、"大树特树绝对权威"、"两个凡是"等等,人们听来不是觉得反常,反而很入耳,甚至时至今日,某些观念不仍然是许多人的本能追求吗!

要真正"理解"、"掌握"并"应用"马克思哲学的精神和理论,彻底转变我们的世界观和思维方式,不能不经历一个艰苦的过程,而在这个过程之中,或许"失败"和"挫折"的教训,更有利于我们的理解。从这一意义说,"文化大革命"是件坏事,也是件好事,正是它才促使我们猛醒过来,有可能摆脱抽象理性主义的原则和依附绝对权威的本性对我们思想的束缚。然而,这也要从理论上做出认真的而不是走过场的清理和总结才行。否则,今日虽然有了邓小平理论,也难免在我们手中令它走样变形,假如我们不彻底放弃业已习惯的本能世界观和思维方式的话。

必须彻底转变世界观,才能端正理论态度,掌握马克思的哲学和邓小平理论。这是我们应当得出的另一点认识和结论。

三

哲学属于体系性的理论,它的思维逻辑必须体现为相应的概念、范畴和原理,并且还要构成系统,才可能为人们所理解、掌握和运用。仅仅记住"解放思想,实事求是"几个字并不够用,这里是含有一大套道理在内的。所以对哲学的学术研究,我们可以把它叫做"理论哲学",它决不仅仅是文化、修养的"装饰",而是人类社会的进步发展绝对不可以缺少的。

改革开放以来的 20 年中,我们必须看到并承认,我国的哲学理论研究发生了很大变化,有很明显的进展,取得了很可观的成果。以"马克思主义哲学"学科为例,过去我们的思想局限于从苏联引进的"哲学教科书"的框架内,我们以它为马克思主义哲学的标准模式,把它视为准经典性质的权威理论,从不敢越雷池一步。我们的思想完全被它框死了,几乎丧失了起码的独立思考能力,更不必去说发挥应有的想象力和创造性了。

改革开放以来,这个禁区被打开了缺口,人们的思想开始活跃起来,哲学界的学者们研究了大量超越教科书框架的新鲜问题,提出了许多反映当今时代精神和我国现实发展趋势的新鲜观点。像"实践"问题、"主客体"问题、"价值"问题、"人学"问题、"非理性"问题,以及有关当代社会、伦理、文化和全球发展的种种问题,这些都是 20 年前的哲学理论很少涉及甚至根本不为其所容的问题。

另一方面我们也要看到并承认,马克思主义哲学的理论研究在自身范围同过去相比,确有很大的进展和突破,但与我国现实生活的发展以及其他理论学科(比如经济学)的发展相比,却是相当落后的;重要的问题还在于,即使在哲学理论自身范围发生的变化,也需要进行具体的分析。这里所说理论研究的进展和突破主要是表现在学术圈的理论(我称它为"论坛哲学"),至于教学圈的理论(我称它为"讲坛哲学")那就只能说有变化,但根本面貌并无改变,而且它还同过去一样,以公认的身份占据着"权威"宝座,虽然在现实生活中它已完全丧失"指导"作用。

若干时日以来,在我们的社会生活中,实际上是有三类哲学在起作用,基本是"三足鼎立"形势:

"讲坛哲学"——属于政治生活、思想理论教育领域;

"实践哲学"(包括多种不同性质和形式的"实用哲学")——属于经济生活、日常社会生活领域;

"论坛哲学"——属于学者专业活动的学术生活领域。

三类哲学,三种话语方式,彼此不能说没有沟通,由于多种原因各自很难进入他方领地。

这种状况是正常的吗?过去我们曾经有过全民学习一种哲学,全民思想一统天下的局面,这种局面已经一去不复返了,现在的哲学、思想、理论是"百花齐放"。这应该看做是我们向现代文明社会转化的一个重大进步,要欢迎、鼓励、支持这个变化。我说的不正常,是特指下面的情况。

就"讲坛哲学"而言,它与 20 年前从苏联引进、在课堂讲述的那种哲学,在原则上并无多少区别。过去引导我们陷入虚假生活的主要就是这种"苏联模式"的理论。在经过了真理标准讨论、"哲学观念"发生了根本性变化之后,而且现在已经有了行之有效的"实践哲学",这种"讲坛哲学"在讲坛之外已很难发挥作用,为什么它还能照样保有自己的权威地位不动摇,这事不是很有点奇怪吗?

说来奇怪,想来又不觉奇怪。在我看来,这同我们在前面所说的政治、实践与哲学的关系,和我们当初对"哲学理论"的态度、认识和评价直接有关。

我们在"拨乱反正"时就没有认为引导我们生活、实践陷入绝境的那种哲学理论有错误,如前所述,我们的判定"公式"是:理论是正确的,毛病出在教条主义的应用,那是由于违背了"理论与实践相统一"的原则造成的。依据这样的认识,我们当然只需去改变和否定以往的生活和实践,而不会去触动它的哲学理论。甚至在有些人(仍然以"理性主义原则"为最高准绳者)看来,是由于我们对那种理论的原则坚持得还不够彻底,贯彻得还不够得力,因而才会出现实践的偏差。所以经过真理标准讨论,生活和实践改变了,理论本身在人们心目中的"神圣"形象却并未因此而改变。

然而,生活毕竟是真实的,生存发展的"本能"昭示我们,要真正解决中国的问题,好不容易才从那套理论的束缚中解脱了出来,我们的生活还怎能再让它去继续主宰和支配,现在需要的是从实践中去重新探索和创造。这就是我们在一段时间里的局面:保留了原来体系化理论哲学的权威地位,我们在实践中却又需要去"摸着石头过河"。"教科书哲学"就是在这样的背景下作为一种"无害的神像"被保留下来的。

我们从80年代初期和后期理论界的思想变化中也可以看出,最初几年曾经兴起过一股主要是反思"教科书哲学"的理论热潮,对其中几乎每一条重要原理(包括"矛盾论"、"实践论"原理)都有人提出"质疑"、"补充"或"修正";到了后期却完全变化了,甚至走向了反面,又开始把反思的观点——重新"清算"了回去。

这里我们始终没有分清两种不同情况:教科书作为体系化的哲学,并非马克思所制订,那是苏联学者遵循斯大林指示在40年代按照他们当时的理解水平编写的,它至多只能看作是体现编者观点、"苏联模式"的马克思主义哲学,并不代表更不能等同于马克思的理论和著作,而且今天已经证明其中表现那时理解水平的很多观点与马克思的哲学精神正好是相违背的①。多年来我们把它当作"马克思主义哲学"的标准模式,应该说已经吃尽了苦头,"马克思"和"马克思主义哲学"的声誉也让它败坏尽了。现在它虽然已被排挤出实践领域,作为"无害的神像"人们对它不能研究、讨论,意识形态上却又必须去"信仰"、背诵,这就是我们当前的尴尬局面。

"无害的神像"真的无害吗?我们前面所说的改革开放以来遇到的那些思想阻力,作为"根据"有许多就是直接发源于它的本本的。可以说它就是怀疑、反对改革开放方针观点的最后一个安身立命的堡垒。信仰这种体系化哲学的人,在内心里是很难真正承认邓小平理论有什么"哲学理论"的,在他们看来,除非把它一一纳入教科书的范畴体系,而这样一来邓小平理论的精神也就被消解了。它作为哲学权威甚至哲学准绳的存在,不只会限制并束缚"论坛哲学"的发展,它也是全面、充分发挥邓小平理论作用的重大思想障碍。

20年前的变化,从一定的意义可以说就是要摆脱在"全面向苏学习"时期所形成的那个"苏联模式"。我们的成就是,比较彻底地摆脱了"苏联模式的'社会主义'(包括它的实践和理论)",但作为遗留问题却未能完全摆脱"苏联模式的'马克思主义哲学'"(确切地说,实践上摆脱了,实际指导思想也摆脱了,但理论上没有摆脱)。

"教科书哲学"并没有真正吸纳"真理标准讨论"的成果,它与邓小平理论的思想精神和"解放思想,实事求是"路线的基本精神并不完全一致,就它所体现的思维逻辑、价值观念和思想方式甚至应该说是正好相反的。我们要坚持、发扬真理标准讨论的精神,充分发挥邓小平理论的指导作用,就不能允许这种局面继续维持下去。

时至今日,我认为我们已经到了应该彻底解决问题的时候了,"皇帝的新装"的虚幻性质应该看清楚了,不能再把"苏联模式"的"教科书哲学"当作马克思主义哲学去学习、去装饰、去误导学生。我们没有必要去为苏联某些学者的某种误解、错解、谬解(他们现在也已经放弃或正在

---

① 关于"苏联模式"和"教科书哲学"存在的问题详见拙著《高清海哲学文存》第3卷(吉林人民出版社1997年版)。

改变)背负"十字架"。我们既然已经有了邓小平理论,就应该充分发挥它的理论作用,清除不利于发挥它的作用的理论障碍。我认为这是我们今天应该得出的重要认识和结论。

四

至于谈到"论坛哲学",20年来这个领域的思想相当活跃,研究讨论了很多问题,发表了许多很有价值、很新颖的哲学见解,这是改革开放为理论带来的春风。这种哲学的特点是,它介乎实践哲学与讲坛哲学之间,力图把改革的成果也灌注到哲学理论中来,80年代中期人们不约而同提出的"改革需要哲学,哲学需要改革"口号,集中反映了哲学学者的普遍心声。

这个领域探讨的问题尽管分散,其中的主线却很明确。这里仍然以马克思主义哲学学科为限。突出马克思的"实践观点",以此为基点去重新审视、理解、阐释马克思的哲学理论,是这些年来这一领域理论研究的共同特点,也是它取得的最重要成果。这一成果最后凝结成为绝大多数学者所赞同的"实践唯物主义"的范畴和名称。

在对"实践唯物主义"的理解中,学者们的观点并不是统一的,但不论对它的理解有怎样的分歧,我认为抓住"实践观点"就是抓住了马克思思想的核心,由此出发才能体现出马克思哲学变革的真正精神和实质。不仅如此,从原来抽象的"物质"基点转移到与人的生存生活直接相关的"实践"基点,对我们来说这本身也是一种重大的思想解放。它意味着哲学从远离人间的彼岸世界向人间生活世界的回归,从对人和人的对象世界的抽象化理解向具体把握人的生存活动和存在方式及其对象世界的回归,从两极对立的绝对化观点向全面性整体化观点的回归。所以,确立了实践的观点,也就为我们打开了一个新的哲学天地,由此才有可能引出对主客体问题、价值问题、人学问题、自我问题、非理性问题等种种问题的思考和研究。

所以在我看来，对实践问题的研究，不仅是重新理解马克思哲学的一个基点，也是走出"苏联模式教科书哲学"桎梏的突破口。多年来我们口口声声不离马克思主义哲学，究竟什么是"马克思主义哲学"？马克思在哲学理论上变革的实质究竟在哪里？不说别人，我自己就讲不清楚，我也难得听到别人讲清楚过。原因就是，作为我们理解的范本，哲学教科书就没有给我们说明白。这点毫不奇怪，马克思的哲学作为一种崭新的思维逻辑，这种逻辑主要就体现在他所提出的"实践"概念的本质关系里，教科书脱离开实践观点，拿和旧哲学同样抽象的"物质"作为基点，怎么能够说清楚它同旧哲学的根本区别！

我们本来可以从"实践观点"这个入口，进入马克思为我们开辟的新的和广阔的哲学天地，令人惋惜的是，这里我们不能不承认，对这个问题我们还并没有理解到位、发挥到底、研究透彻，刚刚要同"苏联模式"的哲学告别时，却中途"卡壳"、"打住"，甚至"向回转"了。迫于"形势"或由于"惯性"——在我看来——人们往往不是从实践观点去"改变"教科书，而是尽量去适应教科书，乃至干脆用"苏联模式"的教科书观点去解释、改造"实践"概念。

表面看来，似乎"任务"已经完成，该说的都说完了，该争论的也都争论过了，已经雨过天晴，还能够做什么呢？于是，热极一时的讨论就此结束，人们开始各奔自己的前程（当然也还有若干"痴迷"的学者抓住不放，仍在自己默默研究、写书文章，但已难扭转大局）。

我们需要提出问题的是，继承"实践标准"讨论之后的一场轰轰烈烈的真正理论哲学讨论，我们最后究竟得到了什么呢？我们对马克思哲学的看法与从前（比如"苏联模式"）的看法有多少根本性的变化？我们自己看问题的思维逻辑、思维方式比从前（比如"抽象理性主义"方式）有什么根本性的改变和提高？难道我们当初就是为了给已有的哲学理论再附加一个新"名词"而开展讨论的吗？我这里是就讨论的根本意义提出问题的，这场讨论起了推动思想解放的作用，由于它衍化出许多为过去体系所不容的新课题，也推动课堂讲授的哲学内容发生了许多变化，我并不是否认这些。

在我看来，如果我们真正深入下去，我们不但对马克思的哲学会有全新的认识和理解，还能为建树富有时代特色的我国当代哲学奠定理论基础。因为马克思的"实践观点"不是哲学的完成，恰恰是为新时代的哲学创立了基础和开拓了道路，它给我们、给未来留下了无限创造的空间。

如马克思所说，以往的"哲学家们只是用不同的方式解释世界，而问题在于改变世界"。旧哲学仅仅是从人与对象的"认识"关系去理解世界的存在与性质（所谓"解释世界"），马克思则是从人与对象的"实践"关系去看待世界的存在与性质的（所谓"改变世界"），这就是传统哲学和现代哲学的分野。认识（即观念，或表现为"直观"观念，或表现为"理性"观念）虽然也是连接人与世界的纽带，它同时又是一个屏障，把人和对象间隔开了，人在它的"此岸"，世界在它的"彼岸"，观念虽是对象给予的，人却不能越过观念去了解世界。这就是旧哲学的根本局限。如果仅仅限于观念去了解世界，那就必然要陷入两极观点的对立：或者把世界理解为纯外在的、客观的存在（如传统的"实体"、"本体"）；或者把世界理解为一种纯内在的、主观的存在（如"感觉的复合"、"精神实体"）。在这种思维方式里这个矛盾永远扯不清楚，走出困境的出路，只有跳出"观念"思维的框框才会"柳暗花明"，这就是"实践"思维方式的意义所在。人与世界的真正连接点（区别于动物者）首先和根本的是实践而不是观念。"实践"活动既涵盖了认识的观念活动，又超越了观念认识的局限；它是既以"物质"为本源和基础的活动，又是以"精神"为前导和基原的活动；它的活动既把人和世界在深层次融合成为一体，又在分化中不断把二者共同提升，推向新的和更高的境地。这就是新旧哲学出发点的根本区别。

很明显，马克思的"实践"观点决不仅仅是叫我们更多地去注重"实干"，它为我们打开的是一个全新的哲学天地，一种完全不同于过去的观察、对待世事的崭新思维方式、理论态度和价值观念。依据这一观点，我们不仅可以超越以往的全部旧哲学，而且对人，对世界，对一切事物都会形成不同于过去的全新看法。如果我们掌握了这一根本观点，我想，我们对马克思说过的下面这些话，就会理解到它所内涵的高远意境而不会感到迷惑不解了：

"我们在这里看到，彻底的自然主义或人道主义，既不同于唯心主义，也不同于唯物主义，同时又是把这二者结合的真理。而人的类特性恰恰就是自由的自觉的活动"，"正是在改造对象世界中，人才真正地证明自己是类存在物"。①

五

我国是一个人口众多又具有古老文明的大国，我们从事的社会主义事业是具有为人类开创未来的崭新事业，哲学的指导不仅关系着我们的改革和发展，而且可以说关系着我们乃至人类的前途和命运。在如何对待哲学的问题上，我们既有过沉痛的历史教训，也品尝过它的可贵成果。在真理标准讨论和十一届三中全会20周年之际，我认为最好的纪念方法，就是认真地总结我们付出过代价的历史教训，以便从中吸取有益的经验改进我们的工作，使我们早日实现建设有中国特色的社会主义的伟大目标，为开创人类的未来做出我们应有的贡献。

我们有邓小平理论为指导，这一理论的哲学灵魂，就体现于邓小平同志为我们制订的"解放思想，实事求是"的思想路线之中。这八个字包容了无尽丰富的理论内涵，也涵盖了滴满血泪的历史底蕴。它的精神，就是邓小平同志在他的一切理论思想和实际活动中所表现的那种脚踏实地、面向未来，不从抽象原则出发，不受书本教条束缚，大胆突破陈规，决不因循守旧，一往直前，不断创新的开拓进取精神；这也就是马克思当年创建科学社会主义理论时所运用和发挥的那个哲学精神②。

马克思从他确立的"在批判旧世界中发现新世界"的新思维方式，创造了马克思主义的哲学、社会主义、政治经济学理论；邓小平同志为我们

---

① 《马克思恩格斯全集》第42卷，人民出版社1979年版，第96、97、167页。
② 关于马克思"社会主义"学说的哲学精神请参看拙文《正确理解马克思的社会主义观》（《人民论坛》1998年第2期）。

确立了与马克思同样精神的"解放思想、实事求是"的新思维方式,我们继承邓小平同志的未竟事业,依据这一新思维方式不仅应当能够把马克思的"社会主义"变成中国的现实,为人类创造出历史的未来,也应当能够创造出反映中国和人类未来发展的哲学理论、经济学理论、社会学理论以及其他理论。

邓小平理论是我们事业的胜利保证,只要我们能够以他所提倡的精神去对待他的理论,我们的前途就会是无限光明和美好的。①

---

① 本文直率地谈了我的一些认识和看法,难免会有疏漏和偏颇,提出来的目的是为了与大家共同研究和讨论,以求对改进和提高我们的理论指导工作有所补益。

"社会国家化"与"国家社会化"[①]
——树立"社会""国家"的区别意识

（1998年）

当前，在"社会发展"的问题领域，我认为有一个问题已经到了应该提上议事日程予以考虑的时候，这就是关于社会与国家的关系问题。

国家是社会发展到一定历史阶段产生出来的，并非从来就有；随着社会的进一步发展，国家要逐步走向消亡，而社会却会长久存在下去。"社会"和"国家"既有密切的联系，二者又不完全是一回事，这是显而易见、应当没有疑问的。

然而在历史上，国家产生出来以后，它就不但成为社会的代表，承担了本应由社会担负的职能，而且二者的机构也合而为一，形成难解难分的关系。只要国家存在，社会和国家就处在这样密切的关系中。以往长时期人们不加区分地看待国家和社会，常常把它们混同起来，也就不令人奇怪了。在过去的情况下，不加区分是完全可以的，这不会造成多大的问题。但在社会肌体得到相当程度的发育、人们已开始自觉地处理有关"社会发展"问题的今天，如果我们在理论观念上仍然不加区分，那就有可能把社会生活中不同性质的问题混淆起来，而贻误社会进步所要解决的某些迫切问题。特别是，随着社会的进一步发展，国家最终是要走向消亡的，国家消亡将是一个漫长的历史转变过程，在这个过程中，国家的某些职能必须逐渐转变，机构也需要不断调整，以便促使社会自身得到发育，这时"区

[①] 选自高清海：《人就是"人"》，辽宁人民出版社2001年版。

别"的意识就尤其必要了。在我看来,今天我们已经进到这样的历史阶段,理论观念上已不允许再把它们混为一谈,必须明确地认识到它们的区别和在发展中出现的新关系。

社会与国家的本质不同,这在马克思的理论中是很清楚的。"社会是人们交互作用的产物",它是由于人类生存和发展的需要,在劳动生产基础上形成的人们相互关系结成的共同体系。在这里,人的生命个体是它的实体基础,服务于所有个人的生产活动、交往活动、生活活动是它的基本职能。社会共同体不是超越个人之上的特权机构,而是面向公众的管理机构;不是部分人把持的利益实体,而是服务整个社会的功能实体。社会没有它自身的特殊权利和特殊利益,普遍的个人利益、人类发展的共同利益和根本利益就是"社会的利益"。"国家"便不同了。国家是阶级出现以后的产物,按照马克思的观点,国家作为阶级斗争的工具,它属于经济上占统治地位的集团为了实现自身利益,统治、支配其他集团和阶级的一种政治组织。因而从根本性质说,国家就是以利益分割为基础,属于特殊集团的利益实体和权利机构。国家承担了社会职能,也要去"管理众人之事",但它在对待这类社会问题时,总是要纳入有利于巩固自身的统治和发展自身的利益的轨道去处理。这是由国家这种组织的本性决定的。

国家作为社会代表来管理社会,从历史来说有其客观的必然性。这件事意味着社会本身的发育尚不完全,它还不能直接地占有生产资料、调节生产活动,更无力协调和解决私人利益与公共利益之间的尖锐矛盾。马克思说:"正是由于私人利益和公共利益之间的这种矛盾,公共利益才以国家的姿态而采取一种和实际利益(不论是单个的还是共同的)脱离的独立形式,也就是说采取一种虚幻的共同体的形式。"[①] 所以在古代和中世纪,社会与国家结为一体,国家支配社会的一切,一切领域都具有了政治性质。虽然如此,它们之间的矛盾却并不突出。但在社会的进一步发展中,随着工业化的革命、市场经济的发展,特别是"市民社会"的逐渐形成,国家就不能再像以前那样控制和支配社会,"政治生活"和"市民社会"

[①] 《马克思恩格斯选集》第1卷,人民出版社1972年版,第38页。

便开始了分离的过程。

现代的国家仍然承担着协调各种关系、管理公共事务的职能,并且照样凌驾于社会之上,但它已不能不改变自己的某些活动方式,限制自己的某些权力范围。现代国家与封建国家相比已经有了很大变化。因为现代的市场经济以独立的商品经营者为主体,它需要商品、劳动者、资本的自由流动和组合,要求不受外力干预的平等的自由竞争环境。这就是说,今天的社会正在走向成熟,它不但在经济上要求最大限度的自主权,在政治上也产生了参与和制约国家权力的要求。因此国家也就不能不适应社会的发展要求而调整自己的机构、职能和方式,走向更加法治化、民主化和福利化、大众化,这便是当今具有世界性"改革"浪潮的重要内容。即使如此,在现代国家面前普遍地都有一个如何调整和处理国家与社会新的关系的难题存在。

我们是人民当家做主的国家,我们的国家与西方国家在性质上有所不同,但也同样面临着需要认真对待国家与社会的关系问题。由于我国的历史情况,社会肌体发育不全,个人缺乏自主观念,造成社会高度国家化,以致国家不但要包揽社会,社会的一切依赖政府,连企业、学校也都要同时兼办"社会"。随着我国经济体制的历史性转变,这种关系已经不再适应,原来党政不分、政企不分的高度集中的政治体制以及通过行政指令管理经济的方式,也与市场经济的运作机制发生抵牾。所以调整行政机构、转变政府职能、下放管理权力便成为我们"改革"的重要内容。

我这里要提出的问题是,转变政府职能,首先需要转变我们的观念。政府职能的转变,也就是国家一般性质在发生变化。国家政治管理和社会自治管理是两种不同性质的管理职能,政府官员和企事业管理人员属于两种不同性质的身份,行政手段和经济、法律手段应为两种不同性质的工作方式。如果不改变我们头脑中国家社会不分、"政府万能"、"政治统帅一切"、"一切迷信权力(行政手段)"的传统观念,不能在思想上建立起国家与社会、国家事务与社会事务的区别意识,那就很难贯彻和实现体制改革和制度创新。

实际上,我们在从计划经济体制向市场经济体制转轨和政治体制改革中遇到的那许多问题、障碍和阻力，如转变职能的有令不行，政企分开的困难重重，权力不断干扰市场运行，企事业单位的"衙门作风"，服务行业的"官商习气"难以改变等等，除了利益所系的原因之外，思想观念的障碍应该说是一个很重要的原因。

在我们今天的生活中，已经有越来越广大的领域不再属于国家生活范围，变成纯属私人生活和公共社会生活的领域。由于在我国社会和国家长期结合为一体的这种历史情况，造成人们把"社会"也看成某种特殊的利益主体，甚至独立的人格实体，而同个人完全对立起来；与此相适应，人们对自己也只能长期保持"臣民"的观念，很难建立起现代"社会公民"的意识。社会实体化的观念，在这一意义上实质就是社会"国家化"的观念。缺乏"社会"意识，自然也就缺乏独立的人格意识、自主意识、公民意识、法律意识、平等意识及权利和义务意识，难以摆脱渴望清官、企望救星的"子民"意识。

社会和国家不分，使我们在对待和处理有关"社会发展"的某些问题上也容易目光短浅，受到某种短期利益需要的影响和干扰，而难以做到从人类社会整体和长远发展的需要去考虑问题。

国家最后是要走向消亡的，至于国家消亡的方式，虽然不排除激烈斗争形式的可能性，但可以肯定，当前国家的这种自身改革，通过职能转换、机构调整、制度创新等变革方式，使国家逐渐社会化，在条件具备时达到与社会新的一体关系，乃是国家发展中不可避免的重要步骤。

我们指出这点，并不是主张在今天就要促使国家消亡，或者应该淡化国家意识，泯灭国家界限。不是的。今天既然国家还存在，而且某些国家正在尽力扩张自己的势力，试图凌驾他国之上搞霸权主义，我们不但不能淡化国家观念，为了对抗霸权主义还应当强化爱国意识，动员人民尽快把我们的国家建设成为现代化的社会主义强国。我们提出这个问题是想说明，我们在强化国家意识的同时更要强化社会意识，必须从基本观念上把国家和社会明确区别开来。强化国家观念是为了创造条件尽快使国家通过职能转换而走向消亡，而国家的消亡也就是社会向更高存在形态的发展；同样地，只有促使社会发展了，我们的国家也才能够强盛起来。这两件事是一个事物的两面，紧密联系在一起。

树立"社会"和"国家"的区别意识，从其思想实质来说，也就是要建立今日的"国家"已具有双重性质的观念，它正在向社会化方向转变。毫无疑问，国家还要存在很长时间，或许不止下个世纪，下下个世纪还会存在，但也毫无疑问的是，国家要逐渐社会化，要逐渐改变自己的性质。我们已经进入这样的历史阶段，今日的国家已不单纯是政治国家，同时具有了国家社会的性质，因此我们在对待"国家"的问题上，就也应当建立起双重性的观念。

国家观念的转变和更新，是当前体制改革和社会转型的需要，是发展社会主义市场经济的需要，也是推动我国社会发展、创造条件走向中级和高级社会主义阶段的需要。本文主要是提出问题，至于应当怎样看待"社会"、"社会性事务"种种问题，则需要专文来论述。

哲学思维方式的历史性转变[①]
——论马克思《提纲》和《形态》所实现的哲学变革的实质
（1999年）

一、有必要提出重新理解马克思哲学理论
实质的问题

什么是马克思主义哲学？以马克思的名字命名的这一哲学理论，与以往的以及一切其他哲学理论的根本区别何在？

今天，在马克思创立这一哲学已经一个半世纪之后还要提出这样的或这样地提出问题，听来不免令人奇怪，其实这里毫无可怪之处。哲学本来就是在不断重复提出和追问"什么是哲学"这类问题的过程中发展的理论，对于像马克思创立的人类思想史上具有伟大历史转折意义的这样的哲学，人们在一段时期内难以把握它的真髓，需要经过不断深入的思索和体悟，逐渐去理解和掌握它的深邃的内容、创新的精神和伟大变革的实质，并因此出现这样或那样很不相同的认识，应该说是完全正常的事。

因此在我看来，提出重新理解马克思哲学理论实质这个问题，在实践、历史、时代都已发生重大变化的今天不但不唐突，而且应该看做是十

[①] 选自任平等主编：《当代视野中的马克思主义哲学》，苏州大学出版社1999年版。

分自然也很必要的。

二、苏联学者的教科书哲学并未理解并抓住马克思哲学变革的真正实质

我们都共同承认，马克思创立的哲学，对以往的哲学来说并不仅仅是某几个原理、观点、范畴的改变，或在已有的哲学基础上又增添了几个什么新的范畴、观点和原理，而是整个哲学理论，包括从对象、性质、功能到观点和方法的根本性变革，即我们通常称之为"革命性"的那种变革。对于这样的理论，我们要认识它常常会不自觉地陷入一种难以摆脱的自身矛盾。

我们从历史上看，凡属哲学理论的重大变革，大都同时伴随着哲学观的改变。在这种状况下，要理解创新理论的实质只能依据新理论改变了的哲学原则、观点和方法，而人们熟悉的往往又只是旧有的哲学原则和观点；从原来的哲学观念去看新的理论，这种理论总是不大像"哲学"，必须把它加以还原，纳入到旧的哲学框架内才能够理解，而这样一来新理论往往也就失去了它的创新本质。这是一个难点。这个难点表明，理解新创的哲学，实质上意味着理解者观念的转变，而这恰好和他的理解相悖反，他如果没有理解，他的观念也难以转变。

这里不去说在理解一种新哲学时还有其他许多因素，如政治的因素、社会的因素、历史的因素在起作用；单单这个认识论因素的作用，对人们的理解就足以构成新理论失真的原因了。

回顾马克思创立新哲学以来我们所经历的近百年认识史，我以为就充分地证实了这一点。

我们现在称作"马克思主义哲学"（它主要表现在原理教科书的形态中）的内容和体系，主要是由苏联学者在 40 年代[①]厘定的，它的最初蓝本

[①] 指 20 世纪 40 年代。——编者注

是斯大林的《辩证唯物主义与历史唯物主义》，以后则以哲学原理教科书的形式通行于社会。这里说清楚了马克思哲学理论的真正实质了吗？很难给予肯定。

　　苏联学者很强调这一点，就是要把马克思主义哲学的产生看作整个哲学的"革命性的变革"。可惜的是，从他们所叙述的内容和体系中却又很难体味到这点。我们从那里看到的，不仅许多哲学范畴、命题、观点是旧有的，连哲学的倾向、原则和方法，甚至对于哲学问题的提问方式、探讨方式，也都很难同以往的哲学区别开来。唯物主义与辩证法的统一及其彻底贯彻被认为是马克思主义哲学的基本标志，但在教科书哲学中这也往往限于抽象的论断，因为它脱离开或者说丢掉了马克思创立的"实践"概念和学说，使这种统一失去了现实的基础，统一便变成只是人为的拼合。以马克思名字命名的理论，其中也大量引用了马克思、恩格斯著作的语句，读起来却又很像旧哲学理论。在我看来，这种情况就是由于制定体系的学者包括蓝本作者自己没有转变哲学思维模式，运用的是旧哲学框架、旧哲学观点、旧哲学方法去理解马克思的哲学创造所不可避免会出现的结果。

　　在初始阶段，人们难以摆脱熏陶多年的旧哲学观念的束缚和影响，是可以理解的。但我们不能老是停滞在这样的阶段。我之所以还要重提本来已经过去的这段历史问题，是因为在我看来，观念也是有惰性的，它一经形成就很难改变。今天我们的实践已经把这段历史甩在后面，然而却难说观念上已经走出这段历史。现在有必要认真对待这段历史遗留至今的问题，为此，就需要重提对马克思哲学的理解的问题，这是理论发展的要求，更是实践发展的需要。

三、世界观的变革根本上是哲学思维方式的变革

　　哲学理论最重大、最根本的变化是什么？人们习惯的说法叫作"世界

观"的变革。世界观的改变,在我看来,在根本上也就是哲学思维方式的变革。

世界观是人们对世界的理解模式和解释框架。世界观理论当然要反映自在世界的内容,但不同的世界观表现的主要是人们对待世界的态度、看待世界的方式、理解世界的观点的不同,这实质就是对待世界和事物的哲学思维方式。

哲学思维方式属于哲学理论内在的思维逻辑,表现着哲学对待事物的方式、理解事物的模式、处理事物的方法。思维方式是无形的,它却像"灵魂"一样贯彻并支配着哲学的整个内容,哲学中那些原理、观点、范畴不过是它表现于外的具体形式。哲学理论的意义主要就在于思维方式的意义。随着时间的推移,哲学中的原理、结论乃至对许多问题的具体观点在历史激流的冲刷下大都被淹没、淡忘或淘汰,能够保留下来的主要是哲学思维方式曾经发生过的影响。

哲学思维方式是以理论形式表达的人的生存状态和存在方式。人是什么样的,人与外部世界的关系是什么样的,人们对待世界的方式、看待事物的方法也就基本上是怎么样的。哲学思维方式提供给人们的,就是这样一种适于人们存在状态和发展需要的用以对待世界的"人"的观点,遵循并贯彻这种观点,人在自身活动中才能充分发挥人作为人而有的能动创造作用。这就是哲学思维方式的根本价值。

哲学史上存在过的每一种重要的哲学体系和哲学学派,都可以看作哲学思维的不同模式,例如,原子论模式、理念论模式、实体论模式等等。从历史特征说,处于同一时代的哲学又都有着共同的思维模式。我们以近代以前的哲学为例,因为它们反映的人的生存状态基本相同,它们的思维逻辑有很多相同的特征,由此我们也可以把以往哲学史上的理论看作基本同一的思维方式,这就是通常所说的传统哲学的思维方式。

那时人的状况是这样的:人已生成为人并意识到是人,开始要去追求人的生活;但人的关系发育得尚不完全,还无力掌握自身命运,在很大程度上不得不依赖自然性的关系靠天去生存。在这种状态下产生的作为人的自我意识的哲学,当然就会相信外在的权威力量掌握着命运、先在的本质规定着一切存在，要理解事物的存在状态，首先就得认识决定它的那个先在本质，由此便形成了从古代延续至近代，以追求终极存在、永恒本体和绝对真理为目标的本体论式的哲学思考方式。这是一种由预设的本质去解释现存世界的前定论思维方式，从初始本原去推论现存事物的还原论思维方式，从两极观点追求单一本性的绝对论思维方式。所以，传统哲学总是把过去看得比现实更重要、本质看得比存在更重要、原则看得比生活更重要，遇事不是首先看现实，而是追问它的过去，寻求抽象原则，探讨概念规定。传统的哲学思考方式具有准宗教性质，在本质上就是教条主义。

很明显，这样的思维方式，对待事物的态度，只是也只能是适应那时的人的生存状态及其现实需要，在人的关系进一步发展、人的力量成长壮大以后，它就不会满足人们的要求，要为新的哲学理论和思维方式所取代。我们看现代的哲学与传统的观念就有根本性的不同。不论现代哲学区分为多少不同的派别，在它们对待世界的态度、看待世界的方式中，都已不再把前定的本质、永恒的原则、外在的权威作为立论的前提，它们面向的是人生活其中的现实世界，注重的是事物对人的价值关系，强调的是人的自主创造精神，等等。这里表现的完全是现代人的生存方式、生活态度和理想追求。

其实，这样的转变，近代以来特别是18世纪以来，哲学中就已在孕育着、发展着，这就是马克思称之为"反对思辨的形而上学"的斗争①。到资本主义在欧洲确立了统治地位并暴露出大量矛盾之后，预示人将走向新的更高发展阶段，这时哲学变革的条件就趋于成熟了。

马克思和恩格斯正是处在这样历史变革时期的转折点上。

四、马克思实现了思维方式从传统向现代的哲学转变

马克思1845年写的《关于费尔巴哈的提纲》（以下行文中简写为《提

---

① 《马克思恩格斯全集》第2卷，人民出版社1957年版，第159页。

纲)一文,曾被恩格斯称为"包含有新世界观天才萌芽的第一个文件",在这里就十分清楚地体现了马克思实现的哲学变革,首先的和根本的是哲学思维方式的转变。

在《提纲》的第11条,马克思指出,"哲学家们只是用不同的方式解释世界,而问题在于改变世界"。这句具有纲领性质的话表明,马克思哲学与以往哲学的区别,根本的是在对待世界的态度、看待世界的方式的变化。从新哲学的观点看来,世界既不再是什么超自然的神秘力量的创造物,也不再是外于人而存在的仅仅直观的对象;人在这个世界的面前既不再是消极无为的承受者,也不再仅仅是被动的解释者。对于新哲学来说,人所生活的这个世界是人参与其生成、在人活动中不断被改造和创新的对象,人在这里是具有主体性质、有着无限作用、积极主动的能动存在。对于世界的这样的态度和看法凝结为思维的逻辑,就是《提纲》第1条所指出的,我们对事物、现实、感性不能"只是从客体的或者直观的形式去理解",还应该"把它们当作人的感性活动,当作实践去理解……从主观方面去理解"[①]。

这种对世界、事物的态度,很明显,体现的正是人的态度,是人作为人而应有的态度,也就是已经成长壮大并具备了发挥人的自由创造本性的那种人所必然要求的态度。适应人从古代(经过近代)走向现代,实现了从直观态度向实践态度、从先验思维向实践思维的理论转变,这就是马克思哲学变革的最本质的意义。从这一意义上我们应该说,马克思的哲学开创了现代哲学的新纪元,马克思就是现代哲学的理论奠基人。

对待世界现实态度的转变根源于人的存在状态的变化,同样地,对待世界理论态度的变革也要决定于人对自身理论观念的改变。以往哲学对待世界的理论之所以是直观性的,这与它们从直观去理解人的本性因而把人抽象化的观点是分不开的。所以要改变直观性的理论思维方式,首先必须克服对人的抽象化的直观性或玄思性的观点。这些便构成《提纲》其余各条的基本内容。

[①] 《马克思恩格斯选集》第1卷,人民出版社1972年版,第16页。

人本来是具有双重性本质、双重性形态的存在。人有生命本质，又有超生命本质；人是个体形态的存在，又表现为超个体的存在形态。这一切都是根源于，人虽来自于自然存在，却是在自身的活动中把自己创造为人的。这就决定了人既是一种自然性存在，又突破自然限制具有了超越自然的性质，从而使人从动物中区分出来，成为能动性的自身主体。人的这种性质是最难于了解的。以往的哲学从物的观点去认识人，对人的了解都是抽象化的，它们只承认人的单一本性，而且还把它看作一种先在规定。这就决定它们从某种假定的先在本性或概念规定去了解人，只能或者把人看做单纯自然本性的存在，或者看作超自然的"神灵"（灵魂观点）。人的抽象化观点，就是现实人的失落。所以从来哲学都是以非人的形式去表现人，以非现实的形式去表现现实世界，它们的理论必然具有玄思的和直观的性质。

以往哲学对人抽象化观点的根源从历史方面说，是因为那时人的发育本来就不完全，不成熟的人只能表现为不成熟的理论形式；而从认识方面说就是由于以往的哲学家在人身上找不到能够把双重性质统一起来的现实基础，它们凭借想象去作抽象的统一便不能不落入抽象化的观点。在哲学史上只有马克思发现了这样的基础，因而，才会形成关于人的具体的观点。这个基础就是人所特有的生存活动方式——实践活动。

人的实践活动是物质和精神、主体和客体、主观和客观、感性和理性、目的和因果、必然和自由在相互规定和转化中的现实统一活动。人在实践活动中不但创造了人的生活、人的生存世界，也创造了人本身。人和人所面对的世界的一切矛盾，最终都来源于此，也只能由此得到解决。马克思从这一现实基础不但统一了人的两重矛盾性质（《提纲》第3条），找到了通向对人的具体观点的道路（《提纲》第5、6、7条），创立了崭新的哲学理论（《提纲》第9、10条），而且还揭示出世界被两重化为想象的世界和现实的世界的真实根源（《提纲》第4条），从而揭示出合理解决一切理论矛盾的现实途径（《提纲》第2、8条）。辩证法和唯物论之所以只能在马克思的哲学中统一起来结为一体，也是以此为基础的。

由此我们便可以了解，实践的发现、实践观点的创立，它决不是仅仅为哲学增添或补充了一个新的范畴、新的观点和新的原理的问题，而是为我们理解人、理解世界以及理解全部哲学问题提供了一个全新的立足基点、观察视角和思维模式。实践观点作为新的哲学思维方式，首先就表征着人的观点的变化。从实践观点去理解人，这就意味着不能再从什么前定本性、永恒原则、概念规定出发去了解人，而是要从人之为人的自身根源去把握人，从人的基本生存活动去理解人的本性，从人的历史的生成变化中去把握人的存在状态，从肯定与否定双重性质中去理解人对世界的关系，从人的超越性活动中去把握自身的多义属性。实践观点也就是把握并贯彻活生生的具体的和现实的人的观点的一种哲学思维方式。很明显，随着人的观点的改变，有关人对世界的关系、世界对人的性质的种种观点也不能不发生根本性的变革。

五、思维方式的转换导致整个哲学理论发生了根本变革

对于不同的人，处在对世界的不同关系，世界对人呈现出的样子和性质便是不同的。同样地，不同的理论立场，所能了解和把握到的世界对象也是互不相同的。

对于直观的理论来说，作为直观对象的只能是外于人而存在、与人的活动无关、处在遥远彼岸的广漠的洪荒世界。人虽然也存在于这个世界之中，他的存在同一块石头、一棵树的存在并没有什么两样。而对实践的理论来说就不同了。作为人的实践对象的世界，必然是人生活于其中、与人的活动直接相关的世界。也就是说，这是踏上了人的足迹、经人的参与二次生成中的世界。这样的世界已不再是仅受因果必然规律支配、只有单一性质的自然一统天下，而是具有了自然的与属人的两重性质、目的性的和因果性的双重作用规律的对象化世界。对于这样的世界应该说，它是外于人的存在，又是在人之内的存在；人是属于这个世界的，这个世界也是属于人的。因此，研究这个世界的哲学，就不能仅属自然性的理论，同时也

是人的生成理论，即必然同时既是世界观理论，也是人的自我意识理论。

我们看马克思的哲学著作，他注重的哲学问题、探究的哲学主题已经根本不同于过去的哲学。我们在那里很难见到谈论对人关系以外或人类产生以前的那种世界的状况和问题，也很难见到以往哲学家们经常谈论和使用的"终极存在"、"永恒本体"、"万物本原"、"原始状态"这类的内容和概念。这应该看作不是偶然的。马克思关心和注重研究的是人的历史的生成和人的现存世界及其未来发展的问题，如在《德意志意识形态》这部著作里所论述的。那里马克思从"现实的前提"展开论述，人类历史的第一个前提是"有生命的个人的存在"，这样的个人怎样生成为人，他的历史发展及未来前景如何，这些就构成这部著作的基本内容。人们通常都把这部著作仅仅看作历史理论著作即唯物史观著作，其实这应当就是马克思的哲学著作，它探讨的内容也就是从实践观点去看待的哲学所应当研究的内容。从旧哲学的理论框架去看它很不像哲学，其实马克思要打破的正是这个传统的哲学模式。对这点恩格斯作过评价。他在评论马克思的哲学创造时说，在这里"哲学"已经被扬弃了，这"已经根本不再是哲学，而只是世界观"①。应该认为这是极有见地的。

这并不意味着马克思只研究人不再去研究自然界的问题，不再关注人产生之前的自然界状况。马克思十分尊重自然对人的优先性质，充分肯定自然对人的基础地位。与旧哲学不同的只是马克思认为，哲学应当从对人的关系中去研究自然界，把现实的自然纳入人的世界、人的历史中去理解，才能把握人和自然的本质。更进一步说，按照马克思的观点，他所说的人这个概念和对象本身就包含着自然的存在。《德意志意识形态》中就是这样从自然史和人类史"彼此相互制约"的关系中进行研究的。至于自在的自然存在包括人产生之前的自然状况，人们也应当去认识、去研究；不过这并非哲学所能解决，而应当由掌握了研究手段的实证科学去承担。在这一领域，哲学应当做的只是充分尊重并利用科学研究达到的成果和成就。

---

① 《马克思恩格斯全集》第 20 卷，人民出版社 1971 年版，第 151 页。

六、社会主义学说从空想变成科学是哲学思维模式转换的重大成果

哲学思维方式说起来抽象,好像离现实生活很远,实际它就贯穿在我们的思想和行动中,并支配着我们对生活的理想和追求。

在马克思的时代,关于未来的理想社会,人们曾经提出了种种不同的社会主义和共产主义学说,但这些理论大都是空想性质的,属于乌托邦理论;惟有马克思的社会主义、共产主义学说是属于科学性质的理论。这是为什么?它们的主要分别何在?我们从它们的思想来源和理论依据去分析就可以看到,主要的分别正是在于依据的思想逻辑即哲学思维的方式不同。

那些空想理论遵循和贯彻的是传统的哲学思维原则。按照这种思考方式,一切存在都已被预先规定于永恒本体的本质之中,人类社会的历史发展不过是这些已有规定的展显和实现而已。所以他们在设计未来的社会图景时,首先考虑的便不是现实社会的发展状况,而是永恒的正义原则、不变的抽象人性和普遍的道德规定之类东西。从这些假定的先验原则去推论未来的社会应该如何,那样的社会主义当然只能是一种主观设定。关于"大同"的理想古已有之,这些理论所以都属"乌托邦"性质,原因就在于这种思考方式。19 世纪的空想家们并没有脱出这种思维逻辑,他们虽立足于资本主义社会的现实矛盾和苦难的基础之上,看到了这些矛盾和苦难,有的还作了有相当深度的批判,但在如何克服这些矛盾、解除这些苦难的问题上,传统的哲学思维模式就使他们完全脱离开现实生活基础,陷入纯粹的主观空想。

马克思和他们完全不同。这个不同首先就在于马克思摆脱了先验抽象原则的束缚。不像他们从什么永恒正义、人性本质、道德规定出发,而是从分析资本主义的历史发展和现实矛盾中去寻求通向未来社会的道路。这里贯彻的正是他所创立的实践观点的思维方式。从这一意义上说,社会理

论的变革在根本上也就是世界观的变革、哲学思维方式的变革,这二者甚至可以说就是一回事。

马克思实现这种变革是充分自觉的。他从学术活动的一开始,早在1843年就明确地把自己的理论活动同传统的教条原则区别开来,并公开向世人宣告,"我不主张我们竖起任何教条主义的旗帜","新思潮的优点就恰恰在于我们不想教条式地预料未来,而只是希望在批判旧世界中发现新世界"。马克思在这里还深刻地批判了奉行抽象哲学原则的教条主义思维方式。他揭露说:"到目前为止,一切谜语的答案都在哲学家们的写字台里,愚昧的凡俗世界只需张开嘴来接受绝对科学的烤松鸡就得了"。在马克思看来,那时的"共产主义就尤其是一种教条的抽象观念"。[①]

什么是"在批判旧世界中发现新世界"?应该说这里已经显露出马克思在后来完成的从生活实践出发的思维原则了。具体说来这就是:马克思面对的是已经发展到相当高度并暴露出大量难解社会矛盾的资本主义现实,只要在吸取和动用资本主义创造的现代社会文明成果的基础上,通过现实斗争去克服资本主义自身无法解除的那些社会弊端和弊病,由此建立起来的社会自然就是比资本主义更高级、更优越、更合理的"新世界",这也就是社会主义社会。这里并不需要去想象未来的生活目标,因而也就不存在什么永恒的正义尺度和绝对的理性原则问题,它需要的只是以革命的和批判的态度去认识和对待资本主义的历史和现实。

这样得出的社会主义结论,当然就是与空想的理论根本不同、具有深厚现实生活根基的科学性质的结论。

科学社会主义理论是哲学思维方式变革产生的直接重大成果。它们之间的这种内在关系鲜明地体现在《德意志意识形态》这部著作中。那里的哲学结论是"……对实践的唯物主义者,即共产主义者说来,全部问题都在于使现存世界革命化,实际地反对和改变事物的现状"。与此相适应地,在马克思看来,共产主义对我们说来不是应确立的状况,不是现实应当与之相适应的理想。我们所称为共产主义的是那种消灭现存状况的现实的运动。

---

① 《马克思恩格斯全集》第1卷,人民出版社1956年版,第416页。

七、实践标准讨论转换了教科书哲学的先验思维模式才使我国走上改革发展的道路

如果说社会主义学说从空想到科学的转变实质上是世界观原则、哲学思维方式的转变,那么,我们要理解和实践社会主义的科学学说,首先的和决定性的条件也是必须转变我们的哲学思维方式。如果我们遵循的是永恒正义、不变本质、概念规定的先验思维原则,我们就不但不能理解马克思学说的真谛,还必然会把这一科学学说本身变成先验的教条原则,使它重新退回到空想理论中去。

我们不应当隐讳问题,也不应当回避问题。从多年来的历史实践中我们应该坦诚地承认,马克思创立的哲学在苏联学者手中(主要体现于哲学原理教科书),由于他们没有转变传统哲学的先验思维逻辑,不但使这个哲学的许多内容退回到 18 世纪的水平,而且也把这个哲学本身的理论转化成为先验的教条原则。那么,在这种哲学模式指导下的"社会主义"实践的状况如何呢?

苏联作为第一个实现了社会主义的国家,在七十多年的发展中,利用政权的力量做了许多事情,甚至使自己成为可与强大的美国抗衡的超级大国,但最后仍然解体了。苏联解体的原因当然有很多。如果我们认真对待问题那就不能否认这样一点:它所实践的社会主义同马克思创立的那种(科学的)社会主义并不相同;而这种不同的最大之点恰在它把社会主义变成了马克思所否定的那种"应确立的状况……现实应当与之相适应的理想"的先验原则之类的东西,从而使它失去了现实的生活基础。应该说,这种情况与哲学中的情况是完全一致的。

我国在 50 年代到 70 年代①走的是与苏联同样的道路。我们遵循的哲学理论是从苏联引进的,我们的社会体制是全盘学习苏联来的。苏联的社

---

① 指 20 世纪 50—70 年代。——编者注

会主义垮了，我们没垮，不但坚持了下来而且日益繁荣。这是为什么？人们都很清楚，这主要是因为我们在邓小平和党中央领导下，及时实行"解放思想，实事求是"的思想路线，走上了社会体制改革的道路。这是社会主义历史实践中的一个重大的转折。怎样转变过来的？人们也都记忆犹新，在这里哲学观念、哲学原则的转变起了关键性的作用，这就是"实践是检验真理标准"的全民大讨论。

真理标准问题是个哲学理论问题，它怎么会起到如此巨大的历史转折作用？在我看来，这个讨论的真实意义就在于，它使我们从先验的思维模式转换为实践思维模式，从而解决了我们所面对的一个最大难题，即抽象理论原理与生活实践逻辑相悖离的矛盾，而这个问题的实质正是哲学思维方式的问题，所以只有哲学才能发挥作用。

应该说，在我国这个矛盾本身就是由哲学造成的。我国本来没有多少资本主义，资本主义并非是我国社会发展的主要障碍。我们的主要问题是贫穷、落后、社会不发展。那时，我们却抛开我们的生活现实，不是从批判我们的旧世界中去创建我们的新世界，而是从社会主义与资本主义抽象对立的原则出发，把西方的资本主义作为我们的主要批判目标，以为只要我们同资本主义断绝关系，划清了界限，我们就会成为社会主义，哪怕那是一个贫穷和落后的社会主义。这里遵循的是什么？就是原则优先的先验思维逻辑。而当生活现实迫使我们必须抛弃这些先验原则之时，主要的障碍还在于这个思维模式，这就是"两个凡是"思想的束缚。

从苏联和我国走过的发展道路，我认为我们应该明确地认识到这样一点，这就是：从否定传统先验思维方式中形成的实践思维方式，是马克思哲学及其社会主义理论的精髓、实质和灵魂，马克思的理论是哲学思维方式转变的结果，我们要理解和掌握这一理论也必须首先实现思维方式的转变，破除原则先行的传统先验思维方式，确立尊重生活逻辑的实践思维方式。这也就是我们能够走上改革开放道路的哲学基础。我们平常说学习马克思主义理论要掌握它的精神和实质，它的精神和实质主要也就在这里。坚持马克思主义理论，根本是坚持其理论的思维逻辑，而不是理论的语句。我们吃够了那种按照传统思维方式把马克思的理论变成先验原则，然后以为坚持词句就是坚持马克思主义的教条主义苦头。应该从历史的沉痛教训中醒悟，使我们的思想达到更加充分的自觉。

传统哲学观念，特别是它的思维模式支配我们的头脑长达数千年，可以说已经变成了我们的思想本能。我国一向是十分"重道"、"认理"的国度。我们现实生活中的矛盾、问题，很多都是同我们奉行的哲学原则、理论观念相联系着。在我们的现实改革中，理论、原则、观念的变革往往成为关键。我们很重视求实，常常又难以做到"实事求是"的障碍也主要在这里。对于我们可以说，多年来很多人已经只习惯照本宣科、照章办事，一旦要发挥自主的创造性，反而会手足无措，很不习惯。从这一意义上说，今天的"思想解放"仍然首先是从旧有的原则、框框、观念中解放出来的问题。

这些说明，转换思维方式决不是一件容易事，也不可能一蹴而就，这需要有一个过程。实践标准的讨论是重要的发端，后来开展的"实践唯物主义"讨论是它的继续，它们对转变哲学观念都起了重大的推动作用。不可否认的是，我们在实践方面转变得较为彻底，取得的成效也较显著，而在理论思想方面就难说已彻底摆脱了传统原则的影响。当前，我们生活中的双重行为轨道、双重话语范式、双重人格表现就说明了这点。

我们面临的任务还很艰巨，也很繁重。哲学思维方式的转换关系着我们国家、民族的命运和前途、现在和未来，现在已是应该把问题正式提上日程引起人们普遍重视的时候了。

在我看来，这就是我提出重新理解马克思哲学思想实质这个问题的主要意义。

马克思主义哲学的两种理论形态[①]

（2000年）

一

怎样看待当代中国哲学50年的发展？

我们谈当代中国的哲学发展，首当其冲的当然是马克思主义哲学的发展。因为我们是社会主义国家，马克思主义哲学是我们的指导思想；不仅如此，在我国，这个哲学还直接制约着哲学中其他领域的理论发展状况。

马克思主义哲学的命运与社会主义的历史命运是紧密连在一起的。这50年中，有一个重大的历史事件值得我们特别去重视，这就是：以马克思主义哲学为指导的许多国家（苏联和东欧）的社会主义纷纷消失了，而我们的社会主义非但没有消失，反而欣欣向荣、日益健康地发展着。这个经验教训很值得我们总结。它不仅应当是我们评估马克思主义哲学在当今世界的发展，也应当成为我们重新认识这个哲学的理论实质、调整我们对待它的理论态度的基本历史依据。

出现如此不同结局的原因很多。从历史的过程来说，大家都很清楚，这是由于我们经过"真理标准"讨论，党的十一届三中全会及时扭转了对社会主义教条式的理解，从我国的现实情况出发，抓住"中国特色"这个

[①] 原载《哲学动态》2000年第2期。

根本点,走上了改革开放、发展市场经济的道路,这才会有我们今天的社会主义。

我国社会主义在今天的发展现实,应当看做是我们对马克思主义哲学坚持和发展的最好也最为有力的表征。在这一意义上我们必须承认,马克思主义哲学在我国不仅得到了重大发展,而且已为我们进一步发扬和光大。这些,就集中体现在邓小平理论之中。

我们进一步思考,对比两种不同的历史结局,回顾我国前30年和后20年的变化,从理论思想方面我们应当得出什么样的认识呢?

稍加思考就会发现,邓小平同志依据我国情况提出的那些坚持社会主义方向和道路最富创造性的思想,其中很多我们都很难从马克思、恩格斯或者列宁的书本中找到直接的字面依据。马克思和恩格斯什么时候说过"初级阶段的社会主义",在哪本书里讲过"社会主义的市场经济",以及"一国"还可以实行"两制"的话?但实践的发展证明,这些思想而且惟有这些思想所体现的世界观和方法论,才是完全合于马克思主义哲学的观点和方法的。从这里应当得出什么结论?

我们可以说,这属于小平同志对马克思主义哲学创造性地理解、发挥和运用的结果。这当然是对的。如果我们深入一步思考就会认识到,这种"创造性地理解、发挥和运用"的本身,正是体现了马克思主义哲学不同于以往一切其他理论本性的要求,这就是理论与实践相统一,或者叫做区别于"思辨哲学"的"实践哲学"的本性。

更深入一步,我们甚至应该认为,马克思主义哲学在实质上是有着两种理论形态的:一种是付诸文字、写在书本里的属于有形的"显性理论";一种是未写出来、体现在字里行间的属于无形的"隐性理论"。说出来、写出来的东西,一旦纳入"时空"框架,有了特定的实践针对性,就不能不受到历史和认识条件的局限,具有了相对的性质,包括那些"普遍原理"从认识论说亦不例外。至于马克思主义哲学中那些超越时空局限、具有普遍指导意义的内容,包括它所运用的哲学思维方式、价值取向原则和思想精神意境,即我们过去常说的属于它的思想精华的"立场、观点和方法",这些往往并不在直接的字面上,而是隐含在它的字里行间,需要我们去解读和领会的。这就是我所说的"隐性理论"。

这两个部分作为相对性与绝对性的内容是结合为一体的，所以我们学习马克思的哲学不能不读书，但更重要的是能够从它与当时实践的特定联系中去领会它所蕴涵的普遍性内涵，也就是要从它的文字去体味它的精神实质，解读它的隐性思想。只有这样才能把有局限性的理论变成富有生命活力的普遍方法，从而在我们今日的时空条件中去"创造性地理解、发挥和运用"；否则，局限于马克思说出的话语，照搬他写在书本中的文字，那就会适得其反，走向它的反面。这点表明，"马克思主义"这种哲学的理解和运用对人的素质是有着很高的要求的。

如何发挥马克思哲学的指导作用，是国际共产主义运动许多年中都未能很好解决的问题，邓小平理论解决了这个问题，才使社会主义有了生路，才会有我国蓬勃发展的社会主义现实。应该说，这件事情本身就是对马克思主义哲学的重大贡献，我们必须十分珍惜这一宝贵成果。

二

对我们来说，问题还有另外的一个方面。显性内容与隐性内容毕竟是有区别的。对于马克思主义哲学有形理论的发展，我们应该如何去评价呢？

隐性思想必须转化为有形的理论才便于人们去学习和掌握，这犹如生命必须通过躯体存在一样；而理论形态的哲学只有随着时代、实践和科学的发展不断丰富自己的内容，改变自己的形态，它才能与具有普遍意义的隐性世界观方法论保持一致，体现出哲学的活的生命。这也是马克思主义哲学固有的本性。谈到这个方面的发展，我觉得我们就不宜于估计过高了。

"不宜于估计过高"的意思不是说它没有发展。这些年来，特别是改革开放的20年中，我国哲学界提出并探讨了大量与时代相关的课题，如实践问题、主客体问题、认识论问题、价值观问题、社会发展理论问题等等。在所有这些问题上，无论就理论内容还是就理论形式说，比起20年前都有了很大的变化、丰富和提高。这是毫无疑问的。

我说的"不宜于估计过高"是指，如果把理论上的这种变化与我们实践的发展作比较，它就显得很不相称了。而这还不是问题所在，理论落后于实践的状况是经常有的。主要的问题在于，虽然表面上有很多我们做到了，然而我们对待马克思主义哲学的"理论观念"，认真来说还并未从以往局限书本文字，以及由此曾被人们扭曲了的理论形态（比如"苏联—斯大林模式的哲学"）和理论思想（比如从先验普遍原理出发的抽象化、绝对化的思维模式）的束缚中彻底解脱出来。这才是值得重视的重要问题。经过真理标准讨论我们突破了"两个凡是"教条的局限，在这一意义上我们解放了实践的手脚；另一方面，那种经过扭曲已被教条化的理论形态，包括它的基本的理论框架、概念体系、解释原则和价值观念，却仍然在思想上和现实中保留着传统的主流地位。这样便形成了今日哲学上的"显性理论"与"隐性思想"相互脱节甚至彼此冲突的"双轨"局面。这个矛盾表明，我们对马克思主义哲学的"理论观念"的理解还未达到充分自觉的程度。

回顾历史，过去人们之所以会局限于个别词句，把马克思有条件说的话绝对化为无条件的普遍公式去套用，一个重要原因，就是没有弄清显性与隐性的相对绝对关系，因而只能直接从书本的字句中去寻求现成的绝对性和普遍性原则。人们希望有一种能够把握到的、可信赖的客观依据，这离开了"书本文字"我们还有什么依据或标尺去判定它是或者不是马克思主义的？如果说有一种按照不同条件可以随机运用的隐性理论，那样岂不变得无所遵循，为主观主义、唯意志论大开了方便之门？那时人们把这称为修正主义或机会主义，在人们观念中修正主义要比教条主义可怕得多。人们的这一顾虑是有一定"合理性"的，历史上确实出现过背叛马克思观点的修正主义理论。为了避免可怕的修正主义，很多人便宁肯放弃思想的创造性，甘愿回到书本、话语去犯"左"的错误。以往的历史就是在教条主义和修正主义"左"、右两极的不断摇摆中走过来的。

看来这是一个很难解脱的"二难推理"。有没有解法和出路？有，而且说出来也并不深奥。问题如果主要是关乎判定和检验是与非的标准，那么，这个问题正好就在马克思所变革的哲学实质之中，这就是马克思提出的"实践理论"。

马克思从来没有而且一贯反对用书本去束缚人们的思想。按照马克思的观点，验证认识是真理还是谬误（包括验证是否是马克思主义），主观的"书本"不是标准，仅客观的"事实"也不能成为标准，惟有既体现主观的创造性而又具有客观可验证性的"实践"才是根本的标准。从一定的意义可以说，马克思提出"实践"检验真理的观点，正是为了给人们提供一种既能使人充分发挥思想的创造性，克服以往以"教条主义"为本性的那种抽象理性哲学，同时又不致使人放任主观想象，陷入唯意志论泥潭的可靠依据。

以往找不到解法，是因为那时人们在思想上未能从本性上把马克思的哲学同旧哲学区别开来，他们沿袭哲学传统从"两个理论来源"看重唯物论和辩证法，而对"实践"理论的重大变革意义却不理解，在他们眼中那不过属于"认识论"的一个具体观点，并未看作体现着马克思世界观变革本质的重大理论。

回想20年前，为什么我国开展的"真理标准讨论"能够起到那样大的历史作用，原因也是在这里。这场讨论解放的不只是我们的"实践活动"，更重要的是改变了我们对待马克思主义书本哲学的那种传统的理论观念和态度，由此才解放了我们的理论思维，找到了隐性哲学的客观依据，使我们有可能以"创造性"的态度去"理解、发挥和运用"马克思主义哲学。

前人没有弄清问题的实质，我们经过真理标准讨论，有了邓小平理论指导，再加上改革开放的成功实践，应该完全清楚了。不能再让那套已被绝对化的理论模式和思想观念继续束缚我们的头脑，成为我们进一步解放思想，发挥思维创造性，在社会主义现代化道路上阔步前进的理论障碍。

三

我提出重视"隐性思想",决没有轻视"显性理论"的意思。马克思主义的"经典"文本仍然是我们研究和学习它的理论依据,说话写文章引证经典语句也是必要的。我只是说,在这样做时我们必须弄清本文的语境条件,把握它的确定含义,以免误把有条件的话语当做无条件的原理公式去套用,甚至误把不属于马克思的观点当作马克思的创造去对待。这样的事例在从苏联引进的"哲学教科书"中决不是个别的。在我看来,它对《反杜林论》一书的引用就犯有这个毛病。在那里,把恩格斯用以揭露杜林哲学无知的一般唯物论的观点当作马克思的哲学创造。由于教科书哲学的很多观点都是引自这本书,我们对马克思主义哲学的误解也大多来源于此,所以今天就很有必要澄清此类问题。①

在我看来,哲学教科书对列宁的《唯物主义与经验批判主义》一书的引用,也存在着与此相类似的情况。这就是为什么人们学习哲学教科书总有一种"隔世"之感,经常受到"旧思维方式"的困扰,从它很难说明生活现实问题的原因。

我想,了解了这些情况,对我们今天在哲学理论上面对的"问题"就会更清楚了。

---

① 关于《反杜林论》一书的情况,在《"思想解放"根本上是世界观的解放》一文中已做了说明,请参阅该文。

马克思对"本体思维方式"的历史性变革[①]

（2001 年）

一

西方哲学是以"本体论"为核心的理论。由柏拉图奠定基础的本体论哲学构成了西方哲学的历史传统，一部西方哲学史，从一定意义上也可以说就是围绕"本体论"理论的问题、难点、困境而衍生、展开和转型的发展历史。

马克思的哲学与"本体论"哲学的"关系"是明确的。在马克思的时代，传统本体论在黑格尔哲学中达到了它的最高形态，同时也就因此暴露出这种理论的严重问题而使它陷入危机。如何摆脱"理性霸权"、"概念宰制"，走出由逻各斯统治的宿命论的独断世界即传统哲学建构的"本体论世界"，以便使人和哲学回到现实的人和人的真实生活世界，是那时的时代性课题。许多哲学家都意识到了这个问题并为解决这一问题做过努力，但只有马克思、马克思创立的哲学真正做到了这点，即根本改变了旧有的哲学传统，把哲学置于全新的基础上，实现了哲学理论的历史性变革。这就是马克思哲学的伟大意义。

在那时，要根本转变哲学的基本观念，实现哲学理论的根本性变革，

[①] 原载《现代哲学》2002 年第 2 期。

必须从批判和否定传统的本体论思维入手,这是当时历史性的任务。

为什么是这样?要理解这点,需要首先明确传统"本体论哲学"存在的问题和它陷入困境的性质和原因。

二

本体论是"纯粹理性主义"的理论形态。古希腊哲学家一开始就把哲学这种最高"智慧"定位于追求感官对象背后"存在"的认知性理论。在他们看来,"眼睛是骗人的"、"自然喜欢躲藏起来"(赫拉克利特),感官对象背后那个看不见的、具有不变性的存在,才是"本真"的存在,这个存在属于超感性实体,它只能由"思想"去把握。那时的人们相信,人有一个思想,外界必有一个对象与之相对应,叫做"思维与存在是同一的"(巴门尼德语)。在现实中感性存在与思想存在属于两种不同的存在,它们存在的形式各有不同,前者以感官对象形式存在,后者以概念形式存在。它们虽然都是现实的存在,却只有后者即超感性的存在才是实在的,哲学的任务就是要摆脱和超越前者(称为"意见")去认知后者(称为"真知")。大家知道,这一思想的延伸、发挥,最后便形成了柏拉图分裂为两个世界(可见世界——影像、可知世界——实体),本体世界(理念世界)决定实物世界(意见世界)的理念论哲学。这就是最初奠基性的"本体论"。按照这种理论,理念(本体)世界,特别是它的最高理念,隐藏着整个存在的奥秘,现实世界的一切事物都只有从它的理念才能得到理解,如果哲学解译了这一本体的密码,那就没有什么不能解释的事了。

这种理论的问题是明显的:最早亚里士多德已有觉察,他就提出过这样的疑问:本体与本体的所在两离,它怎样去决定存在的事物?更重要的还在于,本体作为超感性实体,完全脱离开了经验,人们怎样能够认识和把握这种本体?再有,本体的本性属于前定本性,如果一切都由它事先规定好了,"人"的存在和活动还有什么作用和意义?前定论、独断论、预成论、宿命论、先验论、被动论,这些构成古代本体论基本思想前提的性质，同时也就成为了它的致命弱点和难题。经过中世纪的神学统治（它是本体论的极端形式）之后，到了近代人们就逐渐醒悟了，其实这种本体论理论与神学并没有什么分别。近代哲学对"上帝"的否定，"上帝人本化"、"上帝自然化"的过程，实质上也就是对传统"本体"的消解、转型过程。

我们可以说，近代哲学的整个发展，在深层都与传统本体论的内在矛盾有关，或是为了回答、解决它的难题，或者为了弥补它的矛盾，或者为了跳出难题另寻他路。例如，近代的"认识论转向"就是由本体论的"问题"而引发、衍生出来的，如笛卡尔的"我思故我在"命题表明的，理解"存在"的前提是应当先弄清我们能够"认识"什么。这一转向的深层原因还涉及"人"的定位问题，只有把认识提到首位，"人"才可能由从属地位上升到主体地位。近代哲学具有普遍思想倾向，如反"独断论"、反"宿命论"、对自由的追求、试图限制"纯粹理性"的霸权等等，也都是针对本体论的"问题"而发的。然而这一切，在近代还仍然是在传统本体论的圈子里面展开的活动。历史就是这样，人们要摆脱本体论的难题，又走不出本体论的思维传统，这样，最后便发展出了黑格尔的哲学。到此，传统本体论也就走到了它的尽头，没有再发展的余地，只能被彻底否定。

三

传统本体论哲学能够存在并支配人们的思想两千余年，应该说这决不是偶然的，它必有它存在的根基和理由。它的根基何在？在我看来，这个根基就是"人性"的根基。

传统本体论在马克思的时代又必然要遭遇被批判和被否定的命运，这个根基和理由又是什么？从深层来说，我认为还是在于"人性"的根基。

因为，人是具有双重本性——双重生命的存在。人有"物种"规定的自然本性和本能生命，在这一基础上，人又通过目的性的生命活动生成和创造了人所特有的"自为本性"和"人格生命"。自为本性就意味着人的生活是人自己创造的，人的生存环境、生活世界也是通过人的活动、由于人的参与而建造出来的。自然的天然环境不是人的家园，人的家园要由人自己去营造。从这一意义说，人作为人，就不会满足于自然"给予的现成存在"和已经到手的东西，总要超越现存，从有形进入无形，从有限去追求永恒。这就是人的超越本性，或者叫做"形而上本性"。

古代哲学从一开始就把理论的基点定位在否定感官存在，追求具有绝对意义的超感性的隐秘本体上，这种倾向表达的就是人的"形而上本性"。在近代哲学发展中，尽管人们怀疑这种看不见的本体，对它可以提出种种不同的责难，却没有人能够完全取消它，总要给它保留一个地盘；或者人们可以不承认别人认可的那个"本体"（如贝克莱对"物质"、霍尔巴赫对"纯粹理性"），而在另一方面他们自己也不得不为超越性的存在（比如"神"）保留一个空缺位置，这里的根子也在于人的"形而上本性"。

人的"双重本性"表明，人是一个极为复杂而又自身充满矛盾的存在。人性的规定有"先定性"的一面，它表现为物种规定的肉体生命本能（对人来说这属于"给予性"、"他定性"、"宿命性"）；同时又有"后定性"的一面（这属于"未定性"、"自定性"、"可能性"），这个方面是由人的自为活动、目的追求和超越本性所决定的。人是生活在现在，也生活在过去，同时还生活在未来的。从过去来到现在，现在蕴涵着未来，这就是人的生成、成长、发展的过程。人的本性是永在生成中的发展本性。

由此可以了解，古代本体论哲学发挥的前定性、先验性等特质，以及后来哲学对这种性质的批判和否定，在人性中都是有根基的。人有个生成、发展过程，人对自我本性的认识也有个逐步深化的过程。当人性还主要定位于人的自然生命本性之时，古代本体论作为人性觉醒的最初意识，它所发挥的那些人性特质是符合人的初期存在状况的，因而它对促进人的自觉、升华人性意识，不仅具有积极的意义，也确实起过重大的启迪作用。但是，随着人的逐渐成长，当人性基点主要定位于人格生命、超自然本性之时，这样的理论当然就会失去积极作用，反过来成为束缚和压制人的成长、人性发挥的绳索。这就是在马克思时代哲学观念必然发生转变、传统本体论哲学必然要被否定的人性根据和历史原因。

四

必须走出传统哲学是马克思时代的历史趋势，许多哲学家为此都做出了努力，但为什么只有马克思解决了这一历史性课题？马克思是怎样解决这个问题的呢？

这里没有必要做全面论述，我们把问题简化一点，仅从哲学理论自身来说。

从哲学自身来说，这就是因为马克思不同于以往的哲学家，他也没有采取与他同时代其他哲学家（如叔本华、尼采等）所采取的做法，即仅仅去否定传统理论某些方面的特征，改变"本体论哲学"的某种理论形态。马克思所做的，是从传统哲学的思想要害入手，从根本上否定了传统本体论借以立论的那种"绝对化"的基本思想原则和思维方式。例如，传统本体论的追求终极存在、永恒原则和绝对真理的哲学妄想，与现实相脱离、由概念建构起来并加以实体化的所谓独立的本体世界，从初始本原、预设本质去解释并推论现存世界的前定论和先验论思维，从两极观点追求单一绝对本性的单极化、绝对论的认识方法，等等。

一句话，马克思解决的不是哲学中的某种具体观点和理论形态问题，而是哲学的思维方式和哲学观问题。哲学思维方式的转变，意味着哲学理论的根本性质（包括哲学的对象、内容、功能）发生了变化，也就是哲学观的改变。

转变了哲学思维方式，否定了绝对化的哲学传统，由此，才使哲学找回了"人"（也就是找回了具有双重生命本性的现实的人），找回了"人的世界"（也就是找回了由人参与开拓的现实生活世界）；同时，人也才由此找回了属于人自己的"哲学"（也就是找回了关注人的生存发展、现实命运的那种哲学理论）。

这就是哲学理论的根本变革。马克思创立的新哲学面对的已不是传统哲学的问题和领域，而是以新的思维方式所开辟的新的领域和问题，这样也就为从传统哲学转向现代哲学奠定了思想理论基础，开辟了进一步发展的广阔道路。

这就是马克思对哲学、对人类思想史做出的巨大贡献。

五

那么，经过这样的变革之后，"本体论"这种理论形式还有没有存在的理由和价值？

"本体论"这个词作为概念，本来就是一个含混的概念，人们对它的理解和解释向来多种多样。"传统本体论"，在我们今天的使用中，相对来说含义比较确定，它特指由柏拉图奠定基础而为黑格尔所完成的那种理论形态。就这一意义上的本体论，即体现传统哲学思维方式的本体论来说，我认为已经死亡，它有的只是历史的意义，在哲学的未来发展中已经没有存在价值。当然，这并不等于不会有人仍在试图使它复活，更不意味它的理论影响，特别是作为思维方式的影响，已不再存在，应当说这个方面的问题还很大，而且相当严重，至今我们还不得不经常和它的"影子"打交道。

否定了传统哲学意义上的"本体思维方式"，并不等于否定对"本体"问题的理论研究，这是有区别的两个问题。这正如走出"纯粹理性主义"传统，不等于要我们抛弃理性、回到纯粹经验主义是一样的道理。哲学按其本性属于"形而上学性"的理论。形而上学就意味着超越经验，不能仅仅就事论事。其实，理论都具有某种"超验性"，否则就不能成为理论，自然科学理论也不例外。在科学理论范围内，"纯粹的经验主义"是不可能立足的。

这里我们必须弄清，马克思哲学对传统本体论的"否定"与分析哲学思潮对本体论的"否定"有根本性质的区别。后者是从彻底经验主义立场否定本体论的，对它们来说，不只是本体论，一切超越经验的理论都在它们否定之列，所以口号叫做"拒斥形而上学"。当它们醒悟过来，发现这样的观点不合"理论"的本性之后，于是现在又发出了"恢复"本体论的呼声。这样的反复，是由它们的经验主义立场决定的。

对马克思的哲学来说，根本不存在什么"恢复不恢复"本体论的问题。马克思否定的是传统的以"绝对化"为基本特征的"本体思维方式"，并没有简单地抛弃本体论。而且在我看来，否定了绝对化的思维方式，正好是对"本体论"的解放。去掉绝对化的意义，不仅对"本体"可以放开去研究，包括"前定性"、"先验性"、"还原性"在理论研究中也都会发挥作用。因为人的双重本性本来就有物种基因的前定性一面，在人性的历史承袭关系中，文化传统对个体也有着先验的性质。不过，这一切都只能把它放在相对性的位置上。

有一点必须明确，否定了传统本体论的思维方式之后，"本体"的性质就发生了变化，不再具有以往那种至高无上、惟我独尊的绝对权威的地位和意义。与此相适应，"本体"概念的运用，包括它的意义也就有了确定范围的限定，不再具有解释一切的权力。事物都是处在"相互作用"关系中的，包括决定和非决定之间也有一个相互关系，因此在哲学中就不宜于再去追求惟一的绝对本体。

举例来说，在马克思创立的哲学理论中，"实践"无疑是具有基础性质和核心性质的概念。近代所谓本体之争，归结起来不外是"物质"（自然）与"理性"（人）何者应为存在本体之争，两种本体相持不下，在各自的关系中都有充分的理由和根据。"实践"在这里正是二者矛盾的统一和解决。从这一意义我们把实践看做"本体"是更有理由和根据的。即使如此，也不宜于把马克思的哲学归结为"实践本体论"。这是因为，以本体表征实践，它的意义就被限定了，只有对那些与它具有特定关系的问题，包括由它直接决定和对它直接表现的事物和现象才有意义，我们很难把存在的一切事物和现象都直接归结于实践"本体"。然而我们知道，"实践"在马克思哲学中作为基础和核心概念的意义是很广泛的，甚至可以认为是无限定的，它的作用和意义绝不限于"本体"的作用和意义。怎么会出现这样的情况，把实践提升为本体之后反而限制了它的意义？在我看来，这就是因为，在我们用"本体"来表征"实践"的地位、性质和作用时，我们同时就把"实践"本身也限定为一种具体活动、一种具体关系、一个具体事实，而使它失去了看待一切事物和问题的"新观点"、"新视角"、"新视野"的方法论意义，然而在马克思的哲学中，实践的意义和作用恰恰是主要体现在这个方面的。从实践的观点去看待人的活动、看待社会现象、看待人的生活世界、看待一切哲学问题，就意味着从人与物、理性与物质在以人为主导的内在统一和相互作用关系中去看待一切事物和一切问题。这是马克思所发现和确立的一种全新的哲学视角和视野，我们说的哲学变革主要就体现在这里。这个方面的意义，用"本体"概念是难以完全表达的。

按照这样的理解，应当说，马克思"实践"观点的意义主要在于"哲学思维方式"的变革，而不在于"本体形态"的转变。"思维方式"的内容、含义是广泛的，它为我们开拓了一个需要我们不断去思考、体悟、挖掘、展现的广阔空间，"本体形态"的意义是同它无法相比的。

这里还有一个问题。"本体"的意义都是体现在特定关系中的，如果我们从相对性的关系去理解实践的"本体"意义（这在一定关系中是必要的），那样就不能排除人们从其他的关系同样可以指称别的因素为"本体"，如"社会存在本体"、"社会关系本体"、"个体生存本体"、"历史本体"、"'人'本体"等等，在特定的关系中，针对它们面对的问题，应该说这些也都有同样的立论理由。依此考虑，"实践"不但不能成为惟一的本体，甚至还需要为它自身寻找本体，这样一来，对"生产力本体论"、"物质本体论"、"自然本体论"的那些主张，也不能认为一点道理都没有。

用某种惟一的"某某本体论"来标志哲学理论特征，这对区分不同的哲学派别有意义，但它并不适合于马克思的哲学。因为马克思的哲学不是宗派理论，而是一种与一切旧哲学都根本不同的全新哲学形态。所以在我看来，一定要说马克思的哲学只能是什么本体论而不应该是其他，这不仅在思想上容易陷入绝对化，还必然会引起不同本体论见解之间无休止的无谓之争。

这就是我对"本体论"的看法。也正是基于这样的认识，在过去关于马克思哲学的实质和意义的讨论中，我虽然强调要突出"实践"的意义，但从来不称它为"本体"，更不赞成"实践本体论"的提法。在那时，人们由此把我的观点概括为"无本体论派"，不能说这种概括没有根据，但我自己认为这不过是由于我的表述不清而引起的一个误解。

从马克思走向未来、开创未来[①]

（2001 年）

在当前哲学理论研究领域，我认为下面几个问题很值得深思。

一、如何看待对于马克思哲学实质的认识分歧？

对于马克思的哲学，过去我们是一本教科书、一个体系、一种理解、"一统天下"。现在不同了，对马克思哲学我们有了各具特色的研究思路和研究方法。这是我们今日必须面对的发展现实。怎样看待这一现实？这是好事还是坏事？

我认为这是件大好事，是一个重大进步，它表明我们对马克思思想的理解深化了，内容更丰富了，应该认为这是改革开放二十余年来由于思想不断解放、理论不断创新才会有的结果。

学术问题，理论问题，只有通过不同见解的切磋、交流乃至争论，才能得到深化和发展。理解一种理论，人们只能从自己已有的知识结构和选定的参照系出发，没有人能够跳出"自我"去进行理解，所谓"天目观"的认识那是根本不存在的。因而在对马克思哲学的理解中出现见解的分歧，这是正常之事。像过去从苏联沿袭来的对马克思哲学那种"垄断解

[①] 原载《中国社会科学》2001 年第 5 期。

释权"、"一家独尊"的做法倒是一种反常情况,那样只会使理论陷入贫瘠化、教条化乃至僵化。有了多种角度、多个侧面的不同理解,人们才会形成全面的认识。

在我看来,只有这样的理解,才符合作为伟大思想家的马克思和作为现代哲学奠基理论的马克思哲学的思想本性。

二、对马克思哲学的当代价值问题应该怎样看?

马克思的哲学在当代仍具有重大价值,这没有疑问。历史条件虽有变化,我们要了解和对待今日的现实,仍不能"越过"马克思,因为马克思的哲学奠定的是人类解放的理论基础。

但这里有个如何看待"哲学功能和价值"的问题,在这一问题上新旧哲学是根本不同的。一切哲学虽然都应当有表征时代和解放思想的功能和意义,但旧日传统的"本体论"哲学由于追求终极存在、永恒原则和绝对真理的本性,它们对时代的要求只能做抽象的表达。这种理论本来什么具体问题也不能解决,哲学家们却把它说成无所不能、具有绝对价值的"万能药方",这点恰好使他们的哲学成了束缚人们思想的绳索,变成了"短命的理论",因而只能在体系不断更迭的否定关系中去发挥作用。马克思的哲学实现了哲学的"革命性变革",这个变革首先就体现在哲学的这种理论性质——包括哲学对现实的作用方式——的根本变化上面。马克思使"哲学"从绝对化的理论教条中解放了出来,它为我们提供的不再是处理问题的万能公式,而是一种提高自我意识和观察能力的思维方式、价值理念和精神意境。

三、马克思哲学的真正实质和精神究竟何在?

谈到马克思哲学的理论实质,这个问题说它复杂相当复杂,若说简单也很简单。就其根本精神而言,它主要就体现在马克思说的这段话中:"哲学家们只是用不同的方式解释世界,而问题在于改变世界。"

关键是要对这段话做合理的理解。"解释世界"与"改变世界",其间的分别不在目的上,解释不等于不想去改变,改变也不意味不需要解释。二者真正的分别在于:旧哲学是从先验的理性原则出发的,所谓"解释世界",就意味着他们要让现实的世界去屈从理性的抽象原则;而"改变世界"则是从现实世界出发,不是从抽象原则出发的。马克思说过这样的话:我们不想教条式地预料未来,而只是希望"在批判旧世界中发现新世界"。我认为这句话最能体现马克思的基于过去、立足现实、开创未来的新哲学精神。我国民主革命时期毛泽东提出的"三大法宝",后来邓小平提出的"社会主义市场经济"、"一国两制"等思想,之所以能够取得成功,引导我们走向胜利,在我看来,就是因为贯彻了马克思的"在批判旧世界中发现新世界"的哲学精神。

四、我们从理论上研究马克思哲学的根本目的何在?

我认为,我们的根本目的只能是沿着马克思开辟的道路往前走,去开创未来——开创哲学的未来、人类的未来。立足无产阶级,解放全人类,是马克思的伟大胸怀,为人类开创美好的未来,是马克思哲学的基本宗旨。我们作为马克思的学生,就应当有这样的抱负,中国有责任也有条件为人类开创出新的发展道路。

我们不能躺在马克思身上,让马克思替我们解决我们遇到的问题。"万能的金钥匙"并不存在,马克思教导我们的,是要"按照锁头配钥匙,一把钥匙去开一把锁"。我们不妨做一个设想,马克思如果仍然生活在今天,他会如何?我相信,他决不会局限已经说过的话,靠翻书本去解决面临的问题。

附录

我的学术道路[①]

（2000年）

一

我任教是在1952年，1954年从事哲学研究。开始阶段，我的研究工作没有确定的方向和固定的领域，"课题"多半从教学和读书中发现的问题选定。有一度我的兴趣很广泛，脑子里装的问题很多，辩证法、认识论、历史观、唯心论、唯物论、哲学史，在我看来这些领域都有许多值得研究和有待解决的"问题"，初期写作对这些问题大都涉猎过。我也曾设想，选定一个领域作为我的主攻方向。随着研究的深入我渐渐发现，这些领域的问题是相互牵连着的，它们很难单独去解决，不论你进入哪个领域，都关联着一个总体性问题，这就是"哲学观"的问题。只有弄清楚"'哲学'究竟是什么、在今天它应该是什么"，更新了哲学观念之后，对问题才会有可遵循的理解方向。而关于"哲学"的看法，在我看来，又是不仅最为复杂而且也最为分歧的问题，人们在那些领域出现的不同理解和认识，归根结底，表现的都是哲学观上的分歧。

这样，经过50年代到60年代，我便逐渐形成并确立了以"哲学总体观念的变革"为方向的研究路数。这个方向一经确定，以后就没有再改变

[①] 本文应《中国当代社科精华·哲学卷（汝信主编，黑龙江教育出版社2001年12月出版）一书编者之邀而作，在该书发表时编者用的标题是《高清海与"类哲学"》。

过。而且我愈来愈感到这个问题的重大性和根本性,它不但直接关系着哲学理论自身的变革和进一步发展,还是关联当前社会实践乃至我国未来前途和命运的一个重大问题。

二

我起初考虑这个问题,仅仅是从"理论"自身的矛盾出发的,而且主要局限于从苏联引进的所谓"马克思主义哲学"的理论性质和体系结构的矛盾。早在1954年,我受刘丹岩教授的启发和引导就写过一篇《论辩证唯物主义与历史唯物主义的关系》的文章,对苏联哲学教科书把"自然观"与"历史观"拆解开来,使"辩证唯物主义"与"历史唯物主义"变成两个独立并列部分的体系结构提出了质疑。在我看来,这样拆解和并列的结果,一方面使"辩证唯物主义"变成与旧唯物论没有性质区别的"自然理论";另一方面又使"历史唯物主义"失去了哲学世界观性质,变成社会问题的实证理论。我们主张,"辩证唯物主义"作为世界观必须内在地包括社会历史观,这样才能体现出马克思哲学的根本变革;至于社会问题的实证理论,那是属于"科学社会学"的内容,应当让它们独立成为社会科学。

在我国社会经历了从60年代到70年代多灾多难的历史变故之后,我愈来愈坚定了这一信念:看起来十分抽象的哲学理论,它与我们的现实生活却是息息相关、血肉相联的。我们的社会主义"道路愈走愈窄,过了多年梦幻的天堂生活",不正是以那种"哲学教科书"为世界观根据的"苏联模式的社会主义理论"所"指导"出来的吗?!我们搞的那套权威崇拜、个人迷信、"无限忠于"的准宗教活动,以及奉行的本质前定、照本宣科、引经据典、"句句是真理"的教条思维方式,体现的也正是这种以"马克思主义哲学"为名而实质是纯粹旧式传统哲学的基本原则。我们一向很讲究"实事求是",也很强调"理论与实践相结合",为什么愈强调结合我们的思想与实际愈难统一,离开现实生活愈远?我们曾经号召全民学习辩证法,为此做了大量的普及工作,为什么辩证法在人们的思想里很难扎根，在现实中不是"主观地运用"，就是陷入片面的形而上学？我们最反对公式化、形式化和僵化的教条主义，多次历史经验证明极"左"思想对我们的事业危害最大，为什么对教条主义却又总是克服不了、反不下去，到头来人们还是觉得"宁'左'勿右好"？

所有这一切，都十分清楚地表明，我们奉行从苏联引进的那套以马克思主义为名的"教科书哲学"，实质上它体现的并不是马克思的哲学精神，在很大程度上正是马克思所否定的旧哲学的思维方式、价值规范和哲学原则。后来的事实也有力地证明了这点，当我们否定了"苏联模式社会主义理论"，摆脱了"苏联模式教科书哲学"，实现了哲学思维方式和世界观的转变以后，我国的社会生活便立即大变样，这就是"真理标准讨论"和确立"解放思想，实事求是"思想路线的重大历史意义。

我们一直没有分清两种不同情况，"马克思的哲学"和以"马克思主义哲学"为名的苏式"教科书哲学"并非一回事。我们把教科书哲学的内容体系奉为准经典理论，以它为标准模式去理解马克思的哲学，用它做教本去教育我们的青年学生和广大干部，实际上这个体系连同它的内容都不是马克思厘定的。马克思没有来得及为自己的哲学制订体系，这个体系是苏联一批学者在20世纪40年代以斯大林写的《论辩证唯物主义和历史唯物主义》为蓝本，出于维护和论证"苏联模式社会主义"的目的、按照他们当时的理解水平制定出来的。可以想见，在这样的理论里有许多不合于马克思哲学精神的思想，它所体现的思维方式甚至与马克思的思维逻辑直接相反，那是不会令人奇怪的。

结合我们的现实生活再去考虑理论问题，事情愈来愈清楚。于是，我逐渐明确了自己研究工作应有的宗旨和任务，这就是：（1）必须突破苏制僵化模式，根本改革"教科书哲学"的体系和内容；（2）变革哲学思维方式，突出实践观点，克服"本体论化"的思维倾向，重新理解马克思的哲学精神；（3）适应改革发展要求，体现当今的时代精神，变革陈旧的哲学观念，推动哲学理论在我国进一步发展。这就是我在20世纪80年代所做的主要工作。

三

我的这些工作是从改革哲学教科书的体系入手而展开的。因为在我看来,"体系"关联着内容的全局,属于理论本质的逻辑展现,一种哲学的创新思维首先是表现在它所特有的概念及其逻辑结构里的。1980年我接受教育部编写新体系教科书的任务,大约用了六年时间,由我主编写成了《马克思主义哲学基础》(上、下册,人民出版社1985、1987年版)一书。这部书打破了通行教科书以自然物质为基本概念的"四大板块"(唯物论、辩证法、认识论、历史观)结构,它以"主体—客体—主体客体的统一"为框架,自觉地贯彻了马克思"实践观点"的思维方式,内容、观点、范畴都有很大的变化。书出版后得到许多学者肯定,也受到广大学生的欢迎,1988年上册荣获国家优秀教材奖。

体系革新对我来说不过是个"突破口",我的目的是要打破封闭性的"苏联模式",变革过时的传统思维方式,开拓更为广阔的哲学视野。应该说这个目的是达到了。通过撰写这部书稿,我对哲学、哲学的历史发展,尤其是对马克思的哲学变革,都有了更新的理解和认识,这就为"推动哲学观念更新"的下步工作奠定了基础。在这期间我发表了一系列变革哲学观念的论文,还出版了一部专著《哲学与主体自我意识》,充分表达了我的如下看法:

在我看来,哲学发展的实质,首先和根本的是在于思维方式的变革;一种创新的哲学理论,它的最重要的意义也就表现在由于思维方式的更新而为人们开创的新的哲学天地、新的价值取向和新的精神意境方面。

多年以来,我们讲述"马克思主义哲学",这个哲学与以往哲学的区别在哪里,马克思哲学变革的实质究竟是什么,我们一直难以说得清楚。实际说来,关于什么是"哲学"我们也没有完全搞明白,我自己就承认是如此。我们一讲到"哲学是世界观",就把它归结为必须回答世界的本原、本体和本性,要为人们提供出"完整系统的世界图景"。这样的理解使我们一上手便落入旧哲学的观念窠臼。不必去说这里完全混同了哲学与科学的性质。按照这样的观点,马克思的哲学与旧日哲学的不同便只能归结为它们提供的"世界图景"完备不完备、科学不科学的区别上面,至于它们的思维方式、价值取向,则变成完全相同的了。这怎么能够说清马克思哲学变革的实质呢?

以往的传统哲学,反映人在自然经济条件下靠天吃饭的不发达状况,只能以非人的方式去理解人,以超现实的方式去理解现实世界,它们总是仰赖外在权威,相信本质前定,把追求终极存在、永恒本体、绝对真理作为自己的宗旨。传统哲学远离现实人的生活世界,因而都具有抽象化、绝对化、两极对立的思维方式特点。现代哲学观念就不同了,它们是运用现代人的眼光看世界的,关注的是人在现实生活世界的生存发展问题,追求的是人的本质在现实生活中的展开和实现的目标。这是两种完全不同的思维方式。马克思作为现代哲学的奠基人,他的最大贡献就是为根本转变人们的现代思维方式提供了一个现实的基础,这就是马克思创立的"实践观点"的真正意义。由此出发,马克思不仅解脱了先前哲学陷入的困境,回答了它们难解的问题,而且为人们开拓了一个崭新的哲学意境,使哲学理论从里到外包括问题和性质都发生了根本性的变化。

需要从"实践观点"去理解马克思的哲学理论,这点到20世纪80年代中期国内许多学者都认识到了,但人们对实践的内涵、性质特别是它的意义的理解却是各不相同的,这里根本地还是牵连对"教科书哲学"的看法问题。在我看来,马克思提出"实践"概念的意义,决不是要把原有的哲学观念付诸实践(行动),或仅仅为哲学增添了一个新范畴,补充了一条新原理,而是把"哲学"放置在了全新的基地上,对一切哲学问题都需要从不同于过去的观点去重新理解的问题。而正是这点,"苏联教科书"的作者毫未理解。因此我们也就既不能用教科书观点去理解实践的概念,也不能用实践观点去弥补教科书的内容。我们突出"实践观点",如果不能从它转换思维模式,走出一条新路,进到一个新哲学天地,那它还有什么重大意义呢!?

"实践"作为人的独特生存方式、特有存在本性,把实践观点引进哲学,这就意味着要用现实的"人"的观点去看世界、看人、看人与世界的关系，而不再像旧哲学那样，用神灵的观点或动物的观点去理解这一切。以往的哲学家以"神目观"看世界，他们的天地是在彼岸；如果仅仅限于从"观念屏幕"去看世界，得到的又和动物的生存世界无别。这就是旧哲学的根本局限。只有实践的观点才能使我们把握现实的人并进到人的现实生活世界，因而也才可能运用现实人的现实眼光去看待现实的生活世界。"实践"的观点表明，人是以自我创造活动为基础的"自身根源"的存在、"自身矛盾"的本性，人通过自己生产自己生活资料的活动，既创造了人的自身本性，又创造出人的生存世界。从这一意义说，人和人的世界既是对立的，又在本性上是一体的，人属于世界，世界也属于人。这样，哲学思维方式一经改变，我们就进入了一个"柳暗花明"的境地，旧哲学陷入的那一切矛盾便都能够迎刃而解。这就是马克思的重大贡献。

四

沿着这样的观点回顾哲学发展的历史，我们清楚地看到，哲学从非人走向人，从非人的世界走向人间世界，然后从追求虚幻的"本真人"走向活生生的现实人，从追求虚幻的"本体世界"走向充斥矛盾的现实生活世界，哲学的这个历史发展过程正是人类自身生成历程的理性写照，二者是完全相适应的。由此，我便得出了下面的一些不同于通行观点的看法，它们是：

哲学的秘密在于人，只有从人出发才能理解哲学；"人是哲学的奥秘"，"哲学不过是人的自我意识理论"。因为人作为自我生命活动的主宰者——这是人区别于动物、人之为人的"本性"所在——表明人是一种"自为的存在"、"自为的本质"。只有人能够意识到自己是人，动物从不向自己提问"我是什么"。人不但必须在"自我意识"支配下，还需要通过追求自身本质、自觉"做人"的自为活动，才能够生存并发展自己，这就是人的特有"生活"。从这一意义说，"哲学"乃是人的生活所必要的组成部分，它的作用就在于为人开拓人的精神意境，不断升华人之为人的自觉本性。

哲学面对的世界，是人所生存和生活的世界。人的生活世界是经人参与二次生成过、充满两重矛盾本性的世界，我把它称作"属人世界"，以区别原版的"自然世界"。哲学所要解决的就是经人活动分化了的那些不同世界［诸如属人世界与自然世界、物质世界与精神世界、现实世界与理想世界、客观世界与主观世界、意义世界（价值世界）与自在世界、必然世界与自由世界等等］的矛盾。这就是哲学作为"世界观"与科学单一客观的"知识世界"、宗教纯粹想象的"理想世界"在研究对象、理论性质和理论内容上的根本区别。

哲学把握世界的方式也不同于科学理论，它适应人的实践活动，总是先把世界分裂开来，在可见世界之上设定一个不可见的世界，然后再去寻求它们的统一性，仿佛不可见的世界比可见的世界更加重要。哲学发展到今天经历了"自然物质世界与超自然精神世界"（本体论立场）—"心内观念世界与自在客观世界"（认识论立场）—"主体人化世界与客体自然世界"（人类学立场）的三次分裂、三次统一、三个发展圆圈。哲学理论的这种活动方式与人在分化基础上统一世界的生存活动（实践）方式是完全一致的，它表现了人"从融化了人的自然出发、由本原去把握事物本性"（直观思维）—进而"由脱离自然的人出发、从超越形态去把握事物本性"（思辨思维）—再到"由现实的生存活动出发、从人与自然的内在统一性把握事物本性"（自觉思维）的"自我意识"的真实发展历程。

历史的三个发展圆圈表明人类经历了三种基本哲学思维方式。马克思哲学的出现，意味着本质前定论、客体中心论、存在定命论等传统哲学"两极对立思维方式"的终结，一种以实践为本性、从现实人的生存发展观点出发的崭新思维方式的诞生。

新的思维方式属于新的理解逻辑，代表一种新的视野、新的世界、新的意境。从现代人的思维逻辑去审查我们过去接受的哲学观点，就会发现许多的问题，对几乎每个观点都需要去重新思考和理解。这就是我所说的"观念更新"的基本含义。这一期间我在发表的著作和论文中提出了一系列需要重新理解的问题，并同时表达了我的观点和主张。其中主要的有：

1. 打破束缚我们思维多年的"唯物论、唯心论对立，唯物论代表真理、进步，唯心论代表谬误、反动"的僵化模式。应该"重新评价"唯物论和唯心论在历史上的作用，承认这个对立是可以"超越"的，马克思的哲学和现代的哲学就都已经超越了这点，不再从这种僵化的对立模式去思考问题。

2."为主观性正名"。应该转变"物质与精神的绝对对立，物质总是优先于精神，把'主观性'等同于'主观主义'、视为罪孽和恶魔"的陈旧观念。智能是人类独有的一束灵光，精神乃人之为人的优势，遏制主观性就是扼杀人的创造性。

3. 否定定命论的"规律观"。社会规律是人的活动规律，必须认识到人类的历史发展是未来导引现在、"'合目的性'与'合规律性'的统一"。

4. 突破单纯强调适应客观的"知识论'真理观'"。哲学真理体现的是主观与客观、主体与客体、理想与现实相互作用的最高（属人的）统一性。

5. 走出单纯从本能生命的需要去理解"价值"的物化观点。"价值是人对自身本质的追求"，"人的价值就在于人的本质的全面展开和实现"。

所有这一切，归结到一点，就是要彻底转变既有的哲学思维方式。

五

进入 20 世纪 90 年代我的思想自觉更加明确了。我意识到，一切问题都集中于人的问题和对人的理解上面。以往哲学之所以陷入两极对立的思维方式，主要是因为对人的理解是抽象化的，而抽象化的思想根源，就在于它们总是摆脱不了运用认识"物"的方式去理解人，把人仅仅理解为"物种的本性"和"物种的存在"（"形式逻辑"就是物种观点的方法论）。人是一种很特殊的存在。人虽也是"物"却超越了物种本性，人作为"生命"同样超越了生命局限，在我看来，人就是这样的一种"超物之物，超生命的生命，超自然的自然存在"。因此认识人，必须超越通常的认识方法，运用符合于人之特有本性的特殊认识方法才可能。哲学的发展集中于一点，可以说就是为了把握这个超常本性而在不断地探索认识人的特有途径和方法的发展过程。

这样,"人"的问题就成为我在 20 世纪 90 年代思考的主题;转变关于"人"的传统观念,建立从"类"的境界去理解人的现代观念,便是这一时期我所做的主要工作。我把这种区别于以往"物种"观点的理论,称做"类哲学"。

人之生成为人是由于改变了生命的生存方式;而人之所以为人,则在于根本改变了生命的存在本性。动物是属于它的生命的,对人而言,生命却是属于人的。动物不能超越它的生命(本能),人则必须超越人的本能生命。不仅如此,人只有超越本能生命,变成自己生命活动的主人,才能成为现实的人。这点表明,人是有着双重生命、两重本性的存在。人的第一重生命与动物的一样,属于自然本能生命亦即"种"生命;第二重生命则是自我创生的自为生命,它超越了种又涵盖了种,属于生命又突破了生命,依托个体又超越了个体,区别于万物又与万物一体,属于有限又获得了永恒性,服从必然又具有自由性,等等,这就是人的类生命或类本性。

人的生命是宇宙生命的人格化身。只有持两重生命、双重本性、自我超越的观点,才能理解人区别于动物的那一切生活样式和行为方式;人与世界、人与人、人与自身本质的特种关系,人的善恶两歧品性、自我中心又本性外投、与一切相异又本质相通、肯定自身于自我否定、实现自我于自身超越,以及人的崇高使命、高贵本性等等秉性,都是来源于此。从这一意义说,人要"成为人",必须(1)超越本能生命,达到自我主宰;(2)超越个体自我,与他人结为一体;(3)超越物种限界,溶解于对象世界。而这样一来人也就成了"类本性"的存在。

类本性就意味着人性中内含了"种"的差异性、多样性,又超越了种的限界、局限,在自觉活动中与他我和他物建立了本质一体的内在关系。如果说"种"概念代表天然性、给予性、单一性、区别性、相对意义的绝对不变性,那么,"类"这个概念便表示自在的自为性、历史的生成性、否定的统一性、多极的一元性、超越的自我性、自由的整体性种种特性。很明显,这样的特性只有达到自由自觉水平的那种高级生命才会具有。在历史上人们曾经把它归结为"神"(神性),从今日观点来看,它也就是人的本性。

　　类本性始终处在历史的生成过程。按照马克思的说法，人类的生成发展必须经历三个历史阶段、三种历史形态：（1）"人的依赖关系"形态；（2）"以物的依赖性为基础的人的独立性"形态；（3）建立在个人全面发展基础上的"自由个性"（联合体）形态。① 这三个发展阶段表现了人的肯定、否定、否定之否定的本性，可以看作人的类本性—主体性的构成环节，即从"族群本位"（主体）经"个体本位"（主体）到"自觉的类本位"（主体）的历史生成过程。

　　依据这一理论来看中国今日的现实，我们不能不承认，我们的落后不只表现在经济、社会、技术等等方面，最根本的是落后在"人"的发展方面。长期的自然经济基础和封建专制统治，造成我国从未形成具有普遍独立人格的"个人"（主体），我们有的只是达官贵人和布衣小民（身份）。缺乏独立个人的自主性和创造性，这是我国近代社会落后的重要原因。当前我们确立的社会主义市场经济体制，在我看来就应当以解决这一问题为根本任务：我国社会主义发展的现阶段，解放生产力首要的就是解放个人，"解放个人，这就是发展市场经济的根本"。

　　然而从全球的发展来看，世界的历史不仅已经进入"个体本位"支配的时代，当今社会暴露出的各种弊端和存在的一系列全球性问题表明，人类从个体本位已开始向"自觉类本位"的时代迈进（这就是20世纪之所以会出现"社会主义"思潮的根本原因）。如果说在此之前"自觉的类"还只是一个理想性的前景，在经过了20世纪的发展之后，它已成为解决当前社会问题的现实目标。在今天我们对待各种事物、处理各种问题，都不能不考虑到人类正在走向本质一体化的"类历史"的这一发展趋势，我们应该为开创人类的未来作出我们积极的贡献。

　　人类在走向未来，哲学也必将走向未来。"未来导引现实"是自由自觉人类发展的本质规定。随着人类走向自觉的类存在，哲学也必将会从个人体验的理论转向以类为主体的理论。"类哲学"作为一种哲学意境和哲

---

① 《马克思恩格斯全集》第46卷上册，人民出版社1979年版，第104页。

学思维方式，既是适应人类未来发展本质的哲学，也是哲学发展趋向成熟的更高理论形态。

六

"治学为人，其道一也。"这就是我多年思考的心得，对于研究哲学这门学问尤其如此。不用说，要做大学问，就得有大胸怀、大气度、大视野、大智慧；即便是"问题"，也只能在"境界"中去发现，处在何种精神境界，只能看到何种层次的问题。哲学家的能力，不在于解决什么问题，其实主要就在这一点上：他善于在常人不认为是问题的地方发现未来的问题。

哲学贵在出"思想"，它属于创造性的学问，决不能像工厂那样按照程序去生产。所以哲学家必须有"自我"，又必须超越"个体自我"；必须深入现实生活，又必须超越生活现实。多年来哲学失去了自己的家，哲学家失去了自我，是我们出不来哲学家的一个重要原因。我们缺少的不是理论，而是思想，我们有太多的有理论而无思想的"哲学"。

哲学的"批判性"是哲学的灵魂，这里体现着哲学的真价值，尽管许多人不喜欢。哲学如果安于现状，迁就现存，它就会失去哲学的生命：创造性和超越性。所以在历史上，哲学家的现实生命往往多灾多难，他们的荣耀主要是在身后。这就是我对哲学本性的理解。

索　引

外国人名

阿历山大罗夫　48，55
巴门尼德　352
贝克莱　36，133，354
伯恩斯坦　60
勃·凯德洛夫　53，55
布鲁诺　9
达尔文　14，28，94，135
德谟克利特　4
狄德罗　20，33
笛卡尔　9，65，160，194，353
恩格斯　1，4，14，23，24，25，26，28，29，30，32，34，38，39，41，43，46，49，51，61，67，68，69，70，71，72，73，74，83，85，87，88，90，92，93，94，99，102，111，114，116，117，118，121，123，124，132，133，135，138，141，144，152，156，162，163，165，168，173，179，180，181，183，184，193，199，206，214，215，216，220，221，222，226，227，228，229，233，256，260，261，262，263，265，266，267，268，281，282，294，298，306，308，309，324，327，333，335，336，339，341，346，350，372
费尔巴哈　13，14，22，23，25，26，29，33，34，35，36，37，39，41，44，45，51，66，75，101，113，121，123，124，125，129，146，147，162，178，179，195，335
费（斐）希特　177，178，179，195
伽利略　9
哥白尼　9
赫拉克利特　352
黑格尔　12，13，15，21，22，23，25，26，29，32，36，44，56，66，69，73，89，101，107，108，110，111，113，121，124，125，141，146，147，160，161，162，165，174，

索引

178，179，198，202，203，225，244，249，351，353，356

霍尔巴赫　33，161，295，296，354

基佐　30

康德　66，69，88，108，109，110，112，113，121，124，127，129，160，161，177，179，194，212，289

考茨基　60

孔德　27

拉美特里　20，33

里嘉图

列宁　1，26，27，28，43，48，49，53，54，56，58，59，60，61，62，68，72，73，74，77，87，90，94，99，100，102，103，107，108，110，111，112，118，141，142，144，145，151，169，171，174，178，184，186，294，346，350

洛克　36，66，122

马赫　60

马克思　1，2，11，14，16，17，18，21，22，23，24，25，26，27，28，29，30，31，32，34，37，38，39，40，41，42，43，44，45，46，48，49，51，52，53，55，57，58，59，60，61，62，64，66，67，68，69，70，71，72，73，74，75，76，77，78，79，80，82，83，84，85，87，88，89，90，91，92，93，94，95，96，97，98，99，100，101，102，103，104，105，107，108，110，111，112，114，120，121，122，123，124，125，126，127，128，129，131，132，133，135，136，137，139，140，141，142，143，144，145，146，147，148，150，151，153，154，156，157，158，160，162，163，164，165，167，169，172，173，176，178，179，180，181，182，183，184，185，186，187，188，190，191，193，199，200，202，203，204，205，206，207，208，209，210，211，212，214，215，216，218，220，221，222，223，224，226，227，228，229，230，231，233，234，235，236，238，239，240，241，244，245，246，247，248，249，250，251，252，253，254，255，256，257，258，259，260，261，262，263，265，266，267，268，273，281，282，283，286，290，294，295，296，298，299，304，306，307，308，309，313，314，315，316，317，318，319，320，321，322，323，324，325，327，331，332，333，335，336，337，339，340，341，342，343，344，345，346，347，348，349，350，351，353，354，355，356，357，358，359，360，361，362，363，364，365，366，367，368，369，370，371，372

尼采　206，245，355

牛顿 9,135

培根 9,36,40,161

普列汉诺夫 30,31,108,111,141,142

日丹诺夫 7,14

叔本华 245,355

斯宾诺莎 19

斯宾塞 27

谢林 160

休谟 36

亚当·斯密 18,25

亚里士多德 6,64,176,194,195,202,215,283,352

亚历山大洛夫 7,14

斯大林 54,61,62,248,319,333,348,365

霍布士（霍布斯） 65

多尔迈 273

中国人名

博古 31,58,60

曹葆华 58,60

程始仁 178

邓小平 205,300,305,306,307,313,317,320,321,324,325,343,346,347,349,362

高清海 1,254,300,315,320,326,363

关琪桐 40

管士滨 161,296

郭沫若 24,34,39

贺麟 44

李立三 7,14,62

刘丹岩 2,153,364

马哲 55

毛泽东 132,149,184,204,210,362

任平 331

万俊人 273

唯真 61

吴海针 273

吴黎平 4

吴寿彭 215

于光远 49,53,54

张仲实 14,26,51

朱国钧 273

朱天顺 48

专业词汇

本本主义 204

本能 140,175,181,242,272,275,282,301,302,316,317,319,344,353,354,370,371

本能意识 175

本体论 65,66,67,68,69,70,72,

索 引

78, 80, 93, 99, 100, 103, 107, 108, 109, 110, 111, 112, 116, 117, 118, 119, 120, 121, 123, 124, 125, 130, 131, 132, 140, 141, 142, 144, 145, 147, 149, 151, 169, 175, 177, 185, 186, 187, 212, 236, 253, 297, 299, 335, 351, 352, 353, 354, 355, 356, 357, 358, 359, 361, 366, 369

本原 6, 12, 18, 18, 20, 25, 32, 33, 35, 37, 43, 44, 46, 59, 68, 70, 71, 72, 75, 98, 99, 100, 102, 115, 122, 129, 130, 132, 144, 145, 158, 159, 160, 161, 172, 175, 180, 181, 182, 187, 190, 192, 193, 194, 195, 196, 197, 201, 209, 212, 221, 244, 286, 297, 308, 316, 335, 339, 355, 367, 369, 372

本原性 122, 182, 190

本真 227, 228, 244, 271, 352, 368

本质 3, 4, 5, 6, 10, 12, 13, 15, 16, 19, 20, 21, 22, 23, 24, 25, 26, 28, 30, 32, 33, 34, 35, 36, 37, 38, 40, 43, 44, 45, 46, 53, 56, 57, 58, 59, 66, 68, 72, 77, 86, 88, 90, 92, 93, 94, 95, 99, 100, 105, 109, 110, 113, 116, 117, 120, 121, 122, 123, 124, 125, 126, 127, 128, 129, 131, 133, 142, 146, 147, 149, 152, 154, 156, 158, 161, 162, 163, 164, 165, 167, 168, 169, 172, 174, 175, 176, 177, 178, 179, 182, 185, 186, 187, 188, 189, 190, 191, 192, 193, 194, 196, 197, 198, 199, 200, 201, 207, 211, 214, 216, 219, 220, 222, 225, 226, 228, 229, 234, 235, 244, 245, 246, 247, 250, 259, 263, 269, 270, 271, 272, 277, 278, 279, 280, 281, 282, 283, 284, 285, 287, 288, 289, 290, 294, 297, 298, 302, 307, 315, 322, 327, 332, 334, 335, 336, 337, 339, 340, 342, 349, 355, 365, 366, 367, 368, 369, 370, 371, 372

必然 2, 4, 5, 6, 8, 11, 12, 14, 16, 17, 24, 25, 26, 28, 31, 33, 34, 40, 43, 46, 47, 51, 52, 56, 61, 69, 70, 74, 78, 80, 81, 82, 83, 84, 87, 99, 100, 107, 112, 114, 129, 145, 148, 156, 157, 158, 161, 163, 164, 172, 177, 181, 182, 187, 188, 189, 190, 192, 193, 194, 195, 196, 199, 203, 206, 207, 214, 223, 224, 226, 228, 231, 233, 240, 242, 245, 249, 250, 252, 255, 258, 260, 262, 267, 269, 270, 271, 282, 283, 285, 289, 293, 296, 297, 302, 304, 323, 327, 336, 337, 338, 339, 342, 353, 354,

355，358，369，371

必然性 47，82，157，177，207，250，260，293，302，327

辩证逻辑 52，53，55

辩证唯物论 75，76，77，121，122，140，153，158，159，182，183，185

辩证唯物主义 1，3，5，7，9，11，13，15，17，19，21，23，25，27，29，31，33，35，37，39，41，43，45，46，47，48，49，50，51，52，53，54，55，57，58，59，60，61，102，126，127，140，146，153，333，363，364，365

不可知论 15

财产关系 18，30

差别性 5，29，78，81

超感性 15，16，352，354

超经验 69

超生命本质 214，269，284，285，337

超越本性 354

超自然存在 157，194

超自然性 189，198，243

抽象存在 189

抽象对立 191，258，261，284，307，308，343

抽象否定 261，304，307

抽象理性主义 235，247，255，315，317，322

抽象人 27，199，200，340

抽象人性 27，340

抽象社会 27

抽象唯物论 133

创新性 203，314

创造性 29，122，146，148，163，167，177，179，194，204，219，220，222，223，243，266，285，290，291，292，302，303，305，317，344，346，347，348，349，370，372，373

纯粹理性 212，352，353，354，356

纯粹唯物论 75

纯自在 129，151

存在观点 157，158，159，167，174，175，176，180，181，184，189

存在形式 24，25，75，166，208，223

存在主义 125

大我 283，284，285，286

单线决定论 175

道德哲学 177

独立人格 216，217，221，222，230，232，238，239，275，372

独立主体 268，276

对立统一 49，51，56，103，119，152，190，297

对象化 121，124，129，189，198，246，282，289，290，338

对象物 34，35，36，38，39

对象性存在 175

二分法 90，118

二元论 109，110，113，174

法权哲学 12，13，26，28

非理性 129，293，318，321

非生命本质 269，271，281，283，284

分化 1，2，6，7，8，9，10，11，16，

索 引

17，18，30，46，47，51，52，61，64，66，67，74，76，82，84，85，86，91，99，103，115，117，119，120，144，153，155，156，174，200，233，285，304，323，369

否定性统一　158，189，190，200

否定之否定　188，269，282，372

改变世界　323，336，362

感性存在　15，22，179，352

感性活动　36，37，158，163，167，179，181，336

感性认识　129

感性实体　16，146，162，352

感性世界　15

革命性　103，114，143，144，150，158，172，183，199，200，203，249，332，333，361

个人主体　225，227，229，231，232，233，234，235，237，239，268，272，274，275，276

个体本位　235，247，282，372

个体形态　283，337

个性　215，221，222，233，239，251，262，267，275，276，285，286，309，372

工具化　280

共性　8，10，11，13，16，17，19，43，45，47，49，50，55，171，247

观念化　133，134

观念活动　181，288，323

观念世界　118，130，131，159，369

规律性　10，11，47，50，56，57，67，75，82，135，163，164，165，166，260，264，370

过时论　205，206

还原论　175，197，335

合理性　92，196，198，199，200，348

合目的性　160，163，164，165，370

机械唯物论　184

机械因果论　175

集群主体　229，239，267，268，271，274，276

价值本位　283，285

价值尺度　279

价值关系　250，280，283，284，297，298，299，335

价值观　272，276，277，278，283，284，285，286，296，299，305，320，323，347，348

价值观念　276，277，285，286，305，320，323，348

价值评价　278，279，280

价值选择　279，280

价值意识　278

价值原　280

价值哲学　277，278

讲坛哲学　318，321

交换方式　46，268

交换关系　218

教条化　101，139，142，348，361

阶级斗争　18，28，65，147，236，327

阶级关系　30

阶级利益　18，19，138

阶级社会　2，18，24，261

阶级统治 18
解释世界 323，336，362
经济结构 18，25
经济解放 276
经院哲学 65，72，80，82
精神存在 15，197
精神解放 276，302
精神能量 303
精神实体 157，194，323
旧唯物主义 19，21，23，32，33，34，35，36，37，39，40，41，42，43，45，57，59，101，102，249
具体的对立 258，307
具体的否定 258，307
具体实在 36
绝对存在 70，298
绝对对立 292，370
绝对精神 12，121，125，174，189，202
绝对真理 13，66，68，69，73，116，142，157，225，244，247，306，315，335，355，361，367
绝对真理体系 73
科学对象 14，56，115
科学分化 66，67，91，144
科学历史观 28
科学认识 2，3，4，5，16，17，49，51，52，69，71，72，84，88，89
科学形态 67，80，86，115，122，135，144，154，160
科学之科学 13，14，15
可见世界 142，352，369

可知世界 352
客观辩证法 68，111，113
客观对象 33，37，41，42，70，111，113，118，119，151，164，171，295
客观规律 48，70，87，89，111，117，129，166，243，248，250
客观逻辑 275
客观实在性 19，20，21，22，23，27，28，36，46
客体决定论 235，299
劳动分工 25
劳动价值学说 18
类本位 282，372
类本性 275，371，372
类本质 283
类存在物 273，298，324
类化 282，286，309
类集体 286
类联系 275
类目标 286
类主体 229，239，268，270，273，274，275，276
类主体意识 273
理论理性 168，177，289
理念世界 63，68，84，86，88，89，90，100，101，103，138，142，336，349
理想存在 164
理性认识 129
理性意识 273
理性自主体 160，177，199
历史观 17，18，22，23，26，27，28，

索 引

29，31，32，35，36，42，43，45，46，51，52，55，75，77，108，151，186，236，363，364，366

历史科学　18，22，54，69，70

历史唯物主义　1，2，3，5，7，9，11，13，15，16，17，19，21，23，25，26，27，28，29，31，32，33，35，36，37，39，40，41，42，43，45，46，47，48，49，50，51，52，53，54，55，56，57，58，59，60，61，62，96，102，126，153，259，333，364，365

历史哲学　12，13，26，46

利益主体　217，240，273，329

两极思维　200

两重化　155，158，159，160，188，189，190，195，196，337

论坛哲学　318，320，321

逻辑实证论　174

逻辑思维　69

逻辑与历史　75

矛盾关系　93，133，146，155，158，160，175，176，194，195

目的论　176

目的性　160，163，164，165，169，177，179，181，270，280，290，301，338，353，370

目的性价值　280

内在联系　2，3，4，14，24，29，31，49，53，56，57

能动性　41，122，130，131，148，152，165，166，167，179，182，218，337

能动主体　199

偶然性　67

批判理性　235，247

平等　82，216，217，218，222，231，232，233，234，255，259，268，308，328，329，331

普遍人性　275

潜能　176，177，219，267，269，282，284，285，302，308

群体主体　239

人本学　66，67，72，121，146，174

人本哲学　45，141

人本主义　34

人道主义　146，239，270，324

人的发展　37，214，218，224，231，233，238，239，242，244，245，247，262，263，274，280，282，292

人的解放　216，219，222，224，247，276，300，301，303，305，307，308，309

人格化　2，216，220，221，223，251，271，371

人化自然　159，246

人类中心论　273，274

人类主体　229

人性　27，28，45，146，163，175，180，198，219，250，268，270，271，275，276，279，285，286，290，340，353，354，355，357，371

认识主体　126，127

认知理性　289，293

三统一　107，108，112，117，118，

121，126，132，152

社会本质　23，59，124

社会存在　23，24，34，35，58，59，60，102，172，188，358

社会分工　217，230，233，240，263，268

社会关系　19，22，23，24，38，44，64，125，146，147，162，163，216，218，219，220，223，231，241，268，273，358

社会规律　18，70，219，370

社会化　216，217，223，230，231，239，259，260，309，326，327，329，330

社会解放　276

社会劳动　217，230，231

社会历史观　17，18，22，26，27，28，29，31，43，45，46，364

社会生产　2，11，24，25，27，28，29，215，217，218，221，230，262，267，309

社会生活　1，6，18，22，26，32，52，77，94，121，172，182，210，221，235，236，318，326，329，365

社会实在性　35

社会意识　20，22，26，55，58，59，60，64，90，102，172，188，329

社会主体　229

神化　209，282，286，303

神化人格　286

神道主义　270，271

生产方式　46，232，235

生产力　216，219，220，221，231，236，259，260，264，274，307，308，358，372

生产形式　24，27

生命本质　214，229，269，271，281，283，284，285，337

时代精神　64，148，150，170，172，198，202，297，317，366

实践本体论　185，186，187，357，359

实践对象　39，117，338

实践观点　157，158，161，162，163，167，169，170，172，173，174，176，179，180，181，182，183，185，186，188，190，200，236，249，251，295，296，298，299，321，322，323，337，338，339，340，366，367，368

实践理性　168，177，289

实践目的性　181

实践思维　336，343

实践唯物论　185，186，187

实践一元论　185

实践哲学　45，177，318，321，346

实践主体　127

实然存在　164

实体二元论　174

实体一元论　174

实用价值　65

实证化　100，101，140，141，142，149，151

世界统一性　17，159，161

市场经济　213，214，215，217，219，

索 引

220，222，223，225，228，229，
230，231，232，233，234，235，
236，237，238，239，240，241，
242，243，245，246，247，248，
249，251，252，253，261，262，
268，275，276，285，304，305，
308，309，312，327，328，330，
346，362，372

属人本质　189，190

属人关系　158，164，190，285

属人世界　128，147，155，156，157，
158，159，160，161，163，164，
165，168，180，189，190，194，
195，196，198，369

双重本性　298，353，354，357，371

私人劳动　217，230，240

思辨认识　175

思维辩证法　68

思维方式　123，149，154，156，158，
159，163，170，171，172，173，
174，175，176，180，181，182，
183，184，185，187，188，189，
190，199，200，234，250，251，
271，295，297，298，299，305，
306，307，314，315，316，317，
322，323，324，325，331，333，
334，335，336，338，340，341，
342，343，344，346，350，351，
355，356，357，358，361，365，
366，367，368，369，370，372

思维规律　70，88，89，91，92，110，
111，142

思维过程　51，68

思想解放　202，210，300，301，302，
304，305，308，321，322，344，350

素朴实在论　133，140，142

同一性　29，78，132，152，168

外部世界　30，36，88，89，90，104，
118，129，168，181，226，234，
235，243，273，288，334

外化　113

外源论　298，299

外在化　21

唯物辩证法　29，32，43

唯心辩证法　69

物的依赖性　215，218，233，238，262，
263，266，278，283，286，309，372

物化　218，221，231，241，282，284，
286，292，370

物化关系　218

物化人格　286

物质本体论　187，358

物质实体　44，157，194

物质统一性　147，148，161

物质运动　49，75，160，181，182

物自体　109，129

悟性　9

先定性　354

先天命定论　235，247

先验思维　336，342，343

现代人格　276

现代唯物主义　61，67

现代哲学　195，206，207，208，209，
225，227，228，229，231，233，

234，235，237，244，245，246，247，323，335，336，351，356，361，363，367

现实存在　20，38，164，180，228，235

现实的人　125，147，162，163，164，228，235，244，249，269，281，288，338，351，355，368，371

现实世界　125，147，162，163，164，228，235，244，249，269，281，288，351，355，368，371

小我　283，284，285

信仰　122，139，195，242，271，272，296，300，320

形而上本性　354

宿命论　351，352，353

虚幻的人　228，235，244

虚假共同体　248

玄想哲学　68

扬弃　67，158，168，178，200，258，286，339

一般唯物主义　29，35，36，43，45

一元论　31，113，159，174，185

异化　113，271，286

意见世界　352

意识本质　176

意志主体　233

隐秘本体　354

隐性理论　346，347，348

隐性思想　347，348，350

应然存在　164，167

应然判断　198

永恒本体　70，225，244，335，339，340，367

永恒正义　255，256，258，306，340，342

由己性　166，167

宇宙精神　21

原则同格　130

运动规律　26，67，70，87，88，89，90，117，152，156，60

哲学变革　17，32，67，122，156，321，331，332，335，336，358，366

哲学对象　2，6，17，43，45，47，49，52，55，63，66，67，76，77，79，80，81，82，83，84，87，91，92，114，117，119，144，247

哲学革命　199，200

哲学观念　137，142，154，183，184，201，204，210，233，234，236，237，253，292，293，318，332，333，343，344，354，363，364，366，367

哲学精神　300，306，307，316，319，324，362，365，366

哲学科学　4，5，8，11，14，16，17，31，45，47，48，63，108，294

哲学理性化　293

哲学论断　197，198

哲学命题　252

哲学派别　18，131，186，188，192，193，208，358

哲学判断　197

哲学体系　8，45，47，51，69，78，96，97，98，103，105，109，123，135，

索 引

170，173，174，198，251，334

真理体系　202

政治解放　276

知识总汇　5，8，64，65，67，71，74，76，79，82，84，85，119

直观认识　82，115，140，157，175，293，295

终极存在　225，227，228，244，247，306，315，335，339，355，361，367

主观逻辑　16，275

主观世界　34，89，92，118，130，131，155，159，160，369

主体本位　274，283

主体地位　129，274，353

主体能力　129，239

主体信念　270

主体性　128，129，142，147，165，180，227，229，268，270，271，273，278，336，372

自发唯物论　184

自觉　9，11，19，20，22，25，26，55，61，65，67，70，87，90，146，155，157，163，180，181，182，183，184，198，203，208，220，223，242，243，253，255，257，263，264，268，273，279，300，302，306，309，324，326，332，341，344，348，354，366，368，369，370，371，372

自然本质　175，189，190，198

自然存在　33，35，118，157，160，175，181，189，194，267，282，290，298，303，337，339，370

自然分工　241

自然共同体　232，268，271，272，275

自然关系　158，159，164，190，267，285

自然观点　173，174，175，176，180，190，194，200

自身本质　277，279，280，281，282，283，284，290，368，370，371

自身主体　198，233，270，337

自为本性　353

自我发展　22，211，269

自我解放　222，270，305

自我实现　224，279，283

自我形象　280

自我依赖　241

自我意识　22，121，124，125，128，146，161，162，163，198，226，234，243，270，290，334，339，361，366，368，369

自在　72，81，129，130，131，141，151，283，334，339，369，371

自在客体　72，81

自主精神　305

自主决定论　235

族群本位　235，276，372

（本索引词条由杜永明编制）